에듀윌과 함께 시작하면,
당신도 합격할 수 있습니다!

오랜 직장 생활을 마감하며 찾아온 앞날에 대한 막연한 두려움
에듀윌만 믿고 공부해 합격의 길에 올라선 50대 은퇴자

출산한지 얼마 안돼 독박 육아를 하며 시작한 도전!
새벽 2~3시까지 공부해 8개월 만에 동차 합격한 아기엄마

만년 가구기사 보조로 5년 넘게 일하다, 달리는 차 안에서도
포기하지 않고 공부해 이제는 새로운 일을 찾게 된 합격생

누구나 합격할 수 있습니다.
시작하겠다는 '다짐' 하나면 충분합니다.

마지막 페이지를 덮으면,

**에듀윌과 함께
공인중개사 합격이 시작됩니다.**

15년간 베스트셀러 1위
에듀윌 공인중개사 교재

탄탄한 이론 학습! 기초입문서/기본서/핵심요약집

기초입문서(2종)

기본서(6종)

1차 핵심요약집+기출팩(1종)

출제경향 파악, 실전 엿보기! 단원별/회차별 기출문제집

단원별 기출문제집(6종)

회차별 기출문제집(2종)

다양한 문제로 합격점수 완성! 기출응용 예상문제집/실전모의고사

기출응용 예상문제집(6종)

실전모의고사(2종)

합격을 위한 비법 대공개! 합격서&부교재

이영방 합격서
부동산학개론

심정욱 합격서
민법 및 민사특별법

임선정 합격서
공인중개사법령 및 중개실무

김민석 합격서
부동산공시법

한영규 합격서
부동산세법

오시훈 합격서
부동산공법

신대운 합격서
쉬운민법

심정욱 핵심체크 OX
민법 및 민사특별법

오시훈 키워드 암기장
부동산공법

핵심 테마를 빠르게 공략하는 단기서

이영방 합격패스 계산문제
부동산학개론

심정욱 합격패스 암기노트
민법 및 민사특별법

임선정 그림 암기법
공인중개사법령 및 중개실무

김민석 테마별 한쪽정리
부동산공시법

오시훈 테마별 비교정리
부동산공법

시험 전, 이론&문제 한 권으로 완벽 정리! 필살키

이영방 필살키

심정욱 필살키

임선정 필살키

오시훈 필살키

김민석 필살키

한영규 필살키

신대운 필살키

더 많은
공인중개사 교재

* 해당 교재의 이미지는 변경될 수 있습니다.

공인중개사,
에듀윌을 선택해야 하는 이유

9년간 아무도 깨지 못한 기록
합격자 수 1위

합격을 위한 최강 라인업
1타 교수진

공인중개사

합격만 해도 연 최대 300만원 지급
에듀윌 앰배서더

업계 최대 규모의 전국구 네트워크
동문회

1위 에듀윌만의
체계적인 합격 커리큘럼

합격자 수가 선택의 기준, 완벽한 합격 노하우
온라인 강의

① 전 과목 최신 교재 제공
② 업계 최강 교수진의 전 강의 수강 가능
③ 합격에 최적화 된 1:1 맞춤 학습 서비스

쉽고 빠른 합격의 첫걸음 합격필독서 무료 신청

최고의 학습 환경과 빈틈 없는 학습 관리
직영학원

① 현장 강의와 온라인 강의를 한번에
② 시험일까지 온라인 강의 무제한 수강
③ 강의실, 자습실 등 프리미엄 호텔급 학원 시설

COUPON
당일 등록 회원
시크릿 할인 혜택

설명회 참석 당일 등록 시 특별 수강 할인권 제공

친구 추천 이벤트

"친구 추천하고 한 달 만에
920만원 받았어요"

친구 1명 추천할 때마다 현금 10만원 제공
추천 참여 횟수 무제한 반복 가능

※ *a*o*h**** 회원의 2021년 2월 실제 리워드 금액 기준
※ 해당 이벤트는 예고 없이 변경되거나 종료될 수 있습니다.

친구 추천 이벤트
바로가기

합격자 수 1위 에듀윌
7만 건이 넘는 후기

고O희 합격생

부알못, 육아맘도 딱 1년 만에 합격했어요.

저는 부동산에 관심이 전혀 없는 '부알못'이었는데, 부동산에 관심이 많은 남편의 권유로 공부를 시작했습니다. 남편 지인들이 에듀윌을 통해 많이 합격했고, '합격자 수 1위'라는 광고가 좋아 에듀윌을 선택하게 되었습니다. 교수님들이 커리큘럼대로만 하면 된다고 해서 믿고 따라갔는데 정말 반복 학습이 되더라고요. 아이 둘을 키우다 보니 낮에는 시간을 낼 수 없어서 밤에만 공부하는 게 쉽지 않아 포기하고 싶을 때도 있었지만 '에듀윌 지식인'을 통해 합격하신 선배님들과 함께 공부하는 동기들의 위로가 큰 힘이 되었습니다.

이O용 합격생

군복무 중에 에듀윌 커리큘럼만 믿고 공부해 합격

에듀윌이 합격자가 많기도 하고, 교수님이 많아 제가 원하는 강의를 고를 수 있는 점이 좋았습니다. 또, 커리큘럼이 잘 짜여 있어서 잘 따라만 가면 공부를 잘 할 수 있을 것 같아 에듀윌을 선택했습니다. 에듀윌의 커리큘럼대로 꾸준히 따라갔던 게 저만의 합격 비결인 것 같습니다.

안O원 합격생

5개월 만에 동차 합격, 낸 돈 그대로 돌려받았죠!

저는 야쿠르트 프레시매니저를 하다 60세에 도전하여 합격했습니다. 심화 과정부터 시작하다 보니 기본이 부족했는데, 교수님들이 하라는 대로 기본 과정과 책을 더 보면서 정리하며 따라갔던 게 주효했던 것 같습니다. 합격 후 100만 원 가까이 되는 큰 돈을 환급받아 남편이 주택관리사 공부를 한다고 해서 뒷받침해 줄 생각입니다. 저는 소공(소속 공인중개사)으로 활동을 하고 싶은 포부가 있어 최대 규모의 에듀윌 동문회 활동도 기대가 됩니다.

다음 합격의 주인공은 당신입니다!

더 많은
합격 비법

* 에듀윌 홈페이지 게시 건수 기준 (2025년 3월 기준)
* 2023 대한민국 브랜드만족도 공인중개사 교육 1위 (한경비즈니스)

짧고 굵게, 단기에 끝낸다!

부동산학개론 30일 플래너
에듀윌 공인중개사
핵심요약집＋기출팩

단원		학습기간	공부한 날짜	완료
PART 1 **부동산학** **총론**	CH 1 부동산학 서설 · 핵심이론 01~04	1일	월 일 ~ 월 일	☐
	CH 2 부동산의 개념과 분류 · 핵심이론 05~10	1일	월 일 ~ 월 일	☐
	CH 3 부동산의 특성 · 핵심이론 11~13	1일	월 일 ~ 월 일	☐
	기출팩_01 기출분석, 02 기출지문, 03 박스형 기출문제			
PART 2 **부동산학** **각론**	CH 1 부동산경제론 · 핵심이론 01~22	4일	월 일 ~ 월 일	☐
	CH 2 부동산시장론 · 핵심이론 23~46	3일	월 일 ~ 월 일	☐
	CH 3 부동산정책론 · 핵심이론 47~61	3일	월 일 ~ 월 일	☐
	CH 4 부동산투자론 · 핵심이론 62~78	4일	월 일 ~ 월 일	☐
	CH 5 부동산금융론 (부동산금융 · 증권론) · 핵심이론 79~91	5일	월 일 ~ 월 일	☐
	CH 6 부동산개발 및 관리론 · 핵심이론 92~110	3일	월 일 ~ 월 일	☐
	기출팩_01 기출분석, 02 기출지문, 03 박스형 기출문제			
PART 3 **부동산** **감정평가론**	CH 1 감정평가의 기초이론 · 핵심이론 01~03	1일	월 일 ~ 월 일	☐
	CH 2 부동산가격이론 · 핵심이론 04~12	1일	월 일 ~ 월 일	☐
	CH 3 감정평가의 방식 · 핵심이론 13~27	1일	월 일 ~ 월 일	☐
	CH 4 부동산가격공시제도 · 핵심이론 28~35	2일	월 일 ~ 월 일	☐
	기출팩_01 기출분석, 02 기출지문, 03 박스형 기출문제			
기출팩_04 최신 기출문제				

↓
30일 완성!

짧고 굵게, 단기에 끝낸다!

민법 및 민사특별법 30일 플래너

에듀윌 공인중개사
핵심요약집 + 기출팩

단원			학습기간	공부한 날짜			완료
PART 1 **민법총칙**	CH 1 권리변동 일반	핵심이론 01~03	1일	월 일	~	월 일	☐
	CH 2 법률행위	핵심이론 04~07	2일	월 일	~	월 일	☐
	CH 3 의사표시	핵심이론 08~09	1일	월 일	~	월 일	☐
	CH 4 법률행위의 대리	핵심이론 10~16	1일	월 일	~	월 일	☐
	CH 5 무효와 취소	핵심이론 17~19	1일	월 일	~	월 일	☐
	CH 6 조건과 기한	핵심이론 20~22	1일	월 일	~	월 일	☐
	기출팩_01 기출분석, 02 기출지문, 03 박스형 기출문제						
PART 2 **물권법**	CH 1 물권법 일반	핵심이론 01~02	1일	월 일	~	월 일	☐
	CH 2 물권의 변동	핵심이론 03~08	2일	월 일	~	월 일	☐
	CH 3 점유권	핵심이론 09~11	1일	월 일	~	월 일	☐
	CH 4 소유권	핵심이론 12~14	2일	월 일	~	월 일	☐
	CH 5 용익물권	핵심이론 15~18	2일	월 일	~	월 일	☐
	CH 6 담보물권	핵심이론 19~21	2일	월 일	~	월 일	☐
	기출팩_01 기출분석, 02 기출지문, 03 박스형 기출문제						
PART 3 **계약법**	CH 1 계약법 총론	핵심이론 01~04	3일	월 일	~	월 일	☐
	CH 2 매매	핵심이론 05~08	2일	월 일	~	월 일	☐
	CH 3 교환	핵심이론 09	1일	월 일	~	월 일	☐
	CH 4 임대차	핵심이론 10~13	1일	월 일	~	월 일	☐
	기출팩_01 기출분석, 02 기출지문, 03 박스형 기출문제						
PART 4 **민사특별법**	CH 1 주택임대차보호법	핵심이론 01~04	1일	월 일	~	월 일	☐
	CH 2 상가건물 임대차보호법	핵심이론 05~07	1일	월 일	~	월 일	☐
	CH 3 집합건물의 소유 및 관리에 관한 법률	핵심이론 08	1일	월 일	~	월 일	☐
	CH 4 가등기담보 등에 관한 법률	핵심이론 09~11	1일	월 일	~	월 일	☐
	CH 5 부동산 실권리자명의 등기에 관한 법률	핵심이론 12~13	2일	월 일	~	월 일	☐
	기출팩_01 기출분석, 02 기출지문, 03 박스형 기출문제						
	기출팩_04 최신 기출문제						

↓

30일 완성!

부동산학개론 3회독 플래너

단원			1회독	2회독	3회독	완료
PART 1 **부동산학** **총론**	CH 1 부동산학 서설	핵심이론 01~04	1일	2일	1일	☐
	CH 2 부동산의 개념과 분류	핵심이론 05~10	1일			☐
	CH 3 부동산의 특성	핵심이론 11~13	1일			☐
	기출팩 _ 01 기출분석, 02 기출지문, 03 박스형 기출문제					
PART 2 **부동산학** **각론**	CH 1 부동산경제론	핵심이론 01~22	4일	3일	1일	☐
	CH 2 부동산시장론	핵심이론 23~46	3일			☐
	CH 3 부동산정책론	핵심이론 47~61	3일	3일	1일	☐
	CH 4 부동산투자론	핵심이론 62~78	4일			☐
	CH 5 부동산금융론 (부동산금융 · 증권론)	핵심이론 79~91	5일	2일	1일	☐
	CH 6 부동산개발 및 관리론	핵심이론 92~110	3일	1일		☐
	기출팩 _ 01 기출분석, 02 기출지문, 03 박스형 기출문제					
PART 3 **부동산** **감정평가론**	CH 1 감정평가의 기초이론	핵심이론 01~03	1일	1일	1일	☐
	CH 2 부동산가격이론	핵심이론 04~12	1일			☐
	CH 3 감정평가의 방식	핵심이론 13~27	1일	2일	2일	☐
	CH 4 부동산가격공시제도	핵심이론 28~35	2일			☐
	기출팩 _ 01 기출분석, 02 기출지문, 03 박스형 기출문제					
기출팩 _ 04 최신 기출문제						

30일 완성!　　14일 완성!　　7일 완성!

전략적으로 반복하여 끝낸다!

민법 및 민사특별법 3회독 플래너

에듀윌 공인중개사
핵심요약집 + 기출팩

단원			1회독	2회독	3회독	완료
PART 1 **민법총칙**	CH 1 권리변동 일반	핵심이론 01~03	1일	1일	1일	☐
	CH 2 법률행위	핵심이론 04~07	2일			☐
	CH 3 의사표시	핵심이론 08~09	1일	1일	1일	☐
	CH 4 법률행위의 대리	핵심이론 10~16	1일			☐
	CH 5 무효와 취소	핵심이론 17~19	1일	1일		☐
	CH 6 조건과 기한	핵심이론 20~22	1일			☐
	기출팩_01 기출분석, 02 기출지문, 03 박스형 기출문제					☐
PART 2 **물권법**	CH 1 물권법 일반	핵심이론 01~02	1일	1일	1일	☐
	CH 2 물권의 변동	핵심이론 03~08	2일			☐
	CH 3 점유권	핵심이론 09~11	1일	1일		☐
	CH 4 소유권	핵심이론 12~14	2일			☐
	CH 5 용익물권	핵심이론 15~18	2일	2일	1일	☐
	CH 6 담보물권	핵심이론 19~21	2일			☐
	기출팩_01 기출분석, 02 기출지문, 03 박스형 기출문제					☐
PART 3 **계약법**	CH 1 계약법 총론	핵심이론 01~04	3일	2일	1일	☐
	CH 2 매매	핵심이론 05~08	2일	2일		☐
	CH 3 교환	핵심이론 09	1일			☐
	CH 4 임대차	핵심이론 10~13	1일			☐
	기출팩_01 기출분석, 02 기출지문, 03 박스형 기출문제					☐
PART 4 **민사특별법**	CH 1 주택임대차보호법	핵심이론 01~04	1일	1일	2일	☐
	CH 2 상가건물 임대차보호법	핵심이론 05~07	1일			☐
	CH 3 집합건물의 소유 및 관리에 관한 법률	핵심이론 08	1일	2일		☐
	CH 4 가등기담보 등에 관한 법률	핵심이론 09~11	1일			☐
	CH 5 부동산 실권리자명의 등기에 관한 법률	핵심이론 12~13	2일			☐
	기출팩_01 기출분석, 02 기출지문, 03 박스형 기출문제					☐
기출팩_04 최신 기출문제						

↓　　　　　↓　　　　　↓
30일 완성!　14일 완성!　7일 완성!

내 흐름에 맞게 직접, 계획하여 끝낸다!

부동산학개론 셀프 플래너

에듀윌 공인중개사
핵심요약집＋기출팩

단원			학습기간	공부한 날짜	완료
PART 1 부동산학 총론	CH 1 부동산학 서설	핵심이론 01~04		월 일 ~ 월 일	☐
	CH 2 부동산의 개념과 분류	핵심이론 05~10		월 일 ~ 월 일	☐
	CH 3 부동산의 특성	핵심이론 11~13		월 일 ~ 월 일	☐
	기출팩_01 기출분석, 02 기출지문, 03 박스형 기출문제				
PART 2 부동산학 각론	CH 1 부동산경제론	핵심이론 01~22		월 일 ~ 월 일	☐
	CH 2 부동산시장론	핵심이론 23~46		월 일 ~ 월 일	☐
	CH 3 부동산정책론	핵심이론 47~61		월 일 ~ 월 일	☐
	CH 4 부동산투자론	핵심이론 62~78		월 일 ~ 월 일	☐
	CH 5 부동산금융론 (부동산금융ㆍ증권론)	핵심이론 79~91		월 일 ~ 월 일	☐
	CH 6 부동산개발 및 관리론	핵심이론 92~110		월 일 ~ 월 일	☐
	기출팩_01 기출분석, 02 기출지문, 03 박스형 기출문제				
PART 3 부동산 감정평가론	CH 1 감정평가의 기초이론	핵심이론 01~03		월 일 ~ 월 일	☐
	CH 2 부동산가격이론	핵심이론 04~12		월 일 ~ 월 일	☐
	CH 3 감정평가의 방식	핵심이론 13~27		월 일 ~ 월 일	☐
	CH 4 부동산가격공시제도	핵심이론 28~35		월 일 ~ 월 일	☐
	기출팩_01 기출분석, 02 기출지문, 03 박스형 기출문제				
	기출팩_04 최신 기출문제				

↓
___일 완성!

내 흐름에 맞게 직접, 계획하여 끝낸다!

민법 및 민사특별법 셀프 플래너

에듀윌 공인중개사
핵심요약집＋기출팩

단원		학습기간	공부한 날짜	완료
PART 1 **민법총칙**	CH 1 권리변동 일반	핵심이론 01~03		월 일 ~ 월 일	☐
	CH 2 법률행위	핵심이론 04~07		월 일 ~ 월 일	☐
	CH 3 의사표시	핵심이론 08~09		월 일 ~ 월 일	☐
	CH 4 법률행위의 대리	핵심이론 10~16		월 일 ~ 월 일	☐
	CH 5 무효와 취소	핵심이론 17~19		월 일 ~ 월 일	☐
	CH 6 조건과 기한	핵심이론 20~22		월 일 ~ 월 일	☐
	기출팩_01 기출분석, 02 기출지문, 03 박스형 기출문제				
PART 2 **물권법**	CH 1 물권법 일반	핵심이론 01~02		월 일 ~ 월 일	☐
	CH 2 물권의 변동	핵심이론 03~08		월 일 ~ 월 일	☐
	CH 3 점유권	핵심이론 09~11		월 일 ~ 월 일	☐
	CH 4 소유권	핵심이론 12~14		월 일 ~ 월 일	☐
	CH 5 용익물권	핵심이론 15~18		월 일 ~ 월 일	☐
	CH 6 담보물권	핵심이론 19~21		월 일 ~ 월 일	☐
	기출팩_01 기출분석, 02 기출지문, 03 박스형 기출문제				
PART 3 **계약법**	CH 1 계약법 총론	핵심이론 01~04		월 일 ~ 월 일	☐
	CH 2 매매	핵심이론 05~08		월 일 ~ 월 일	☐
	CH 3 교환	핵심이론 09		월 일 ~ 월 일	☐
	CH 4 임대차	핵심이론 10~13		월 일 ~ 월 일	☐
	기출팩_01 기출분석, 02 기출지문, 03 박스형 기출문제				
PART 4 **민사특별법**	CH 1 주택임대차보호법	핵심이론 01~04		월 일 ~ 월 일	☐
	CH 2 상가건물 임대차보호법	핵심이론 05~07		월 일 ~ 월 일	☐
	CH 3 집합건물의 소유 및 관리에 관한 법률	핵심이론 08		월 일 ~ 월 일	☐
	CH 4 가등기담보 등에 관한 법률	핵심이론 09~11		월 일 ~ 월 일	☐
	CH 5 부동산 실권리자명의 등기에 관한 법률	핵심이론 12~13		월 일 ~ 월 일	☐
	기출팩_01 기출분석, 02 기출지문, 03 박스형 기출문제				
	기출팩_04 최신 기출문제				

↓
___일 완성!

시작하는 방법은
말을 멈추고
즉시 행동하는 것이다.

– 월트 디즈니(Walt Disney)

➕ 합격할 때까지 책임지는 개정법령 원스톱 서비스!

법령 개정이 잦은 공인중개사 시험. 일일이 찾아보지 마세요!
에듀윌에서는 필요한 개정법령만을 빠르게! 한번에! 제공해 드립니다.

에듀윌 도서몰 접속 (book.eduwill.net)	▶	우측 정오표 아이콘 클릭	▶	카테고리 공인중개사 설정 후 교재 검색

개정법령
확인하기

2025
에듀윌 공인중개사

1차 핵심요약집 + 기출팩

부동산학개론 | 민법 및 민사특별법

저자의 말

핵심을 잡으면 합격이 쉬워집니다.

본 〈핵심요약집+기출팩〉은 지난 부동산학개론 기출문제를 분석하여 자주 출제되는 포인트에 중점을 두어 요약정리를 하였습니다. 문제풀이 과정에서도 문제를 풀기 위한 이론정리가 필요합니다. 그러므로 핵심요약집으로 이론정리를 하고, 문제집으로 문제를 풀고 나서 꼭 정리를 해두어야 할 사항들을 다시 핵심요약집으로 마무리한다면 시간을 절감하면서 효과적인 학습이 될 것입니다.

부동산학개론 이영방

최근 민법시험에서는 판례의 결론과 판례를 응용한 사례 문제가 많이 출제됩니다. 이는 제도의 개념을 이해하고 이를 응용할 능력이 있는지를 테스트하기 위해서입니다. 〈핵심요약집+기출팩〉에서는 이러한 출제경향을 반영하고, 객관식의 정답을 좌우하는 내용을 핵심쟁점으로 정리해 두었습니다. 많이 반복해서 좋은 결과 이루시길 바랍니다.

민법 및 민사특별법 심정욱

시험안내

| 시험일정

시험	2025년 제36회 제1·2차 시험(동시접수·시행)
접수기간	매년 8월 2번째 월요일부터 금요일까지(정기)
시험일정	매년 10월 마지막 주 토요일

※ 예정 공고에 따른 것으로 정확한 시험일정은 큐넷 홈페이지(www.Q-Net.or.kr)에서 확인 가능합니다.

| 시험과목 및 방법

제1차 및 제2차 시험을 모두 객관식 5지 선택형으로 출제(매 과목당 40문항)하고, 같은 날[제1차 시험 100분, 제2차 시험 150분(100분, 50분 분리시행)]에 구분하여 시행합니다.

구분	시험과목	문항 수	시험시간
제1차 시험 1교시 (2과목)	1. 부동산학개론(부동산감정평가론 포함) 2. 민법 및 민사특별법 중 부동산 중개에 관련되는 규정	과목당 40문항	100분 (09:30~11:10)
제2차 시험 1교시 (2과목)	1. 공인중개사의 업무 및 부동산 거래신고 등에 관한 법령 및 중개실무 2. 부동산공법 중 부동산 중개에 관련되는 규정	과목당 40문항	100분 (13:00~14:40)
제2차 시험 2교시 (1과목)	부동산공시에 관한 법령(부동산등기법, 공간정보의 구축 및 관리 등에 관한 법률) 및 부동산 관련 세법	40문항	50분 (15:30~16:20)

※ 답안은 시험시행일에 시행되고 있는 법령을 기준으로 작성하여야 합니다.

| 합격기준

구분	합격결정 기준
제1차 시험	매 과목 100점을 만점으로 하여 매 과목 40점 이상, 전 과목 평균 60점 이상 득점한 자
제2차 시험	매 과목 100점을 만점으로 하여 매 과목 40점 이상, 전 과목 평균 60점 이상 득점한 자

※ 1차·2차 시험은 동시 응시가 가능하나, 1차 시험에 불합격하고 2차만 합격한 경우 2차 성적은 무효로 합니다.

꼭 필요한 건 뭘까요?

정말 중요한 핵심이론이 필요합니다

합격생A

무조건 두꺼운 교재가 정답은 아니에요. 단기간에 합격하기 위해서는 중요한 이론을 완벽하게 숙지하는 것이 제일 중요하다고 생각해요.

합격생B

에듀윌 핵심요약집은 정말 필요한 이론들만 잘 정리되어 있어서 도움이 많이 되었어요.

시험에 나올 핵심이론만 뽑은 진짜 요약집

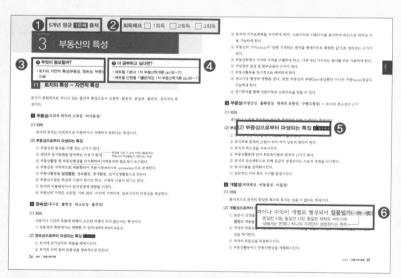

❶ CHAPTER별 5개년 출제비중

❷ 학습에 용이한 3회독 체크표

❸ 학습목표 제시

❹ 연계학습이 가능한 기본서, 단원별 기출문제집 페이지 수록

❺ 출제 예상되는 중요한 이론에는 필수체크로 표시

❻ 기본적이면서 중요한 용어에 첨삭해설 추가

제대로 된 기출풀이가 필요합니다

합격생C

기출문제는 어느 시험을 보든 필수라고 생각해요. 에듀윌 핵심요약집은 기출문제가 제공되어 좋았어요.

합격생D

핵심요약집에서 부록으로 제공한 기출팩이 정말 좋았어요. 공부하고 기출 풀어보기에 딱이더라구요.

체계적으로 학습하는 4단계 기출팩

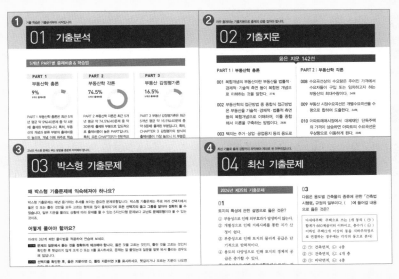

1. 5개년 기출분석
2. 기출지문
3. 박스형 기출문제
4. 최신 기출문제

핵심이론&기출, 핵심요약집＋기출팩에 다 있습니다!

이 책의 활용방법

단기합격을 위해!

짧고 굵게, 핵심만 파악하는 데에 좋아요.

초보 수험생도 핵심이론&기출문제로 구성된 핵심요약집을 통해 빠른 시간 안에 합격점수를 만들 수 있답니다. 요약집에서 강조하는 포인트를 중심으로 개념을 탄탄하게 다지세요! 보충학습이 필요한 수험생은 에듀윌 기본서와 단원별 기출문제집을 함께 보면 더욱 좋아요!

with 30일 플래너

회독 학습을 위해!

회독 수를 늘리는, 단권화 교재로 활용하기 좋아요.

방대한 기본서의 분량이 부담스럽다면, 요약집을 단권화하여 회독용 교재로 활용하세요. 회독 수가 늘어나는 동안 이해는 더욱 깊어지고, 이론은 자연스럽게 암기될 거예요.

with 3회독 플래너

완벽한 마무리를 위해!

마무리 복습 및 점검용 교재로 활용하기 좋아요.

핵심요약집은 5개년 기출분석을 통해 도출된 핵심이론으로만 구성되어 있으므로 마무리 복습 및 점검용 교재가 필요한 수험생에게도 적합하답니다. 시험 직전에도 빠르게 이론을 정리하고 싶을 때 활용해보세요!

with 셀프 플래너

CONTENTS
차례

부동산학 총론

5 개 년 출 제 비 중

9%

CHAPTER

1 | 부동산학 서설

❶ 무엇이 중요할까?

• 부동산과 관련된 용어의 뜻 숙지
• 부동산학의 학문적 성격 구분

❷ 더 공부하고 싶다면?

• 에듀윌 기본서 1차 부동산학개론 pp.16~29
• 에듀윌 단원별 기출문제집 1차 부동산학개론 pp.46~48

01 부동산학의 이해

1 부동산학의 정의

① 부동산학이란 부동산활동의 능률화의 원리 및 그 응용기술을 개척하는 종합응용과학이다(김영진 교수).

② 부동산학은 부동산의 가치증진과 관련된 의사결정과정을 연구하기 위하여 부동산에 대해 법적·경제적·기술적 측면에서 접근을 시도하는 종합응용 사회과학이다(조주현 교수).

③ 토지와 토지상에 부착되어 있거나 연결되어 있는 여러 가지 항구적인 토지개량물(land improvement)에 관하여 그것과 관련된 직업적·물적·법적·금융적 제 측면을 기술하고 분석하는 학문연구의 한 분야이다(안정근 교수).

2 부동산학의 학문적 성격

① 사회과학   ② 실천과학   ③ 응용과학
④ 경험과학   ⑤ 종합과학   ⑥ 규범과학

3 부동산학의 제 측면과 복합개념

무형적 측면	법률적 측면 (legal aspect)	부동산에 관계되는 제도적 측면 ⇨ 공·사법상의 여러 가지 규율이 부동산활동 등에 영향을 미치는 것
	경제적 측면 (economic aspect)	부동산의 가격에 관련된 측면
유형적 측면	기술적 측면 (engineering aspect)	부동산공간의 이용기법적 측면 ⇨ 부동산의 설계·시공·설비·자재·측량·지질·지형·토양 등

02 부동산학의 연구대상과 연구분야

1 부동산학의 연구대상

(1) 부동산현상

부동산에서 비롯되는 모든 기술·경제·제도 및 기타 제 현상, 즉 부동산활동을 에워싼 모든 현상을 말한다.

(2) 부동산활동

인간이 부동산을 대상으로 전개하는 관리적 측면에서의 여러 가지 행위, 즉 부동산을 대상으로 하는 인간활동을 말한다.

2 부동산학의 연구분야

실무분야		이론분야
부동산 결정분야	부동산 결정지원분야	부동산학의 기초분야
• 부동산투자 • 부동산금융 • 부동산개발 • 부동산정책 및 계획	• 부동산마케팅 • 부동산관리 • 부동산평가 • 부동산컨설팅 • 부동산중개 • 부동산 입지선정	• 부동산 특성 • 부동산 관련법 • 도시지역 • 부동산시장 • 부동산세금 • 부동산수학

03 부동산학의 접근방법

1 종합식 접근방법

부동산을 법률적·경제적·기술적 등의 복합개념으로 이해하고, 그러한 측면의 이론을 토대로 시스템적 사고방식에 따라 부동산학이론을 구축해야 한다는 연구방법이다.

2 법·제도적 접근방법

부동산에 관한 이론을 체계화함에 있어서 그 이론적 기초를 법률적·제도적 측면에 두는 방법이다.

3 의사결정 접근방법

인간은 합리적인 존재이며, 자기 이윤의 극대화를 목표로 행동한다는 기본 가정에서 출발하는 접근방법이다.

04　부동산활동(부동산학)의 일반원칙

부동산과 인간의 관계개선이라는 부동산학의 이념을 실현하기 위한 부동산활동의 행동방향이다.

1 능률성의 원칙

부동산학은 부동산 소유활동의 능률화를 위해서는 최유효이용의 원칙을, 부동산 거래활동의 능률화를 위해서는 거래질서 확립의 원칙을 지도원리로 삼고 있다.

2 안전성의 원칙

안전성의 개념에 있어서는 복합개념의 논리에 따라서 법률적 안전성, 경제적 안전성, 기술적 안전성을 고려하여야 한다.

➕ 능률성과 안전성은 상호 견제의 관계에 있다.

3 경제성의 원칙

부동산활동은 경제원칙을 추구한다. 경제원칙은 부동산활동 전반에 걸친 합리적 선택의 원칙이라고도 할 수 있다.

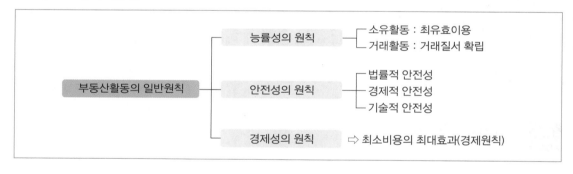

CHAPTER

2 | 부동산의 개념과 분류

❗ **무엇이 중요할까?**

• 부동산의 개념 이해
• 토지의 분류 내용 이해

❓ **더 공부하고 싶다면?**

• 에듀윌 기본서 1차 부동산학개론 pp.30~57
• 에듀윌 단원별 기출문제집 1차 부동산학개론 pp.49~65

05 | 부동산의 개념 − 법·제도적 개념

1 협의의 부동산 − 토지와 그 정착물

협의의 부동산이란 '토지와 그 정착물'을 말하는데(민법 제99조 제1항), 이를 「민법」상 부동산이라고도 한다. 따라서 부동산 이외의 물건은 동산이라고 할 수 있다(민법 제99조 제2항).

(1) 토지

① 토지소유자는 법률의 범위 내에서 토지를 사용·수익·처분할 권리가 있다.

② 「민법」 제212조에서 "토지의 소유권은 정당한 이익 있는 범위 내에서 토지의 상하에 미친다."라고 규정하고 있어 토지소유권의 범위를 입체적으로 규정하고 있다.

③ 토지소유권은 토지의 구성부분과 토지로부터 독립성이 없는 부착물에도 그 효력이 미친다.

④ 토지의 구성물(암석, 토사, 지하수 등)은 토지의 지하공간에 포함된 구성물로서 토지와 독립한 물건이 아니며, 토지의 소유권은 그 구성물에도 미친다.

⑤ 광업권의 객체가 되는 미채굴의 광물에 대해서는 토지소유권자의 권리가 미치지 못하는 것으로 하고 있다.

(2) 토지정착물

토지에 고정되어 있어 용이하게 이동할 수 없는 물건으로서 그러한 상태로 사용되는 것이 그 물건의 통상적인 성질로 인정되는 것을 말한다.

구분	토지로부터 독립된 정착물	토지에 종속되어 있는 정착물	동산으로 취급
특징	• 토지와 별개로 거래될 수 있음 • 토지소유자의 소유권 미치지 않음	• 토지와 함께 거래됨 • 토지의 구성부분 • 토지소유자의 소유권 미침	• 정착물이 아님 • 토지소유자의 소유권 불인정
예시	• 건물 • 명인방법에 의한 수목 또는 수목의 집단 • 등기완료된 수목의 집단(입목) • 농작물	• 돌담, 교량, 축대, 도로, 제방 등 • 매년 경작을 요하지 않는 나무나 다년생식물 등	• 판잣집 • 컨테이너 박스 • 가식(假植) 중인 수목

2 광의의 부동산

협의의 부동산 + 준부동산(의제부동산)
➕ 준부동산(의제부동산)에는 공장재단, 광업재단, 어업권, 선박, 항공기, 자동차, 건설기계(중기) 등이 있다.

06 부동산의 개념 – 경제적 개념

1 자산

(1) 사용가치로서의 자산성

소유 · 이용의 대상을 말한다.

(2) 교환가치로서의 자산성

거래 · 투자의 대상을 말한다.

2 자본

생산을 해야 하는 기업의 측면에서 토지는 다른 자본재와 같이 임차하거나 매수해야만 하는 자본재로서의 성격을 지닌다.

3 생산요소 → 인간에게 필요한 재화나 서비스를 생산하기 위해 반드시 필요한 요소

생산물 = f(노동, 자본, 토지)

① 노동과 자본 ⇨ 가변요소
② 토지 ⇨ 수동적이고 소극적인 생산요소(∵ 부동성으로 인해)

4 소비재

토지는 생산요소 및 생산재로서의 성격을 갖지만 동시에 인간생활의 편의를 제공해 주는 최종 소비재의 성격도 가지고 있다.

5 상품

부동산은 소비재이며 또한 시장에서 거래되는 상품이다.

07 부동산의 개념 – 물리적 개념

1 자연

① 토지를 자연으로 파악할 때는 자연환경(natural environment)으로 정의한다. ⇨ 가장 넓은 의미로 토지를 정의하는 것

② 부동산의 특성 중 부증성과 밀접한 관련이 있으며, 사회성·공공성이 특히 강조된다.

2 공간 ✎필수체크

(1) 부동산은 수평공간·공중공간·지중공간의 3차원 공간으로 구성된다.

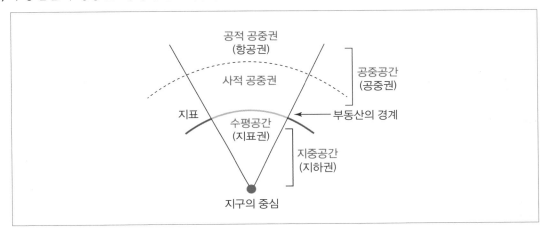

① **수평공간**: 지표와 연관된 택지·농경지·계곡·수면·평야 등

② **공중공간**: 주택·건물·상점 기타 공중을 향하여 연장되는 공간

③ **지중공간**: 지표에서 지중을 향하는 공간

(2) 공간으로서의 부동산의 개념은 부동산의 특성 중 영속성과 밀접한 관련이 있다.

(3) 부동산소유권의 공간적 범위

① **지표권**(surface right): 토지지표를 토지소유자가 배타적으로 이용하여 작물을 경작하거나 건물을 건축할 수 있는 권리를 말한다.

② **지하권**(subsurface right): 토지소유자가 지하공간에서 어떤 이익을 얻거나 지하공간을 사용할 수 있는 권리를 말한다.
   ➕ 우리나라의 경우 광업권의 객체인 광물에 대하여는 토지소유자의 소유권이 미치지 못한다.

③ **공중권**(air right): 토지소유자가 공중공간을 타인의 방해 없이 일정한 고도까지 포괄적으로 이용할 수 있는 권리를 말한다.

3 위치

(1) 개념

특정 장소가 갖는 시장성·지형·지세를 의미하는데, 절대적 위치는 부동성(不動性)과, 상대적 위치는 인접성과 밀접한 관련이 있다.

(2) 위치와 접근성의 문제

① **접근성의 개념**: 어떤 목적물에 도달하는 데 시간적·경제적·거리적 부담의 정도를 말한다.

② **접근성의 특징**

ㄱ 원칙: 접근성이 좋을수록 부동산의 입지조건은 양호하고 그 가치는 높다.

ㄴ 예외

ⓐ 위험혐오시설

ⓑ 용도에 맞지 않는 경우

③ **부동산의 용도와 접근성**: 부동산의 용도에 따라 접근성의 중요성과 평가기준이 달라진다.

4 환경

어떤 부동산을 에워싼 자연적·사회적·물리적·경제적 제 상황을 말한다.

08 부동산의 개념 - 복합개념

구분	개념	특징
복합개념의 부동산	유·무형의 법률·경제·기술적 측면의 부동산	부동산학적 관점의 부동산
복합부동산	토지와 건물 및 그 부대시설이 결합되어 구성된 부동산	감정평가 시 일괄평가
복합건물	주거와 근린생활시설 등이 결합되어 있어 복합적 기능을 수행하는 건물 예 주상복합건물	감정평가 시 구분평가

09 부동산의 용어

1 부동산 - real estate

미국에서 부동산이라는 표현으로 많이 사용되는 용어는 'real estate'로, 일반적으로 토지와 그 정착물을 정의하는 부동산이다.

➕ '부동산학'의 경우는 'Real Estate'로 영문자의 머리글자를 대문자로 표시한다.

2 부동산의 종별과 유형 – 감정평가상의 용도적 종별

지역적 종별(지역 종별)	개별적 종별(토지 종별)
부동산이 속한 지역의 용도에 따른 구분	지역 종별에 의하여 분류되는 토지의 구분
① 택지지역: 주거지역, 상업지역, 공업지역 ② 농지지역: 전지지역, 답지지역, 과수원지역 ③ 임지지역: 용재림지역, 신탄림지역	① 택지: 주거지, 상업지, 공업지 ② 농지: 전지, 답지 ③ 임지

└─→ 산림지와 초지를 모두 포함하는 포괄적인 용어

10 토지의 분류

1 택지 · 대지 · 부지

(1) 택지(宅地)

주거 · 상업 · 공업용지 등의 용도로 이용되고 있거나 이용을 목적으로 조성된 토지를 말한다.

(2) 대지(垈地)

「공간정보의 구축 및 관리 등에 관한 법률」에 따라 각 필지(筆地)로 나눈 토지를 말하는데, 필지 중 건축행위가 가능한 필지를 말한다.

(3) 부지(敷地)

도로부지, 하천부지와 같이 일정한 용도로 이용되는 바닥토지를 말하며 하천, 도로 등의 바닥토지에 사용되는 포괄적 용어이다.

🏠 **대지와 부지의 관계**

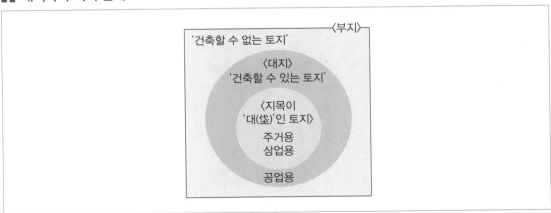

2 후보지와 이행지

후보지(候補地)	이행지(移行地)

• 용도지역 중 택지지역, 농지지역, 임지지역 상호 간에 전환되고 있는 토지
• 가망지(可望地) 또는 예정지(豫定地)라고도 함
• 반드시 지목변경이 뒤따름
    └→ 토지의 주된 용도에 따라 토지의 종류를
         구분하여 지적공부에 등록한 것
	• 택지지역(주택·상업·공업지 간 이행), 농지지역(전·답·과수원 간 이행), 임지지역(신탄림지역·용재림지역 간 이행) 내에서 전환이 이루어지고 있는 토지
	• 지목변경이 뒤따를 수도 있고 그렇지 않을 수도 있음

➕ 후보지나 이행지는 전환 중이거나 이행 중인 토지에 붙이는 용어로서, 전환이나 이행이 이루어지고 난 후에는 바뀐 후의 용도에 따라 부르는 것에 유의하여야 한다.

3 맹지와 대지

맹지(盲地)	타인의 토지에 둘러싸여 도로에 어떤 접속면도 가지지 못하는 토지 ⇨ 「건축법」에 의해 원칙적으로 건물을 세울 수 없음
대지(袋地)	어떤 택지가 다른 택지에 둘러싸여 좁은 통로에 의해서 도로에 접하는 자루형의 모양을 띠게 되는 택지

4 필지와 획지

필지(筆地)	획지(劃地)
• 「공간정보의 구축 및 관리 등에 관한 법률」(또는 부동산등기법)상의 용어 • 하나의 지번이 붙는 토지의 등기·등록 단위 • 토지소유자의 권리를 구분하기 위한 표시 • 권리를 구분하기 위한 법적 개념	• 감정평가에서 중시 • 인위적·자연적·행정적 조건에 의해 다른 토지와 구별되는, 가격수준이 비슷한 일단의 토지 • 부동산활동 또는 부동산현상의 단위면적이 되는 일획의 토지 • 가격수준을 구분하기 위한 경제적 개념

➕ 필지와 획지의 관계
 • 필지와 획지가 같은 경우(1필지가 1획지가 되는 경우) ⇨ 개별평가
 • 하나의 필지가 여러 개의 획지가 되는 경우(필지가 크거나 획지가 작은 경우) ⇨ 구분평가
 • 여러 개의 필지가 하나의 획지를 이루는 경우(획지가 큰 경우) ⇨ 일괄평가

5 나지 · 건부지 · 공지 · 공한지

나지(裸地)	• 토지에 건물이나 그 밖의 정착물이 없고 지상권 등 토지의 사용·수익을 제한하는 사법상의 권리가 설정되어 있지 아니한 토지 • 건부지에 비하여 최유효이용이 기대되기 때문에 매매에 있어서 가격이 비싸며, 토지가격에 대한 감정평가의 기준이 됨
건부지(建敷地)	건물이 들어서 있는 부지
공지(空地)	필지 중 건물공간을 제외하고 남은 토지로 「건축법」에 의한 건폐율 등의 제한으로 인해 한 필지 내에 건물을 꽉 메워서 건축하지 않고 남겨 둔 토지
공한지(空閑地)	도시 토지 중 지가 상승만 기대하고 장기간 방치한 토지

➕ 건부감가와 건부증가 └→ 나지 상태의 가격에 비해 건부지의 가격이 낮은 정도
  • 나지 평가액 > 건부지 평가액 ⇨ 건부감가(원칙)
  • 나지 평가액 < 건부지 평가액 ⇨ 건부증가(예외)

6 소지 · 선하지 · 포락지

소지(素地)	대지 등으로 개발되기 이전의 자연적인 그대로의 토지
선하지(線下地)	고압선 아래의 토지로 보통은 선하지 감가를 행함
포락지(浦落地)	지적공부에 등록된 토지가 물에 침식되어 수면 밑으로 잠긴 토지

7 법지와 빈지

법지(法地)	• 법으로만 소유할 뿐 활용실익이 없는 토지로, 택지의 유효지표면 경계와 인접지 또는 도로면과 경사된 토지 • 토지의 붕괴를 막기 위하여 경사를 이루어 놓은 것인데 측량면적에는 포함되지만 실제로 사용할 수 없는 면적
빈지(濱地, 바닷가)	• 일반적으로 바다와 육지 사이의 해변토지를 말하며, 「공유수면 관리 및 매립에 관한 법률」에서는 '바닷가'라 부름 • 해안선으로부터 지적공부에 등록된 지역까지의 사이 • 법지와 반대 개념

8 유휴지와 휴한지

유휴지(遊休地)	바람직스럽지 못하게 놀리는 토지
휴한지(休閑地)	농지 등을 정상적으로 쉬게 하는 토지

CHAPTER 3 | 부동산의 특성

❶ 무엇이 중요할까?

• 토지의 자연적 특성(부동성, 영속성, 부증성, 개별성, 인접성) 이해

❷ 더 공부하고 싶다면?

• 에듀윌 기본서 1차 부동산학개론 pp.58~70
• 에듀윌 단원별 기출문제집 1차 부동산학개론 pp.66~71

11 토지의 특성 – 자연적 특성

토지가 본원적으로 지니고 있는 물리적 특성으로서 선천적 · 원천적 · 본질적 · 불변적 · 경직적인 특성이다.

1 부동성(지리적 위치의 고정성 · 비이동성)

(1) 의의

토지의 위치는 인위적으로 이동하거나 지배하지 못한다는 특성이다.

(2) 부동성으로부터 파생되는 특징

① 부동산과 동산을 구별 짓는 근거가 된다.
② 권리의 공시방법을 달리하는 이유가 된다. → 현장에 직접 가 보는 부동산활동(책상 위에서의 탁상활동과 대응되는 개념)
③ 부동산활동 및 부동산현상을 국지화하여 지역분석의 필요성이 요구된다.
④ 부동산은 지역적으로 세분화되어 부분시장(하위시장, submarket)으로 존재한다.
⑤ 부동산활동을 임장활동, 정보활동, 중개활동, 입지선정활동으로 만든다.
⑥ 부동산시장은 추상적 시장이 되기도 하고, 구체적 시장이 되기도 한다.
⑦ 토지의 이용방식이나 입지선정에 영향을 미친다.
⑧ 부동산의 가격은 소유권, 기타 권리 · 이익의 가격이며, 담보가치의 안정성을 제공한다.

2 영속성(내구성 · 불변성 · 비소모성 · 불괴성)

(1) 의의

사용이나 시간의 흐름에 의해서 소모와 마멸이 되지 않는다는 특성이다.

⇨ 유용성의 측면에서는 변화할 수 있다(경제적 측면의 유용성).

(2) 영속성으로부터 파생되는 특징 📝**필수체크**

① 토지에 감가상각의 적용을 배제시킨다.
② 토지의 수익 등의 유용성을 영속적으로 만든다.

③ 토지의 가치보존력을 우수하게 하며, 소유이익과 이용이익을 분리하여 타인으로 하여금 이용 가능하게 한다.

④ 부동산의 가치(value)가 '장래 기대되는 편익을 현재가치로 환원한 값'으로 정의되는 근거가 된다.

⑤ 부동산학에서 가치와 가격을 구별하게 하고, 가격 대신 가치라는 용어를 주로 사용하게 한다.

⑥ 저당권의 설정 및 할부금융의 근거가 된다.

⑦ 부동산활동을 장기적으로 배려하게 한다.

⑧ 재고시장 형성에 영향을 준다. 또한 부동산의 유량(flow)공급뿐만 아니라 저량(stock)공급도 가능하게 한다.

⑨ 장기투자를 통해 자본이득과 소득이득을 얻을 수 있다.

3 부증성(비생산성 · 불확장성 · 면적의 유한성 · 수량고정성) ➡ 토지의 희소성의 근거

(1) 의의

생산비나 노동을 투입하여 물리적 절대량을 늘릴 수 없다는 특성이다.

(2) 부증성으로부터 파생되는 특징 ✎필수체크

① 토지에 생산비의 법칙이 적용되지 않게 한다.

② 토지부족 문제의 근원이 되어 지가 상승의 원인이 된다.

③ 토지의 희소성을 지속시킨다.

④ 부동산활동에 있어 최유효이용의 원칙의 근거가 된다.

⑤ 토지의 공급제한으로 인해 공급자 경쟁보다는 수요자 경쟁을 야기한다.

⑥ 토지이용을 집약화시킨다.

⑦ 일반적인 지대 혹은 지가를 발생시킨다.

4 개별성(비대체성 · 비동질성 · 이질성)

(1) 의의

물리적으로 완전히 동일한 복수의 토지는 있을 수 없다는 특성이다.

(2) 개별성으로부터 파생되는 특징 ✎필수체크

① 표준지 선정을 어렵게 하며, 토지의 가격이나 수익이 개별로 형성되어 **일물일가(一物一價)의 법칙**의 적용을 배제시킨다.
동일한 시점, 동일한 시장, 동일한 재화와 서비스에 대해서는 언제나 하나의 가격만이 성립한다는 원칙

② 개개의 부동산을 구별하고 그 가격이나 수익 등을 개별화 · 구체화시키므로 개별분석의 필요성을 제기한다.

③ 개개의 부동산을 독점화시킨다.

④ 부동산활동이나 부동산현상을 개별화시킨다.

5 인접성(연결성)

(1) 의의

토지는 지표의 일부이며, 물리적으로 보는 토지는 반드시 다른 토지와 연결되어 있다는 특성이다.

(2) 인접성으로부터 파생되는 특징

① 각각의 부동산은 인접지와의 협동적 이용을 필연화시킨다.

② 소유와 관련하여 경계 문제를 불러일으킨다.

③ 가격형성 시 인접지의 영향을 받게 하며 지역분석을 필연화시킨다.

④ 개발이익의 사회적 환수 논리의 근거가 된다.

⑤ 부동산의 용도면에서 대체가능성이 존재하게 한다.

6 기타

그 밖의 자연적 특성으로는 주로 농촌토지의 특성에 해당하는 배양성, 가경성, 적재성, 지력성 등이 있다.

12 토지의 특성 — 인문적 특성

토지가 인간과 어떤 관계를 가질 때 나타나는 특성으로서 부동산 생활관계에서 인간이 인위적으로 부동산에 부여한 특성이다.

1 용도의 다양성(다용도성 · 변용성 · 상호의존성)

(1) 의의

지역의 사회적 · 경제적 · 행정적 환경에 따라 토지가 여러 가지 용도로 사용될 수 있다는 특성이다.

(2) 용도의 다양성으로부터 파생되는 특징

① 최유효이용의 판단 근거가 된다.

② 적지론(適地論)의 근거가 된다.

③ 가격다원설에 있어 논리적 근거를 제공한다.

④ 이행과 전환을 가능하게 한다.

⑤ 부동산 용도전환을 통해 토지의 경제적 공급을 가능하게 한다.

2 병합·분할의 가능성

(1) 의의

토지는 목적 등에 따라 그 면적을 인위적으로 큰 규모 또는 작은 규모로 합치거나 나누어서 사용할 수 있다는 특성이다.

(2) 병합·분할의 가능성으로부터 파생되는 특징

① 용도의 다양성을 지원하는 기능을 갖게 한다.
② 합병 증·감가 또는 분할 증·감가를 발생하게 한다.

3 위치의 가변성

토지의 자연적 위치는 불변이지만 사회적·경제적·행정적 위치는 변한다는 특성이다.

(1) 사회적 위치의 가변성

도시 형성, 공공시설의 확충 및 정비 상태의 변화

(2) 경제적 위치의 가변성

수송 및 교통체계의 정비

(3) 행정적 위치의 가변성(행정의 지배성·피행정성·수행정성)

제도, 정책, 시책, 규제

4 국토성

토지는 본래 사유이기 이전에 국토이다.

5 지역성

부동산은 다른 부동산과 함께 어떤 지역을 형성하고 그 상호관계를 통하여 사회적·경제적·행정적 위치가 정하여진다.

13 토지의 특성 – 경제적 특성

1 희소성

토지의 희소성은 토지의 자연적 특성인 부증성 등으로 인한 토지공급의 비탄력성에 기인한다.

2 투자의 고정성(내구성)

대지와 건물에 투자한 비용의 회수까지는 많은 기간이 소요되는데, 이것을 투자의 내구성 또는 투자의 고정성이라고 한다.

3 토지개량물의 토지 효용 변경성

① **토지개량물의 의의**: 노동이나 자본과 같은 인위적인 힘을 통해 정착 또는 부착하여 토지의 효용성을 증가시키는 건축물·구조물·관개시설 등

② 토지는 자연적 특성인 지리적 위치의 고정성으로 인하여 그 인근지역의 사회적·경제적·행정적 제 요인의 영향을 받음과 동시에 그 해당 토지를 둘러싸고 있는 토지개량물의 영향을 크게 받는다.

4 위치의 선호성

① **주거지**: 쾌적성 + 편리성이 양호한 위치
② **상업지**: 수익성이 양호한 위치
③ **공업지**: 생산성이 양호한 위치
④ **농업지**: 생산성이 양호한 위치

5 고가성

부동산은 다른 상품에 비하여 가격이 비싸다. 고가성으로 인해 부동산시장에의 진출입을 어렵게 한다.

어떠한 일도 갑자기 이루어지지 않는다.
한 알의 과일, 한 송이의 꽃도 그렇게 되지 않는다.
나무의 열매조차 금방 맺히지 않는데,
하물며 인생의 열매를 노력도 하지 않고
조급하게 기다리는 것은 잘못이다.

– 에픽테토스(Epictetus)

PART 2
부동산학 각론

5 개 년 출 제 비 중

74.5%

CHAPTER

1 | 부동산경제론

❶ 무엇이 중요할까?

• 부동산의 수요와 공급 이해
• 부동산의 경기변동 정리

❷ 더 공부하고 싶다면?

• 에듀윌 기본서 1차 부동산학개론 pp.74~121
• 에듀윌 단원별 기출문제집 1차 부동산학개론 pp.74~113

01 수요의 개념

1 수요(demand)

일정기간(시점) 동안에 소비자가 재화와 서비스를 구매하고자 하는 욕구를 말한다.

2 수요량

일정기간(시점) 동안에 주어진 가격수준으로 소비자가 구입하고자 하는 최대수량을 말한다.

① 유량(流量, flow) 개념 ⇨ 저량의 수요량도 존재함에 유의한다.

> **➕ 유량(流量, flow)과 저량(貯量, stock)**
>
> 1. **유량(flow)**: 일정기간에 걸쳐서 측정하는 변수
>   > **예** 소득, 수익, 수입, 생산량, 주택거래량, 국민총생산, 국내총생산, 가계 소비, 노동자 소득
> 2. **저량(stock)**: 일정시점에 측정하는 변수
>   > **예** 인구, 자산, 재산, 가치, 가격, 국부(國富), 재고량, 통화량, 자본 총량
> ※ 저량의 변동분은 곧 유량이 된다.
>   > **예** 재고의 변동분 ⇨ 재고투자

② 구매하려고 의도된 양(사전적 개념) ⇨ 실제로 구입한 양(사후적 개념)이 아니다.

③ 구매력 ⇨ 유효수요

02 수요곡선

1 개념

일정기간(시점)에 성립할 수 있는 여러 가지 가격수준(임대료)과 수요량의 조합을 연결한 곡선이다.

2 수요법칙

단위당 가격(임대료)이 상승하면 수요량이 감소하고, 단위당 가격(임대료)이 하락하면 수요량이 증가하는 관계, 즉 해당 가격(임대료)과 수요량 사이의 반비례관계를 말한다.

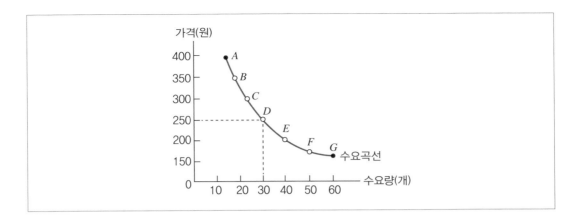

3 수요법칙의 예외

① 기펜재(Giffen's goods)

② 베블렌(Veblen) 효과

4 개별수요와 시장수요

① **개별수요**: 한 사람 한 사람의 수요

② **시장수요**: 개별수요의 수평 합 ⇨ 개별수요곡선보다 완만(탄력적)

03 대체효과와 소득효과

1 대체효과(substitution effect)

다른 조건이 일정불변일 때 한 재화의 가격(임대료)이 하락(상승)하면 대체효과는 언제나 그 재화의 구입량을 증가(감소)시킨다.

> X재 가격↓ ⇨ 상대적으로 대체재(Y재)의 가격↑ ⇨ Y재 수요량↓ ⇨ X재 수요량↑

2 소득효과(income effect)

다른 조건이 일정불변일 때 한 재화의 가격(임대료)이 하락(상승)하면 소득효과는 재화의 종류(정상재 또는 열등재)에 따라 그 재화의 구입량이 달라진다.

3 가격효과

대체효과와 소득효과의 합성효과를 말한다.

X재 가격↓ ⇨ 실질소득↑ ⇨ ┌ 정상재: X재 수요량↑
　　　　　　　　　　　　　├ 열등재: X재 수요량↓
　　　　　　　　　　　　　└ 중립재: X재 수요량 불변

04　수요량의 변화와 수요의 변화

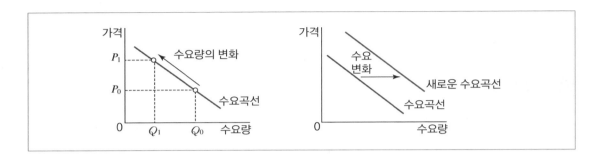

1 수요량의 변화

① 해당 재화가격(임대료)의 변화에 의한 수요량의 변화를 말한다.

② 동일 수요곡선상에서의 점의 이동으로 나타난다.

2 수요의 변화

① 해당 재화가격(임대료) 이외의 요인이 변화하여 일어나는 수요량의 변화를 말한다.

② 수요곡선 자체의 이동으로 나타난다.

05　수요변화의 요인

1 소득수준의 변화

① **정상재**: 소득이 증가함에 따라 수요가 증가하는 재화

소득↑ ⇨ 수요량↑ ⇨ 수요곡선이 우측으로 이동

② **열등재**: 소득이 증가함에 따라 수요가 감소하는 재화

소득↑ ⇨ 수요량↓ ⇨ 수요곡선이 좌측으로 이동

③ **중립재**: 동일한 가격에서 소득이 변하더라도 수요량이 변하지 않는 재화

소득↑ ⇨ 수요량 불변 ⇨ 수요곡선 불변

2 다른 재화의 가격변동

① 대체재

대체재 관계에 있는 두 재화 중 X재(커피)의 가격↑ ⇨ X재(커피)의 수요량↓ ⇨ Y재(홍차)의 수요량↑ ⇨ Y재(홍차)의 수요곡선이 우측으로 이동

② 보완재

보완재 관계에 있는 두 재화 중 X재(커피)의 가격↑ ⇨ X재(커피)의 수요량↓ ⇨ Y재(설탕)의 수요량↓ ⇨ Y재(설탕)의 수요곡선이 좌측으로 이동

③ 독립재

X재(커피)의 가격↑ ⇨ X재(커피)의 수요량↓ ⇨ Y재(책)의 수요량 불변 ⇨ Y재(책)의 수요곡선 불변

3 소비자의 가격 예상

어떤 재화의 가격이 가까운 장래에 상승(하락)할 것이라고 예상 ⇨ 수요 증가(감소) ⇨ 수요곡선이 우측(좌측)으로 이동

4 소비자의 기호 변화

어떤 재화에 대한 소비자들의 선호도 증가(감소) ⇨ 수요 증가(감소) ⇨ 수요곡선이 우측(좌측)으로 이동

5 소비자(인구)의 수

소비자의 수 증가(감소) ⇨ 수요 증가(감소) ⇨ 수요곡선은 우측(좌측)으로 이동

6 기타

이외에도 수요는 경기전망, 금리의 수준, 부동산에 대한 조세, 재산 등에 의해서 영향을 받는다.

➕ 수요 증가의 요인
① 정상재의 경우 소득의 증가
② 열등재의 경우 소득의 감소
③ 대체재의 가격 상승
④ 대체재의 수요 감소
⑤ 보완재의 가격 하락
⑥ 보완재의 수요 증가
⑦ 수요자의 해당 가격 상승 예상
⑧ 담보대출금리의 인하

06 공급의 개념

1 공급(supply)

일정기간(시점) 동안에 생산자가 재화나 서비스를 판매하고자 하는 욕구를 말한다.

2 공급량

일정기간(시점) 동안에 주어진 가격수준으로 생산자가 판매하고자 하는 최대수량을 말한다.

① 유량(流量, flow) 개념 ⇨ 저량(貯量, stock)의 공급량도 존재한다.

② 판매하려고 의도된 양(사전적 개념) ⇨ 실제로 판매한 양(사후적 개념)이 아니다.

③ 생산력 ⇨ 유효공급

07 공급곡선

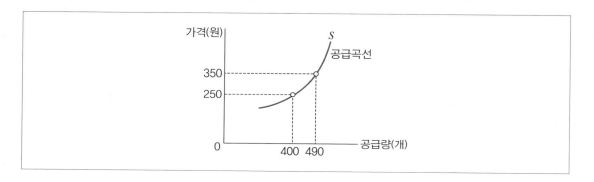

1 개념

일정기간(시점)에 성립할 수 있는 여러 가지 가격(임대료)수준과 공급량의 조합들을 나타내는 곡선
⇨ 한계비용곡선

2 공급법칙

다른 모든 조건이 일정할 때 어떤 재화의 가격(임대료)이 상승하면 그 재화의 공급량은 증가하고 가격(임대료)이 하락하면 공급량은 감소한다는 것으로 해당 가격(임대료)과 공급량 사이의 비례관계를 말한다.

3 개별공급과 시장공급

① **개별공급**: 생산자 한 사람 한 사람의 공급

② **시장공급**: 개별공급의 수평적 합계 ⇨ 개별공급곡선보다 완만(탄력적)

08　공급량의 변화와 공급의 변화

1 공급량의 변화

① 해당 재화가격(임대료)의 변화에 의한 공급량의 변화를 말한다.

② 동일 공급곡선상의 점의 이동으로 나타난다.

2 공급의 변화

① 해당 재화가격(임대료) 이외의 요인이 변화하여 일어나는 공급량의 변화를 말한다.

② 공급곡선 자체의 이동으로 나타난다.

09　공급변화의 요인

1 생산기술의 변화

생산기술이 발전하면 동일한 생산비용으로 더 많은 재화를 생산하고 공급할 수 있으므로 공급곡선은 우측으로 이동한다.

2 생산요소 가격의 변화

생산요소 가격 하락(상승) ⇨ 생산비용 하락(상승) ⇨ 공급량 증가(감소) ⇨ 공급곡선이 우측(좌측)으로 이동

3 다른 재화의 가격변동 – 공급면에서 대체관계와 보완관계

① 공급면에서 대체관계

X재(콩)의 가격↑ ⇨ X재(콩)의 공급량↑ ⇨ Y재(옥수수)의 공급량↓ ⇨ Y재(옥수수)의 공급곡선이 좌측으로 이동

② 공급면에서 보완관계

X재(쇠고기)의 가격↑ ⇨ X재(쇠고기)의 공급량↑ ⇨ Y재(쇠가죽)의 공급량↑ ⇨ Y재(쇠가죽)의 공급곡선이 우측으로 이동

4 기업에의 조세 부과와 보조금 지급

① 조세 부과

> 해당 재화의 생산비↑ ⇨ 공급량↓ ⇨ 공급곡선이 좌측으로 이동

② 보조금 지급

> 해당 재화의 생산비↓ ⇨ 공급량↑ ⇨ 공급곡선이 우측으로 이동

5 기타

이외에도 공급자의 수, 경기전망, 금리의 수준 등도 공급에 영향을 미친다.

10 부동산의 공급

1 부동산 공급의 개념

토지에는 부증성의 특성이 있어 엄밀한 의미에서 물리적인 공급은 불가능하며, 부동산 중 건물은 그 절대적 공급이 가능하고, 토지는 경제적인 공급이 가능하다.

2 부동산의 공급자

부동산 공급자에는 생산자뿐만 아니라 기존의 주택이나 건물의 소유주도 포함된다.

3 부동산의 생산비곡선

부동산의 공급곡선은 부동산의 생산비곡선과 밀접한 관계가 있는데, 각 가격수준에 대응하는 균형생산량을 나타내 보면 한계비용곡선(우상향하는 부분)이 곧 공급곡선임을 알 수 있다.

4 부동산의 공급곡선

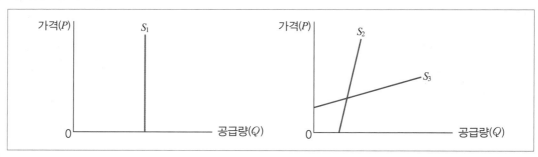

(1) 토지의 물리적 공급곡선

토지의 자연적 특성인 부증성으로 인하여 어떤 가격에도 물리적으로 이용 가능한 토지의 양은 동일하다. ⇨ 토지의 물리적 공급곡선은 수직

(2) 단기공급곡선과 장기공급곡선

① **단기공급곡선**: 단기에는 장기에 비해 생산요소의 사용이 어렵기 때문에 가격이 상승한다고 하더라도 공급량이 많이 늘 수 없으므로 공급곡선의 경사도는 급하다.

② **장기공급곡선**: 장기에는 생산요소의 사용이 쉬워지고 용도전환도 그만큼 가능해지므로 공급곡선은 보다 완만해진다.

③ **장·단기공급곡선의 기울기**: 생산요소의 사용가능성이나 용도전환의 가능성의 정도에 따라 공급곡선의 기울기는 달라진다.

11 시장의 균형

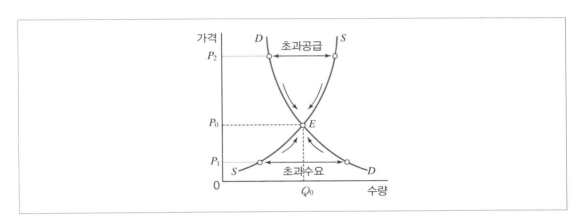

1 균형(equilibrium)의 개념

그 상태에 도달하면 다른 상태로 변화할 유인이 없는 상태를 말한다.

2 균형가격(균형임대료)과 균형거래량

(1) 균형가격과 균형량

① **균형가격**: 수요량과 공급량이 균등해지는 점(수요곡선과 공급곡선이 교차하는 점)에서 결정된 가격을 말한다.

② **균형량**: 균형가격에 대응하는 수량을 균형거래량, 균형수급량, 균형량이라 한다.

(2) 균형의 결정

① P_2 수준 ⇨ 공급량이 수요량을 초과하여 초과공급이 존재하고 가격(임대료)을 하락시키는 압력이 존재한다.

② P_1 수준 ⇨ 수요량이 공급량을 초과하여 초과수요가 존재하고 가격(임대료)을 상승시키는 압력이 존재한다.

③ 균형점 ⇨ 수요량과 공급량이 일치하는 E점이 되며, 균형가격은 P_0, 균형량은 Q_0이다.

(3) 균형의 특징

① 수요량과 공급량이 같다.

② 수요가격과 공급가격이 같다.

③ 초과수요와 초과공급이 없다.

④ 수요자경쟁과 공급자경쟁이 없다.

⑤ 가격 상승 압력과 가격 하락 압력이 없다.

12 시장균형의 변동

균형점의 이동은 곡선의 이동방향과 같다.

1 수요의 변화와 균형의 변동

(1) 수요 증가

가격 상승, 균형량 증가

(2) 수요 감소

가격 하락, 균형량 감소

2 공급의 변화와 균형의 변동

(1) 공급 증가

가격 하락, 균형량 증가

(2) 공급 감소

가격 상승, 균형량 감소

3 수요와 공급이 동시에 변할 경우 🖉필수체크

(1) 수요와 공급의 변화 크기가 다른 경우

수요와 공급 중 큰 것만 고려한다.

① 수요 증가 > 공급 증가 ➾ 가격 상승, 균형량 증가

② 수요 증가 < 공급 감소 ➾ 가격 상승, 균형량 감소

(2) 수요와 공급의 변화 크기가 동일한 경우

가격과 균형량 중 하나는 불변이다.

① 수요 증가 = 공급 증가 ➾ 가격 불변, 균형량 증가

② 수요 증가 = 공급 감소 ➾ 가격 상승, 균형량 불변

(3) 수요와 공급의 변화 크기가 주어지지 않은 경우

가격과 균형량 중 하나는 알 수 없다.

① 수요 증가, 공급 증가 ➾ 가격 알 수 없음, 균형량 증가

② 수요 증가, 공급 감소 ➾ 가격 상승, 균형량 알 수 없음

13 수요의 가격탄력성

1 개념 🖉필수체크

한 재화의 가격이 변화할 때 그 재화의 수요량이 얼마나 변화하는가를 측정하는 척도이다.

$$\text{수요의 가격탄력성}(\varepsilon_d) = \left| \frac{\text{수요량 변화율}}{\text{가격 변화율}} \right|$$

2 수요의 가격탄력성의 구분

• 수요량 변화율 = 0	$\varepsilon_d = 0$	➾ 완전비탄력적
• 수요량 변화율 < 가격 변화율	$0 < \varepsilon_d < 1$	➾ 비탄력적
• 수요량 변화율 = 가격 변화율	$\varepsilon_d = 1$	➾ 단위탄력적
• 수요량 변화율 > 가격 변화율	$\varepsilon_d > 1$	➾ 탄력적
• 가격 변화율 = 0	$\varepsilon_d = \infty$	➾ 완전탄력적

3 수요의 가격탄력성 결정요인 ✐필수체크

① 수요에 영향을 미치는 요인은 소득, 재화의 종류, 대체재의 유무, 시간 등이 있지만 그중에서도 중요한 것은 대체재의 유무이다.

② 수요의 탄력성은 대체재가 많을수록 크며, 적을수록 작다.

③ 기간이 길어질수록 대체재가 많이 만들어져서 보다 탄력적이 된다. 따라서 단기에는 비탄력적, 장기에는 보다 탄력적이 된다.

④ 부동산은 일반적으로 대체재가 많지 않으며, 있더라도 유용성이 제한되어 있다.

⑤ 부동산시장의 수요는 비탄력적이며, 임대료가 상승한다면 임차인들은 전체 지출 중 부동산에 지출하는 금액이 상대적으로 증가할 수밖에 없다.

⑥ 부동산수요의 가격탄력성은 부동산을 지역별·용도별로 세분할 경우 달라질 수 있는데, 주거용 부동산이 다른 부동산에 비해 더 탄력적인 것으로 알려져 있다.

⑦ 부동산에 대한 종류별로 용도가 다양할수록, 용도전환이 쉬울수록 수요의 가격탄력성은 커진다.

⑧ 수요의 탄력성은 재화의 일상생활에 있어서의 중요성과도 관련이 있는데, 필수재(투자재 부동산)는 보다 비탄력적인 데 비해 사치재(투기재 부동산)는 보다 탄력적이다.

4 수요의 탄력성과 임대부동산의 임대료 총수입

임대부동산의 임대료 총수입(소비자 총지출액, 기업의 총수입, 부동산의 전체 수입)
= 가격(임대료, P) × 수요량(Q)

탄력성	변화율	가격(임대료) 하락	가격(임대료) 상승
$\varepsilon > 1$	수요량 변화율 > 가격(임대료) 변화율	임대료 총수입 증가	임대료 총수입 감소
$\varepsilon = 1$	수요량 변화율 = 가격(임대료) 변화율	임대료 총수입 불변	임대료 총수입 불변
$0 < \varepsilon < 1$	수요량 변화율 < 가격(임대료) 변화율	임대료 총수입 감소	임대료 총수입 증가

14 수요의 소득탄력성

1 개념

소득 변화율에 대한 수요량 변화율의 정도를 측정하는 척도로서, 수요량 변화율을 소득 변화율로 나눈 값이다.

$$수요의 \ 소득탄력성(\varepsilon_{d,\,I}) = \frac{수요량 \ 변화율}{소득 \ 변화율}$$

2 수요의 소득탄력성과 재화

① $\varepsilon_{d,I} > 0$(양): 소득의 증가에 따라 수요가 증가하는 재화 ⇨ 정상재

② $\varepsilon_{d,I} < 0$(음): 소득의 증가에 따라 수요가 감소하는 재화 ⇨ 열등재

③ $\varepsilon_{d,I} = 0$(영): 소득의 변화가 수요에 영향을 주지 않는 재화 ⇨ 중립재

15 수요의 교차탄력성

1 개념

한 재화의 수요가 다른 연관 재화의 가격 변화에 반응하는 정도를 측정하는 척도이다.

$$수요의\ 교차탄력성(\varepsilon_{d,YX}) = \frac{Y재의\ 수요량\ 변화율}{X재의\ 가격\ 변화율}$$

2 수요의 교차탄력성과 재화

① $\varepsilon_{d,YX} > 0$(양): X재 가격(P_X)과 Y재 수요량(Q_Y)이 같은 방향으로 변함을 의미

　　⇨ 두 재화는 대체재 관계

② $\varepsilon_{d,YX} < 0$(음): X재 가격(P_X)과 Y재 수요량(Q_Y)이 반대 방향으로 변함을 의미

　　⇨ 두 재화는 보완재 관계

③ $\varepsilon_{d,YX} = 0$(영): X재 가격(P_X) 변화가 Y재 수요량(Q_Y)에 전혀 영향을 주지 않음을 의미

　　⇨ 두 재화는 독립재 관계

16 공급의 가격탄력성

1 개념

한 재화의 가격(임대료)이 변하면 그 재화의 공급량이 변하는데, 그 변화의 정도를 측정하는 척도로서 공급량 변화율을 가격 변화율로 나눈 값이다.

$$공급의\ 가격탄력성(\varepsilon_s) = \frac{공급량\ 변화율}{가격\ 변화율}$$

2 장·단기 공급곡선과 탄력성

단기공급곡선은 보다 비탄력적이고, 장기공급곡선은 보다 탄력적인 형태를 띤다.

17 일반 경기변동

1 의의

국민소득수준, 고용 등과 이에 따르는 경제활동의 상승과 하강의 주기적 반복현상이다.

2 국면

호황(prosperity), 경기후퇴(recession), 불황(depression), 경기회복(recovery)의 4국면으로 구분된다.

3 주기

(1) 경기변동의 주기

호경기로부터 시작하여 다시 호경기로 돌아오는 기간을 말한다.

(2) 경기변동의 진폭

호경기의 정점(peak)과 불경기의 저점(trough) 사이의 폭을 말한다.

18 부동산경기변동

1 개념

(1) 부동산경기

부동산경기는 일반적으로 건축경기를 말한다.

```
① 주거용 부동산 건축경기 – 협의의 부동산경기 ┐ 광의의      ┐ 최광의의
② 상업용·공업용 부동산경기 ────────────┤ 부동산경기 ├ 부동산경기
③ 토지경기 ──────────────────────┘          ┘
```

(2) 부동산경기변동

순환적(cyclical) 변동의 관점에서 본다면 부동산경기변동이란 부동산시장이 일반 경기변동처럼 상승과 하강 국면이 반복되는 현상을 말한다.

2 특징 ⇨ 순환적 변동

① 부동산경기의 변동주기(17~18년)는 일반경기의 변동주기(8~10년)에 비해 약 2배 길다.
② 부동산경기의 변동은 일반경기의 변동에 비해 저점(trough)이 깊고 정점(peak)이 높다. 즉, 진폭이 크다.

③ 부동산경기는 타성기간(惰性期間)이 길다.

④ 주기의 순환국면이 명백하지 않고 일정치가 않으며, 불규칙적이다.

⑤ 부동산경기는 통상적으로는 지역적·국지적으로 나타나서 전국적·광역적으로 확대되는 경향이 일반적이다.

⑥ 부동산경기는 일반경기와 병행·역행·독립·선행할 수도 있으나, 일반적으로 주식시장의 경기는 일반경기에 비해 전순환적, 부동산경기는 일반경기에 비해 후순환적인 것으로 알려져 있다.

⑦ 부동산경기는 부문시장별 변동의 시차가 존재한다. 즉, 상업용·공업용 부동산경기는 일반경제의 경기변동과 대체로 일치하지만, 주거용 부동산의 건축경기와 일반경제의 경기는 서로 역순환을 보인다.

⑧ 부동산경기는 비교적 경기회복은 느리고, 경기후퇴는 빠르게 진행된다.

19 부동산경기측정의 지표

1 건축의 양 ⇨ 공급지표

① 건축허가량

② 건축착공량

③ 건축완공량

2 부동산의 거래량 ⇨ 수요지표

① 주택의 거래량

② 택지의 분양실적

3 부동산의 가격변동 ⇨ 보조지표

부동산의 가격은 명목지표로서 좋은 지표는 아니지만 보조지표로서 활용되고 있다.

20 부동산시장의 국면별 특징

부동산시장은 일반 경기순환과 달리 회복·호황·후퇴·불황의 4국면 외에 고유의 특성인 안정시장 이라는 특수한 국면을 가지고 있다.

1 회복 · 상향 · 후퇴 · 하향시장

회복시장	상향시장	후퇴시장	하향시장
① 매도인 주도시장 ② 매도인 중시현상 ③ 사례가격은 기준가격이 되거나 하한선 ④ 건축허가 신청 건수 증가 ⑤ 금리 하락 ⑥ 공실률 감소	① 매도인 주도시장 ② 매도인 중시현상 ③ 사례가격은 하한선 ④ 건축허가 신청 건수 최대 ⑤ 금리 최저 ⑥ 공실률 최저	① 매수인 주도시장 ② 매수인 중시현상 ③ 사례가격은 기준가격이 되거나 상한선 ④ 건축허가 신청 건수 감소 ⑤ 금리 상승 ⑥ 공실률 증가	① 매수인 주도시장 ② 매수인 중시현상 ③ 사례가격은 상한선 ④ 건축허가 신청 건수 최저 ⑤ 금리 최고 ⑥ 공실률 최대

2 안정시장

① 부동산시장에서만 고려의 대상이 되는 시장으로서 부동산의 가격이 안정되어 있거나 가벼운 상승을 지속하는 유형의 시장이다.

② 주로 위치가 좋고 규모가 작은 주택이나 도심지 점포가 여기에 속하는데, '불황에 강한 유형의 시장'이라고도 한다.

③ 안정시장에서의 사례가격은 새로운 거래에 있어서 신뢰할 수 있는 기준이 된다.

④ 안정시장은 경기순환에 의해 분류된 것은 아니나 경기와 전혀 무관하다고 할 수는 없다.

21 다른 형태의 경기변동

1 장기적(추세적, trend) 변동

50년 또는 그 이상의 장기적인 기간으로 측정되며, 일반경제가 나아가는 전반적인 방향을 의미한다. 부동산 부문에서는 어떤 지역의 신개발 또는 재개발 등으로 나타난다.

2 계절적(seasonal) 변동

계절적 특성에 따라 나타나는 경기변동 현상을 말하며, 이는 계절이 가지는 속성과 그에 따른 사회적 관습 때문에 나타난다.

📝 대학가에서 방학 때의 원룸이나 오피스텔, 봄·가을 이사철 등의 경기변동

3 불규칙적(우발적, random) 변동

무작위적 변동이라고도 하는데, 이는 예기치 못한 사태로 인해 발생되는 비주기적 경기변동 현상을 말한다.

📝 정부정책, 천재지변·혁명·전쟁 등에 의한 경기변동

22 부동산경기와 거미집이론

1 의의

거미집이론은 부동산(주택)의 가격(임대료) 변동에 대한 공급의 시차를 고려하여 그 일시적 균형의 변동과정을 동태적으로 분석한 것을 말한다.

⇨ 에치켈(M. J. Eziekel), 레온티예프(W. Leontief) 등에 의해 연구, 농·축산물의 가격변동을 설명, 폐쇄경제모형, 동태모형, 상·공업용 부동산에 주로 적용

2 기본 가정

① 현실적으로 가격이 변동하면 수요는 즉각적으로 영향을 받지만, 공급량은 일정한 생산기간이 경과한 후라야만 변동이 가능하다.

　　㉠ 수요 ⇨ 시차가 존재하지 않는다.

　　㉡ 공급 ⇨ 시차가 존재한다(∵ 생산기간이 길기 때문에).

② 공급자는 전기의 시장에서 성립된 가격을 기준으로 해서 금기의 생산량을 결정하고, 금기에 생산된 수량은 모두 금기의 시장에서 판매되어야 한다.

③ 현재의 수요결정은 현재가격에 의해, 미래의 수요결정은 미래가격에 의해 결정되며, 미래의 공급결정은 현재의 가격에만 의존한다는 것을 전제로 한다.

3 장기에 걸친 균형점의 이동(거미집이론) 🖊필수체크

(1) 수렴적 진동형(수렴형)

🏠 **수렴형이 되기 위한 조건**

- 수요곡선의 기울기의 절댓값 < 공급곡선의 기울기의 절댓값
- 수요의 가격탄력성 > 공급의 가격탄력성

(2) 발산적 진동형(발산형)

🏠 **발산형이 되기 위한 조건**

- 수요곡선의 기울기의 절댓값 > 공급곡선의 기울기의 절댓값
- 수요의 가격탄력성 < 공급의 가격탄력성

(3) 규칙적 진동형(순환형)

🏠 **순환형이 되기 위한 조건**

- 수요곡선의 기울기의 절댓값 = 공급곡선의 기울기의 절댓값
- 수요의 가격탄력성 = 공급의 가격탄력성

4 요약

① 부동산은 가격이 변동하면 수요는 즉각적으로 영향을 받아 변하게 되지만, 착공에서 완공까지 상당한 시간이 소비되기 때문에 공급은 일정한 시간이 경과한 후라야만 변동하게 된다.

② 단기적으로 가격이 급등하게 되면 건물 착공량이 증가하게 되는데, 공급물량이 막상 시장에 출하되면 오히려 공급이 초과되어 침체국면에 접어든다.

③ 거미집이론은 수요곡선의 기울기의 절댓값과 공급곡선의 기울기의 절댓값에 따라 가격의 변동 모양이 달라지며, 주거용 부동산보다는 상업용이나 공업용 부동산에 더 잘 적용된다.

CHAPTER

2 | 부동산시장론

❶ 무엇이 중요할까?

• 부동산시장이론 숙지
• 입지 및 공간구조론 이해

❷ 더 공부하고 싶다면?

• 에듀윌 기본서 1차 부동산학개론 pp.122~191
• 에듀윌 단원별 기출문제집 1차 부동산학개론 pp.114~151

23　시장의 개념 및 시장형태

1 시장의 개념

어떤 재화에 대한 수요와 공급이 계속적으로 나타나 재화의 가격이 정해지고, 균형량이 정해지는 장소 및 거래과정을 말한다.

2 시장형태

① 완전경쟁시장
② 불완전경쟁시장

24　부동산시장의 개념 및 유형

1 부동산시장의 개념

부동산시장이란 매수인과 매도인에 의해 부동산의 교환이 자발적으로 이루어지는 곳으로 부동산권리의 교환, 가액 결정, 공간배분, 공간이용 패턴 결정 및 수요와 공급의 조절을 돕기 위해 의도된 상업활동을 하는 곳이다.

2 부동산시장의 유형 – 시장 범위에 따른 부동산시장의 분류

① **개별시장**: 특정한 위치 · 면적 · 형태를 가진 개별토지마다 형성되는 시장
② **부분시장**(하위시장, submarket): 개별시장과 전체시장의 중간에 있는 규모의 시장
　⇨ 지역별 부분시장뿐만 아니라 거래되는 부동산의 위치 · 규모 · 질 · 용도 등에 따른 부분시장이 형성되어 시장 세분화가 이루어진다.
③ **전체시장**: 각 개별시장의 총합

25 부동산시장의 특성 및 기능

1 부동산시장의 특성

① 시장의 국지성(지역성) ⇨ 부동성

② 거래의 비공개성(은밀성) ⇨ 개별성

③ 부동산상품의 비표준화성 ⇨ 개별성

④ 시장의 비조직성(집중통제의 곤란) ⇨ 개별성

⑤ 수급조절의 곤란성 ⇨ 부증성

⑥ 매매기간의 장기성

⑦ 법적 제한 과다

⑧ 진입장벽의 존재

⑨ 자금의 유용성과 밀접한 관계

2 부동산시장의 기능

① 자원배분기능

② 교환기능

③ 가격의 형성기능(T. H. Ross)

④ 정보제공기능

⑤ 양과 질의 조정기능

26 부동산시장의 균형

1 단기와 장기의 개념

(1) 개별기업에서의 단기와 장기 구분

① **단기**: 기존의 생산시설을 변경할 수 없을 만큼 짧은 기간을 말한다.

② **장기**: 기존의 생산시설을 변경할 수 있을 만큼 충분한 기간을 말한다.

(2) 산업 전체에서의 단기와 장기 구분

① **단기**: 진입과 탈퇴를 할 수 없을 만큼 짧은 기간을 말한다.

② **장기**: 진입과 탈퇴를 할 수 있을 만큼 충분한 기간을 말한다.

2 단기와 장기의 균형

(1) 단기 균형

어느 기업이 완전경쟁시장의 기업이라면, 이 기업이 이윤을 극대화하기 위해서는 한계수입(MR)

과 한계비용(MC)이 같게 되는 생산량을 선택한다.

└─ • 생산량이 한 단위 증가할 때 늘어나는 비용

(2) 장기 균형

장기에는 진입과 탈퇴가 자유롭기 때문에 초과이윤도 손실도 존재하지 않고, 정상이윤만 존재

한다.

총수입과 총비용이 같아서 초과이윤도 손실도 존재하지 않는 상태 ┘

---

27 주택시장분석

1 주택시장분석을 위한 기초개념

① **주택서비스**: 주택소유자가 주택으로부터 얻는 효용(效用)을 말한다.

② **주택유량과 주택저량**: 주택시장분석에서 유량(flow)의 개념뿐만 아니라 저량(stock)의 개념을
파악하는 것은 주택공급이 단기적으로 제한되어 있기 때문이다. 즉, 단기적으로 생산공급은
증가가 어렵기 때문에 저량의 개념으로 공급량을 분석하고, 장기적으로 저량과 유량을 함께
사용하여 특정 지역의 주택시장에 대한 공급량을 분석한다.

2 주택수요와 주택소요(住宅所要)

구분	주택수요(housing demand)	주택소요(housing needs)
의의	구매력이 있는 수요자가 시장경제원리에 의거하여 주택을 사려는 것	구매력이 없는 저소득층을 위해 복지 차원에서 정부가 시장경제원리에 개입하여 주택을 우선 공급하는 것
적용개념	시장경제상의 개념	사회·복지정책상의 개념
적용원리	시장경제원리에 방임함으로써 시장기능으로 문제를 해결하므로 경제적 기능이 강조	정부가 시장경제원리에 개입함으로써 적극적 개입에 의한 문제해결을 도모하므로 정치적 기능이 강조
적용대상	구매력이 있는 중산층 이상의 계층	구매력이 없는 무주택 저소득계층
예	아파트 분양신청	임대주택

28 주택시장의 여과과정(순환과정)

1 개념

(1) 여과과정

시간이 경과하면서 주택의 질과 주택에 거주하는 가구의 소득이 변화함에 따라 발생하는 현상을 말한다.

(2) 하향여과(filtering-down)

고소득층이 사용하던 주택이 저소득층의 사용으로 전환되는 현상을 말한다. ⇨ 능동적 순환

(3) 상향여과(filtering-up)

저소득층이 사용하던 주택 등이 재개발 등으로 고소득층의 사용으로 전환되는 현상을 말한다. ⇨ 수동적 순환

(4) 저가주택시장과 고가주택시장의 장·단기효과

저가주택 시장	단기	저가주택의 수요 증가 ⇨ 임대료 상승
	장기	고가주택 하향여과 ⇨ 기존 고가주택 공급 ⇨ 임대료 하락(원래수준이 됨)
고가주택 시장	단기	하향여과 발생 ⇨ 고가주택의 공급 감소 ⇨ 임대료 상승
	장기	신규공급자 시장진입 ⇨ 공급 증가 ⇨ 임대료 하락

2 여과과정과 주거분리

(1) 의의

주거분리란 저소득층의 주거지역과 고소득층의 주거지역이 서로 나뉘어 있는 현상을 말한다.

(2) 부동산의 가치는 주변의 다른 부동산에 의해 영향을 받는다. 어떤 부동산이 주변의 다른 부동산의 영향을 받아 가치가 상승하면 정(+)의 외부효과라 하고, 주변의 다른 부동산의 영향을 받아 가치가 하락하면 부(−)의 외부효과라 한다.

(3) 고소득층 주거지역

저소득층 주거지역의 경계와 인접한 고소득층 주거지역의 주택의 개량비용이 개량 후 주택가치 상승분보다 크다면 주택을 수선하려 들지 않을 것이다. 그 결과 해당 지역의 주택의 가치는 점점 하락하게 되고 주택은 하향여과되어 저소득층이 들어오게 되는데, 이 과정을 침입(invasion)이라고 한다.

(4) 저소득층 주거지역

고소득층 주거지역의 경계와 인접한 저소득층 주거지역의 주택의 개량비용이 개량 후 주택가치 상승분보다 작다면 주택을 수선하려고 할 것이다. 그 결과 해당 지역은 고소득층 주거지역으로 변할 수 있다.

> ➕ 1. 고소득층 주거지역
> - 수선 후 가치상승분 > 주택의 개량비용 ⇨ 주거분리
> - 수선 후 가치상승분 < 주택의 개량비용 ⇨ 하향여과
> 2. 저소득층 주거지역
> - 수선 후 가치상승분 > 주택의 개량비용 ⇨ 상향여과
> - 수선 후 가치상승분 < 주택의 개량비용 ⇨ 주거분리

3 불량주택의 문제

① 불량주택은 시장실패가 아니며 오히려 시장에서 하향여과 과정을 통한 효율적 자원배분의 결과이다.

② 불량주택의 철거와 같은 정부의 시장개입은 근본적인 대책이 될 수 없고, 불량주택에 거주하는 저소득자의 실질소득 향상이 효과적인 대책이 될 수 있다.

29 효율적 시장이론

1 효율적 시장의 개념

부동산시장이 새로운 정보를 얼마나 지체 없이 가격에 반영하는가 하는 것을 '시장의 효율성(market efficiency)'이라 하고, 정보가 지체 없이 가격에 반영되는 시장을 '효율적 시장(efficient market)'이라 한다.

2 효율적 시장의 구분

① **약성 효율적 시장**(weak efficient market): 현재의 부동산가격이 과거의 부동산가격 및 거래량 변동 등과 같은 역사적 정보(과거의 정보)를 완전히 반영하고 있는 시장을 의미한다.

② **준강성 효율적 시장**(semi-strong efficient market): 일반투자자에게 공개되는 모든 정보(과거·현재의 정보)가 신속하고 정확하게 현재의 부동산가격에 반영되는 시장을 뜻한다.

③ **강성 효율적 시장**(strong efficient market): 현재의 부동산가격이 부동산에 관한 모든 정보(과거·현재·미래의 정보), 즉 이미 투자자들에게 공개된 정보뿐만 아니라 공표되지 않은 정보까지도 신속 정확하게 반영하는 완벽한 효율적 시장을 말한다.

효율적 시장	반영되는 정보 투자자가 과거의 정보를	분석 방법	정상 이윤	초과이윤	정보 비용
약성 효율적 시장	가지고 투자분석을 하는 것 과거의 정보	기술적 분석	획득 가능	획득 불가능(현재나 미래의 정보 를 분석하면 가능)	존재
준강성 효율적 시장	공표된 정보(과거·현재)	기본적 분석	획득 가능	획득 불가능(미래의 정보를 분석 하면 가능)	존재
강성 효율적 시장	공표된 정보(과거·현재) 및 공표되지 않은 정보(미래)	분석 불필요	획득 가능	어떤 경우도 획득 불가능	없음

투자자가 과거와 현재의 정보(일반에게 공개되는 모든 정보)를
가지고 투자분석을 하는 것

30 할당(적) 효율적 시장

1 할당(적) 효율성(allocationally efficiency)의 의의

할당 효율적 시장이란 자원의 할당이 효율적으로 이루어지는 시장을 말한다. "자원이 효율적으로 할당되었다."라는 말은 부동산투자와 다른 투자대상에 따르는 위험을 감안하였을 때, 부동산투자의 수익률과 다른 투자대상의 수익률이 같도록 할당되었다는 의미이다.

2 불완전경쟁시장과 할당(적) 효율성

① 완전경쟁시장은 항상 할당효율적 시장이지만, 할당효율적 시장이 완전경쟁시장을 의미하는 것은 아니다.

② 불완전경쟁시장에서 초과이윤이 발생할 경우, 초과이윤과 초과이윤 발생에 드는 비용이 동일하다면 불완전경쟁시장도 할당효율적 시장이 될 수 있다. 또한 독점시장도 독점을 획득하기 위하여 지불하는 기회비용이 모든 투자자에게 동일하다면 할당효율적 시장이 될 수 있다.

③ 완전경쟁시장에서는 정보가 모두 공개되어 있으므로 정보비용이 '0'이며, 따라서 정보비용이 존재하는 시장은 완전경쟁시장이 아니다. 즉, 부동산거래에 정보비용이 수반되는 것은 시장이 불완전하기 때문이다.

④ 소수의 사람들이 부동산을 매수하여 초과이윤을 획득할 수 있는 것은 정보시장이 공개적이지 못하기 때문이다.

⑤ 소수의 투자자가 다른 사람보다 값싸게 정보를 획득할 수 있는 시장은 할당효율적 시장이 되지 못한다.

⑥ 부동산투기가 성립되는 것은 시장이 불완전해서라기보다는 할당효율적이지 못하기 때문이다.

⑦ 부동산시장이 할당효율적 시장이 아니라면 정보가치와 정보비용이 달라져 부동산가격이 과대평가 또는 과소평가되므로 투자자가 초과이윤을 얻을 수도 있다. 그러나 할당효율적 시장은 정보가치와 정보비용이 같은 시장이므로 부동산가격의 과소평가 또는 과대평가 등의 왜곡가능성이 적어진다.

31 부동산시장에서 개발정보의 현재가치와 초과이윤

1 투자자가 살 수 있고 토지소유자가 팔 수 있는 가격(기댓값의 현재가치)

$$\text{기댓값의 현재가치} = \frac{\text{투자수익의 기댓값}}{1 + \text{요구수익률}}$$

2 정보의 현재가치

$$\text{정보의 현재가치} = \text{확실성하의 현재가치} - \text{불확실성하의 현재가치}$$

3 초과이윤

$$\text{초과이윤} = \text{정보의 현재가치} - \text{정보비용}$$

32 지대이론

1 지대의 의의

지대는 일정기간 동안의 토지서비스의 가격으로서 토지소유자의 소득으로 귀속되는 임대료를 말하며, 유량(流量, flow)의 개념이다.

2 지대와 지가

① 지가는 한 시점에서 자산으로서의 토지 자체의 매매가격으로, 저량(貯量, stock)의 개념이다.
② 지가는 장래 매 기간당 일정한 토지로부터 발생하는 지대를 이자율로 할인하여 합계한 것으로, 토지의 현재가치이다.
③ 지가와 지대는 정비례하고, 지가와 이자율은 반비례한다.

3 지대에 관한 논쟁

구분	고전학파	신고전학파
지대의 기능에 대한 입장	생산요소를 노동·자본·토지로 구분하고, 지대는 다른 생산요소에 대한 대가를 지불하고 남은 잔여인 잉여로 파악	지대는 잉여가 아니라 생산요소에 대한 대가이며, 생산물가격에 영향을 주는 요소비용으로 파악
생산물가격과의 관계	생산물가격이 지대를 결정	지대가 생산물가격에 영향을 미침
지대를 보는 관점	지대는 잉여로서 불로소득	지대는 요소비용

4 지대와 관련된 개념

① **전용수입**(transfer earnings)：어떤 생산요소가 다른 용도로 전용되지 않도록 하기 위해서 현재의 용도에서 지급되어야 하는 지급액이다.

② **경제지대**(economic rent)：생산요소가 실제로 얻고 있는 수입과 전용수입의 차액이다.

33 지대결정이론

1 차액지대설 – 리카도(D. Ricardo)

(1) 발생 이유

① 비옥한 토지의 양이 상대적으로 희소하기 때문이다.

② 토지의 비옥도와 위치에 따라 생산성의 차이가 발생한다.

③ 수확체감의 법칙이 성립한다.

(2) 내용

① 한계지(marginal land)는 생산성이 가장 낮아 생산비와 곡물가격이 일치하는 토지를 말하며, 지대가 발생하지 않는다.

② 지대는 토지의 생산성과 한계지의 생산성과의 차이와 동일하다.

③ 지대는 일종의 불로소득이라고 할 수 있다.

④ 지대가 곡물가격을 결정하는 것이 아니라, 곡물가격이 지대를 결정한다.

(3) 평가

① 토지의 위치 문제를 경시하였고, 비옥도 자체가 아닌 비옥도의 차이에만 중점을 두었다.

② 최열등지라 하더라도 지대가 발생하는 것을 설명하지 못한다.

2 절대지대설 – 마르크스(K. Marx)

① 지대는 토지소유자가 토지를 소유하고 있다는 독점적 지위 때문에 받는 수입이므로 최열등지에서도 지대가 발생한다는 이론이다.

② 수요가 공급을 초과하는 희소성의 법칙과 자본주의하에서의 토지의 사유화로 지대가 발생한다.

③ 토지의 비옥도나 생산력에 관계없이 지대가 발생한다.

④ 한계지에도 토지소유자의 요구로 지대가 발생한다.

⑤ 지대의 상승이 곡물가격을 상승시킨다.

3 준지대설 – 마샬(A. Marshall)

① 마샬은 일시적으로 토지와 유사한 성격을 가지는 생산요소에 귀속되는 소득을 준지대로 설명하고, 단기적으로 공급량이 일정한 생산요소에 지급되는 소득으로 보았다.

② 생산을 위하여 사람이 만든 기계와 기타 자본설비에서 발생하는 소득으로 일시적 독점이윤이 지대와 유사하다는 점에서 준지대(quasi-rent)라고 한다.

③ 고정생산요소의 공급량은 단기적으로 변동하지 않으므로 다른 조건이 동일하다면 준지대는 고정생산요소에 대한 수요에 의해 결정된다.

④ 준지대는 토지 이외의 고정생산요소에 귀속되는 소득으로서 단기간 일시적으로 발생한다.

4 위치지대설 – 튀넨(J. H. von Thünen)

① 튀넨은 리카도의 차액지대이론에 위치개념을 추가하여 이를 입지지대이론으로 발전시켰는데, 이를 위치지대설, 입지지대설, 입지교차지대설, 고립국이론 등으로 부른다.

② 튀넨은 도시중심지와의 접근성으로 거리에 따른 수송비 개념을 도입했는데, 도시중심지에 접근성이 높으면 수송비가 적게 들기 때문에 지대가 높다는 것이다.

③ 지대란 생산물가격에서 생산비와 수송비를 뺀 것으로서 수송비 절약이 곧 지대이다.

> 지대 = 생산물가격 – 생산비 – 수송비

④ 작물·경제활동에 따라 한계지대곡선이 달라진다.

⑤ 중심지에 가까운 곳은 집약적 토지이용현상이 나타난다.

⑥ 가장 많은 지대를 지불하는 입지주체가 중심지와 가장 가깝게 입지한다.

⑦ 생산물가격, 생산비, 수송비, 인간의 행태변화는 지대를 변화시킨다.

5 입찰지대설 – 알론소(W. Alonso)

① 입찰지대(bid rent)란 단위면적의 토지에 대해 토지이용자가 지불하고자 하는 최대금액으로, 초과이윤이 '0'이 되는 수준의 지대를 말한다.

② 입지경쟁의 결과 최대의 순현가를 올릴 수 있어서 최고의 지불능력을 가지고 있는 토지이용자에게 그 토지는 할당된다. 이때 도심으로부터의 거리에 따라 더 높은 지대를 지불할 수 있는 각 산업의 지대곡선들을 연결한 것을 입찰지대곡선이라 한다.

③ 입찰지대곡선의 기울기는 생산물의 단위당 한계교통비를 토지이용자의 토지사용량으로 나눈 값이다.

$$입찰지대곡선의 기울기 = \frac{기업의\ 한계교통비}{기업의\ 토지사용량}$$

34 생산요소의 대체성

① 생산요소의 대체성은 기업이나 산업의 종류에 따라 달라지고, 생산요소의 상대적 가격에 의해서도 달라진다.
② 일정량의 재화를 생산하기 위한 토지와 자본의 대체관계는 우하향하는 곡선으로 나타난다.
③ 토지에 대한 자본의 결합비율은 도심에 가까울수록 높아지고, 외곽으로 갈수록 낮아진다.
④ 토지에 대한 자본의 비율이 높다는 것은 토지에 대한 자본의 대체성이 크다는 것을 의미한다.
⑤ 도심지역에 입지하는 활동들은 대체로 토지에 대한 자본의 대체성이 큰 것들이다.

35 도시토지 지가이론

주장자	이론	내용
마샬(A. Marshall)	지가이론	택지의 가격은 위치의 가치와 농업지대의 합으로 나타난다고 하여 위치의 중요성을 강조하였다.
허드(R. M. Hurd)	지가이론	허드는 지가의 바탕은 경제적 지대이며, 지대는 위치에, 위치는 편리에, 편리는 접근성에 의존하므로 지가는 접근성에 따라 달라진다고 하였다.
헤이그(R. M. Haig)	마찰비용이론	공간의 마찰비용은 지대와 교통비의 합이며, 토지는 고정되어 있으므로 교통비의 절약액이 지대라고 하였다.
하우레이(A. H. Hawley)	인간생태학이론	생태학자들은 지가를 잠재 토지이용자의 호가과정의 소산이라고 규정짓고, 그 과정에서 토지이용의 균형유형이 결정된다고 하였다.
알론소(W. Alonso)	페널티(penalty) 이론	지가는 도심지에서 멀어짐에 따라 감소된다는 것으로, 중심지까지의 거리와 함수관계에 있는 수송비에 의해 지가가 결정된다는 이론이다.

도시공간구조이론(도시내부구조이론)

이론	주장자	내용
동심원이론 (단핵이론)	버제스 (E. W. Burgess)	1. 의의 　도시는 그 중심지에서 동심원상으로 확대되어 5개 지구로 분화되면서 성장한다는 이론 2. 토지이용 패턴 　① 중심업무지구(CBD) ⇨ ② 천이(전이, 점이)지대 ⇨ ③ 근로자 주택지대 ⇨ ④ 중산층 주택지대 ⇨ ⑤ 통근자지대 3. 특징 　① 도시의 공간구조를 도시생태학적 관점에서 접근하였다. 　② 도시의 공간구조 형성을 침입, 경쟁, 천이 등의 과정으로 설명하였다. 　③ 주택지불능력이 낮은 저소득층일수록 고용기회가 많은 도심지역에 주거입지를 선정하는 경향이 있다.
선형이론 (단핵이론)	호이트 (H. Hoyt)	1. 의의 　토지이용은 도심에서 시작되어 점차 교통망을 따라 동질적으로 확장되므로 원을 변형한 모양으로 도시가 성장한다는 이론 ⇨ 부채꼴모양(선형), 쐐기형 지대모형 2. 특징 　① 주택가격의 지불능력이 도시주거공간의 유형을 결정하는 중요한 요인으로 본다. 　② 주택지불능력이 있는 고소득층은 기존의 도심지역과 주요 교통노선을 축으로 하여 접근성이 양호한 지역에 입지하는 경향이 있다.
다핵심이론 (다핵이론)	해리스 (C. D. Harris), 울만 (E. L. Ullman)	1. 의의 　도시가 성장하면 핵심의 수가 증가하고 도시는 복수의 핵심 주변에서 발달한다는 이론 ⇨ 대도시에 적합한 이론 2. 특징 　하나의 핵을 이루는 곳에 교통망이 모이고 주거지역과 산업지역 등 토지이용군이 형성 3. 다핵이 성립하는 요인 　① 동종의 활동(유사활동)은 집적이익이 발생하므로 특정 지역에 모여서 입지한다(집중지향성). 　② 이종의 활동(이질활동)은 상호간의 이해가 상반되므로 떨어져서 입지한다(입지적 비양립성).
다차원이론	시몬스 (J. W. Simmons)	동심원이론, 선형이론, 다핵심이론 등의 이론은 토지이용의 공간적 분포를 설명하기에는 부족하다고 보아 이들 각 이론을 종합하여 3개의 차원에서 파악해야 한다는 이론
유상도시 이론	베리 (B. J. Berry)	교통기관의 현저한 발달로 종래 도시 내부에 집약되어 있던 업무시설과 주택이 간선도로를 따라 리본(ribbon) 모양으로 확산·입지하는 경향이 있다는 이론

37 입지와 입지선정

1 입지

어떤 입지주체가 차지하고 있는 주택·공장·상점·학교·사무실 등이 자리잡고 있는 자연 및 인문적 위치를 말한다. ⇨ 정적·공간적 개념

2 입지선정

입지주체가 추구하는 입지조건을 갖춘 토지를 발견하는 것, 또는 주어진 부동산에 관한 적정한 용도를 결정하는 것을 말한다. ⇨ 동적·공간적·시간적 개념

3 입지론과 적지론

> • 주어진 용도에는 어떤 용지? (용지선정) ⇨ 입지론(부동성)
> • 주어진 용지에는 어떤 용도? (용도선정) ⇨ 적지론(용도의 다양성)

4 입지조건

입지조건이란 입지대상이 내포하고 있는 토지의 자연적·인문적 조건을 가리키는 것이다.
① **자연적 조건**: 지세·지질·지형·기후·경관 등
② **인문적 조건**: 사회적·경제적·행정적인 측면

38 상권

1 의의

대상 상가가 흡인할 수 있는 실질적인 소비자의 숫자가 존재하는 권역으로, 상업활동을 성립시키는 지역조건을 가진 공간적 넓이, 즉 상업활동을 하는 곳을 말한다.

2 특징 및 분류

(1) 상권의 특징

① 시장지역 또는 배후지(hinterland)라고도 부른다.
② 배후지의 인구밀도가 높고, 지역 면적이 크며, 고객의 소득수준이 높아야 좋은 상권을 형성한다.
③ 상권마다 매매관습과 소비관습의 차이가 있다.

④ 경쟁자의 출현은 상권을 차단하는 중요한 장애물이다. 그 밖에 고속도로, 철도, 하천, 공원, 사회적 지위, 소득수준, 문명, 종교 등의 차이도 상권을 차단하는 장애물이다.

⑤ 취급 상품의 판매액에 따라 제1차·제2차·제3차 상권으로 분류하기도 한다.

(2) 상권의 분류

대표적인 상품 판매액의 90%를 차지하는 지역 또는 점포의 신용판매액의 75%가 거주하는 지역을 제1차 상권, 다음 14%가 거주하는 지역을 제2차 상권, 그 나머지를 제3차 상권이라고 한다.

39 크리스탈러의 중심지이론

1 의의

1933년 독일의 지리학자인 크리스탈러(W. Christaller)가 독일 남부지역의 도시를 실증적으로 분석한 결과를 기초로 하여 발전시킨 도시분포와 계층체계에 관한 이론이다.

2 주요 개념

① **중심지**: 도시가 위치한 지역의 중심에서 재화와 서비스를 생산·공급하는 곳이다.

② **재화의 도달범위**(거리): 특정 재화나 서비스를 얻기 위하여 사람들이 기꺼이 통행하려는 최대의 거리로, 중심지 기능이 주변지역에 미치는 최대한의 공간적인 범위를 말한다. ⇨ 수요가 '0'(또는 상품의 판매량이 0)이 되는 지점

③ **최소요구치**: 중심지가 중심기능을 유지하기 위하여 필요로 하는 최소한의 인구수, 즉 수요 또는 시장을 말한다.

④ **중심지가 유지되기 위한 조건**: 최소요구치의 범위보다 재화의 도달범위(거리)가 커야 한다.

3 내용

① 인구가 증가하거나 경제가 활성화될수록 중심지의 규모는 커지고, 중심지가 많아지며, 중심지 간의 거리는 가까워진다.

② 교통이 발달할수록 고차원 중심지는 발달하고, 저차원 중심지는 쇠락한다.

③ 중심지의 수는 고차원 중심지일수록 적고, 저차원 중심지일수록 많다.

④ 배후지는 고차원 중심지일수록 규모가 더 커지고 다양한 중심기능을 수행하며, 저차원 중심지일수록 규모가 더 작아지고 단순한 기능을 수행한다.

⑤ 수요자의 도달거리는 고차원 중심지일수록 멀고, 저차원 중심지일수록 가깝다.

⑥ 중심지 간의 거리는 고차원 중심지일수록 멀고, 저차원 중심지일수록 가깝다.

⑦ 고차원 중심지일수록 고급상품을, 저차원 중심지일수록 저급상품을 취급한다.

⑧ 소비자의 이용빈도는 고차원 중심지일수록 낮고, 저차원 중심지일수록 높다.

⑨ 저차원 중심지에서 고차원 중심지로 갈수록 중심지의 수는 피라미드형을 이룬다.

⑩ 중차원 중심지가 포용하는 저차원 중심지의 수는 고차원 중심지로 갈수록 그 분포도가 줄어든다.

➕ 허프(D. L. Huff)의 중심지이론(미시적 분석)

- 허프는 소비자 행태에 많은 관심을 쏟았는데, 수요자의 개성, 즉 미시적 분석에 관심을 두고 중심지이론을 전개시켰다.
- 일반적으로 소비할 때, 가장 가까운 곳에서 상품을 택하려는 경향이 있다.
- 적당한 거리에 고차원 중심지가 있으면, 인근의 저차원 중심지를 지나칠 가능성이 커진다.

40 레일리의 소매인력법칙

① 레일리(W. J. Reilly)의 소매인력법칙은 중력모형을 이용하여 상권의 범위를 획정하는 모형이다.

② 레일리의 소매인력법칙에 따르면, 두 중심지가 소비자에게 미치는 영향력의 크기는 두 중심지의 크기에 비례하고 거리의 제곱에 반비례한다고 보았다. 즉, 2개 도시의 상거래 흡인력은 두 도시의 인구에 비례하고, 두 도시의 분기점으로부터 거리의 제곱에 반비례한다고 보았다.

③ 도시 A와 도시 B 사이에 작은 마을 C가 있다고 가정할 경우, C마을에 살고 있는 소비자들의 $A \cdot B$ 도시에서의 구매지향비율은 $A \cdot B$ 도시의 인구의 비에 비례하고, $A \cdot B$까지의 거리의 제곱에 반비례한다.

④ B도시에 대한 A도시의 구매지향비율$\left(\dfrac{B_A}{B_B} \right)$은 다음과 같다.

$$\frac{B_A}{B_B} = \frac{P_A}{P_B} \times \left(\frac{D_B}{D_A} \right)^2 = \frac{A도시의 인구}{B도시의 인구} \times \left(\frac{B도시까지의 거리}{A도시까지의 거리} \right)^2$$

- B_A: A도시의 구매지향비율
- B_B: B도시의 구매지향비율
- P_A: A도시의 인구수
- P_B: B도시의 인구수
- D_A: C마을에서 A도시까지의 거리
- D_B: C마을에서 B도시까지의 거리

41 컨버스의 분기점모형

컨버스(P. D. Converse)의 분기점모형은 레일리의 소매인력법칙을 응용하여 두 도시 간의 구매영향력이 같은 분기점의 위치를 구하는 방법을 제시한 것이다.

$$A\text{도시로부터 상권의 분기점까지의 거리}(D_A) = \frac{\text{도시 } A\text{와 } B \text{ 간의 거리}}{1 + \sqrt{\dfrac{B\text{의 크기}}{A\text{의 크기}}}}$$

42 허프의 확률적 상권모형

① 허프(D. L. Huff)는 대도시에서 쇼핑 패턴을 결정하는 확률모형을 제시하고 있다. ⇨ 상업지를 측정하는 데 흔히 쓰인다.
② 소비자는 소비자의 기호나 소득수준을 고려하여 구매활동을 한다.
③ 소비자는 가장 가까운 곳에서 상품을 선택하려는 경향이 있으나, 적당한 거리에 고차원 중심지가 있으면 인근의 저차원 중심지를 지나칠 가능성이 커진다.
④ 허프의 확률적 상권모형에 따를 경우, 어느 상점의 고객유인력은 매장규모에 비례하고 공간(거리)마찰계수승에 반비례한다.

$$\text{고객유인력} = \frac{\text{매장면적}}{\text{매장까지의 거리}^\lambda}$$

λ: 공간(거리)마찰계수

소비자거주지에 거주하는 소비자가 A, B 두 할인매장 중 A매장으로 구매하러 갈 확률(시장점유율)은 다음과 같다.

$$\genfrac{}{}{0pt}{}{\text{소비자가 } A\text{매장을 이용할 확률}}{\text{(시장점유율)}} = \frac{A\text{매장의 고객유인력}}{A\text{매장의 고객유인력} + B\text{매장의 고객유인력}}$$

⑤ A매장의 이용객 수 = 소비자거주지 인구 × A매장을 이용할 확률(시장점유율)
⑥ 허프의 상권분석모형에 따르면, 소비자가 특정 점포를 이용할 확률은 경쟁점포의 수, 점포와의 거리, 점포의 면적에 의해 결정된다. ┌→ 특정 점포를 이용하는 데 따른 고객의 부담 정도
⑦ 모형을 적용하기 전에 **공간(거리)마찰계수**가 먼저 정해져야 하는데, 공간(거리)마찰계수는 시장의 교통조건과 쇼핑물건의 특성에 따라 달라지는 값이다. 공간(거리)마찰계수는 교통조건이 나쁠수록 커지게 된다.

43 　소비자 분포기법과 소매입지이론

1 소비자 분포기법(CST ; Customer Spotting Techniques)

① 애플바움(Applebaum) 교수가 제안한 모형으로서 지리적 상권의 범위를 획정하기 위한 실무적 기법이다.

② 소비자 분포기법은 상권의 규모뿐만 아니라 고객의 특성 파악 및 판매촉진 전략수립에 도움이 될 수 있다.

2 넬슨(R. L. Nelson)의 소매입지이론(점포입지의 8가지 원칙)

① 현재의 지역후보의 적합지점

② 잠재적 발전성

③ 고객의 중간유인

④ 상거래 지역에 대한 적합지점

⑤ 집중흡인력

⑥ 양립성

⑦ 경합성의 최소화

⑧ 용지경제학

44 　공간균배의 원리와 점포의 종류

1 공간균배의 원리(R. M. Fetter)

경쟁관계에 있는 점포 사이에 경쟁이 나타나면 장기적으로 공간(배후지)을 균등하게 배분하게 된다는 원리이다.

> • 시장이 좁고 수요의 교통비 탄력성이 작은 경우 ⇨ 집심적 입지
> • 시장이 넓고 수요의 교통비 탄력성이 큰 경우 ⇨ 분산입지

2 점포의 종류와 입지

① **입지유형별 점포**(소재 위치에 따른 점포의 분류)

집심성 점포	배후지의 중심지(CBD)에 입지하는 것이 경영상 유리한 점포 예 도매점, 백화점, 고급음식점, 보석점, 영화관 등
집재성 점포	동일업종의 점포가 서로 한곳에 모여서 입지하여야 하는 유형의 점포 예 은행, 보험회사, 관공서, 서점, 기계점, 가구점 등

산재성 점포	동일업종의 점포가 서로 분산입지하여야 하는 유형의 점포
	예 잡화점, 양화점, 이발소, 공중목욕탕, 세탁소 등
국부적 집중성 점포	동일업종의 점포끼리 국부적 중심지에 입지하여야 하는 점포
	예 농기구점, 석재점, 철공소, 비료상점, 종묘점 등

② **상품에 따른 상점의 종류**(구매 관습에 의한 상점의 분류)

편의 품점	의의	일상의 생활필수품을 판매하는 상점[최기품(最寄品)]
	특징	• 주로 저차원 중심지에 입지 • 상품은 주로 가정용으로 고객은 주부가 많으며, 늘 통행하는 길목에 위치하는 경우가 대부분임 • 상권은 도보로 10~20분 정도, 거리는 1,000m를 넘지 않는 범위가 적당함 • 주로 인근지역에 많고 도심상업지역에는 많지 않음
선매 품점	의의	고객이 상품의 가격 · 스타일 · 품질 등을 여러 상점을 통해서 비교하여 구매하는 상품을 판매하는 상점[매회품(買回品)]
	특징	• 주로 중차원 또는 고차원 중심지에 입지 • 집심성 · 집재성 점포에 속하는 경우가 많음 • 고객의 취미 등이 잘 반영되어야 하므로 표준화가 어려움 • 비교적 원거리에서 고객이 찾아오므로 교통수단이나 접근성이 좋아야 함 **예** 가구, 부인용 의상, 보석류 등
전문 품점	의의	고객이 특수한 매력을 찾으려는 상품으로서 구매를 위한 노력을 아끼지 않고, 가격수준도 높으며, 광고된 유명상품을 취급하는 상점
	특징	• 고차원 중심지에 입지하는 경우가 많음 • 집심성 점포에 속하는 경우가 많음 • 구매결정에 신중을 기해야 하는 것 • 구매빈도는 낮으나 이윤율은 높음 **예** 고급양복, 고급시계, 고급카메라, 고급자동차 등

---

45 입지인자의 개념 및 종류

1 입지단위와 입지인자의 개념

① **입지단위**: 생산과정에서 소요되는 비용을 항목별로 세분한 하나하나의 비용항목이다.

② **입지인자**: 입지단위로 보아서 다른 장소 이상으로 이익을 가져오기 때문에 특정한 공업입지에 견인함으로써 얻게 되는 비용절약상의 이익을 말한다.

2 입지인자의 종류

베버의 최소비용이론과 뢰쉬의 최대수요이론

1 베버(A. Weber)의 최소비용이론

(1) 의의

수송비, 노동비, 집적이익을 고려해 최소생산비 지점을 찾아 공장의 최적입지를 결정하는 이론이다.

(2) 산업입지에 영향을 주는 요소

산업입지에서 중요한 것은 수송비·노동비(임금)·집적이익 등인데, 그중에서 수송비(운송비)가 가장 중요한 요소이다.

(3) 원료지수와 입지중량

① **원료지수**: 베버는 원료를 보편원료와 국지원료로 구분하여 원료지수를 도출하였는데, 원료지수란 제품중량에 대한 국지원료중량의 비율을 말한다.

$$원료지수 = \frac{국지원료중량}{제품중량} \begin{cases} > 1 \cdots 원료지향형 \\ = 1 \cdots 자유입지형 \\ < 1 \cdots 시장지향형 \end{cases}$$

② **입지중량**: 제품 1단위의 이동에 필요한 중량으로서 제품중량에 대한 국지원료중량에 제품중량을 더한 값의 비율을 말한다.

$$입지중량 = \frac{국지원료중량 + 제품중량}{제품중량} \begin{cases} > 2 \cdots 원료지향형 \\ = 2 \cdots 자유입지형 \\ < 2 \cdots 시장지향형 \end{cases}$$
$$= 원료지수 + 1$$

(4) 공장부지의 입지요인

① 원료지향형 산업과 시장지향형 산업

원료지향형 입지의 결정	시장(소비지)지향형 입지의 결정
㉠ 중량감소산업 　　⑩ 시멘트공업, 제련공업 등 ㉡ 원료수송비가 제품수송비보다 큰 산업 ㉢ 원료중량이 제품중량보다 큰 산업 ㉣ 부패하기 쉬운 원료·물품을 생산하는 산업 　　⑩ 통조림공업, 냉동공업 ㉤ 국지원료(편재원료)를 많이 사용하는 공장	㉠ 중량증가산업 　　⑩ 청량음료, 맥주 등 ㉡ 제품수송비가 원료수송비보다 큰 산업 ㉢ 제품중량이 원료중량보다 큰 산업 ㉣ 부패하기 쉬운 완제품을 생산하는 산업 ㉤ 보편원료를 많이 사용하는 공장

② 자유입지형 산업: 수송비가 입지선정에 거의 작용하지 않는 고도의 대규모 기술집약적 산업이다.

⑩ 자동차, 항공기, 전자산업 등

③ 중간지향형 산업: 제품이나 원료의 수송수단이 바뀌는 이적지점(移積地點, break-of-bulk point) 또는 적환지점은 운송비 절감효과가 크기 때문에 공장입지에 유리하다. 소비시장과 원료산지 사이에 이적지점이 있는 경우가 이에 해당된다.

⑩ 제철, 정유, 합판

④ 집적지향형 산업: 수송비의 비중이 적고 기술연관성이 높은 산업으로, 기술·정보·시설·원료 등을 공동이용함으로써 비용을 절감하는 경우가 이에 해당된다.

⑩ 기계공업, 자동차공업, 석유화학, 제철 등

⑤ 노동지향형 산업: 노동집약적이고 미숙련공을 많이 사용하는 의류산업이나 신발산업 같은 것은 저임금지역에 공장이 입지하는 경향이 있다.

2 뢰쉬(A. Lösch)의 최대수요이론

① 뢰쉬는 베버의 입지론이 너무 생산비에만 치우쳐 있음을 지적하여 이의를 제기하였다.

② 뢰쉬는 이윤극대화를 꾀하기 위해 공장의 입지는 시장확대가능성이 가장 풍부한 곳에 위치해야 한다고 하였다.

3 | 부동산정책론

❗ 무엇이 중요할까?

- 부동산정책 이해
- 정부의 시장개입과 외부효과 정리

❓ 더 공부하고 싶다면?

- 에듀윌 기본서 1차 부동산학개론 pp.192~238
- 에듀윌 단원별 기출문제집 1차 부동산학개론 pp.152~187

47   부동산문제

부동산과 인간의 관계 악화의 제 문제를 말한다.

1 토지문제

(1) 물리적 토지문제

자연적 특성인 부증성에서 비롯되었다.

(2) 경제적 토지문제

지가가 다른 물가보다 상대적으로 높아 합리적인 지가수준을 넘는 지가고(地價高) 현상을 들 수 있다.

(3) 그 밖의 토지문제

토지이용의 비효율성, 분배의 부적정, 관리의 비원활, 토지투기 등을 들 수 있다.

2 주택문제

(1) 주택문제의 원인

① 토지의 부동성, 주택시장의 비유동성 및 지역성은 특정 지역 주택의 양적 부족의 원인이 된다.
② 지가 상승에 의한 토지의 세분화 이용은 주거의 질을 저하시킨다.

(2) 주택문제의 구분

① 양적 주택문제

    ㉠ 의의: 주택이 절대적으로 부족한 현상, 즉 가구 총수에 합리적인 공가율에 의한 필요공가 수를 합친 필요한 주택 수에 비해서 실제의 주택 수가 미달하는 것을 말한다.

> **필요주택 수 = 가구 총수 + 필요공가 수**

    ㉡ 양적 주택수요의 증가요인

        ⓐ 인구의 증가

ⓑ 핵가족화 현상

ⓒ 기존 주택의 노후화

ⓓ 공공사업 등에 의한 주택의 철거 및 전용

ⓔ 필요공가율의 증가

ⓕ 결혼·이혼율의 증가와 재혼율의 감소

② **질적 주택문제**: 주택가격이나 주거비의 부담능력이 낮아, 주택의 질적 수준이 낮은 데에서 비롯되는 불만과 관련된 문제 ⇨ 경제적 주택문제

PART 2

48 PIR과 RIR & 슈바베 지수

1 소득 대비 주택가격 비율(PIR ; Price to Income Ratio)

가구당 연간소득에서 주택가격이 차지하는 비율을 말한다.

$$PIR = \frac{주택가격}{가구당\ 연간소득}$$

2 소득 대비 주택임대료 비율(RIR ; Rent to Income Ratio)

임차인의 중위가구 월소득에 대한 주택의 중위 월임대료의 비율을 말한다.

$$RIR = \frac{주택\ 월임대료}{가구당\ 월소득}$$

3 슈바베 지수(Schwabe index)

가구의 생계비 중에서 주거비가 차지하는 비율을 말한다.

$$슈바베\ 지수 = \frac{주거비}{생계비} \times 100$$

49 부동산문제의 특징

1 악화성향

어떤 부동산문제가 한번 생기면 시간의 흐름에 따라 악화되기 쉽고, 이를 바로잡는 일이 점점 어려워진다는 뜻이다.

PART 2 부동산학 각론 **69**

2 비가역성

어떤 부동산문제가 한번 악화되면, 이를 완전한 옛 상태로 회복하기는 사회적 · 경제적 · 기술적으로 어렵다는 것이다.

3 지속성

부동산문제가 시간의 흐름과 함께 지속되는 현상이다.

4 해결수단의 다양성

부동산문제의 해결수단은 다양하며, 부동산정책은 종합정책의 성격을 강하게 지닌다.

50 부동산정책

1 의의

부동산을 둘러싼 여러 가지 문제를 해결 내지는 개선함으로써 부동산과 인간의 관계를 보다 합리적으로 하려는 공적인 노력, 즉 공익추구를 위한 정부의 부동산활동이다.

2 기능 – 시장개입의 이유

① **정치적 기능**: 사회적 목표를 달성하기 위해 시장에 개입하는 것을 말한다.
② **경제적 기능**: 시장의 실패를 수정하기 위해 시장에 개입하는 것을 말한다.

3 시장의 실패

① **의의**: 시장이 어떤 이유로 인해서 자원의 적정배분을 자율적으로 조정하지 못하는 것을 의미한다.
② **시장실패의 원인**
    ㉠ 불완전경쟁(독과점 기업)의 존재
    ㉡ 규모의 경제 ── 기업이 생산시설의 규모를 확장함에 따라 생산량이 증가할 때 생산비가 감소하는 것
    ㉢ 외부효과의 존재
    ㉣ 공공재의 부족
    ㉤ 거래 쌍방 간의 정보의 비대칭성 및 불확실성

1 의의

어떤 경제활동과 관련하여 거래당사자가 아닌 제3자에게 의도하지 않은 이익이나 손해를 가져 다주는데도 이에 대한 대가를 지불하지도 받지도 않는 상태를 말한다. 외부효과를 외부성 (externality)이라고도 한다.

2 구분 ✎필수체크

정(+)의 외부효과(외부경제)	부(−)의 외부효과(외부불경제)
다른 사람(제3자)에게 의도하지 않은 혜택을 입히고도 이에 대한 보상을 받지 못하는 것 예 과수원과 양봉업	다른 사람(제3자)에게 의도하지 않은 손해를 입히고도 이에 대한 대가를 지불하지 않는 것 예 양식업과 공장폐수
① 사적 편익 < 사회적 편익 ② 사적 비용 > 사회적 비용 ┐ 사적 비용에 생산활동으로 인해 제3자에게 미치는 피해까지를 합한 것	① 사적 편익 > 사회적 편익 ② 사적 비용 < 사회적 비용
과소생산, 과다가격	과다생산, 과소가격
보조금 지급, 조세경감, 행정규제의 완화	오염배출업체에 대한 조세중과, 환경부담금 부과, 지역지구제
PIMFY(Please In My Front Yard)현상	NIMBY(Not In My BackYard)현상

52 토지정책의 수단

1 토지이용규제

개별 토지이용자의 토지이용행위를 사회적으로 바람직한 방향으로 유도하기 위해서 법률적·행정적 조치에 의거하여 구속하고 제한하는 방법들을 총칭하는 것이다.

예 (용도)지역지구제, 건축규제, 각종 인·허가제, 계획단위개발

2 직접적 개입

정부나 공공기관이 토지시장에 직접 개입하여 토지에 대한 수요 및 공급자의 역할을 적극적으로 수행하는 방법이다.

예 토지수용, 토지은행제도, 공영개발사업, 공공소유제도, 도시재개발

3 간접적 개입

기본적으로는 시장기구의 틀을 유지하면서 그 기능을 통해 소기의 효과를 거두려는 방법이다.

예 금융지원 및 보조금 지급, 부동산조세, 정보체계구축

1 의의

토지용도를 구분함으로써 이용목적에 부합하지 않은 토지이용이나 건축 등의 행위를 토지의 효율적·합리적 이용을 도모하는 방향으로 규제하는 제도이다. 지역지구제를 실시함으로써 토지이용에 수반되는 부(−)의 외부효과를 제거하거나 감소시킬 수 있다.

2 목적 및 필요성

① 토지의 이용목적 및 입지특성에 따라 적합한 용도를 부여함으로써 국토이용질서를 확립하고 토지자원을 효율적이고 합리적으로 이용하기 위하여 필요하다.
② 용도에 맞지 않고 어울리지 않는 토지이용을 규제함으로써 부(−)의 외부효과를 제거 또는 감소시켜 효율적인 자원배분을 할 수 있게 한다.
③ 토지자원의 개발과 보전의 적절한 조화를 목적으로 한다.
④ 토지자원의 활용 측면에서 세대 간 형평성을 유지하기 위함이다.

3 효과

① **단기적 효과**: 지역지구제 실시 ⇨ 어울리지 않는 토지이용규제로 부(−)의 외부효과 제거 ⇨ 주택수요 증가 ⇨ 주택가치 상승 ⇨ 기존 투자자의 초과이윤 발생
② **장기적 효과**: 신규기업의 시장진입 ⇨ 주택공급 증가 ⇨ 주택가치 하락 ⇨ 초과이윤 소멸
③ **산업의 종류**
　㉠ 비용불변산업: 주택가치는 원래 수준까지 하락하여 균형이 된다.
　㉡ 비용증가산업: 주택가치는 원래보다 높은 수준에서 균형이 된다.
　㉢ 비용감소산업: 주택가치는 원래보다 낮은 수준에서 균형이 된다.

4 지역지구제와 독점

① 특정 지역에만 용도의 지정 또는 변경 등의 독점적 지위를 부여한다면 진입장벽으로 인해 더 이상 공급이 늘지 않으므로 장기적으로도 부동산가치는 하락하지 않으며, 초과이윤은 모두 독점적 지위를 누리는 투자자에게 돌아간다.
② 초과이윤의 문제는 위치적 이점이 부동산가치에 이미 반영된 사후적 독점이 아닌, 반영되지 않은 사전적 독점에서 야기된다.

5 문제점

① 토지이용의 경직성
② 다른 지역과 형평성 문제를 야기

54　개발이익환수제

1 개발이익의 개념

개발이익이란 개발사업의 시행이나 토지이용계획의 변경, 그 밖에 사회적·경제적 요인에 따라 정상지가(正常地價) 상승분을 초과하여 개발사업을 시행하는 자(사업시행자)나 토지소유자에게 귀속되는 토지가액의 증가분을 말한다(개발이익 환수에 관한 법률 제2조 제1호).

2 개발이익의 환수

국가는 공공기관의 개발사업 등으로 인하여 토지소유자의 노력과 관계없이 정상지가 상승분을 초과하여 개발이익이 발생한 경우, 이를 개발부담금으로 환수할 수 있다. 즉, 개발사업의 시행으로 이익을 얻은 사업시행자로부터 개발이익의 일정액을 환수하는 제도를 개발이익환수제라고 한다.

55　토지은행제도(공공토지비축제도)

1 의의

공공이 토지를 매입한 후 보유하고 있다가 적절한 때에 이를 매각하거나 공공용으로 사용하는 제도로서 정부가 직접적으로 부동산시장에 개입하는 정책수단이다.

2 장점

① 개인 등에 의한 무질서하고 무계획적인 토지개발을 막을 수 있어서 효과적인 도시계획 목표의 달성에 기여할 수 있다.
② 공공재나 공공시설을 위한 토지를 값싸게 제때에 공급할 수 있다.
③ 개발이익을 사회에 환원할 수 있다.
④ 사적 토지소유의 편중현상으로 인해 발생 가능한 토지보상비 등의 고비용 문제를 완화시킬 수 있다. 즉, 개발사업의 시행으로 이익을 얻는 사업시행자로부터 개발이익의 일정액을 환수하는 제도를 개발이익환수제라고 한다.

3 단점

① 막대한 토지매입비가 필요하다.
② 적절한 투기방지 대책 없이 대량으로 토지를 매입할 경우 지가 상승을 유발할 수 있다.
③ 토지 매입 시와 매출 시 사이의 과도기 동안 공공 자유 보유상태의 토지를 정부가 관리해야 하는 문제가 있다.

④ 토지은행의 취지에 따라 투기를 억제하고 개발이익을 사회에 환원하기 위해서는 토지매입 시 매입대상토지의 가격을 기회비용의 수준으로 묶어 둘 사전조치를 취해야 하는데 그것이 어렵다.

56 임대료규제정책

임대료규제를 임대료한도제 또는 임대료상한제라고도 하는데, 임대료 수준 또는 임대료 상승률을 일정범위 내에서 규제하여 임차가구를 보호하려는 가격통제(price control) 방법의 하나이며 최고가격제에 해당한다.

정책적 효과	① 임대주택에 대한 초과수요 발생 ⇨ 공급부족 ② 임차인 ┌ 임차인들이 임대주택 구하기가 어려워짐 　　　　　└ 임차인들의 주거이동이 저하됨 ⇨ 사회적 비용 증가 ③ 임대인 ┌ 기존의 임대주택이 다른 용도로 전환됨 　　　　　├ 임대주택에 대한 투자를 기피하는 현상이 발생함 　　　　　└ 임대주택 서비스의 질이 저하됨 ④ **정부**: 정부의 임대소득세 수입이 감소함 ⑤ **시장**: 불법적인 음성적 거래 발생, 임대료에 대한 이중가격이 형성될 수 있음

57 임대료보조정책 ⇨ 간접적 개입

임대료보조정책은 저소득층의 주택문제를 해결하기 위해 일정수준 이하의 저소득층에게 정부가 임대료의 일부를 보조해 주는 것을 말한다.

1 수요 측 보조금

임차인에게 보조금을 지급하는 방법으로 수요 측 보조금은 가격(임대료)보조방식과 소득보조방식이 있다.

(1) 가격보조와 소득보조

구분	가격(임대료)보조 ⇨ 집세보조	소득보조 ⇨ 현금보조
의의	주택의 상대가격을 낮춤으로써 저소득 임차가구의 주택소비를 증가시킴	실질소득이 현금보조액만큼 증가한 것과 같으므로 주택임차가구의 주택부담능력이 높아짐
정책적 효과	소비↑, 효용↑, 임대료↑, 공급량↑(장기)	소비↑, 효용↑, 임대료↑, 공급량↑(장기)
	⇨ 소비증대 효과가 큼	⇨ 효용증대 효과가 큼

➕ 임차인이 실제 부담하는 지불임대료는 원래보다 낮아지게 된다.

(2) 단기와 장기 효과 비교

① **단기적 효과**: 임차인에게 임대료를 보조 ⇨ 임차인 입장에서는 임대부동산의 공급가격이 그 만큼 하락한 효과와 임차인의 실질소득이 상승하는 효과가 발생 ⇨ 임대주택에 대한 수요가 증가 ⇨ 시장임대료는 상승한다. 그러나 단기에 임대주택의 공급곡선이 수직이라면 임대주택의 공급은 불변 ⇨ 임대주택의 공급곡선이 수직인 단기에는 시장임대료만 상승하고 임대주택의 거래량은 불변이며, 보조금의 혜택은 임대주택공급자에게 돌아간다.

② **장기적 효과**: 임대료 상승으로 인해 장기적으로 임대주택의 공급이 증가 ⇨ 시장임대료는 낮아져 임차인의 부담은 낮아지고, 그 결과 임대주택의 소비량이 증가하여 임대주택의 거래량도 증가한다.

➕ 시장임대료는 원래 수준에서 균형을 이루지만(비용일정산업), 임대료보조로 인해 임차인이 실제 부담하는 지불임대료는 원래보다 낮아지게 된다.

② 공급 측 보조금

단기적으로는 공급곡선이 수직에 가까우므로 공급 측 보조금은 아무런 효과가 없으나, 장기적으로는 주택의 생산비를 절감시켜 주택공급이 증가하고 시장임대료가 하락하여 주택소비가 증가한다.

58 공공임대주택정책 ⇨ 직접적 개입

공공부문이 시장임대료보다 낮은 수준의 임대주택을 공급하여 사적 시장의 임대료를 낮추도록 함으로써 임차인을 보호하는 방법의 하나로, 정부의 직접적인 개입에 해당하는 정책이다.

구분	사적 시장	공공시장
단기	수요 감소 ⇨ 임대료 하락 ⇨ 임차인 혜택	공급 증가 & 낮은 임대료 ⇨ 수요 증가 ⇨ 임차인 혜택
	단기적으로 사적 시장과 공공시장의 임차인 모두 혜택	
장기	공급 감소 ⇨ 임대료 상승 ⇨ 임차인 혜택 소멸	공급 증가 & 낮은 임대료 ⇨ 임차인 혜택
	① 장기적으로 사회 전체의 임대주택 공급량 ⇨ 불변 ② 장기적으로 공공시장으로 이동해 온 임차인만 혜택	

59 분양가규제정책 ⇨ 분양가상한제

1 의의

정부가 사적 시장에서 공급되는 신규주택가격을 시장균형가격 이하로 규제하는 것을 말한다. 분양가상한제는 분양가규제를 통해 주택가격을 안정시키기 위한 목적으로 시행되는 최고가격제에 해당한다.

2 정책적 효과

① 분양가격과 시장가격의 차이 때문에 단기적으로 투기적 수요가 증대하며, 장기적으로 주택산업의 생산성을 저하시켜 신축주택의 공급 감소를 초래할 수 있다.
② 수요와 공급의 가격탄력성이 탄력적일수록 초과수요량이 더 커진다.
③ 분양주택의 질적 수준이 저하될 수 있다.
④ 주택의 과소비가 초래될 수 있으며, 분양주택에 대한 프리미엄이 형성되면 분양권을 불법으로 전매하는 등의 현상이 나타날 수 있다.
⑤ 가격기능을 왜곡시켜 자원배분의 효율성을 저해하게 된다.
⑥ 도심지역보다는 외곽지역의 고밀도 개발을 촉진하여 토지이용의 비효율을 초래할 수 있다.
⑦ 공급자의 채산성을 악화시켜 장기화될수록 민간주택공급을 위축시킴으로써 중고주택의 가격을 상승시키며, 저소득층의 주택난 심화를 초래할 수 있다.
⑧ 장기적으로는 여과과정을 통한 저소득층의 주거안정가능성이 감소할 수 있다.

60 분양가자율화정책

1 의의

정부가 사적 시장의 가격규제를 풀고 자율화함으로써 시장의 수요와 공급에 의해 가격이 결정되도록 하는 것을 말한다.

2 정책적 효과

① 분양가를 자율화하기 위해서는 택지의 확보, 금융지원 등을 통한 공급증대 노력이 선행되어야 한다.
② 신규주택가격이 상승하여 장기적으로 신규주택의 공급이 확대된다.
③ 전매차익을 줄여 투기적 수요는 감소된다.
④ 주택산업의 수익성이 향상되고, 경쟁으로 인해 주택의 품질이 개선된다.

⑤ 대형주택 위주로 주택공급이 확대될 가능성이 높으므로 대형주택 보유에 관한 과세를 강화하여야 한다.

⑥ 소형주택의 공급이 감소하고, 대형주택 위주로 주택공급이 확대되므로 저소득층의 주택부담이 가중된다.

3 주택 선분양제도와 후분양제도

구분	선분양제도	후분양제도
의의	주택이 완공되기 이전에 소비자에게 분양하고 계약금·중도금 등을 완공 이전에 납부하도록 하여 건설금융에 충당할 수 있게 허용한 제도이다.	일정규모 이상 건설공사가 이루어진 뒤 공급하는 방식으로, 건설업자가 건설자금을 직접 조달하는 제도이다.
장점	① 건설자금 조달이 용이 ② 주택공급 증가 ⇨ 주택시장 활성화 ③ 분양대금 분할납부로 금융부담 경감 ④ 소비자 위험부담하에 주택구입이 용이	① 분양권 매매차익 소멸 ⇨ 투기억제 ② 완제품의 비교 선택 가능 ③ 소비자의 선택폭 확대 ⇨ 최적선택 용이 ④ 업체의 품질경쟁 ⇨ 품질 향상
단점	① 분양권 매매차익 발생 ⇨ 투기 발생 ② 완제품을 비교하여 선택할 수 없음 ③ 소비자의 선택폭 축소 ⇨ 최적선택 곤란 ④ 부실공사 등 주택품질 저하 ⑤ 시장위험이 수요자에게 전가	① 건설자금조달이 곤란 ② 주택공급 감소 ⇨ 주택시장 침체 가능성 ③ 건설업체의 부도 가능성 확대 ④ 건설업체의 시장위험부담 증가 ⑤ 주택가격 일시납부로 목돈마련이 어려움

61 부동산조세정책

1 부동산조세의 기능

① 부동산자원배분

② 소득 재분배

③ 지가안정

④ 주택문제 해결에 기여

2 부동산조세의 전가와 귀착

(1) 조세의 전가

조세가 부과되었을 때 각 경제주체들이 자신의 활동을 조정함으로써 조세의 실질적인 부담의 일부 또는 전부를 타인에게 이전시키는 현상을 말한다.

(2) 조세의 귀착

조세의 사실상 부담이 최종적으로 어떤 사람에게 귀속되는 것을 말한다.

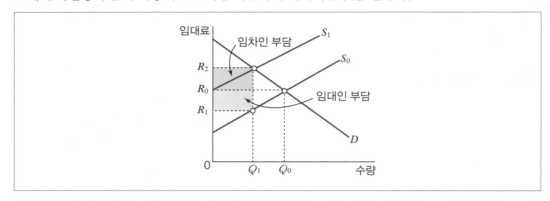

① 임대주택시장에서 임대인에게 재산세가 부과되면 공급곡선은 좌상향으로 이동하여 공급은
감소하며, 임대료는 상승하고 거래량은 감소한다.
② 재산세부과액만큼 공급곡선은 상방으로 이동한다.

3 탄력성과 조세귀착

① 수요가 탄력적일수록 수요자부담은 작아지고, 비탄력적일수록 수요자부담은 커진다.
② 공급이 탄력적일수록 공급자부담은 작아지고, 비탄력적일수록 공급자부담은 커진다.
③ 수요가 완전비탄력적이거나, 공급이 완전탄력적일 때 ⇨ 수요자가 모두 부담
④ 수요가 완전탄력적이거나, 공급이 완전비탄력적일 때 ⇨ 공급자가 모두 부담

4 주택에 대한 영향

구분	신축주택(고가주택)	중고주택(저가주택)
수요	탄력적	비탄력적
공급	비탄력적	탄력적
수요자	고소득층	저소득층
비례세 부과	조세부담 작음	조세부담 큼
	⇨ 세부담의 역진성 초래	
누진세 부과	조세부담 큼	조세부담 작음
	⇨ 수직적 형평성 달성	

5 부동산 관련 조세

구분	보유단계	취득단계	처분단계
국세	종합부동산세	상속세	양도소득세
지방세	재산세	취득세	–

CHAPTER

4 | 부동산투자론

❗ 무엇이 중요할까?

- 부동산투자이론 정리
- 부동산투자 분석기법 이해

❓ 더 공부하고 싶다면?

- 에듀윌 기본서 1차 부동산학개론 pp.239~296
- 에듀윌 단원별 기출문제집 1차 부동산학개론 pp.188~236

62 부동산투자의 개념 및 장단점

1 부동산투자의 개념

① **투자**: 불확실한 미래의 수익을 기대하고 확실한 현재의 소비를 희생하는 행위를 말한다.

② **부동산투자**: 확실한 현재의 소비를 희생하는 생산활동을 통해 미래의 불확실한 수익의 획득을 목적으로 하여 합리적 안전성과 원금의 궁극적인 회수를 전제로 항구적인 용도를 갖는 부동산에 자본을 투입하는 행위를 말한다.

➕ 투자의 대상이 되는 부동산 ⇨ 투자성 부동산(수익성 부동산)

2 부동산투자의 장단점

장점	단점
① 지렛대효과(leverage effect) 향유	① 낮은 환금성
② 절세효과 ⇨ 이자지급액, 감가상각액	② 사업위험 부담
③ 구매력 보호	③ 금융위험 부담
④ 소유의 긍지	④ 소유자의 노력 필요
⑤ 인적 통제 가능	⑤ 거래비용의 부담
⑥ 사업이윤의 획득	⑥ 행정적 통제와 법률의 복잡성
⑦ 소득이득과 자본이득 향유	

➕ 지렛대효과(leverage effect)

1. 개념: 부채의 사용이 지분수익률(자기자본수익률)에 미치는 영향을 말한다.

2. 구분
   - **정(+)의 지렛대효과**: 자기자본수익률 > 총자본(종합)수익률 > 차입이자율(저당수익률)

     ⇨ 부채비율이 커질수록 자기자본수익률 증가, 부채비율이 작아질수록 자기자본수익률 감소
   - **부(−)의 지렛대효과**: 자기자본수익률 < 총자본(종합)수익률 < 차입이자율(저당수익률)

     ⇨ 부채비율이 커질수록 자기자본수익률 하락, 부채비율이 작아질수록 자기자본수익률 증가
   - **영(0)의 지렛대효과**: 자기자본수익률 = 총자본(종합)수익률 = 차입이자율(저당수익률)

     ⇨ 부채비율이 변화해도 자기자본수익률 불변

3 투자의 종류

① **실물투자**(real investment): 금·은·보석·골동품·예술품·부동산 등의 실물에 투자하는 것을 말한다.

② **재무투자**(financial investment): 공채·주식·사채·외환 등의 금융유가증권에 투자하는 것을 말한다.

➕ **부동산투기**: 단기간에 가격 상승에 의한 양도차익만을 얻는 것을 목적으로 부동산을 보유하는 것

63 부동산투자와 재산 3분법

투자재산을 예금, 주식, 부동산으로 3분하여 관리하자는 것이다.

⇨ 투자재산을 예금, 주식, 부동산으로 3등분하여 관리(×)

⇨ 투자재산을 예금, 주식, 부동산으로 각각 3분의 1씩 관리(×)

64 부동산투자의 위험과 수익

1 위험의 개념

① 부동산투자에서 예상한 값과 실현된 값이 달라질 가능성을 말한다.

② 어떤 투자안으로부터 얻게 될 결과에 대해 불확실성이 존재함으로써 발생하는 변동성, 즉 투자수익이 기대치를 벗어날 변동가능성을 뜻한다.

2 위험과 수익의 측정

(1) 수익의 측정

① **기댓값**: 각 상황이 발생할 경우 실현될 수 있는 값들을 평균한 것을 말한다.

> 기댓값 = Σ(각 상황이 발생할 경우 실현되는 값 × 발생확률)

② **기대수익률**: 각 상황이 발생할 경우 실현될 수 있는 수익률들을 평균한 것을 말한다.

> 기대수익률 = Σ(각 경제상황별 추정수익률 × 발생확률)

(2) 위험의 측정

① **의의**: 투자의 위험은 그 투자로부터 예상되는 수익률의 분산도로 측정한다.

② **분산과 표준편차**: 분산은 각 경제상황별 추정수익률과 기대수익률의 차이를 제곱하여 이에 각 상태가 발생할 확률을 곱해서 모두 더한 값으로 다음과 같이 계산된다. 분산의 제곱근이 표준편차인데, 표준편차 값이 클수록 변동성이 심하므로 위험이 크고, 값이 작을수록 위험이 작다.

$$\text{분산} = \Sigma[(\text{각 경제상황별 추정수익률} - \text{기대수익률})^2 \times \text{발생확률}]$$

③ **변이계수**: 표준편차를 기대수익률로 나누어서 백분율로 나타낸 것을 말한다.

$$\text{변이계수} = \frac{\text{표준편차}}{\text{기대수익률}}$$

65 부동산투자의 위험유형

1 사업상의 위험

부동산사업 자체에서 연유하는 수익성에 관한 위험을 말한다.
① **시장위험**: 부동산 수급의 변동 등과 같은 시장상황의 변동으로 야기되는 위험이다.
② **운영위험**: 근로자의 파업, 영업비의 변동 등 부동산의 운영과 관련하여 야기되는 위험이다.
③ **위치적 위험**: 부동산 위치의 고정성으로 인해 야기되는 위험이다.

2 금융적 위험(재무적 위험)

자기자본에 대한 부채의 비율이 클수록 자기자본수익률은 증가할 수 있지만, 부담해야 할 위험도 커져 파산할 위험도 아울러 증가할 수 있다는 것을 말한다.
⇨ 투자금액을 모두 자기자본으로 조달할 경우 금융적 위험을 제거할 수 있음

3 법적 위험(행정적 위험)

부동산에 대해 가지는 재산권의 법적 환경변화에 따른 위험을 말한다.

└── 물가가 지속적으로 올라 화폐가치가 떨어지는 현상(디플레이션과 반대 개념)

4 인플레이션 위험(구매력 위험)

투자기간 동안의 전반적인 물가 상승으로 인해 발생하는 구매력의 하락 위험을 말한다.

└── 어떤 자산이 얼마나 쉽게 현금으로 전환될 수 있는지를 나타내는 척도

5 유동성 위험(환금성 위험)

투자대상 부동산을 급하게 현금으로 전환하는 과정에서 발생하는 시장가치의 손실가능성을 말한다.

부동산투자의 수익률

투하된 자본에 대한 수익의 비율을 말한다.

$$수익률 = \frac{수익}{투하자본}$$

1 수익률의 종류

① **요구수익률**(required rate of return): 투자에 대한 위험이 주어졌을 때 투자자가 대상부동산에 투자를 결정하기 위해 보장되어야 할 최소한의 수익률(=필수수익률·외부수익률·투자의 기회비용)을 말한다.

② **기대수익률**(expected rate of return): 어떤 투자대상으로부터 투자로 인해 기대되는 예상수익률(=내부수익률)로서, 각 경제상황이 발생할 경우 실현될 수 있는 수익률들을 평균한 것이다.

③ **실현수익률**(realized rate of return): 투자가 이루어지고 난 후에 실제로 실현된 수익률(=실제수익률·사후수익률·역사적 수익률)을 말한다.

2 기대수익률과 요구수익률의 관계

① **기대수익률 > 요구수익**: 투자↑ ⇨ 대상부동산 가치↑ ⇨ 기대수익률↓
② **기대수익률 = 요구수익**: 균형투자량
③ **기대수익률 < 요구수익**: 투자↓ ⇨ 대상부동산 가치↓ ⇨ 기대수익률↑

3 투자가치와 시장가치

① **투자가치**: 부동산을 소유함으로써 예상되는 미래의 편익이 부동산투자자에게 주는 현재의 가치를 말한다. ⇨ 대상부동산이 특정한 투자자에게 부여한 주관적 가치

② **시장가치**: 부동산이 시장에서 매매되었을 때 형성될 수 있는 가치를 말한다. ⇨ 대상부동산이 시장에서 가지는 객관적 가치

투자가치 ≥ 시장가치 ⇨ 투자 채택
투자가치 < 시장가치 ⇨ 투자 기각

67 부동산투자의 위험과 수익의 관계

1 위험에 대한 투자자의 태도

기대수익률이 동일할 경우, 투자자들은 덜 위험한 투자대안을 선택한다. ⇨ 위험회피적

➕ 위험회피적인 투자자라도 피할 수 없는 위험이나 감수할 만한 유인책이 있는 위험은 감수하며, 투자이론에서는 위험회피형 투자자를 가정한다.

2 위험 – 수익의 상쇄관계

무위험자산에 대한 수익률

요구수익률 = 무위험률 ⇦ 위험이 전혀 없는 경우

= 무위험률 + 위험할증률 ⇨ 위험조정률(risk-adjusted rate)

= 무위험률 + 위험할증률 + 예상 인플레이션율 ⇨ 피셔(Fisher) 효과

3 위험과 가치의 균형

$$부동산의\ 투자가치 = \frac{투자에\ 대한\ 예상순수익}{요구수익률}$$

68 위험의 관리방법과 처리방법

1 위험의 관리방법

(1) 의의

위험 발생 원인을 사전에 파악하여 위험을 분산·경감시키는 일련의 과정을 말한다.

(2) 위험관리의 방법

① **위험의 전가**: 잠재적 손실의 발생빈도나 결과의 강도에는 영향을 주지 않고 경제적 부담과 책임을 제3의 계약자나 보험회사에게 넘기는 방법이다.

② **위험의 보유**: 위험으로 인한 장래의 손실을 스스로 부담하는 방법이다.

③ **위험의 회피**: 가장 기본적인 위험에 대한 대비수단으로서 손실의 가능성을 원천적으로 회피해 버리는 방법이다.

④ **위험의 통제**: 손실의 발생횟수나 발생규모를 줄이려는 방법이다.

2 위험의 처리방법

① **위험한 투자를 제외시키는 방법**: 정부채권이나 정기예금에 투자하는 방법이다.

② **보수적 예측방법**: 투자수익을 가능한 한 낮게 추계하고 이를 기준으로 투자를 결정하는 방법이다.

③ **위험조정할인율의 적용**: 기대되는 미래수익을 현재가치로 환원할 때 높은 위험이 존재하는 투자안일수록 높은 위험조정할인율을 적용하여 할인을 하는 방법이다.

3 민감도 분석(감응도 분석)

투자효과를 분석하는 모형의 투입요소가 변화함에 따라, 그 결과치에 어떠한 영향을 주는지를 분석하는 기법이다. 즉, 예상임대료, 공실률, 영업경비, 감가상각의 방법, 보유기간, 가치의 변동 등과 같은 투입요소가 변동할 때 그 투자안의 순현가나 내부수익률 등이 어떠한 영향을 받는가를 분석하는 것을 말한다.

69 포트폴리오이론

1 의의

포트폴리오이론(portfolio theory)은 개인투자자나 개별기업이 한 종류의 자산에 투자함으로써 발생할 수 있는 위험(비체계적 위험)을 제거하기 위하여 여러 종류의 자산에 분산투자하여 안정된 편익을 획득하도록 하는 자산관리의 방법 및 원리를 말한다.

2 포트폴리오의 수익 – 포트폴리오의 기대수익률 ✎필수체크

포트폴리오를 구성하는 개별자산들의 기대수익률을 구성비율로 가중평균한 값이다.

> 포트폴리오의 기대수익률 = Σ(개별자산의 기대수익률 × 구성비율)

3 포트폴리오의 위험 – 포트폴리오의 분산

(1) 체계적 위험

전쟁의 발생이나 예상 밖의 높은 인플레이션의 발표 등과 같이 전체 시장에 영향을 미치는 위험으로서 모든 부동산에 영향을 주는 '피할 수 없는 위험'이다.

(2) 비체계적 위험

노사문제나 매출액 변동 등과 같이 특정 개별자산에 국한하여 영향을 미치는 위험으로서 투자대상을 다양화하여 분산투자함으로써 해결할 수 있는 '피할 수 있는 위험'이다.

> 총위험 = 체계적 위험 + 비체계적 위험

(3) 포트폴리오 효과

포트폴리오에 포함된 자산 수가 늘어남에 따라 포트폴리오 위험에 대한 개별자산 위험의 영향력, 즉 비체계적 위험이 감소한다는 것이 위험분산효과의 본질이다.

(4) 상관계수

상관계수는 두 개의 확률변수(두 자산의 수익률)가 함께 움직이는 정도를 나타내는 척도이다.

① 상관계수는 언제나 −1에서 +1까지의 값만을 갖는데, 상관계수의 크기에 따라 제거 정도는 달라진다고 할 수 있으며, 음(−)의 값을 가지면 위험분산효과가 커진다.

② 두 자산을 이용하여 포트폴리오를 구성한다고 하더라도 상관계수가 +1의 값을 갖는 경우는 위험(비체계적 위험)이 제거되지 않으며, −1의 값을 갖는 경우는 완전히 제거될 수도 있다. 그러므로 상관계수가 +1의 값을 갖는 경우를 제외하면, 구성자산의 수를 많이 하여 포트폴리오를 구성한다면 위험(비체계적 위험)이 감소될 수 있다.

4 평균 − 분산지배원리(평균-분산결정법)

① 기대수익률의 평균과 분산을 이용하여 투자대안을 선택하는 방법이다.

② 두 투자안의 기대수익률이 동일하다면 표준편차가 작은 투자안을 선택하고, 두 투자안의 표준편차가 동일하다면 기대수익률이 큰 투자안을 선택한다는 원리를 말한다.

5 최적 포트폴리오의 선택 ✎필수체크

(1) 효율적 프론티어[효율적 투자선, 효율적 전선(前線), efficient frontier]

① 평균-분산지배원리에 의해 동일한 위험수준에서 최대의 기대수익률을 얻을 수 있는 포트폴리오의 집합을 말한다.

② 동일한 위험에서 최고의 수익률을 나타내는 포트폴리오를 연결한 선이다.

(2) 무차별곡선

투자자들의 위험에 대한 태도는 무차별곡선으로 표시되는데, 무차별곡선이 아래로 볼록한 (convex) 우상향의 형태를 갖는 것은 투자자가 위험회피적이라는 것을 의미한다. 이때 위험회피도의 차이에 따라 무차별곡선의 모양이나 기울기가 달라지는데, 투자자의 위험회피도가 클수록 더욱 가파르게 된다.

(3) 최적 포트폴리오의 선택

① 효율적 프론티어와 투자자의 무차별곡선이 접하는 지점(E점, F점)에서 결정된다.

② 위험회피형 투자자 중에서 공격적인 투자자(乙)는 보수적인 투자자(甲)에 비해 위험이 높더라도 기대수익율이 높은 투자안을 선호한다고 할 수 있다.

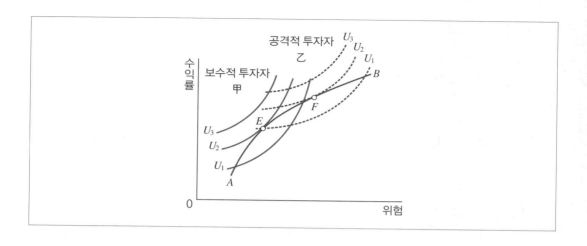

70 화폐의 시간가치 계산

미래가치계수	현재가치계수
1. 일시불의 내가계수 0기 1기 2기 3기 ⋯ n-1기 n기 ① 1원을 이자율 r로 예금했을 때 n년 후에 받게 될 금액 ② 공식: $(1+r)^n$	**1. 일시불의 현가계수** 0기 1기 2기 3기 ⋯ n-1기 n기 ① n년 후의 1원을 할인율 r로 할인할 경우 현재의 금액 ⇨ 일시불의 내가계수의 역수 ② 공식: $\dfrac{1}{(1+r)^n} = (1+r)^{-n}$
2. 연금의 내가계수 0기 1기 2기 3기 ⋯ n-1기 n기 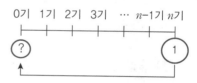 ① 매년 1원씩을 이자율 r로 계속해서 적립했을 때 n년 후에 받게 될 금액 ② 공식: $\dfrac{(1+r)^n-1}{r}$	**2. 연금의 현가계수** 0기 1기 2기 3기 ⋯ n-1기 n기 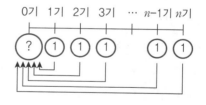 ① n년간 매년 1원씩 받게 될 금액을 이자율 r로 할인할 경우 현재의 금액 ② 공식: $\dfrac{1-(1+r)^{-n}}{r}$

3. 감채기금계수

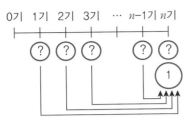

① n년 후에 1원을 만들기 위해서 매 기간 불입해야 할 금액 ⇨ 연금의 내가계수의 역수

② 공식: $\dfrac{r}{(1+r)^n - 1}$

3. 저당상수

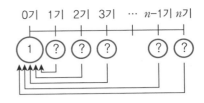

① 1원을 이자율 r로 빌린 후 n년 동안 매년 지불해야 하는 금액 ⇨ 연금의 현가계수의 역수

② 공식: $\dfrac{r}{1 - (1+r)^{-n}}$

71 잔금비율과 상환비율

1 잔금비율과 상환비율

저당대부액 중 미상환된 원금을 잔금이라 하고, 잔금이 차지하는 비율을 잔금비율이라 한다. 또한 '1'에서 잔금비율을 뺀 것을 상환비율이라고 한다.

2 잔금비율

$$\text{일정기간 후의 잔금비율} = \frac{\text{미상환저당잔금}}{\text{저당대부액}}$$

$$= \frac{\text{연금의 현가계수}(r\%, \text{잔여기간})}{\text{연금의 현가계수}(r\%, \text{융자기간})}$$

단위당 연간 예상임대료(estimated rent per unit per year)
× 임대단위 수(number of units)

가능총소득(PGI ; Potential Gross Income)
− 공실 및 불량부채(vacancy and bad debt allowance)
+ 기타 소득(miscellaneous income)

유효총소득(EGI ; Effective Gross Income)
− 영업경비(OE ; Operating Expenses)

순영업소득(NOI ; Net Operating Income)
− 부채서비스액(DS ; Debt Service)

세전현금흐름(BTCF ; Before−Tax Cash Flow)
− 영업소득세(TO ; Taxes from Operation)

세후현금흐름(ATCF ; After−Tax Cash Flow)

① **가능총소득**: 투자한 부동산에서 얻을 수 있는 최대한의 수입
② **공실 및 불량부채**: 공실이나 임대료 회수가 불가능한 금액 등으로 인해 발생하는 손실액을 의미하며, 공실 및 대손충당금이라고도 함
③ **기타 소득**: 주차장 임대료, 유료 세탁기, 자판기 수입 등의 기타 수입
④ **유효총소득**: 가능총소득에서 공실 및 불량부채에 대한 충당금을 빼고 기타 소득을 더한 것
⑤ **순영업소득**: 유효총소득에서 영업경비를 뺀 것
⑥ **영업경비**: 부동산을 운영하는 데 들어가는 수리비, 관리비, 수수료, 재산세, 보험료, 광고비 등
⑦ **부채서비스액**: 매 기간 갚아야 할 원금상환분과 이자지급분의 합을 의미하며 저당지불액, 대출금의 원리금상환액이라고도 함
⑧ **세전현금흐름**: 순영업소득에서 부채서비스액을 뺀 것
⑨ **세후현금흐름**: 세전현금흐름에서 영업소득세를 뺀 것

73 지분복귀액의 계산

└─● 투자자들이 일정기간 동안 투자부동산을 운영한 후 처분 시에 지분투자자에게 돌아오는 수입

매도가격(selling price)
− 매도경비(selling expense)
─────────────────────
순매도액(net sales proceed)
− 미상환저당잔금(unpaid mortgage balance)
─────────────────────
세전지분복귀액(before−tax equity reversion)
− 자본이득세(capital gain tax)
─────────────────────
세후지분복귀액(after−tax equity reversion)

① **순매도액**: 매도가격에서 매도경비를 뺀 것
② **매도경비**: 투자한 부동산의 처분과 관련된 비용 **예** 중개수수료 등
③ **미상환저당잔금**: 처분 시 상환하지 못한 저당잔금
④ **세전지분복귀액**: 순매도액에서 미상환 저당잔금을 뺀 것
⑤ **세후지분복귀액**: 세전지분복귀액에서 자본이득세를 뺀 것

74 영업소득세의 계산

순영업소득	세전현금흐름
+ 대체충당금	+ 대체충당금
− 이자지급액	+ 원금상환액
− 감가상각액	− 감가상각액
과세소득	과세소득
× 세율	× 세율
영업소득세	영업소득세

75 어림셈법(경험셈법)

구분	어림셈법	할인현금흐름분석법
분석대상	영업경비 및 수익의 발생이 안정적인 소규모 부동산의 투자분석에 주로 사용	대규모 부동산의 투자분석에 주로 사용
현금흐름	처분 시의 매각수익을 고려하지 않으며, 보유기간 동안 발생하는 운영소득 중 첫해 소득만을 고려	투자기간 동안의 모든 현금흐름을 고려
시간가치	현재가치로 할인하지 않으므로 화폐의 시간가치를 고려하지 않음	현재가치로 할인하며 화폐의 시간가치를 고려
장단점	이해하기 쉽고 간단	논리적이고 정교하나 계산과정이 복잡

➕ 어림셈법에는 승수법과 수익률법이 있으며, 승수와 수익률은 서로 역수관계에 있다.

승수법		관계	수익률법	
총소득승수	$\dfrac{총투자액}{총소득}$	역수 관계	총소득승수의 역수는 총자산회전율	
순소득승수	$\dfrac{총투자액}{순영업소득}$		종합자본환원율	$\dfrac{순영업소득}{총투자액}$
세전현금흐름승수 (세전현금수지승수)	$\dfrac{지분투자액}{세전현금흐름}$		지분배당률	$\dfrac{세전현금흐름}{지분투자액}$
세후현금흐름승수 (세후현금수지승수)	$\dfrac{지분투자액}{세후현금흐름}$		세후수익률	$\dfrac{세후현금흐름}{지분투자액}$

└─▶ 총투자액 중 자기자본액

76 비율분석법

(1) 대부비율(융자비율, 저당비율, LTV)

$$대부비율 = \dfrac{부채잔금(융자액)}{부동산가치(=총투자액)}$$

➕ 부채비율 $= \dfrac{타인자본}{자기자본} \times 100$

➕ 총부채상환비율(소득 대비 부채비율, DTI) $= \dfrac{연간\ 부채상환액}{연간\ 소득액}$

(2) 부채감당률

$$부채감당률 = \frac{순영업소득}{부채서비스액}$$

(3) 채무불이행률

$$채무불이행률 = \frac{영업경비 + 부채서비스액}{유효총소득}$$

(4) 총자산회전율

$$총자산회전율 = \frac{총소득}{부동산가치}$$

(5) 영업경비비율

$$영업경비비율 = \frac{영업경비}{(유효)총소득}$$

77 회수기간법과 회계적 이익률법

1 (단순)회수기간법

(1) 의의

자본회수기간(payback period)이란 최초로 투자된 금액을 전액 회수하는 데 걸리는 기간을 의미한다. ⇨ 회수기간법은 일반적으로 단순회수기간법을 의미하며 화폐의 시간가치를 고려하지 않는다.

➕ 현가회수기간법
현가회수기간은 초기 투자비를 현재가치로 회수하는 데 걸리는 기간을 의미한다. ⇨ 화폐의 시간가치를 고려한다.

(2) 투자안의 결정

① 독립적인 투자안

$$투자안의 회수기간 ≤ 목표회수기간 ⇨ 투자 채택$$
$$투자안의 회수기간 > 목표회수기간 ⇨ 투자 기각$$

② **상호배타적인 투자안**: 투자안의 회수기간이 목표회수기간보다 짧은 투자안들 중에서 회수기간이 가장 짧은 투자안을 선택한다.

(3) 회수기간법의 장단점

장점	• 회수기간의 계산이 쉽고 비용이 들지 않음 • 짧은 회수기간을 가진 투자안을 선택함으로써 미래의 불확실성을 어느 정도 감소시킬 수 있음
단점	• 모든 미래현금흐름에 대하여 동일한 가중치를 부여하고 있기 때문에 화폐의 시간가치를 무시하고 있음 • 자본회수기간 이후의 현금흐름을 전혀 고려하고 있지 않음

2 회계적 이익률법

(1) 의의

예상되는 투자안의 미래평균이익(감가상각비 및 세금공제 후)을 투자안의 평균 순장부가치로 나누어 계산하며, 이 수치와 기준이 되는 목표 또는 최소이익률을 비교하여 투자안을 평가한다.

$$회계적\ 이익률 = \frac{세후평균순이익}{평균투자액}$$

(2) 투자안의 결정

① **독립적인 투자안**

투자안의 회계적 이익률 ≥ 목표 회계적 이익률 ⇨ 투자 채택
투자안의 회계적 이익률 < 목표 회계적 이익률 ⇨ 투자 기각

② **상호배타적인 투자안**: 투자안의 회계적 이익률이 목표 회계적 이익률보다 높은 투자안들 중에서 회계적 이익률이 가장 높은 투자안을 선택한다.

(3) 회계적 이익률법의 장단점

장점	• 간단하고 이해하기 쉬움 • 예산편성 시에 작성되는 회계자료를 바로 이용할 수 있어 편리
단점	• 현금흐름이 아닌 회계적 이익을 이용. 회계이익은 단지 장부상의 이익을 나타내는 인위적인 수치로서 현금흐름을 나타내는 것은 아님 • 화폐의 시간적 가치를 고려하지 않음

할인현금흐름분석법(할인현금수지분석법)

🏠 **부동산투자분석의 기법**

- **화폐의 시간가치를 고려**: 순현가법, 내부수익률법, 수익성 지수법, 현가회수기간법
- **화폐의 시간가치를 고려하지 않음**: 승수법, 수익률법, 비율분석법, 단순회수기간법, 회계적 이익률법

1 개념

장래 예상되는 현금유입과 현금유출을 현재가치로 할인하고 그 값을 비교하여 투자 여부를 결정하는 방법이다.

2 종류 ✎필수체크

(1) 순현가법(NPV; Net Present Value method)

① **의의**: 순현가란 투자로부터 발생하는 미래의 모든 현금유입액을 적절한 자본비용으로 할인한 현재가치에서 현금유출의 현재가치를 공제한 금액을 말하며, 순현가법이란 순현가를 0과 비교하여 투자결정을 하는 방법을 말한다. ⇨ **현금유입**: 세후소득, **재투자율**: 요구수익률

② **투자안의 결정**

㉠ **독립적인 투자안**

> 순현가(NPV) ≥ 0 ⇨ 투자 채택
> 순현가(NPV) < 0 ⇨ 투자 기각

㉡ **상호배타적인 투자안**: 순현가가 '0'보다 큰 투자안들 중에서 순현가가 가장 높은 투자안을 최적 투자안으로 선택한다.

③ **연평균순현가**

㉠ 전체 순현가에 대한 연간복리평균을 말하는 것으로, 순현가는 연평균 얼마의 순수익과 같은지를 의미한다.

㉡ 연평균순현가의 계산은 전체 순현가에 저당상수를 곱하거나, 연금의 현가계수로 나누어 계산한다.

> 연평균순현가 = 전체 순현가 × 저당상수
> = 전체 순현가 ÷ 연금의 현가계수

㉢ 연평균순현가는 사업기간이 서로 다른 사업 간의 비교를 가능하게 한다.

(2) 내부수익률법(IRR; Internal Rate of Return method)

① **의의**: 내부수익률은 예상된 현금유입의 현가합과 현금유출의 현가합을 서로 같게 만드는 할인율이며, 내부수익률법은 내부수익률을 요구수익률과 비교하여 투자결정을 하는 방법이다.

  ㉠ 순현가를 0으로 만드는 할인율

  ㉡ 수익성 지수를 1로 만드는 할인율 ⇨ 현금유입: 세후소득, 재투자율: 내부수익률

② **투자안의 결정**

  ㉠ 독립적인 투자안

> 내부수익률 ≥ 요구수익률 ⇨ 투자 채택
> 내부수익률 < 요구수익률 ⇨ 투자 기각

  ㉡ 상호배타적인 투자안: 내부수익률이 요구수익률보다 큰 투자안들 중에서 내부수익률이 가장 높은 투자안을 최적 투자안으로 선택한다.

③ **내부수익률의 특징**

  ㉠ 투자자산의 현금흐름에 따라 복수의 내부수익률이 존재할 수 있고 내부수익률이 존재하지 않을 수 있다.

  ㉡ 가치의 가산원칙(value additivity principle)이 성립하지 않는다.

  ㉢ 내부수익률법에서는 예상되는 미래현금흐름이 내부수익률로 재투자된다는 가정을 하고 있다.

  ㉣ 내부수익률을 구하기 위해서는 사전에 요구수익률이 결정되어 있지 않아도 된다.

④ **순현가법과 내부수익률법의 비교**

  ㉠ 순현가법에서는 모든 예상되는 미래현금흐름이 자본의 요구수익률로 재투자된다는 가정을 하고 있지만, 내부수익률법은 내부수익률로 재투자된다는 가정을 하고 있다.

  ㉡ 순현가법은 가치의 가산원칙이 성립하나, 내부수익률법은 가치의 가산원칙이 성립하지 않는다.

  ㉢ 순현가법을 이용하여 투자안의 경제성을 평가하는 것이 기업의 부(富)의 극대화에 부합되는 의사결정방법이 된다.

  ㉣ 일반적으로 순현가법이 내부수익률법보다 투자판단의 준거로서 선호된다.

(3) 수익성 지수법

① **의의**: 수익성 지수란 현금유입의 현가합을 현금유출의 현가합으로 나눈 것을 말하며, 수익성 지수법은 수익성 지수를 1과 비교하여 투자결정을 하는 방법이다.

$$수익성\ 지수 = \frac{현금유입의\ 현가합}{현금유출의\ 현가합}$$

② **투자안의 결정**

　　㉠ 독립적인 투자안

<blockquote>
수익성 지수 ≥ 1 ⇨ 투자 채택

수익성 지수 < 1 ⇨ 투자 기각
</blockquote>

　　㉡ 상호배타적인 투자안: 수익성 지수가 1보다 큰 투자안들 중에서 수익성 지수가 가장 큰 투자안을 최적 투자안으로 선택한다.

CHAPTER

5 | 부동산금융론(부동산금융 · 증권론)

❗ 무엇이 중요할까?

- 저당의 상환방법 정리
- 주택저당증권, 부동산투자회사(REITs) 이론 이해

❓ 더 공부하고 싶다면?

- 에듀윌 기본서 1차 부동산학개론 pp.297~368
- 에듀윌 단원별 기출문제집 1차 부동산학개론 pp.237~272

79 부동산금융의 개요

1 금융(financing)

(1) 의의

자금융통의 줄인 말로, 화폐만의 독립적인 유통을 의미한다.

(2) 종류

① **직접금융과 간접금융**

　㉠ **직접금융**: 자금의 최종 수요자와 공급자가 직접 자금을 거래하는 방식이다.

　㉡ **간접금융**: 자금의 중개기관을 사이에 두고 자금의 수요와 공급이 이루어지는 방식이다.

② **지분금융과 부채금융**

　㉠ **지분금융**(equity financing): 지분권을 판매하여 자기자본을 조달하는 것을 말한다.

　　예 부동산 신디케이트, 조인트벤처, 부동산투자회사(REITs)

　㉡ **부채금융**(debt financing): 저당을 설정하거나 사채를 발행하여 타인자본을 조달하는 것을 말한다.

　　예 저당금융, 신탁금융

2 부동산금융

(1) 의의

부동산과 관련된 자금조달행위이다.

(2) 구분

주택금융과 토지금융으로 나뉘는데, 주택금융이 대종을 이룬다.

3 주택금융

(1) 의의

주택의 구입, 개 · 보수, 건설 등 주택 관련 사업에 대한 자금대여와 관리 등을 포괄하는 특수금융을 말한다.

(2) 구분

① 주택소비금융(소비자금융) **예** 저당대부

② 주택개발금융(공급자금융) **예** 건축대부

저당대부	건축대부
일시불 대출	단계적 대출
단계적 상환	일시불 상환
장기 저리	단기 고리
(반)영구적 저당	일시적(한시적) 저당

4 부동산금융의 기능

① 주택거래의 활성화

② 자가주택의 공급 확대

③ 저축 유도와 주택자금 조성

④ 경기조절

⑤ 주거의 안정

5 부동산금융의 원칙

① 자금의 확보

② 대출금리의 책정

③ 부동산대출채권의 유동화

④ 부동산채권의 보전

80 저당의 의의 및 부동산금융의 기초개념

1 저당(mortgage)의 의의

부동산을 담보로 자금을 융통하는 것을 말한다.

2 부동산금융 용어 및 기초개념

(1) 융자비율(LTV ; Loan-To-Value ratio)

담보 부동산의 시장가치 대비 융자액의 비율을 말한다.

(2) 융자원금 및 대출잔액(저당잔금)

① **융자원금**(loan principal): 처음에 융자받은 금액을 말한다.

② **대출잔액**(저당잔금, loan balance): 융자기간 중 상환되지 않은 융자원금의 부분을 말한다.

(3) 융자기간

차입자에게 융자원금을 상환할 수 있도록 부여한 기간을 말한다.

(4) 융자상환

정기적 혹은 주기적인 원금의 상환을 말한다.

① 상환기간이 길어질수록 매기의 상환금(월부금)은 적어진다.

② 실제 융자상환은 만기까지 가는 경우가 드물며, 시장금리 조건에 따라서 조기상환이 이루어지는 경우가 많다(시장금리의 하락 등).

(5) 원리금상환액(debt service)

융자기간 중에 원금상환분과 이자의 합계로 매달 대출자에게 납입하는 금액을 말하는데, 부채서비스액이라고도 한다.

(6) 이자율

오늘의 소비를 포기하고 이를 미래로 미루는 데 대한 화폐의 시간선호가치를 말한다.

(은행의) 대출금리 = 기준금리 + 가산금리

- 기준금리: 코픽스(COFIX)나 CD금리 적용
  ⇨ 모든 차입자에게 동일하게 적용
- 가산금리[스프레드(spread)]: 각 은행별 내부정책에 따라 차입자의 거래실적, 연체실적 등 개인의 신용도 등에 기초하여 다르게 적용
  ⇨ 대출자와 차입자 간의 약정에 의해 정해지면 고정

명목이자율 = 실질이자율 + 예상 인플레이션율

1 고정이자율저당

(1) 의의

융자기간 동안 초기 이자율에 변동이 없는 고정된 이자율을 적용하는 융자제도를 말한다.

(2) 재융자

융자상환 도중에 시장이자율이 하락할 경우에는 기존의 융자를 조기에 상환하고 재융자를 할 가능성이 높아진다.

(3) 대출잔액(저당잔금)할인 및 조기상환

시장이자율이 상승할 경우 ⇨ **차입자**: 기존의 대출 유지, **대출자**: 이자수익이 손해가 나는 이자율 위험에 직면

예상하지 못한 인플레이션으로 인해 대출자의 실질 이자율이 시장의 실질이자율보다 낮아질 변동가능성

(4) 특징

① 융자기간 동안 대출 시 명목이자율로 표시된 대출이자율이 고정(동일하게 적용)되기 때문에 예상치 못한 인플레이션이 발생하면 그만큼 대출자의 실질이자율은 하락하게 된다.

② 명목이자율로 표시된 대출이자율은 고정되어 있는데 예상치 못한 인플레이션이 발생하여 시장명목이자율이 상승하면 대출기관의 수익성은 악화되고 이자율(금리) 위험이 발생한다.

2 변동이자율저당

(1) 의의

대출 시의 이자율이 융자기간 동안 동일하게 적용되는 것이 아니라 시장상황에 따라 이자율을 변동시켜 이자율 변동위험의 전부 혹은 일부를 대출자로부터 차입자에게 전가시키기 위해 고안된 융자제도를 말한다.

(2) 초기 이자율

대출시점의 초기 이자율은 상환기간 동안 이자율의 변동이 없는 고정이자율저당보다는 낮은 것이 보통이다.

(3) 이자율 조정주기

이자율 조정주기도 변동이자율저당의 대출조건에서 차입자와 대출자 간에 합의해야 하는 중요한 사항이다. 인플레이션기에 대출자는 짧은 조정주기, 차입자는 긴 조정주기를 원한다.

(4) 월부금 상한

이자율 조정으로 이자율이 상승하게 되면 월부금은 늘어나게 된다. 월부금의 상한으로 인하여 월부금이 이자도 감당하지 못할 정도로 적게 된 경우에는 그 차액만큼 대출잔액(저당잔금)이 증가하게 된다. ⇨ 부(−)의 상환(negative amortization)

(5) 금리상한 및 대출잔액(저당잔금) 증가의 상한

융자약정서에 이자율의 변동범위에 대해 사전에 약정해 두는 것을 금리상한이라 한다. 이러한 제한은 대출잔액(저당잔금)의 증가에도 적용된다.

(6) 특징

① 융자기간 동안 시장상황의 변동에 따라 예상치 못한 인플레이션이 발생하면 그만큼 명목 이자율로 표시된 대출이자율이 변동하므로 대출자의 실질이자율은 불변이다. 따라서 예상 치 못한 인플레이션이 발생하면 대출이자율에 반영되므로 이자율변동위험은 대출자로부 터 차입자에게 전가된다.

② 이자율 변동의 부담을 상당부분 차입자에게 전가시키게 되므로 채무불이행 위험도는 고정이 자율저당에 비해서 커지게 된다.

③ 대출 시 초기 이자율은 고정이자율저당보다 낮은 것이 일반적이다.

82   저당의 상환방법

1 금리고정식 저당대부 ✎필수체크

(1) 원금균등상환방법

① 융자기간 동안 원금상환액은 동일하나, 이자지급액은 점차 감소하여 매 기간에 상환하는 원 리금상환액과 대출잔액(저당잔금)이 점차적으로 감소하는 상환방식이다.

② 시간이 지날수록 대출잔액(저당잔금)이 적어지므로 이자분은 줄어든다.

③ 원리금은 초기에 많고 후기에 적어진다.

(2) 원리금균등상환방법

① 원리금상환액은 매기 동일하지만 원리금에서 원금과 이자가 차지하는 비중이 상환시기에 따 라 다른 방식이다.

② 원리금상환액은 동일하나 원금상환액은 점차 증가하고, 이자지급액은 점차 감소한다.

③ 원리금상환액(저당지불액) = 저당대부액 × 저당상수

④ 이해하기 쉽고 차입자 편에서 장차 계획을 세우기 쉽다.

(3) 체증식 융자금상환방법(점증상환방법)

① 초기에는 지불금이 낮은 수준이나, 차입자의 수입이 증가함에 따라 지불금도 점진적으로 증가하는 방식이다.

② 인플레이션기에 유리하지만 디플레이션기에 채무불이행 가능성이 크다.

③ 대출 초기에 상환액이 적기 때문에 이자도 상환하지 못하는 경우가 발생되기도 한다.

⇨ 부(−)의 상환이 나타날 수 있다.

④ 미래의 소득 증가가 예상되는 젊은 저소득자에게 유리하다.

⑤ 주택의 보유예정기간이 짧은 경우 유리하다.

2 금리조정식 저당대부 – 이자율 조정을 통해 대처

(1) 가변이자율 저당대부방법

① 이자율 변동의 위험을 차입자에게 전가시키기 위해 고안된 융자제도이다.

② 대출 초기 금리는 고정금리보다 낮은 것이 일반적이다.

(2) 조정이자율 저당대부방법

① 이자율을 변화시켜 인플레이션위험에 대처한다는 것은 가변이자율저당과 비슷한 성격이다.

② 대출자에게 조금 더 많은 재량권을 부여한다는 점에서 구별된다.

(3) 재협정(상)률 저당대부방법

일정기간(3~5년)마다 이자율이 대출자와 차입자 간의 재협상을 통해 결정되는 방법이다.

3 가격수준조정 저당대부방법 – 대출잔액(저당잔금) 조정을 통해 대처

인플레이션위험에 대해 저당잔금액(대출잔액)을 예상된 인플레이션율에 따라 정기적으로 조정하는 방법이다. ⇨ 이자율의 변동을 통해 대처하는 방식이 아니다.

4 만기일시상환방법

원금을 만기일에 일시불로 변제하고, 매월 이자만 지불하는 방법이다. ⇨ 원금만기 일시상환

부동산금융의 조달방법

① 부동산 신디케이션(syndication, 투자자의 합동조합)

의의	• 여러 명의 투자자가 부동산 전문가의 경험을 동원하여 공동의 부동산 프로젝트를 수행하는 것 • 다수의 소액투자자 • 지분금융방식
특징	• **투자자**: 유한책임으로서 투자한도 내에서 책임을 지며 출자비율에 따라 배당을 받음 • **개발업자**: 무한책임으로서 관리·운영의 책임을 짐 • 당초의 사업계획을 완성할 때 자동적으로 해산되는 일시적인 경우가 많음

② 조인트벤처(joint venture)

의의	• 특정 목적을 달성하기 위해 공동으로 사업을 전개하는 조직체로서의 공동벤처회사 • 소수의 개인이나 기관투자자 • 지분금융방식(∵ 대출기관은 개발사업에 저당투자자가 아닌 지분파트너로 참여하기 때문)
특징	• 조인트벤처는 주로 부동산개발업자와 대출기관 사이에 형성 • 부동산개발업자가 대출기관과 조인트벤처를 구성하여 사업자금을 조달하는 방식

③ 프로젝트 금융(project financing)

의의	특정한 프로젝트로부터 미래에 발생하는 현금흐름을 담보로 하여 프로젝트를 수행하는 데 필요한 자금을 조달하는 금융기법
특징	• 사업성이 담보 ⇨ 사업성을 기초로 자금을 조달하는 방식 • 비소구금융(비상환청구금융) ⇨ 현실은 제한적 소구금융 • 해당 프로젝트에서 발생하는 현금흐름에 의존 • 대규모 자금이 소요되고 공사기간이 장기인 사업 • 에스크로 계정(escrow account)을 운영 ⇨ 자금은 위탁계좌에 의해 관리 • 자금지출 우선순위 ⇨ 공사비가 시행사의 개발이익보다 먼저 인출되도록 함 • 시행사와 시공사의 부도 등 발생 시 ⇨ 사업권이나 시공권을 포기각서로 받음 • 시공사에게 책임준공의무를 지우며, 시공사의 신용보강을 요구함
장점	• 다양한 사업주체가 참여하고 이해당사자 간에 위험배분이 가능 • 사업주 입장에서는 부외금융효과(off-balance effect)를 누릴 수 있어, 채무수용능력이 제고됨 ⇨ 사업주의 재무상태표에 해당 부채가 표시되지 않음 • 사업주(sponsor)가 특수목적회사인 프로젝트 회사를 설립하여 프로젝트 금융을 활용하는 경우, 일정한 요건을 갖춘 프로젝트 회사는 법인세 감면을 받을 수 있음 • 개발사업이 성공할 경우 금융기관은 높은 수익을 올릴 수 있음 • 각종 위험을 극복하기 위해 다양한 보증을 제공하게 되며, 이를 통해 동일한 조건의 다른 개발사업에 비해 해당 개발사업의 위험이 감소될 수 있음

	• 해당 개발사업에 대한 사업성 검토에 집중하면 되기 때문에 정보의 비대칭성 문제가 줄 어듦 • 개발사업주와 개발사업의 현금흐름을 분리시킬 수 있어 개발사업주의 파산이 개발사업에 영향을 미치지 못하게 할 수 있음
단점	• 일반적으로 프로젝트 금융(PF)의 차입금리는 기업 대출 금리보다 높음 • 여러 이해관계자가 참여하므로 절차의 복잡성으로 인해 사업지연이 초래될 가능성도 있음 • 이해당사자 사이에 이견이 있을 경우 사업지연으로 추가비용이 발생할 가능성도 있음

84 역저당

1 의의

역저당(reverse mortgage)은 대출자가 차입자에게 일정기간 동안 정기적으로 일정액을 지불하며, 기간 말에 그동안 지불한 원금과 누적이자를 일시불로 지불받는다.

2 주택연금

고령자가 소유한 주택을 담보로 제공하고 금융기관으로부터 노후생활자금을 매달 연금처럼 지급받는 대출이다.

3 한국주택금융공사의 주택연금

(1) 이용자격

① **가입가능 연령**: 주택소유자 또는 배우자가 만 55세 이상

㉠ 확정기간방식은 연소자가 만 55세~만 74세

㉡ 우대지급방식은 주택소유자 또는 배우자가 만 65세 이상(기초연금 수급자)

② **주택보유수**

㉠ 부부 기준 공시가격 등이 12억원 이하 1주택 소유자

ⓐ 다주택자라도 공시가격 등의 합산가격이 12억원 이하면 가능

ⓑ 공시가격 등이 12억원 초과 2주택자는 3년 이내 1주택 처분 시 가능

㉡ 우대지급방식은 2억 5,000만원 미만 1주택자만 가입 가능

(2) 대상주택

① 공시가격 등이 12억원 이하 주택, 「노인복지법」상 분양형 노인복지주택 및 주거목적 오피스텔[상가 등 복합용도 주택은 전체 면적 중 주택이 차지하는 면적이 1/2 이상인 경우 가입 가능(단, 신탁방식으로 가입 시에는 불가)]

② 우대지급방식은 2억 5,000만원 미만 주택만 가입 가능

(3) 보증기한(종신)

소유자 및 배우자 사망 시까지이다.

➕ 단, 이용 도중에 이혼을 한 경우 이혼한 배우자, 이용 도중에 재혼을 한 경우 재혼한 배우자는 주택연금을 받을 수 없다.

(4) 가입비(초기 보증료) 및 연 보증료

① **가입비**(초기 보증료): 주택가격의 1.5%(대출상환방식의 경우 1.0%)를 최초 연금지급일에 납부

② **연보증료**: 보증잔액의 연 0.75%(대출상환방식의 경우 1.0%)를 매월 납부

③ 보증료는 취급 금융기관이 가입자 부담으로 공사에 납부하므로 연금지급총액(대출잔액)에 가산된다. 따라서 가입자가 직접 현금으로 납부할 필요가 없다.

(5) 적용금리

대출 기준금리는 고객과 금융기관이 협의하여 다음 중 한 가지를 선택한다.

① CD금리(3개월 변동금리)

② 신규취급액 COFIX 금리(6개월 변동금리)

➕ 적용금리는 '기준금리＋가산금리'이며, 이자는 매월 연금지급총액(대출잔액)에 가산되므로, 가입자가 직접 현금으로 납부할 필요가 없다.

➕ 가입 이후에는 대출 기준금리 변경이 불가능하다.

(6) 주택연금 수령방식

① **종신방식**: 평생 동안 매월 연금방식으로 수령하는 종신방식이다.

② **확정기간방식**: 가입연령에 따라 일정기간(10년, 15년, 20년, 25년, 30년 중 선택) 동안 매월 동일한 금액을 수령하고 평생 거주하는 방식(대출한도의 5%를 의무설정 인출한도로 설정)이다.

(7) 대출금 상환

이용자 사망 후 주택 처분가격으로 일시상환한다.

① 채무부담 한도(대출금 상환액)는 담보주택 처분가격 범위 내로 한정한다.

② 대출금은 언제든지 별도의 중도상환 수수료 없이 전액 또는 일부 정산 가능하다(다만, 초기 보증료는 환급되지 않으나 연보증료는 잔여기간 확인 후 정산하여 환급).

상환시점	상환할 금액	비고
주택처분금액 > 연금지급총액	연금지급총액	남는 부분은 채무자(상속인)에게 돌아감
주택처분금액 < 연금지급총액	주택처분금액	부족분에 대해 채무자(상속인)에게 별도 청구 없음

85 저당의 유동화제도

1 저당유동화의 의의

(1) 유동화와 증권화

① **유동화**: 유동성이 없는 것을 유동성 있게 하는 것을 말한다.

② **증권화**: 유동화를 이루어지게 하는 것이 증권이라면 이를 증권화라고 한다.

(2) 저당의 유동화(liquidation of mortgage)

저당권 자체를 하나의 상품으로 유통되게 하는 것을 말한다.

2 부동산증권

(1) 지분증권(equity securities)

부동산투자회사나 개발회사 등이 지분금융을 얻을 목적으로 발행하는 증권을 말한다.

예 부동산 뮤추얼 펀드, 리츠(REITs)

(2) 부채증권(debt securities)

부채금융을 조달할 목적으로 발행하는 증권을 말한다.

예 자산유동화증권(ABS), 주택저당증권(MBS)

86 자산유동화증권(ABS)

1 의의

금융기관이나 기업 등이 보유하고 있는 대출 관련 자산을 특수목적회사(SPC)에 매각하여 그 자산을 바탕으로 발행하는 증권으로, 자산담보부증권(ABS ; Asset Backed Securities)이라고도 한다.

2 부동산개발 PF ABS(Project Financing Asset Backed Securities, 부동산개발사업 자산유동화증권)

부동산개발업체의 개발사업에서 발생하는 수익 등을 기초자산으로 하여 발행되는 자산유동화증권을 말한다.

3 부동산개발 PF ABCP(Project Financing Asset Backed Commercial Paper, 자산담보부기업어음)

① **자산담보부기업어음**(ABCP ; Asset Backed Commercial Paper): 유동화를 위하여 설립된 유동화전문회사(SPC ; Special Purpose Company, 특수목적회사)가 대출채권, 매출채권, 리스채권, 회사채 등 자산을 담보로 발행하는 기업어음(CP ; Commercial Paper)이다.

② 기업 입장에서는 장·단기 금리차이 때문에 ABCP는 기존 ABS의 조달금리보다 더 낮은 금리로 자금을 조달할 수 있어 자금조달비용을 줄일 수 있다. 또한 투자자 입장에서는 비교적 안정적인 자산을 근거로 발행되며 3개월 만기의 단기상품이므로 안정성과 유동성을 확보할 수 있다.

87 주택저당증권(MBS)

1 개념

저당대출기관이나 저당회사, 기타 기관투자자 등이 그들이 설정하거나 매입한 저당을 담보로 하여 발행하는 증권으로, 저당담보부증권(MBS ; Mortgage Backed Securities)이라고도 한다.

2 저당시장의 구조

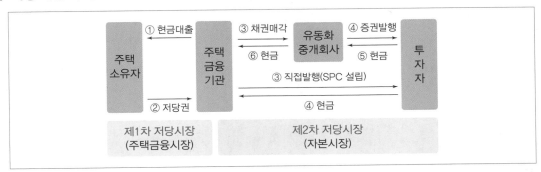

(1) 제1차 저당시장(primary mortgage market) ⇨ 주택자금 대출시장

① 저당대부를 원하는 수요자와 저당대부를 제공하는 금융기관으로 이루어지는 시장이다.
② 제1차 저당대출자들은 설정된 저당을 자신들의 자산포트폴리오의 일부로 보유하기도 하고, 자금의 여유가 없을 경우에는 제2차 저당시장에 팔기도 한다.

(2) 제2차 저당시장(secondary mortgage market) ⇨ 주택자금 공급시장

① 저당대출기관과 다른 기관투자자들 사이에 저당을 사고파는 시장이다.
② 제2차 시장에서 제1차 대출기관들은 자신들이 설정한 저당을 팔아 저당대부에 필요한 자금을 조달한다.
③ 저당의 유동화에 기여하는 시장은 제2차 저당시장이다.
④ 제2차 저당시장이 활성화되기 위해서는 주택대출상품과 대출심사기준을 표준화하는 것이 필요하다.

88 저당유동화의 기능 및 전제조건

1 기능

① 주택금융 등과 같은 부동산금융의 활성화에 기여한다.

② 투자자 입장에서는 자산포트폴리오 선택의 대안을 제공하는 역할을 한다.

③ 대출자(금융기관)들은 보다 적은 재원을 가지고 보다 많은 차입자(자금수요자)에게 자금을 공급할 수 있다.

④ 자본시장 침체 시 자금흐름이 왜곡되는 것을 방지할 수 있는 제도적 장치로서의 기능을 한다.

⑤ 주택저당채권의 유동화를 통해 자본시장으로부터 주택자금대출 재원조달을 확대한다.

⑥ 장기대출채권을 투자자에게 매각함으로써 국제결제은행(BIS ; Bank for International Settlements) 기준 자기자본비율을 제고한다.

⑦ 주택금융기관의 대출자금의 장기고정화에 따른 유동성위험과 금리변동에 따른 금리위험이 감소된다.

2 전제조건

저당대부를 위해서는 필요한 자금이 저당시장(mortgage market)에 원활하게 공급되는 것이 매우 중요한데, 이를 위해서는 적어도 저당수익률이 투자자들의 요구수익률보다는 크거나 같아야만 한다.

89 유동화중개기관 – 한국주택금융공사

1 의의

우리나라의 경우 한국주택금융공사가 저당시장에서 제2차 대출기관의 역할을 수행하고 있다.

2 한국주택금융공사의 업무

① 보금자리론과 적격대출 공급

② 주택보증 공급

③ 주택연금 공급

④ 유동화증권(MBS, MBB) 발행

PART 2

1 지분형 MBS - MPTS(Mortgage Pass-Through Securities, 이체증권)

원리금수취권과 주택저당채권집합물(mortgage pool)에 대한 소유권을 투자자에게 모두 매각하는 방식을 말한다.

2 채권형 MBS - MBB(Mortgage-Backed Bond, 저당채권)

원리금수취권과 주택저당채권집합물에 대한 소유권을 발행자가 가지면서, 저당대출을 담보로 하여 자신의 부채로 채권을 발행하여 자금을 조달하는 방식을 말한다.

3 혼합형 MBS - MPTB, CMO

원리금수취권은 투자자에게 이체되지만, 주택저당채권집합물에 대한 소유권은 발행자가 가지는 방식을 말한다.

① MPTB(Mortgage Pay-Through Bond, 지불이체채권): 발행자가 주택저당채권집합물에 대한 소유권을 보유하고 투자자에게 원리금수취권을 이전하는 것으로, 다른 조건이 같은 경우 MBB 보다 작은 규모의 초과담보가 필요하다.

② CMO(Collateralized Mortgage Obligation, 다계층채권): 저당채권의 집합을 담보로 발행된 다계층의 채권으로, 위험의 분산과 다양한 투자욕구를 충족하기 위해서 하나의 집합에서 만기와 이자율을 다양화한 여러 가지 종류의 채권을 발행한다.

🏠 **주택저당증권의 비교**

구분	MPTS	MBB	MPTB	CMO
유형	지분형	채권형	혼합형	혼합형
트랜치 수	1	1	1	여러 개
주택저당채권집합물에 대한 소유권자	투자자	발행자	발행자	발행자
원리금수취권자	투자자	발행자	투자자	투자자
조기상환위험 부담자 (만기 전 변제위험)	투자자	발행자	투자자	투자자
콜방어	불가	가능	-	가능 (장기트랜치에 투자 시)
초과담보	없다	크다	작다	작다
수명(존속기간)	짧다	길다	중간	중간
현금흐름	투자자까지 연결	발행자까지 연결	투자자까지 연결	투자자까지 연결

1 의의

① 자산을 부동산에 투자하여 운용하는 것을 주된 목적으로 설립된 회사이다.
② 주식발행을 통하여 다수의 투자자로부터 모은 자금을 부동산에 투자·운용하여 얻은 수익(부동산임대소득, 개발이득, 매매차익 등)을 투자자에게 배당하는 것을 목적으로 하는 주식회사이다.
　　⇨ 부동산에 대한 간접투자상품의 일종이며, 지분금융방식에 해당한다.

2 특징

① 소액투자자에게 투자기회 제공
② 부동산 환금성 상승
③ 포트폴리오를 통한 위험 감소
④ 조세 혜택
⑤ 투자수익의 안정성
⑥ 부동산관리의 편리성
⑦ 자산운용의 효율성 및 투명성

3 종류

(1) 자기관리 부동산투자회사

자산운용 전문인력을 포함한 임·직원을 상근으로 두고 자산의 투자·운용을 직접 수행하는 회사를 말한다.

(2) 위탁관리 부동산투자회사

자산의 투자·운용을 자산관리회사에 위탁하는 회사를 말한다.

(3) 기업구조조정 부동산투자회사

「부동산투자회사법」에서 규정하는 부동산을 투자대상으로 하며, 자산의 투자·운용을 자산관리회사에 위탁하는 회사를 말한다.

4 개요

(1) 법인격

① 부동산투자회사는 주식회사로 한다.
② 부동산투자회사는 「부동산투자회사법」에서 특별히 정한 경우를 제외하고는 「상법」의 적용을 받는다.
③ 부동산투자회사는 그 상호 중에 부동산투자회사라는 명칭을 사용하여야 한다.

(2) 부동산투자회사의 설립

① 부동산투자회사는 발기설립의 방법으로 하여야 한다.

② 부동산투자회사는 현물출자에 의한 설립을 할 수 없다.

(3) 설립자본금

① 자기관리 부동산투자회사의 설립자본금은 5억원 이상으로 한다.

② 위탁관리 부동산투자회사 및 기업구조조정 부동산투자회사의 설립자본금은 3억원 이상으로 한다.

(4) 자기관리 부동산투자회사의 설립보고

① 자기관리 부동산투자회사는 그 설립등기일부터 10일 이내에 대통령령으로 정하는 바에 따라 설립보고서를 작성하여 국토교통부장관에게 제출하여야 한다.

② 자기관리 부동산투자회사는 설립등기일부터 6개월 이내에 국토교통부장관에게 인가를 신청하여야 한다.

(5) 등록

① 위탁관리 부동산투자회사 및 기업구조조정 부동산투자회사가 「부동산투자회사법」에서 규정하는 업무를 하려면 대통령령으로 정하는 바에 따라 국토교통부장관에게 등록하여야 한다.

② 등록을 하려는 자는 국토교통부장관에게 등록신청서를 제출하여야 한다.

(6) 영업인가를 받은 부동산투자회사의 최저자본금

영업인가를 받거나 등록을 한 날부터 6개월(최저자본금준비기간)이 지난 부동산투자회사의 자본금은 다음에서 정한 금액 이상이 되어야 한다.

① **자기관리 부동산투자회사**: 70억원

② **위탁관리 부동산투자회사 및 기업구조조정 부동산투자회사**: 50억원

(7) 위탁관리 부동산투자회사의 지점설치 금지

위탁관리 부동산투자회사는 본점 외의 지점을 설치할 수 없으며, 직원을 고용하거나 상근 임원을 둘 수 없다.

(8) 주식의 공모

① 부동산투자회사는 영업인가를 받거나 등록을 하기 전(총자산 중 부동산개발사업에 대한 투자비율이 100분의 30을 초과하는 부동산투자회사의 경우에는 그가 투자하는 부동산개발사업에 관하여 관계 법령에 따른 시행에 대한 인가·허가 등이 있기 전)까지는 발행하는 주식을 일반의 청약에 제공할 수 없다.

② 부동산투자회사는 영업인가를 받거나 등록을 한 날(총자산 중 부동산개발사업에 대한 투자비율이 100분의 30을 초과하는 부동산투자회사의 경우에는 그가 투자하는 부동산개발사업에 관하여 관계 법령에 따른 시행에 대한 인가ㆍ허가 등이 있는 날)부터 2년 이내에 발행하는 주식 총수의 100분의 30 이상을 일반의 청약에 제공하여야 한다.

③ 부동산투자회사가 영업인가를 받거나 등록을 한 날부터 2년 이내에 국민연금공단이나 그 밖에 대통령령으로 정하는 주주가 단독이나 공동으로 인수 또는 매수한 주식의 합계가 부동산투자회사가 발행하는 주식 총수의 100분의 50 이상인 경우, 또는 부동산투자회사의 총자산의 100분의 70 이상을 임대주택으로 구성하는 경우에는 주식을 일반의 청약에 제공하지 아니할 수 있다.

(9) 주식의 분산

주주 1인과 그 특별관계자는 최저자본금 준비기간이 끝난 후(총자산 중 부동산개발사업에 대한 투자비율이 100분의 30을 초과하는 부동산투자회사의 경우에는 부동산개발사업에 관하여 관계 법령에 따른 시행에 대한 인가ㆍ허가 등이 있은 날부터 6개월이 지난 후)에는 부동산투자회사가 발행한 주식 총수의 100분의 50(1인당 주식소유한도)을 초과하여 주식을 소유하지 못한다.

(10) 현물출자

① 부동산투자회사는 영업인가를 받거나 등록을 하고 최저자본금 이상을 갖추기 전에는 현물출자를 받는 방식으로 신주를 발행할 수 없다.

② 부동산투자회사의 영업인가 또는 등록 후에 「상법」에 따라 부동산투자회사에 현물출자를 하는 재산은 다음의 어느 하나에 해당하여야 한다.

　㉠ 부동산

　㉡ 지상권ㆍ임차권 등 부동산 사용에 관한 권리

　㉢ 신탁이 종료된 때에 신탁재산 전부가 수익자에게 귀속하는 부동산신탁의 수익권

　㉣ 부동산소유권의 이전등기청구권

　㉤ 「공익사업을 위한 토지 등의 취득 및 보상에 관한 법률」에 따라 공익사업의 시행으로 조성한 토지로 보상을 받기로 결정된 권리(대토보상권이라 함)

(11) 자산의 투자ㆍ운용방법

① 부동산투자회사는 그 자산을 다음의 어느 하나에 투자하여야 한다.

　㉠ 부동산

　㉡ 부동산개발사업

　㉢ 지상권, 임차권 등 부동산 사용에 관한 권리

　㉣ 신탁이 종료된 때에 신탁재산 전부가 수익자에게 귀속하는 부동산신탁 수익권

　㉤ 증권, 채권

　㉥ 현금(금융기관의 예금을 포함)

② 부동산투자회사는 위 ①에 대하여 다음의 어느 하나에 해당하는 방법으로 투자·운용하여야
한다.
   ㉠ 취득, 개발, 개량 및 처분
   ㉡ 관리(시설운영을 포함), 임대차 및 전대차
   ㉢ 부동산개발사업을 목적으로 하는 법인 등 대통령령으로 정하는 자에 대하여 부동산에 대
      한 담보권 설정 등 대통령령으로 정한 방법에 따른 대출, 예치

(12) 자산관리회사의 인가

자산관리회사를 설립하려는 자는 다음의 요건을 갖추어 국토교통부장관의 인가를 받아야 한다.
① 자기자본(자산총액에서 부채총액을 뺀 가액을 말한다)이 70억원 이상일 것
② 자산운용 전문인력을 대통령령으로 정하는 수 이상 상근으로 둘 것
③ 자산관리회사와 투자자 간, 특정 투자자와 다른 투자자 간의 이해상충을 방지하기 위한 체계
   와 대통령령으로 정하는 전산설비, 그 밖의 물적설비를 갖출 것

(13) 자산의 구성

부동산투자회사는 최저자본금 준비기간이 끝난 후에는 매 분기 말 현재 총자산의 100분의 80
이상을 부동산, 부동산 관련 증권 및 현금으로 구성하여야 한다. 이 경우 총자산의 100분의 70
이상은 부동산(건축 중인 건축물을 포함)이어야 한다.

(14) 배당

① 부동산투자회사는「상법」에 따른 해당 연도 이익배당한도의 100분의 90 이상을 주주에게 배
   당하여야 한다. 이 경우 이익준비금은 적립하지 아니한다.
② 자기관리 부동산투자회사의 경우「상법」에 따른 해당 연도 이익배당한도의 100분의 50 이상
   을 주주에게 배당하여야 하며「상법」에 따른 이익준비금을 적립할 수 있다.
③ 위탁관리 부동산투자회사가 위 ①에 따라 이익을 배당할 때에는 이익을 초과하여 배당할
   수 있다. 이 경우 초과배당금의 기준은 해당 연도 감가상각비의 범위에서 대통령령으로 정
   한다.

(15) 차입 및 사채의 발행

① 부동산투자회사는 영업인가를 받거나 등록을 한 후에 자산을 투자·운용하기 위하여 또는
   기존 차입금 및 발행사채를 상환하기 위하여 대통령령으로 정하는 바에 따라 자금을 차입하
   거나 사채를 발행할 수 있다.
② 자금차입 및 사채발행은 자기자본의 2배를 초과할 수 없다. 다만, 주주총회의 특별결의를 한
   경우에는 그 합계가 자기자본의 10배를 넘지 아니하는 범위에서 자금차입 및 사채발행을 할
   수 있다.

🏠 부동산투자회사 비교

구분	일반리츠(K–REITs)		기업구조조정리츠 (CR–REITs)
	자기관리 부동산투자회사	위탁관리 부동산투자회사	
회사 형태	「상법」상 주식회사		
실체 형태	실체회사(상근 임직원)	명목회사(비상근)	
설립자본금 (최저자본금)	5억원(70억원)	3억원(50억원)	
현물출자	영업인가 또는 등록 후, 최저자본금 갖춘 후 현물출자는 가능		
	➕ 부동산+지상권, 임차권 등 부동산 사용에 관한 권리, 신탁 수익권 등도 허용		
주식의 분산 (1인당 보유한도)	발행주식의 100분의 50을 초과하지 못함		제한 없음
주식공모	영업인가를 받거나 등록한 날부터 2년 이내에 발행 주식 총수의 100분의 30 이상을 일반의 청약에 제공		의무사항 아님
상장	상장요건을 갖춘 후 즉시		
회사의 자산구성	매 분기 말 현재 총자산의 100분의 80 이상을 부동산, 부동산 관련 증권 및 현금으로 구성(총자산의 100분의 70 이상은 부동산으로 구성)		매 분기 말 현재 총자산의 100분의 70 이상을 구조조정 관련 부동산으로 구성
운용기관	내부조직(상근직원 있음)	자산관리회사에 위탁(상근직원 없음)	
배당	50% 이상 의무 배당	90% 이상 의무 배당(초과배당 가능)	
차입과 사채	자기자본의 2배 초과할 수 없으나 주주총회 특별결의 시 10배 범위에서 가능		
합병제한	같은 종류의 부동산투자회사 간의 흡수합병의 방법으로 합병 가능		
감독기관	국토교통부장관, 금융위원회		
세제혜택	법인세 면제(×)	90% 이상 배당할 경우 법인세 면제(○)	

CHAPTER

6 | 부동산개발 및 관리론

❶ 무엇이 중요할까?

• 부동산개발의 과정 및 위험내용 이해
• 부동산관리, 부동산마케팅 전략 정리

❷ 더 공부하고 싶다면?

• 에듀윌 기본서 1차 부동산학개론 pp.369~435
• 에듀윌 단원별 기출문제집 1차 부동산학개론 pp.273~310

92 토지이용의 집약도

1 토지이용의 집약도

토지이용에 있어 단위면적당 투입되는 노동과 자본의 양을 말한다.

$$\text{토지이용의 집약도} = \frac{\text{투입되는 노동과 자본의 양}}{\text{단위면적}}$$

2 집약적 토지이용

→ 토지가 고정되어 있는 상태에서 노동이나 자본의 투입량을 늘리면 총생산량
(총수확량)은 증가하나 추가적인 생산량은 점점 감소하게 되는 것

① **의의**: 토지이용의 집약도가 높은 토지이용을 말한다.

② **수확체감의 법칙 적용**: 도시의 토지이용에 있어서 건물의 고층화에도 적용된다.

③ **집약한계**: 투입되는 한계비용이 산출되는 한계수입과 일치되는 데까지 추가투입되는 경우의 집약도를 말한다. ⇨ 이윤극대화를 가져오는 토지이용의 집약도

3 조방적 토지이용

① **의의**: 토지이용의 집약도가 낮은 토지이용을 말한다.

② **조방한계**: 최적의 조건하에서 겨우 생산비를 감당할 수 있는 산출밖에 얻을 수 없는 집약도를 말한다. ⇨ 총수입과 총비용이 일치하는 손익분기점에서의 토지이용의 집약도

4 입지잉여

① **의의**: 동일한 산업경영이라도 입지조건이 양호한 경우에는 특별한 이익을 낳는데, 이를 입지잉여라 한다.

② **발생 요건**: 어떤 위치의 가치가 한계입지 이상이고 또한 그 위치를 최유효이용할 수 있는 입지주체가 이용하는 경우여야 발생한다.

③ **한계입지**: 입지조건이 상대적으로 나쁜 곳으로 초과수익을 전혀 기대할 수 없는 곳에 입지하는 것, 즉 입지잉여가 '0'이 되는 위치이다.

93 부동산이용

1 지가구배현상(地價勾配現象)

도시의 지가 패턴은 도심이 가장 높고 도심에서 멀어질수록 점점 낮아지는데, 이와 같이 지가가 도심에서 도로를 따라 외곽으로 나갈수록 점점 낮아지는 현상이다.

2 한계지의 지가법칙

의의	특정의 지점과 시점을 기준으로 한 택지이용의 최원방권
특징	• 한계지는 농경지 등의 용도전환으로 개발되는 것이 대부분이지만, 한계지의 지가수준은 농경지 등의 지가수준과는 무관한 경우가 많음 ⇨ 단절지가(斷絶地價) • 한계지의 지가와 도심부의 지가는 상호 무관하지 않고, 각 한계지의 지가 상호간에는 밀접한 대체관계가 성립 • 한계지는 철도와 같은 대중교통수단을 주축으로 하여 연장 • 농경지가 택지화된 한계지는 초기에 지가의 상승이 빠름 • 자가(自家)의 한계지는 차가(借家)의 한계지보다 더욱 택지이용의 원방권에 위치

3 도시 스프롤(urban sprawl) 현상

의의	도시의 성장·개발현상이 무질서·불규칙하게 평면적으로 확산되는 것
원인	개발도상국에서 도시계획이나 토지이용계획의 소홀
유형	• 저밀도 연쇄개발현상 • 고밀도 연쇄개발현상(우리나라) • 간선도로를 따라 스프롤이 전개되는 현상 • 개구리가 뛰는 것처럼 도시에서 중간중간에 상당한 공지를 남기면서 교외로 확산되는 현상 ⇨ 비지적(飛地的) 현상
특징	• 토지의 최유효이용에서 괴리됨으로써 일어나는 현상 • 주거지역에서만 생기는 것이 아니고 상업지역이나 공업지역에서도 발생 • 대도시의 도심지보다는 외곽부에서 더욱 발생 • 도시 외곽부의 팽창인 도시의 평면적 확산이며, 경우에 따라 입체 슬럼형태를 보임 • 스프롤 지대의 지가현상은 지역특성에 따라 다양하며, 예외적인 경우를 제외하면 지가수준은 표준 이하

116 과목 1 부동산학개론

4 직 · 주분리와 직 · 주접근

직 · 주분리	의의	직장을 도심에 두고 있는 근로자가 그 거처를 도심에서 멀리 두는 현상
	원인	• 도심의 지가 상승 • 도심의 환경 악화 • 도심의 재개발(주택의 철거) • 교통의 발달
	결과	• 인구의 시외곽 이주로 도심의 상주인구가 감소하면서 도심의 주 · 야간 인구 차가 커지는 도심공동화현상(도넛현상)이 나타남 • 외곽은 침상도시(寢牀都市, bed town)화됨 • 도심고동(都心鼓動)의 비율이 커져 출퇴근 시 교통혼잡 발생 • 외곽지역의 지가 상승
직 · 주접근	의의	직장과 주거지를 가급적 가까운 곳에 두려는 현상 ⇨ 회귀(return)현상
	원인	• 도심의 상대적 지가 하락 • 도심의 환경 개선 • 정책적으로 유도 • 교통체증의 심화
	결과	• 도심의 주거용 건물이 고층화됨 • 도시회춘화 현상

5 침입적 토지이용

의의	일정지역에서 기존의 이용주체가 새로운 인자(因子)의 침입으로 인해 새로운 이용주체로 변화하는 것
유의점	• 침입은 확대적 침입과 축소적 침입으로 구분되는데, 확대적 침입이 통상적임 • 낮은 지가수준, 강한 흡인력 등은 침입활동을 유발하는 인자라고 할 수 있음 • 지가수준이 낮은 곳에 침입적 이용을 함으로써 지가수준을 끌어올릴 수 있음 • 주로 기존의 영세적인 취락이나 지역에서 침입활동이 이루어지며, 때로는 원주민의 저항을 초래하기도 함 • 행정적 규제와의 관계도 고려하여야 함

94 부동산개발의 의의 및 분류

1 부동산개발의 의의

① 타인에게 공급할 목적으로 토지를 조성하거나 건축물을 건축, 공작물을 설치하는 행위로 조성 · 건축 · 대수선 · 리모델링 · 용도변경 또는 설치되거나 될 예정인 부동산을 공급하는 것을 말한다. 다만, 시공을 담당하는 행위는 제외된다.

② 인간에게 생활, 작업 및 쇼핑 · 레저 공간 제공을 목적으로 토지를 개량하는 활동이다.

건축에 의한 개량	토지 위에 건물이나 다리와 같은 건조물을 세움으로써 토지의 유용성을 증가시키는 것 ➡ 공간창조와 관계
조성에 의한 개량	정지작업, 도로공사, 배수공사, 수도의 설치 등과 같이 토지 자체를 개량하는 것

2 부동산개발의 분류(외관에 따라)

유형적 개발 (협의의 개발)	토지의 물리적인 변형을 초래하는 행위 예 건축·토목사업·공공사업 등
무형적 개발	토지의 물리적인 변형을 초래하지 않고 이용 상태에 변경을 초래하는 행위 예 용도지역·지구의 지정 또는 변경, 농지전용 등
복합적 개발	토지의 유형·무형의 개발행위가 동시에 이루어지는 경우 예 토지형질변경사업, 도시재개발사업, 공업단지조성사업, 도시개발사업 등

95 부동산개발의 과정

1 아이디어단계(구상단계)

모든 부동산개발은 구상으로부터 시작한다.

2 예비적 타당성 분석단계(전실행가능성 분석단계)

부동산개발에서 얻은 수익이 비용을 상회할 가치가 있느냐를 조사하는 것이다.

3 부지구입단계(부지모색과 확보단계)

전실행가능성 분석단계가 끝났으면, 곧바로 부지의 구입에 착수한다.

4 타당성 분석단계(실행가능성 분석 및 디자인단계)

(1) 공법상의 규제분석

법적·행정적으로 개발할 수 있는 공간의 양 및 종류를 결정한다.

(2) 부지분석

토양의 구조물 지지능력 및 건설에 따른 특별문제 등에 대한 정보를 조사한다.

(3) 시장분석

택지조성의 경우는 택지면적·규모 등을, 공간창조의 경우는 건축면적·방의 수 또는 개발단위, 기대되는 임대료 수익 및 고객이 원하는 형태 등에 대한 정보를 조사한다.

(4) 재정분석

최적이윤을 가져다주는 규모 및 디자인을 결정하는 데 사용한다.

5 금융단계

택지조성 및 건설자금의 융자 등을 고려하는 국면이다.

6 건설단계(택지조성)

물리적인 공간을 창조하는 국면이다.

7 마케팅단계(분양)

개발사업에 대한 마케팅활동은 개발공간의 임대와 매도, 두 가지 형태가 있다.

96 부동산개발의 위험분석

부동산개발은 그것이 내포하고 있는 불확실성(부동산개발은 현재에 이루어지지만 수익성은 미래에 나타남) 때문에 위험요소가 개재한다.

1 법률적 위험부담

토지이용규제와 같은 공법적인 측면과 소유권 관계와 같은 사법적인 측면에서 발생할 수 있는 위험을 말한다.
⇨ 법률적 위험부담을 최소화하기 위한 최선의 선택은 이미 이용계획이 확정된 토지를 구입하는 것이다.

2 시장위험부담

부동산시장의 불확실성이 개발업자에게 지우는 부담을 말한다.
⇨ 부동산개발업자는 시장위험을 줄이기 위하여 시장연구(market study)와 시장성 연구(marketability study)가 필요하다.

3 비용위험부담

개발기간이 예상보다 길어진다든지, 예상하지 못한 인플레이션이 발생한다든지 하여 비용부담이 증가하는 위험을 말한다.
⇨ 개발사업으로부터의 적정한 수익획득의 여부는 생산에 투입된 비용에 좌우되는 경우가 많다. 비용위험을 줄이기 위해 개발업자는 시공사와 최대가격보증계약을 맺기도 한다.

97 부동산개발의 타당성 분석

1 부동산분석의 체계

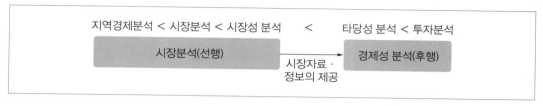

지역경제분석 < 시장분석 < 시장성 분석   <   타당성 분석 < 투자분석

시장분석(선행)   시장자료 ·   경제성 분석(후행)
정보의 제공

➕ 타당성 분석: 계획하고 있는 개발 사업이 투자 자본에 대한 기회비용(투자자의 요구수익률)을 확보할 수 있는가 여부를 분석하는 것

2 부동산분석의 유형

(1) 지역경제분석

대상 시장지역의 인구, 고용, 소득 등 모든 부동산의 수요와 시장에 영향을 미치는 요인을 분석 · 확인 및 예측하는 작업 ⇨ 거시적 시장분석의 한 부분

(2) 시장분석

특정 부동산에 대한 시장의 수요와 공급상황을 분석하는 것

➕ 시장차별화 & 시장세분화
1. 시장차별화(market disaggregation): 제품의 특성에 따라 대상부동산을 범주화하여 다른 부동산과 구별하는 것을 말한다.
2. 시장세분화(market segmentation): 소비자 특성에 따라 가능사용자를 범주화하여 다른 사람과 구별하는 것을 말한다.

(3) 시장성 분석

① **의의**: 향후 개발될 부동산이 현재나 미래의 시장상황에서 매매되거나 임대될 수 있는지에 대한 경쟁력을 분석하는 것을 말한다.

② **흡수율 분석**

㉠ 흡수율이나 흡수시간 등을 분석하여 부동산의 수요와 공급을 구체적으로 조사하는 것
⇨ 흡수율이 높을수록 시장위험은 작다.

㉡ 목적: 단순히 과거의 추세를 파악하는 것만이 아니라 이를 기초로 개발사업의 미래의 흡수율을 파악하는 것이다.

(4) 타당성 분석

개발사업에 투자자금을 끌어들일 수 있을 정도로 충분한 수익이 발생하는지 분석하는 것을 말한다.

(5) 투자분석

투자자의 목적, 다른 투자대안의 수익성 등을 검토하여 대상개발사업의 채택 여부를 결정하는 것을 말한다.

❸ 시장분석과 경제성 분석

(1) 시장분석

① **의의**: 특정 개발사업이 시장에서 채택될 수 있는가를 분석하는 것을 말한다.

⇨ 개발사업이 안고 있는 물리적 · 법률적 · 경제적 · 사회적 제약조건에 대한 분석도 포함

② **목적**: 개발사업에 대한 투자결정을 하는 데 필요한 모든 정보를 제공하는 데 있다.

③ **역할**

㉠ 주어진 부지에는 어떤 용도가 적합한가를 결정하는 역할을 한다(적지론).

㉡ 특정 용도에는 어떤 부지가 적합한가를 결정하는 역할을 한다(입지론).

㉢ 주어진 자본을 투자할 대안을 찾고 있는 투자자를 위해 수행되기도 한다.

㉣ 타당성 분석은 새로운 개발사업에 대해서는 물론 기존의 개발사업에 대해서도 행해진다.

④ **구성요소**

㉠ **지역분석**(도시분석): 경제기반분석, 인구분석, 소득수준, 교통

㉡ **근린분석**: 지방경제가 부지에 미치는 영향, 근린지역 내의 경쟁, 미래의 경쟁가능성, 인구의 특성

㉢ **부지분석**: 지역지구제, 편익시설, 접근성, 크기와 모양, 지형

㉣ **수요분석**: 경쟁력, 인구분석, 추세분석

㉤ **공급분석**: 공실률 및 임대료 추세, 건축착공량과 건축허가 수

(2) 경제성 분석

시장분석에서 수집된 자료를 활용하여 개발사업에 대한 수익성을 평가하고, 최종적인 투자결정을 하는 것을 말한다.

98 부동산개발 및 개발방식의 유형

❶ 부동산의 재개발 – 시행방법에 의한 분류

(1) 보전(保全) 재개발

① 사전에 노후 · 불량화의 진행을 막기 위하여 채택하는 방법이다. ⇨ 신도시형

② 가장 소극적인 도시재개발의 형태이다.

(2) 수복(修復) 재개발

① 현재의 대부분 시설을 그대로 보존하면서 노후 · 불량화의 요인만을 제거한다.

② 역사가 오래된 도시에서 많이 이용한다. ⇨ 선진국형

③ 소극적인 도시재개발의 형태이다.

(3) 개량(改良) 재개발

① 기존 시설의 확장 · 개선 또는 새로운 시설의 첨가를 통하여 도시기능을 제고한다.

② 수복 재개발의 일종이다.

(4) 철거(撤去) 재개발

① 기존 환경을 완전히 제거하고 새로운 시설물로 대체시키는 방법이다. ⇨ 개발도상국형

② 가장 전형적인 도시재개발의 형태이다.

2 부동산의 재개발 − 토지취득방식에 따른 분류

(1) 단순개발방식

토지소유자에 의한 자력개발이다.

(2) 환지방식

택지개발 후 개발된 토지를 토지소유주에게 재분배하는 방식이다.

(3) 매수방식

대상토지의 전면매수를 원칙으로 하여 개발하는 방식이다. ⇨ 사업시행자에 의한 수용절차가 필요

(4) 혼합방식

환지방식과 매수방식을 혼합한 방식이다.

(5) 합동 · 신탁개발방식

① **합동개발방식**: 토지소유자, 건설업자, 자금제공자 등이 합동으로 택지개발

② **신탁개발방식**: 신탁형식으로 택지개발

99 　개발권양도제(TDR)

(1) 개념

① 개발권양도제(TDR ; Transferable Development Rights) 또는 개발권이전제란 개발제한으로 인해 규제되는 보전지역(규제지역)에서 발생하는 토지소유자의 손실을 보전하기 위한 제도이다.

⇨ 규제지역 토지소유자의 재산상의 손실을 시장을 통해서 해결하려는 제도

② 미국의 경우 초기에는 도심지의 역사적 유물 등을 보존하기 위한 목적으로 실시되었으나 최근에는 토지정책의 수단 중 토지이용규제의 한 방법으로 이용되고 있다.

③ 개발이 제한된 보전지역 내의 토지소유자에게 부여된 개발권을 개발이 가능한 다른 지역의 토지소유자에게 매각하게 하여, 제한지역 내의 개발계획의 제한으로 토지소유자가 받는 손실을 개발가능지역의 토지소유자가 보상하게 함으로써 손실을 완화시킬 수 있는 제도이다.

(2) 장점

① 공공이 부담해야 하는 비용을 절감하면서 규제에 따른 손실의 보전이 이루어진다는 점에 의의가 있다.

② 형평성을 높여 용도지역제의 한계를 보완할 수 있다.

(3) 문제점

① 형평성 문제를 완전하게 해소하기 어렵다.

② 토지이용의 효율성 문제가 발생한다.

100 민간의 부동산개발방식

(1) 자체개발사업

① 토지소유자가 사업기획을 하고 직접 자금조달을 하여 건설을 시행하는 방식이며, 통상적으로 가장 많은 사업의 형태이다.

② 장점은 개발사업의 이익이 모두 토지소유자에게 귀속되고, 사업시행자의 의도대로 사업추진이 가능하며, 사업시행의 속도도 빠르다는 것이다.

③ 단점은 사업의 위험성이 매우 높고, 자금조달의 부담이 크며, 위기관리능력이 요구된다는 것이다.

(2) 지주공동사업

① 토지소유자와 개발업자(건설사, 사업시행자, 자금조달자) 간에 부동산개발을 공동으로 시행하는 것으로서, 토지소유자는 토지를 제공하고 개발업자는 개발의 노하우를 제공하여 서로의 이익을 추구하는 형태이다.

② 가장 큰 장점은 불확실하고 위험도가 큰 부동산개발사업에 대한 위험을 토지소유자와 개발업자 간에 분산한다는 데 있다.

③ 공사비 대물변제형, 분양금 공사비 정산형, 투자자 모집형, 사업위탁형이 있다.

(3) 토지신탁형

① 토지소유자로부터 형식적인 소유권을 이전받은 신탁회사가 토지를 개발 · 관리 · 처분하여 그 수익을 수익자에게 돌려주는 방식이다.

② 자신의 토지를 신탁회사에 위탁하여 개발 · 관리 · 처분하는 방식으로 사업위탁방식과 유사하나, 가장 큰 차이점은 신탁회사에 형식상의 소유권이 이전된다는 것이다.

(4) 컨소시엄 구성방식

① 대규모 개발사업에 있어서 사업자금의 조달 또는 상호 기술보완 등의 필요에 의해 법인 간에 컨소시엄을 구성하여 사업을 수행하는 방식이다.

② 사업의 안정성 확보라는 점에서 장점이 있으나, 사업시행에 시간이 오래 걸리고, 출자회사 간 상호 이해조정이 필요하며, 책임의 회피현상이 있을 수 있다는 단점이 있다.

구분		자체개발 사업	지주공동사업				토지신탁형	컨소시엄 구성방식
			공사비 대물 변제형	분양금 공사비 지급형	투자자 모집형	사업위탁형		
사업주체	토지소유	토지소유자	토지소유자	토지소유자	사업시행자	토지소유자	신탁회사	토지소유자
	건축시공		개발업자	개발업자	사업시행자	개발업자	신탁회사	컨소시엄 구성회사
	자금조달		개발업자	개발업자	투자자	토지소유자	신탁회사	
	사업시행		토지소유자	토지소유자	사업시행자	개발업자	신탁회사	토지소유자
	이익귀속		토지소유자, 개발업자	토지소유자, 개발업자	토지소유자, 투자자	토지소유자	수익자	토지소유자, 컨소시엄 구성회사
내용		토지소유자에 의한 자금조달, 시공, 분양	토지소유자가 공사비를 대물변제	토지소유자가 공사비를 분양금으로 변제	토지소유자나 개발업자가 투자자 모집	토지소유자가 개발업자에게 사업 전 과정을 위탁	토지소유자가 신탁회사에 수수료를 주고 신탁개발	대규모 토지개발에 시공사가 공동참여
비고		일반적으로 이용	시공사와 공사비 산정문제 발생	대표적 지주 공동사업	새로운 유형	소규모 사업에 활용	신탁수수료 협의문제	지주공동사업과 유사 형태

101　민간투자사업방식

BTO방식 (Build-Transfer- Operate)	사회간접자본시설의 준공과 함께 시설의 소유권이 정부 등에 귀속되지만, 사업시행자가 정해진 기간 동안 시설에 대한 운영권을 가지고 수익을 내는 민간투자사업방식 예 도로, 터널 등
BTL방식 (Build-Transfer- Lease)	민간이 개발한 시설의 소유권을 준공과 동시에 공공에 귀속시키고 민간은 시설관리운영권을 가지며, 공공은 그 시설을 임차하여 사용하는 민간투자사업방식 예 학교 건물, 기숙사, 도서관, 군인아파트 등
BOT방식 (Build-Operate- Transfer)	민간사업자가 스스로 자금을 조달하여 시설을 건설하고, 일정기간 소유·운영한 후, 사업이 종료한 때 국가 또는 지방자치단체 등에 시설의 소유권을 이전하는 민간투자사업방식
BLT방식 (Build-Lease -Transfer)	사업시행자가 사회간접자본시설을 준공한 후 일정기간 동안 운영권을 정부에 임대하여 투자비를 회수하며, 약정 임대기간 종료 후 시설물을 정부 또는 지방자치단체에 이전하는 민간투자사업방식
BOO방식 (Build-Own -Operate)	시설의 준공과 함께 사업시행자가 소유권과 운영권을 갖는 민간투자사업방식

102　경제기반이론

1 개념 및 특징

(1) 개념

수출기반이론이라고도 하는데, 기반산업을 육성하여 수출을 확대해 나감으로써 지역경제의 성장과 발전을 도모할 수 있다고 보는 이론이다.

(2) 특징

① 한 지역의 산업활동을 두 부문, 즉 기반활동과 비기반활동으로 나눈다.
② 어떤 지역의 기반산업이 활성화되면 비기반산업도 함께 활성화됨으로써 지역경제의 성장과 발전이 유도된다는 것이다.

2 입지계수(LQ ; Location Quotient)

(1) 의의

입지계수를 통해 해당 지역 특정산업의 특화도를 파악할 수 있다.

(2) 입지계수

$$입지계수(LQ) = \frac{\dfrac{\text{A지역 X산업의 고용자 수}}{\text{A지역 전체 산업의 고용자 수}}}{\dfrac{\text{전국 X산업의 고용자 수}}{\text{전국 전체 산업의 고용자 수}}} = \frac{\dfrac{\text{A지역 X산업의 생산액}}{\text{A지역 전체 산업의 생산액}}}{\dfrac{\text{전국 X산업의 생산액}}{\text{전국 전체 산업의 생산액}}}$$

- LQ > 1 ⇨ A지역은 X산업 제품을 수출(수출기반산업)
- LQ = 1 ⇨ A지역은 X산업 제품을 자급(평균)
- LQ < 1 ⇨ A지역은 X산업 제품을 수입(비수출기반산업)

3 경제기반승수

(1) 의의

기반산업 수출부문분의 고용인구 변화에 대한 지역의 전체 고용인구 변화의 비율로, 경제기반산업의 고용 증가 등이 지역사회 총고용 인구 증가에 미치는 영향을 예측할 수 있게 한다.

- 지역사회 전체의 인구 증가 = 경제기반승수 × 기반산업의 인구 증가
- 경제기반승수 = $\dfrac{\text{지역사회 총고용인구증가}}{\text{기반산업의 인구증가}}$ = $\dfrac{1}{\text{기반산업비율}}$ = $\dfrac{1}{1 - \text{비기반산업비율}}$

(2) 특징

① 경제기반승수를 통해 기반산업 수출부문분의 고용인구 변화가 지역의 전체 고용인구에 미치는 영향을 예측할 수 있다.

② 경제기반승수를 통해 기반산업 수출부문분의 고용인구 변화가 지역의 총인구에 미치는 영향을 예측할 수 있다.

③ 경제기반분석은 고용인구 변화가 부동산수요에 미치는 영향을 예측하는 데 사용될 수 있다.

103 부동산관리의 의의 및 필요성

1 부동산관리의 의의

부동산을 그 목적에 맞게 최유효이용을 할 수 있도록 하는 부동산의 유지·보존·개량 및 그 운용에 관한 일체의 행위를 말한다.

2 부동산관리의 필요성

① 도시화

② 건축기술의 발달

③ 부재소유자의 요구

③ 부동산관리의 세 가지 영역

① **시설관리**: 단순히 시설의 사용자나 기업의 요구에 따라 각종 부동산시설을 운영·유지하는 형태의 소극적 관리를 말한다.

⇨ 설비의 운전 및 보수, 에너지관리, 건물 청소관리, 방범·방재 등 보안관리

② **재산관리**(건물 및 임대차관리): 부동산 보유기간 중에 부동산의 운영수익을 극대화하고 자산가치를 증진시키기 위한 관리를 말한다.

⇨ 임대 및 수지관리로서 수익목표의 수립, 자본적·수익적 지출계획 수립, 연간 예산 수립, 임대차 유치 및 유지, 비용통제 등을 수행

③ **자산관리**: 부동산가치를 증가시킬 수 있는 방법들을 모색함으로써 부동산소유자나 기업의 부(富)를 극대화하려는 적극적인 관리를 말한다.

⇨ 투자관리로서 포트폴리오 관리, 투자리스크 관리, 부동산의 매입과 매각관리, 프로젝트 금융 등이 해당

104 부동산관리의 내용(복합적 관리, 광의의 관리)

```
                        ┌ 기술적 관리(유지관리) ⇨ 협의의 관리
        부동산관리      ├ 법률적 관리(보존관리)
        (광의의 관리)   └ 경제적 관리(경영관리)
```

구분	기술적 관리	법률적 관리	경제적 관리
토지	• **경계확정**: 경계표시, 측량 • **사도**(私道)**의 방지**: 철조망 설치 • **경사지의 대책**: 옹벽 설치, 배수시설 • 쓰레기장화 방지대책	• 권리관계의 조정 • 토지 도난대책 • **법률적 이용가치의 개선**: 지목 변경 등	• 공사장 가건물 • 모델하우스 • 주차공간 • 자재하치장 • 테니스 코트 • 수하물취급소
건물	• **위생관리**: 청소관리, 해충대책 • **설비관리**: 기구의 운전·보수·정비 및 실내의 온도·습도 조정 • **보안관리**: 방범, 방재, 기타 안전대책 • **보전관리**: 건물의 현상유지 및 개량	• 임대차예약 • 임대차계약 • 기타 시설이용에 관한 계약 • 권리의 보존·관리 • 공법상 규제사항에 관한 관리	• 임대건물의 손익분기점 파악 • 회계관리 • 인력관리

구분	장점	단점
자가 관리	• 입주자에 대한 최대한의 서비스 제공 • 소유자의 강한 지시통제력 발휘 • 관리 각 부문을 종합적으로 운영 • 기밀유지와 보안관리가 양호 • 설비에 대한 애호정신이 높고 유사시 협동이 신속 • 양호한 환경보전이 가능	• 업무의 적극적 의욕 결여(타성화) • 관리의 전문성 결여 • 인력관리가 비효율적(참모체제 방대) • 인건비가 불합리하게 지불될 우려 • 임대료의 결정·수납이 불합리적
위탁 관리	• 전문적 관리와 서비스가 가능 • 소유자는 본업에 전념할 수 있음 • 부동산관리비용이 저렴하고 안정됨 • 관리를 위탁함으로써 자사의 참모체계의 단순화 가능 • 급여체제나 노무의 단순화 • 관리의 전문성으로 인하여 전문업자의 활용이 합리적	• 전문관리회사의 선정이 어려움 • 관리요원의 인사이동이 심해 관리하자 우려 • 관리요원의 소질과 기술이 저하 • 관리사 또는 전문관리회사의 신뢰도가 의심스러움 • 부동산 관리요원들의 부동산설비에 대한 애호정신이 낮음 • 기밀유지 및 보안의 불완전
혼합 관리	• 강한 지도력을 계속 확보하고 위탁관리의 이점을 이용 • 부득이한 업무부분만을 위탁(주로 기술적 부분을 위탁) • 과도기(자가관리 ⇨ 위탁관리)적 방식으로 이용이 편리	• 책임소재가 불명확하며 전문업자를 충분히 활용할 수 없음 • 관리요원 사이의 원만한 협조 곤란 • 운영이 악화되면 양 방식의 결점만 노출

106 임대차 활동 및 유형

1 임대차 활동

임대차를 통해 수입을 확보하는 것으로, 부동산관리활동 중 가장 중요한 기초활동이다.

(1) 임차인의 선정

① 매장용 부동산에서는 업종이 서로 겹치지 않도록 적절히 배합을 해야 개별임차인뿐만 아니라 전체의 수익이 극대화되므로 임차인 혼합(tenant mix)이 중요하다.

② 쇼핑센터나 대규모 사무실건물 등은 사전에 유명 백화점이나 유명 회사의 지점 등의 중요임차인(중요임차자)을 확보하여야 한다.

③ 중요임차인은 한곳에 위치를 정하면 이동을 잘 하지 않으므로 정박임차인(정박임차자)이라고도 한다. 특히 정박임차인들에 의해 나머지 군소임차인(군소임차자)들의 입지가 결정되는 경우가 많다.

(2) 임대차계약

부동산관리자는 가능임차인이 대상부동산에 맞다고 판단되면 임대차계약을 체결한다.

2 임대차 유형(임대료 결정방법)

(1) 총임대차(gross lease)

의의	임차인이 임대인에게 지불한 지불임대료에서 부동산운영에 관련된 부동산세금, 보험료 등의 제 비용을 지불하는 방법
적용	주거용 부동산

(2) 순임대차(net lease)

의의		임차인은 임대인에게 순수한 임대료만을 지불하고, 나머지 비용은 임차인과 임대인의 사전협상에 의해 지불하는 방법
적용		공업용 부동산
종류	1차 순임대차	순수한 임대료 이외에 편익시설에 대한 비용, 부동산세금까지를 임차인이 지불하는 방법 ⇨ '순임대차'라고 하면 1차를 말함
	2차 순임대차	1차 순임대차의 항목 이외에 보험료까지 지불하는 방법
	3차 순임대차	2차 순임대차의 항목 이외에 유지수선비까지 지불하는 방법 ⇨ 가장 일반적으로 사용

(3) 비율임대차(percentage lease)

의의	임차인의 총수입 중에서 일정비율을 임대료로 지불하는 방법
적용	매장용 부동산
내용	손익분기점 매출액 이하이면 기본임대료만 부담하고, 손익분기점 매출액을 초과하는 매출액에 대하여 일정 임대료율을 적용한 추가임대료를 가산하는 방식이다.

107 대상부동산의 유지활동

분류	유지활동	내용
일상적 유지활동	정기적 유지활동	청소하기, 쓰레기 치우기, 잔디깎기, 소독 등과 같이 일상적으로 늘 수행하는 유지활동
예방적 유지활동	사전적 유지활동	시설이나 장비 등의 제 기능을 효율적으로 발휘하기 위하여 수립된 유지계획에 따라 문제가 발생하기 전에 행하는 유지활동
대응적 유지활동	사후적 유지활동	문제가 발생하고 난 후에 행하는 유지활동(=수정적 유지활동)

108 건물의 내용연수와 연수사이클

1 건물의 내용연수(유용성의 지속연수)

① **물리적 내용연수**: 사용이 불가능하게 될 때까지의 버팀연수

② **기능적 내용연수**: 건물이 기능적으로 유효한 기간

③ **경제적 내용연수**: 경제적 수명이 다하기까지의 버팀연수

④ **행정적 내용연수**: 법·제도나 행정적 조건에 의해 건물의 수명이 다하기까지의 기간

2 건물의 연수사이클[연령주기, 생애주기, 일생주기, age(life) cycle]

단계	개념	특징
전개발단계	장차 건물이 건축될 용지의 상태	• 건축계획 및 건축 후의 관리계획 • 도시계획상의 규제 및 고층건물에 대한 공적인 규제 • 시장조사
신축단계	건물이 완공된 단계	• 신축된 건물과 사전계획의 부합 여부 확인 • 물리적·기능적 유용성이 최고
안정단계	본격적·장기적 안정단계 (존속기간 중 가장 장기)	• 경제적 임대료의 수준 유지 • 임대료의 정기적인 재평가·재조정 • 시설 등의 개조·수선 등이 효과적 • 자본적 지출
노후단계	물리적·기능적 상태가 급격히 악화되기 시작한 단계	• 기능개선이 목적인 경우 투자기피 • 교체계획 수립이 유리 • 임대차계약 시 후일 교체할 경우 지장 없는 조건 제시
완전폐물단계	물리적·경제적 가치가 거의 없어지는 단계	전개발단계를 향해 모든 일이 전개

109 부동산마케팅

1 의의

① 부동산과 부동산업에 대한 태도나 행동을 형성·유지·변경하기 위하여 수행하는 활동을 말한다.

② 물적 부동산, 부동산서비스, 부동산증권 등의 부동산제품을 사고, 팔고, 임대차하는 것이다.

② 부동산마케팅과 환경

(1) 거시환경

① **자연 환경**: 쾌적한 자연 환경을 강조한 마케팅은 설득력이 높아진다.

② **인문 환경**: 경제적·기술적 환경, 정치적·행정적 환경, 사회적·문화적 환경 등이 있다.

(2) 미시환경

① **경쟁업자**: 부동산기업은 이익을 발생시키는 시장점유율의 비율을 높이기 위해서 동종업종의 업자와 경쟁한다.

② **공중**: 기업목적을 달성하는 데 실질적·잠재적으로 이해관계를 가지는 집단이다.

③ **정부**: 적극적인 행정작용을 통해 부동산기업에 호의적인 영향을 미친다.

110 부동산마케팅의 전략

① 시장점유마케팅 전략

부동산 공급자가 부동산시장을 점유하기 위한 일련의 활동을 말한다.

⇨ STP 전략과 4P MIX 전략이 있다.

(1) STP 전략 ✎필수체크

시장세분화(Segmentation), 표적시장(Target Market), 차별화(Positioning)를 말한다.

① **시장세분화 전략**: 수요자 집단을 인구·경제학적 특성에 따라서 세분하고, 세분된 시장에서 상품의 판매지향점을 분명히 하는 전략이다.

② **표적시장 선정 전략**: 세분화된 수요자 집단에서 경쟁상황과 자신의 능력을 고려하여 가장 자신 있는 수요자 집단을 찾아내는 전략이다.

③ **차별화 전략**: 동일한 표적시장을 갖는 다양한 공급경쟁자들 사이에서 자신의 상품을 어디에 위치시킬 것인가 하는 전략이다.

(2) 4P MIX 전략

4P MIX 전략이란 제품(Product), 가격(Price), 유통경로(Place), 판매촉진(Promotion)의 제 측면에 있어서 차별화를 도모하는 전략을 말하며, 마케팅 효과를 높이기 위해 각 부분을 유기적으로 결합시켜 차별화를 도모하는 전략이다.

❷ 고객점유마케팅 전략

소비자의 구매의사 결정과정의 각 단계에서 소비자와의 심리적인 접점을 마련하고 전달하려는 메시지의 취지와 강약을 조절하는 전략을 말한다. ⇨ AIDA의 원리

➕ **AIDA의 원리**: 주의(Attention), 관심(Interest), 욕망(Desire), 행동(Action)의 전략

❸ 관계마케팅 전략

공급자와 소비자의 상호작용을 중요시하여 양자 간 장기적 · 지속적인 관계 유지를 주축으로 하는 마케팅 전략이다.

작은 문제를 해결해 나가면
큰 문제는 저절로 해결될 것이다.

– 디어도어 루빈

PART 3
부동산 감정평가론

5 개 년 출 제 비 중

16.5%

CHAPTER
1 | 감정평가의 기초이론

❶ 무엇이 중요할까?

• 감정평가 관련 용어의 정의 숙지
• 감정평가의 분류 이해

❷ 더 공부하고 싶다면?

• 에듀윌 기본서 1차 부동산학개론 pp.446~461
• 에듀윌 단원별 기출문제집 1차 부동산학개론 pp.314~320

01 감정평가의 개요

1 감정평가의 의의

토지 등의 경제적 가치를 판정하여 그 결과를 가액(價額)으로 표시하는 것(감정평가 및 감정평가사에 관한 법률 제2조 제2호)이다.

2 부동산 감정평가의 기능

부동산 정책적 기능	일반경제적 기능
부동산이 가지고 있는 객관적 가치를 평가하여 효율적인 부동산정책의 형성과 집행을 가능하게 하는 기능	불완전경쟁시장의 결함을 보완함으로써 부동산자원의 효율적 배분과 경제적 유통질서 확립에 기여하는 기능
• 부동산의 효율적 이용 · 관리 • 적정한 가치의 유도 • 합리적 손실보상 • 과세의 합리화	• 부동산자원의 효율적 배분 • 거래질서 확립 및 유지 • 의사결정의 판단기준 제시

02 감정평가의 분류

1 업무기술에 따른 분류 – 감정평가의 전제조건에 따른 분류

① **현황평가:** 대상부동산의 상태 · 구조 · 이용방법 · 환경 · 점유 · 제한물권의 부착 등의 현황을 그대로 평가하는 것 ⇨ 대상부동산이 있는 상태대로 가치를 평가하는 것을 말한다.

➕ 기준시점과 기준가치

1. **기준시점:** 대상물건의 감정평가액을 결정하는 기준이 되는 날짜를 말한다(감정평가에 관한 규칙 제2조 제2호). 기준시점은 대상물건의 가격조사를 완료한 날짜로 한다. 다만, 기준시점을 미리 정하였을 때에는 그 날짜에 가격조사가 가능한 경우에만 기준시점으로 할 수 있다(감정평가에 관한 규칙 제9조 제2항).

2. **기준가치:** 감정평가의 기준이 되는 가치를 말한다(감정평가에 관한 규칙 제2조 제3호).

② **조건부평가**: 부동산가격(가치)의 증감요인이 되는 새로운 상황의 발생을 상정하여 그 조건이 성취되는 경우를 전제로 부동산을 평가하는 것을 말한다.

③ **기한부평가**: 장래에 도달할 확실한 일정시점을 기준으로 해서 행하는 평가를 말한다.

　　예 분양시점이 확실한 아파트나 조성지, 매립지의 평가에 적용

　　➕ 기한의 도래가 확실하다는 점에서 조건부평가와 구별되며, 통상 기한부평가와 조건부평가는 병행된다.

④ **소급평가**: 과거의 어느 시점을 기준으로 부동산을 평가하는 것을 말한다.

　　예 민사 · 형사사건의 유력한 증거로서의 평가, 자산재평가, 기업의 매수 · 합병 시의 평가에 적용

2 평가기법상의 구분에 따른 분류(감정평가에 관한 규칙 제7조)

- 원칙: 개별평가
- 예외: 일괄평가, 구분평가, 부분평가

① **개별평가**: 감정평가는 대상물건마다 개별로 하여야 한다.

② **일괄평가**: 둘 이상의 대상물건이 일체로 거래되거나 대상물건 상호간에 용도상 불가분의 관계가 있는 경우에는 일괄하여 감정평가할 수 있다.

③ **구분평가**: 하나의 대상물건이라도 가치를 달리하는 부분은 이를 구분하여 감정평가할 수 있다.

④ **부분평가**: 일체로 이용되고 있는 대상물건의 일부분에 대하여 감정평가하여야 할 특수한 목적이나 합리적인 이유가 있는 경우에는 그 부분에 대하여 감정평가할 수 있다.

03　부동산평가의 원칙과 특징

1 부동산평가의 특별원칙

① 능률성의 원칙

② 안전성의 원칙

③ 전달성의 원칙

2 부동산평가의 특징

① 과학성과 기술성

② 전문성

③ 윤리성

④ 공간활동성

CHAPTER

2 | 부동산가격이론

❗ 무엇이 중요할까?

• 부동산가격과 가치, 지역분석, 개별분석 정리
• 부동산가격의 제 원칙 숙지

❓ 더 공부하고 싶다면?

• 에듀윌 기본서 1차 부동산학개론 pp.462~504
• 에듀윌 단원별 기출문제집 1차 부동산학개론 pp.321~326

04   부동산가격과 가치

1 부동산가격(가치)의 의의

부동산의 소유에서 비롯되는 장래의 이익에 대한 현재가치를 말한다.

2 가격과 가치

(1) 가격과 가치의 비교

가격(price)	가치(value)
① 실거래액 ② 과거의 값 ⇨ 공인중개사가 전문가 ③ 객관적·구체적인 개념 ④ 시장수급작용으로 거래당사자 사이에 제안된 값 ⑤ 일정시점에서 하나만 존재	① 장래 편익의 현재가치 ② 현재의 값 ⇨ 감정평가사가 전문가 ③ 주관적·추상적인 개념 ④ 가격±오차 ⑤ 평가목적에 따라 여러 가지 존재 ⇨ 가치의 다원적 개념

(2) 가격과 가치의 관계

① 가격의 기초는 가치이다.

② 가치가 화폐를 매개로 하여 표현된 것이 가격이다.

③ 가격은 원칙적으로 수요·공급에 따라 변동하므로 일시적으로 가격은 가치로부터 괴리될 수도 있다.

> 가치 = 가격 ± 오차

④ 부동산가치가 상승하면 부동산가격도 상승하고 부동산가치가 하락하면 부동산가격도 하락한다.

05 부동산가격(가치)의 특징과 이중성

1 부동산가격(가치)의 특징

① 교환의 대가인 가액과 용익의 대가인 임료로 표시한다.

  ㉠ 교환의 대가인 교환가치 ⇨ 가액

  ㉡ 용익의 대가인 사용가치 ⇨ 임료

② 부동산에 관한 소유권, 기타 권리·이익의 가치이지 물건 자체에 대한 물리적 가격은 아니다.

③ 부동산의 가치는 장기적인 고려하에 형성되며, 항상 변동의 과정에 있다.

④ 거래당사자의 개별적인 동기나 특수한 사정이 개입되기 쉽다.

2 부동산가격(가치)의 이중성

부동산가치는 그 부동산의 효용, 상대적 희소성, 유효수요의 상호 결합에 의해 결정되고, 일단 가치가 결정되면 그 가치가 반대로 효용, 상대적 희소성, 유효수요에 영향을 미쳐서 수요와 공급을 조절한다는 것이다. ⇨ 피드백(feedback) 원리가 작용

06 시장가치

1 의의

감정평가의 대상이 되는 대상물건이 통상적인 시장에서 충분한 기간 거래를 위하여 공개된 후 그 대상물건의 내용에 정통한 당사자 사이에 신중하고 자발적인 거래가 있을 경우 성립될 가능성이 가장 높다고 인정되는 대상물건의 가액(價額)을 말한다.

2 조건

① 대상물건의 시장성

② 통상적인 시장

③ 출품기간의 합리성

④ 거래의 자연성

⑤ 당사자의 정통성

3 시장가치와 시장가치 외의 가치를 기준으로 감정평가

① **원칙**: 대상물건에 대한 감정평가액은 시장가치를 기준으로 결정한다.

② **예외**: 시장가치 외의 가치를 기준으로 감정평가한다.

07 부동산가격(가치)의 발생요인

1 부동산의 효용(유용성, utility)

효용(유용성)은 인간의 필요나 욕구를 만족시켜 줄 수 있는 재화의 능력을 말한다.

① 쾌적성 ⇨ 주거용 부동산

② 수익성 ⇨ 상업용 부동산

③ 생산성 ⇨ 공업용 부동산

2 부동산의 상대적 희소성

상대적 희소성은 인간의 욕망에 비해 욕망의 충족수단이 질적·양적으로 한정되어 있어서 부족한 상태를 말한다.

3 부동산에 대한 유효수요

수요란 구매력이 있는 수요, 즉 유효수요이어야 한다. 구매력(purchasing power)은 경제적인 개념으로 부동산을 구입할 수 있는 지불능력을 말하는데, 지역과 시기에 따라 변화하며 부동산의 가격수준의 높고 낮음에 따라서 영향을 받는다.

4 부동산의 이전성(transferability)

부동산의 이전성(양도가능성)이란 부동산의 물리적인 이동을 말하는 것이 아니라, 부동산의 소유자에 의해 부동산소유권에 대한 명의가 자유롭게 이전될 수 있어야 한다는 것이다.

08 부동산가격(가치)의 형성요인

1 일반(적) 요인

(1) 사회적 요인

① 인구의 상태

② 가족구성 및 가구분리의 상태

③ 도시형성 및 공공시설의 정비상태

④ 교육 및 사회복지 등의 수준

⑤ 부동산거래 및 사용·수익의 관행

⑥ 건축양식 등의 상태

⑦ 정보화 진전의 상태

(2) 경제적 요인

① 소비 · 저축 · 투자 및 국제수지의 상태

② 재정 및 금융 등의 상태

③ 물가 · 임금 · 고용 등의 상태

④ 세부담의 상태

⑤ 기술혁신 및 산업구조의 상태

⑥ 교통체계의 상태

⑦ 국제화의 상태

(3) 행정적 요인

① 토지제도

② 토지의 이용계획 및 규제의 상태

③ 택지 및 주택에 관한 시책의 상태

④ 토지 및 건축물의 구조 · 방재(防災) 등에 관한 시책의 상태

⑤ 부동산가격(가치)과 임대료에 관한 규제

⑥ 부동산에 관한 세제의 상태

⑦ 부동산가격공시제도

2 지역(적) 요인

어떤 지역 내의 부동산가격(가치)에만 영향을 미치는 요인, 즉 지역분석을 할 때 유의할 요인을 말한다.

3 개별(적) 요인

대상부동산의 가치에만 영향을 미치는 요인, 즉 개별분석을 할 때 유의할 요인을 말한다.

1 지역분석의 의의

지역요인을 분석하는 작업으로, 이는 구체적으로 인근지역의 표준적 이용을 판단하여 그 지역
내의 부동산에 대한 가격수준을 판정하는 작업이다.
└────▶ 해당 지역의 평균적인 이용

2 지역분석의 대상

(1) 인근지역(대상근린지역)

① **의의**: 대상부동산이 속한 지역으로서 부동산의 이용이 동질적이고 가치형성 요인 중 지역요
인을 공유하는 지역을 말한다.

② **특성**

㉠ 대상부동산의 가치형성에 직접 영향을 미친다.

㉡ 인근지역 내 부동산은 대상부동산과 상호 대체 · 경쟁의 관계에 있고, 동일한 가격수준을
가진다.

㉢ 인근지역 내 부동산은 대상부동산과 용도적 · 기능적으로 동질성을 가진다.

㉣ 유동적 · 가변적이다.

③ **인근지역의 수명현상**

㉠ **의의**: 인근지역의 수명현상을 생태학적 측면에서 파악하여 각 국면의 여러 가지 현상의
특징을 나타낸 것이다.

㉡ **전제조건**: 지역이 하나의 개발계획에 의해 동시에 개발되어야 하고, 동질성이 있어야
한다.

(2) 유사지역(유사근린지역)

① **의의**: 대상부동산이 속하지 아니한 지역으로서 인근지역과 유사한 특성을 갖는 지역을 말
한다.

② **특성**: 대상부동산이 속한 인근지역과 용도적 · 기능적으로 동질적이며, 양 지역의 부동산은
서로 대체 · 경쟁관계가 성립한다.

(3) 동일수급권(同一需給圈, market area) ⇨ **동일한 시장지역**

① **의의**: 대상부동산과 대체 · 경쟁관계가 성립하고 가치형성에 서로 영향을 미치는 관계에 있
는 다른 부동산이 존재하는 권역을 말하며 인근지역과 유사지역을 포함한다.

② 동일수급권의 파악

　　㉠ 의의: 대상부동산과 대체·경쟁의 관계가 성립하고, 그 가치형성에 영향을 미치는 권역의 범위를 판단하는 것이다.

　　㉡ 용도지역별 동일수급권의 범위

　　　　ⓐ 주거지: 도심으로부터 통근 가능한 지역범위와 일치하는 경향이 있다.

　　　　ⓑ 상업지: 배후지를 기초로 영업수익을 올리는 지역범위이다.

　　　　ⓒ 공업지: 일반적으로 제품생산의 효율성과 판매비용의 경제성이 대체성을 갖는 지역범위이다.

　　　　ⓓ 농지: 농업경영이 가능한 거리의 범위와 일치한다.

　　　　ⓔ 임지: 농지의 경우와 유사하며, 지역요인이 중요하고 통근 경작의 빈도가 낮다.

　　　　ⓕ 이행지: 일반적으로 그 토지가 이행될 것으로 예상되는 토지와 같은 종류의 동일수급권과 일치하는 경향이 있다. ⇨ 이행 후의 종별에 따라서 동일수급권을 판정
　　　　　　➕ 이행이 완만한 경우에는 이행 전의 토지의 동일수급권도 고려한다.

　　　　ⓖ 후보지: 그 토지가 전환될 것으로 예상되는 토지와 같은 종류의 동일수급권과 일치하는 경향이 있다. ⇨ 전환 후의 종별에 따라서 동일수급권을 판정
　　　　　　➕ 전환이 완만한 경우에는 전환 전의 토지의 동일수급권도 고려한다.

10 인근지역의 수명현상

성장기(1단계)	성숙기(2단계)	쇠퇴기(3단계)	천이기(4단계)	악화기(5단계)
신개발, 재개발	안정기	노후화	과도기	소생기
• 약 15~20년 • 지역기능 급변 • 지가의 상승 높음 • 투기현상이 개재 • 입지경쟁 치열 • 성숙기에 비해 주민의 유동이 많음 • 입주민: 젊고 교육수준 높음	• 약 20~25년 • 지가수준 최고 • 지역기능 최고 • 지가안정 또는 가벼운 상승 • 입지경쟁 안정 • 주민의 유동 적음 • 입주민: 사회적·경제적 수준 최고	• 약 40~50년 • 지가 하락 • 건물의 경제적 내용연수 경과 • 중고부동산이 거래의 중심 • 하향여과 현상이 시작됨 • 관리비·유지비가 급격히 증가 • 재개발 시작 • 입주민: 사회적·경제적 수준 낮음	• 가벼운 지가 상승 • 하향여과 현상이 활발해짐 • 재개발 활발 • 입주민: 저소득층의 활발한 유입	• 슬럼(slum)화 직전의 단계 • 지가수준 최저 • 반달리즘(vandalism) • 재개발 마지막

11 지역분석과 개별분석

1 개별분석의 의의

대상부동산의 개별적 요인을 분석하여 최유효이용을 판단하고, 대상부동산의 개별적 요인을 분석하여 대상부동산의 가격을 판정하는 작업이다.

2 지역분석과 개별분석의 비교

구분	지역분석	개별분석
분석순서	선행분석	후행분석
분석내용	가치형성의 지역요인을 분석	가치형성의 개별요인을 분석
분석범위	대상지역(대상지역에 대한 전체적·광역적·거시적 분석)	대상부동산(대상부동산에 대한 부분적·구체적·미시적 분석)
분석방법	전반적 분석	개별적 분석
분석기준	표준적 이용	최유효이용
가격관련	가격수준	(구체적인) 가격
가격원칙	적합의 원칙	균형의 원칙

12 부동산가격(가치)의 제 원칙

1 부동산가격(가치)의 제 원칙의 의의

부동산의 가격(가치)이 어떻게 형성되고 유지되는가에 관한 법칙성을 추출하여 부동산평가활동의 지침으로 삼으려는 하나의 행위기준을 말한다.

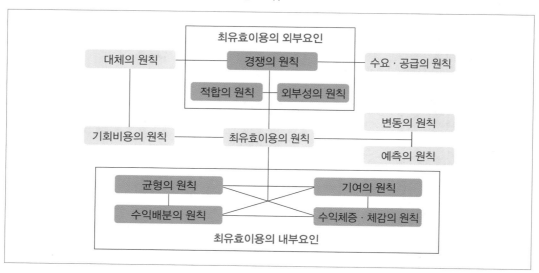

② 시간의 원칙

(1) 변동의 원칙(변화의 원칙)

부동산의 가격(가치)은 부동산가치 형성요인의 상호 인과관계적 결합과 그것의 변동과정에서 형성·변화된다는 원칙이다.

(2) 예측의 원칙(예상·기대의 원칙)

부동산의 가격(가치)이 해당 부동산의 장래의 수익성이나 쾌적성에 대한 예측의 영향을 받아서 결정된다는 원칙이다.

③ 내부의 원칙

(1) 균형의 원칙(비례의 원칙) ⇨ 기능적 감가

부동산의 유용성(수익성 또는 쾌적성)이 최고도로 발휘되기 위해서는 그 내부구성요소의 조합이 균형을 이루고 있어야 한다는 원칙이다.

(2) 기여의 원칙(공헌의 원칙)

부동산가격(가치)은 부동산 각 구성요소의 가치에 대한 공헌도에 따라 영향을 받는다는 원칙이다.
⇨ 균형의 원칙에 선행

(3) 수익체증·체감의 원칙

부동산의 단위투자액을 계속적으로 증가시키면, 이에 따라 총수익은 증가되지만 증가되는 단위투자액에 대응하는 수익은 증가하다가 일정한 수준을 넘으면 점차 감소하게 된다는 원칙이다.
⇨ 수확체감의 법칙에 근거

(4) 수익배분의 원칙(잉여생산성의 원칙)

총수익은 노동·자본·토지·경영 등의 각 생산요소에 분배되는데, 노동·자본·경영에 배분되고 남은 잔여분(잉여생산성)은 그 배분이 정당하게 행하여지는 한 토지에 귀속된다는 원칙이다.

➕ 추가투자의 적부판단과 관련된 원칙
• 기여의 원칙 • 수익체증·체감의 원칙 • 균형의 원칙 • 수익배분의 원칙

④ 외부의 원칙

(1) 적합의 원칙(조화의 원칙) ⇨ 경제적 감가

부동산의 수익성 또는 쾌적성이 최고도로 발휘되기 위해서는 대상부동산이 그 주위환경에 적합하여야 한다는 원칙이다.

(2) 외부성의 원칙

대상부동산의 가치가 외부요인에 의해서 영향을 받는다는 평가원칙이다.

(3) 경쟁의 원칙

초과이윤은 경쟁을 야기시키고, 경쟁은 초과이윤을 감소 또는 소멸시킨다는 원칙이다.

5 기타의 원칙

(1) 수요 · 공급의 원칙

부동산의 특성으로 인하여 제약을 받지만 부동산가격(가치)도 기본적으로 수요와 공급 상호관계에 의하여 결정된다는 원칙이다.

(2) 대체의 원칙

부동산의 가격(가치)은 대체가 가능한 다른 부동산이나 재화의 가격과의 상호 영향으로 형성된다는 원칙이다. ⇨ 용도 · 기능 · 가격면에서의 대체를 의미

(3) 기회비용의 원칙

어떤 투자대상의 가치평가를 그 투자대상의 기회비용에 의하여 평가한다는 원칙이다.

6 최유효(최고 · 최선)이용의 원칙

(1) 의의

• 객관적으로 보아 양식과 통상의 이용능력을 보유하는 사람의 합리적 · 합법적인 최고 · 최선의 이용

부동산가격(가치)은 최유효이용을 전제로 파악되는 가치를 표준으로 형성된다는 원칙이다.
⇨ 가치추계의 전제가 되는 원칙

(2) 최유효이용의 정의

최유효이용이란 객관적으로 보아 양식과 통상의 이용능력을 가진 사람이 부동산을 합법적이고 합리적이며 최고 · 최선의 방법으로 이용하는 것을 말한다.

(3) 최유효이용의 판정기준

최유효이용은 대상부동산의 합리적이고 합법적인 이용, 물리적 채택가능성, 최고수익성을 기준으로 판정할 수 있다.

구분		최유효이용의 판정기준	조건
최선의 이용	합리적 이용	투기목적의 이용, 먼 장래의 불확실한 이용이 배제된 현재 또는 가까운 장래에 실질적인 수요가 있는 이용 방법으로 경제적으로 타당성이 있는 이용	필요조건
	합법적 이용	지역지구제, 건축법규, 환경기준 등 법적으로 허용되는 용도	
	물리적 채택 가능성	자연적 조건 및 건축공법의 적용 가능성	
최고의 이용	최고의 수익, 최고의 가치를 창출하는 이용		충분조건

CHAPTER

3 | 감정평가의 방식

❶ **무엇이 중요할까?**

• 감정평가 3방식(비용성, 시장성, 수익성)과 6방법(원가법, 적산법, 거래사례비교법, 임대사례비교법, 수익환원법, 수익분석법) 정리

❷ **더 공부하고 싶다면?**

• 에듀윌 기본서 1차 부동산학개론 pp.505~572
• 에듀윌 단원별 기출문제집 1차 부동산학개론 pp.327~357

13　감정평가 3방식의 개요

대상물건의 감정평가액을 결정하기 위하여 각각의 감정평가방법을 적용하여 산정한 가액 ●

가격의 3면성	3방식	특징	평가조건	6방법	시산가액 및 시산임대료
비용성	원가방식 (비용접근법)	공급가격 (투입가치)	시산가액	원가법	적산가액
			시산임료	적산법	적산임료
시장성	비교방식 (시장접근법)	균형가격 (수요 · 공급가격, 시장가치)	시산가액	거래사례비교법	비준가액
			시산임료	임대사례비교법	비준임료
수익성	수익방식 (소득접근법)	수요가격 (산출가치)	시산가액	수익환원법	수익가액
			시산임료	수익분석법	수익임료

14　원가법

1　의의

대상물건의 재조달원가에 감가수정(減價修正)을 하여 대상물건의 가액을 산정하는 감정평가방법을 말한다. ⇨ 적산가액

$$적산가액 = 재조달원가 - 감가누계액$$
$$⇩$$
$$감가수정$$

2　적용대상

비시장성 · 비수익성의 상각자산에 적용이 가능하다.

➕ 토지는 원칙적으로 적용 불가 ⇨ 예외적으로 조성지 또는 매립지인 경우 적용 가능

15 재조달원가(재생산비용)

1 의의

대상물건을 기준시점에 재생산하거나 재취득하는 데 필요한 적정원가의 총액을 말한다.

2 종류

(1) 복제원가(reproduction cost, 복조원가)

신규의 복제부동산을 재조달·재생산하는 데 소요되는 물리적 측면의 원가를 말한다.

(2) 대치원가(replacement cost, 대체비용)

동일성을 갖춘 부동산을 신규로 대치하는 데 소요되는 효용 측면의 원가를 말한다.

(3) 복제원가와 대치원가의 비교

① 이론적 ⇨ 대치원가가 더 설득력이 있다.

② 실무상 ⇨ 복제원가를 채택하는 것이 더 정확한 가치를 구할 수 있다.

3 산정기준

(1) 건물의 재조달원가

도급건설이든 자가건설이든 도급건설에 준하여 처리한다.

건물의 재조달원가 = 표준적 도급건설비용 + 통상부대비용

① **표준적 도급건설비용**: 직접공사비＋간접공사비＋수급인의 적정이윤

   ⊙ **직접공사비**: 시멘트나 철근 및 근로자 임금 등

   ⓛ **간접공사비**: 설계비 및 감리비 등

   ⓒ **수급인의 적정이윤**

② **통상부대비용**: 도급인이 별도로 지급한 건설기간 중의 소요자금 이자 및 감독비나 조세공과금 등

(2) 토지의 재조달원가

① **원칙**: 적용 불가 ⇨ 비준가액으로 결정함이 원칙

② **예외**: 조성지·매립지·개간지·간척지 등 ⇨ 수익목적인 경우는 수익가액으로 결정

4 산정방법

① **직접법**: 대상부동산으로부터 직접 재조달원가를 구하는 방법을 말한다.

② **간접법**: 대상부동산과 유사한 부동산의 재조달원가를 비교, 대상부동산의 재조달원가를 간접적으로 구하는 방법이다.

⇨ 직접법과 간접법은 필요한 경우에 병용할 수 있다.

16 감가수정과 감가상각

1 감가수정의 개념

대상물건에 대한 재조달원가를 감액하여야 할 요인이 있는 경우에 물리적 감가, 기능적 감가 또는 경제적 감가 등을 고려하여 그에 해당하는 금액을 재조달원가에서 공제하여 기준시점에 있어서의 대상물건의 가액을 적정화하는 작업을 말한다.

2 감가수정과 감가상각의 차이점

구분	감가수정	감가상각
관련용어	감정평가	기업회계 · 세무회계
목적	기준시점에서의 현존가치의 적정화(경제적 가치산정), 시장가치를 구함	비용배분, 자본의 유지회수, 정확한 원가 계산, 진실한 재정상태를 파악함
적용	① 재조달원가를 기초로 함 ② 경제적 내용연수를 기초로 함 ⇨ 장래 보존연수 중점 ③ 관찰감가법이 인정됨 ④ 물리적 · 기능적 · 경제적 감가요인 모두 취급 ⑤ 잔가율이 물건에 따라 다른 개별성이 있음 ⑥ 감가에 있어 시장성을 고려함 ⑦ 감가액이 실제 감가와 일치 ⑧ 비상각자산인 토지에도 인정되는 경우가 있음	① 취득원가(장부가격)를 기초로 함 ② 법정내용연수를 기초로 함 ⇨ 경과연수 중점 ③ 관찰감가법이 인정되지 않음 ④ 물리적 · 기능적 감가요인만 취급 ⑤ 잔가율 일정 ⑥ 시장성을 고려하지 않음 ⑦ 감가액이 실제 감가와 일치하지 않음 ⑧ 상각자산에만 인정

17 감가의 요인

구분	종류	감가의 요인	하자
내부 요인	물리적 감가요인	• 사용으로 인한 마멸 및 파손 • 시간의 경과에 따른 노후화 • 재해 등의 우발적인 사고로 인한 손상	치유 가능 또는 치유 불가능한 하자
	기능적 감가요인 (균형의 원칙)	• 건물과 부지의 부적응(⇨ 균형의 원칙 ×) • 형식의 구식화 • 설계의 불량 • 설비의 과부족 및 능률의 저하	
외부 요인	경제적 감가요인 (적합의 원칙)	• 부동산과 그 부근 환경과의 부적합(⇨ 적합의 원칙 ×) • 인근지역의 쇠퇴 • 대상부동산의 시장성 감퇴	치유 불가능한 하자
	법률적 감가요인	• 소유권 등의 하자, 소유권등기의 불완전 • 공·사법상의 규제 위반	–

➕ **치유 가능한 감가 & 치유 불가능한 감가**
- **치유 가능한 감가**: 가치상승분 > 치유비용
- **치유 불가능한 감가**: 가치상승분 < 치유비용

18 감가수정의 방법

감가수정의 방법	특징
내용연수에 의한 방법(정액법, 정률법, 상환기금법)	이론감가액
• 관찰감가법 • 분해법	실제감가액

1 내용연수에 의한 방법(연수-수명법, age-life method)

① 정액법

정의	부동산의 감가총액을 단순한 경제적 내용연수로 평분하여 매년의 상각액으로 삼는 방법 ⇨ 직선법, 균등상각법
특징	• 매년 일정액씩 감가 • 감가누계액이 경과연수에 정비례하여 증가
장점	계산이 간단하고 용이
단점	실제 감가와 불일치
적용대상	건물·구축물

♠ 정액법에 의한 적산가액 산정

- 매년 감가액 $= \dfrac{\text{재조달원가} - \text{잔존가액}}{\text{경제적 내용연수}}$
- 감가누계액 = 매년 감가액 × 경과연수
- 적산가액 = 재조달원가 − 감가누계액

② 정률법

정의	매년 말 가격에 일정한 상각률을 곱하여 매년의 상각액을 구하는 방법 ⇨ 잔고점감법, 체감상각법
특징	• 매년 일정률로 감가 • 상각률 ⇨ 일정, 상각액 ⇨ 점차 감소 • 상각액이 첫해에 가장 많고, 재산가치가 체감됨에 따라 상각액도 체감
장점	능률이 높은 초기에 많이 감가 ⇨ 안전하게 자본회수(원금회수가 빠름)
단점	매년 상각액이 상이하여 매년 상각액이 표준적이지 못함
적용대상	기계·기구 등의 동산 평가

♠ 정률법에 의한 적산가액 산정

$$\text{적산가액} = \text{재조달원가} \times (\text{전년 대비 잔가율})^{m}$$
$$= \text{재조달원가} \times (1 - \text{매년 감가율})^{m}$$

m: 경과연수

③ 상환기금법

정의	대상부동산의 내용연수가 만료되는 때에 감가누계상당액과 그에 대한 복리계산의 이자 상당액을 포함하여 해당 내용연수로 상환하는 방법 ⇨ 감채기금법, 기금적립법
특징	감가누계액은 정액법보다 적고, 적산가액은 정액법의 경우보다 많음 (∵ 복리이율에 의한 축적이자 때문)
장점	연간 상각액은 아주 적고, 평가액은 타 방법보다 아주 높음
단점	계산이 복잡

♠ 적산가액과 감가누계액의 크기 순서

1. 적산가액이 큰 순서
   - 초기: 상환기금법 > 정액법 > 정률법
   - 말기: 상환기금법 > 정액법 = 정률법
2. 감가누계액이 큰 순서(초기): 정률법 > 정액법 > 상환기금법

2 관찰감가법(관찰상태법)

대상부동산 전체 또는 구성부분에 대하여 실태를 조사하여 물리적 · 기능적 · 경제적 감가요인과 감가액을 직접 관찰하여 구하는 방법이다.

3 분해법

대상부동산에 대한 감가요인을 물리적 · 기능적 · 경제적 요인으로 세분한 후 이에 대한 감가액을 각각 별도로 측정하고 이것을 전부 합산하여 감가수정액을 산출하는 방법이다.

➡ 분해법 또는 내구성 분해방식

19 원가법의 장단점

장점	단점
• 상각자산에 널리 적용 • 비시장성 · 비수익성 부동산에 적용 • 특정가격으로 평가할 경우에 활용 • 조성지 · 매립지 등의 토지평가에 유용	• 토지와 같이 재생산이 불가능한 자산에는 적용 곤란 • 시장성과 수익성이 반영되지 못함 • 건축물 등 구조물 평가 시 외부에서 관찰이 불가능한 부분이 있으므로 감가수정이 곤란 • 재조달원가, 감가액 파악에 기술적 어려움 많음

20 적산법

적산임료 = 기초가액 × 기대이율 + 필요제경비

1 의의

일정한 기준시점에 있어서 대상부동산의 기초가액을 구하고, 이에 기대이율을 곱하여 산출한 금액에 대상부동산을 계속하여 임대하는 데 필요한 제 경비를 가산하여 임대료를 산정하는 방법이다.

2 적용방법

(1) 기초가액

적산임료를 구하는 기초(원본)가 되는 가액이다.

(2) 기대이율

$$\text{기대이율} = \frac{\text{순수익}}{\text{투입자본}} = \frac{\text{임대료} - \text{필요제경비}}{\text{기초가액}}$$

(3) 필요제경비

일정기간에 대상부동산을 임대하여 수익을 확보하는 데 필요로 하는 제 경비이다.

① **감가상각비**: 제시 자료에 감가상각비가 계상되어 있지 않으면 감가상각비를 별도로 계산하여 가산하여야 한다. 따라서 기대이율은 항상 상각 후 이율이다.

② **유지관리비**: 대상물건의 유용성을 유지 또는 회복시키는 데 필요한 수선비, 기타의 유지 및 관리비용이다. ⇨ 공익비 및 부가사용료는 필요제경비로서의 임대료에 계상되지 않고 별도로 처리된다.

③ **조세공과**: 대상물건에 직접 부과되는 세금 및 공과금, 재산세·수익자부담금 등 임대자산에 부과되는 조세만 포함된다.

④ **손해보험료**: 소멸성 보험료이다.

⑤ **결손준비비**: 임대기간 중 임차인의 임대료지급 불이행 등으로 인하여 임대인이 입을 손해의 전보(塡補)를 위한 결손준비비를 말한다.

⑥ **공실 등에 의한 손실상당액**: 대상부동산의 신축 후 임대 시까지의 공실, 중도해약, 계약만료 후 새로 계약을 체결하기까지의 공실 등에 대한 손실의 전보금액이다.

⑦ **정상운전자금이자**: 고정자산세의 일시납입, 종업원에 대한 일시상여금의 지급 등을 포함한다.

21 거래사례비교법

비준가액 = 사례가액 × (사정보정치 × 시점수정치 × 지역요인 비교치 × 개별요인 비교치 × 면적)

1 의의

대상물건과 가치형성요인이 같거나 비슷한 물건의 거래사례와 비교하여 대상물건의 현황에 맞게 사정보정(事情補正), 시점수정, 가치형성요인 비교 등의 과정을 거쳐 대상물건의 가액을 산정하는 감정평가방법을 말한다.

2 이론적 근거

① 시장성의 사고방식에 근거
② 대체의 원칙에 근거

3 적용방법

(1) 거래사례자료의 선택요건

① **사정보정의 가능성**: 사례자료는 거래사정이 정상적이라고 인정되거나 부득이한 경우에는 정상적인 것으로 보정이 가능한 사례이어야 한다.

② **시점수정의 가능성**(시간적 유사성): 부동산의 가치는 변동의 과정에 있으므로 사례자료는 거래시점이 분명하여야 하며, 기준시점까지의 가치변동에 관한 자료를 구할 수 있는 것이어야 한다.

③ **지역요인의 비교가능성**(위치의 유사성): 사례자료는 대상부동산과 동일성 또는 유사성이 있는 인근지역 또는 동일수급권 내의 유사지역에 존재하는 부동산이어야 한다.

⇨ 대상부동산이 속한 지역과 거래사례가 속한 지역의 표준적 이용을 비교

④ **개별요인의 비교가능성**(물적 유사성): 사례부동산과 대상부동산의 개별적 요인이 동일성 또는 유사성 있는 사례이어야 한다.

(2) 사례자료의 정상화

① **사정보정**(매매상황 및 조건에 대한 수정)

㉠ 의의: 가치의 산정에 있어서 수집된 거래사례에 거래관계자의 특수한 사정 또는 개별적인 동기가 개재되어 있거나 시장 사정에 정통하지 못하여 그 가치가 적정하지 아니하였을 때, 그러한 사정이 없었을 경우의 가액수준으로 정상화하는 작업이다.

㉡ 사정보정 시 유의점: 사정보정은 거래당사자 간의 비정상적인 거래에 대한 보정이므로 보정 시 증액 또는 감액해야 할 사정을 정확하게 판단해야 한다.

㉢ 사정보정의 산정

$$\text{사정보정치} = \frac{\text{대상부동산}}{\text{사례부동산}}$$

② **시점수정**(시장상황에 대한 수정)

㉠ 의의: 거래사례자료의 거래시점과 대상부동산의 기준시점이 시간적으로 불일치하여 가치수준의 변동이 있을 경우에 거래사례가격을 기준시점으로 정상화하는 작업이다.

㉡ 시점수정의 방법

ⓐ 지수법

$$\text{시점수정치} = \frac{\text{기준시점의 지수}}{\text{거래시점의 지수}}$$

ⓑ 변동률 적용법

$$\text{시점수정치} = (1 \pm R)^n$$

- R: 1전환기간의 물가변동률
- n: 가치변동의 회전횟수

③ **지역요인 및 개별요인의 비교**: 적절히 선택된 사례자료는 시점수정과 사정보정을 거쳐 지역 요인과 개별요인을 비교하여 적정한 비준가액을 산정한다.

4 거래사례비교법의 장단점

장점	단점
• 현실적·실증적이며 설득력 있음 • 3방식 중 중추적 역할 • 동산·과수원·자동차 등의 평가에 널리 활용 • 이해하기 쉽고 간편함	• 시장성이 없는 것에 적용 곤란 • 감정가액의 편차가 큼 • 비과학적임 • 극단적인 호·불황의 국면에서는 적용이 곤란 • 거래사례가격은 과거의 가액 • 부동산시장이 불완전한 경우, 투기적 요인이 포함된 경우 ⇨ 거래사례의 신뢰성 여부가 의문

22 임대사례비교법

1 의의 및 성립 근거

대상물건과 가치형성요인이 같거나 비슷한 물건의 임대사례와 비교하여 대상물건의 현황에 맞게 사정보정, 시점수정, 가치형성요인 비교 등의 과정을 거쳐 대상물건의 임대료를 산정하는 감정평가방법을 말한다.

비준임료 = 사례임료 × (사정보정치 × 시점수정치 × 지역요인 비교치 × 개별요인 비교치 × 면적)

2 적용방법

(1) 임대사례의 선택기준

① 사정보정의 가능성

② 시점수정의 가능성

③ 지역요인 비교가능성

④ 개별요인 비교가능성

⑤ **계약내용의 비교성**: 계약내용에 있어 동일성 내지 유사성을 갖는 사례를 선택한다.

⑥ **임대사례에 의한 임대료의 기준**: 임대료는 계약의 내용·조건·명목 여하에 관계없이 최근 신규계약에 의해 초회에 지불되는 실질임료를 기준으로 한다.

(2) 임대료의 기준시점

임대개시시점으로 한다.

23 공시지가기준법

공시지가기준법이란 대상토지(감정평가의 대상이 된 토지)와 가치형성요인이 같거나 비슷하여 유사한 이용가치를 지닌다고 인정되는 표준지(비교표준지)의 공시지가를 기준으로 대상토지의 현황에 맞게 시점수정, 지역요인 및 개별요인 비교, 그 밖의 요인의 보정(補正)을 거쳐 대상토지의 가액을 산정하는 감정평가방법을 말한다.

🏠 **공시지가기준법에 따른 감정평가순서**

1. 비교표준지 선정	2. 시점수정	3. 지역요인 비교
4. 개별요인 비교	5. 그 밖의 요인 보정	

24 수익환원법

1 의의

① 수익환원법이란 대상물건이 장래 산출할 것으로 기대되는 순수익이나 미래의 현금흐름을 환원하거나 할인하여 대상물건의 가액을 산정하는 감정평가방법을 말한다. 수익환원법에 따라 산정된 가액을 수익가액이라 한다.

$$수익가액 = \frac{순수익}{환원(이)율} = \frac{총수익 - 총비용}{환원(이)율}$$

② 수익환원법은 소득접근법이라고도 하는데, 이는 수익성의 사고방식에 기초를 두고 있으며, 수익이 발생하는 물건을 대상으로 하므로 수익성이 없는 교육용·주거용·공공용 부동산의 평가에는 적용할 수 없다.

2 환원방법

수익환원법으로 감정평가할 때에는 직접환원법이나 할인현금흐름분석법 중에서 감정평가 목적이나 대상물건에 적합한 방법을 선택하여 적용한다. 다만, 부동산의 증권화와 관련한 감정평가 등 매기의 순수익을 예상해야 하는 경우에는 할인현금흐름분석법을 원칙으로 하고 직접환원법으로 합리성을 검토한다.

① 직접환원법은 단일기간의 순수익을 적절한 환원율로 환원하여 대상물건의 가액을 산정하는 방법을 말한다.

② 할인현금흐름분석법은 대상물건의 보유기간에 발생하는 복수기간의 순수익(현금흐름)과 보유기간 말의 복귀가액에 적절한 할인율을 적용하여 현재가치로 할인한 후 더하여 대상물건의 가액을 산정하는 방법을 말한다.

156 과목 1 부동산학개론

3 순수익

(1) 의의

순수익이란 대상물건을 통하여 일정기간에 획득할 총수익에서 그 수익을 발생시키는 데 소요되는 경비를 공제한 금액을 말한다.

(2) 산정

① 대상물건에 귀속하는 적절한 수익으로서 유효총수익에서 운영경비(영업경비)를 공제하여 산정한다.

② 유효총수익은 다음의 사항을 합산한 가능총수익에 공실손실상당액 및 대손충당금을 공제하여 산정한다.

> ㉠ 보증금(전세금) 운용수익
> ㉡ 연간 임대료
> ㉢ 연간 관리비 수입
> ㉣ 주차수입, 광고수입, 그 밖에 대상물건의 운용에 따른 주된 수입

③ 운영경비(영업경비)는 다음의 사항을 더하여 산정한다.

> ㉠ 용역인건비·직영인건비
> ㉡ 수도광열비
> ㉢ 수선유지비
> ㉣ 세금·공과금
> ㉤ 보험료
> ㉥ 대체충당금
> ㉦ 광고선전비 등 그 밖의 경비

🏠 운영경비(영업경비, operating expenses)의 포함항목과 불포함항목

포함항목	불포함항목
• 건물 유지수선비 • 수익자 부담금 • 건물분 재산세, 종합부동산세 등 보유와 관련된 각종 제세공과금 • 화재보험료 등 건물 유지·보수와 관련된 손해보험료	• 취득세 • 공실 및 대손충당금 • 부채서비스액 • 소득세, 법인세 • 감가상각비

④ 할인현금흐름분석법의 적용에 따른 복귀가액은 보유기간 경과 후 초년도의 순수익을 추정하여 최종환원율로 환원한 후 매도비용을 공제하여 산정한다.

4 환원율과 할인율의 산정

① 직접환원법에서 사용할 환원율은 시장추출법으로 구하는 것을 원칙으로 한다. 다만, 시장추출법의 적용이 적절하지 않은 때에는 요소구성법, 투자결합법, 유효총수익승수에 의한 결정방법, 시장에서 발표된 환원율 등을 검토하여 조정할 수 있다.

② 할인현금흐름분석법에서 사용할 할인율은 투자자조사법(지분할인율), 투자결합법(종합할인율), 시장에서 발표된 할인율 등을 고려하여 대상물건의 위험이 적절히 반영되도록 결정하되 추정된 현금흐름에 맞는 할인율을 적용한다.

5 수익환원법의 장단점

(1) 장점

① 임대용 부동산이나 기업용 부동산 등 수익성 부동산의 평가에 유용하다.

② 장래 발생할 것으로 기대되는 순수익의 기준시점에 있어서의 현재가치를 구하는 것이므로 논리적이며 이론적이다.

③ 안정된 시장 아래서 자료가 정확하면 그 가치가 정확하게 산정되고 감정평가사의 주관이 개입될 여지가 적다.

(2) 단점

① 주거용·교육용·공공용 부동산과 같이 수익이 없거나 수익을 파악하기 곤란한 비수익성 부동산에는 적용하기가 어렵다.

② 수익에만 치중하기 때문에 수익에 차이가 없는 부동산은 건물의 신·구로 인한 평가액의 차이가 없어진다. 그러나 최근에는 환원이율의 조정으로 건물의 신·구에 따른 불합리한 점을 해결하고 있다.

③ 부동산시장이 불안정한 곳에서는 순수익이나 환원이율을 적정하게 파악하는 것이 곤란하다.

④ 대상부동산이 최유효이용 상태가 아니거나 비수익성 부동산(비업무용 자산)이 포함된 경우에는 과소평가될 우려가 있다.

25 환원(이)율 구하는 법

환원(이)율을 구하는 방법에는 시장추출법, 조성법, 투자결합법, 엘우드(Ellwood)법, 부채감당법 등이 있다.

구분	내용
시장추출법 (시장비교방식)	대상부동산과 유사성 있는 최근의 거래사례로부터 순수익을 구하여 사정보정, 시점수정 등을 거쳐 환원이율을 추출
조성법 (요소구성법)	• 환원(이)율 = 순수이율 ± 부동산투자활동의 위험률 • 이론적으로는 타당성 있으나 주관개입 가능성이 큼

투자결합법
(이자율합성법)
	• 물리적 투자결합법
	  환원(이)율 = (토지환원이율 × 토지가치구성비) + (건물환원이율 × 건물가치구성비)
	• 금융적 투자결합법
	  환원(이)율 = (지분환원율 × 지분비율) + (저당환원율 × 저당비율)

저당지분방식 (Ellwood법)	• 금융적 투자결합법을 개량 • 저당조건 고려(○), 세금 고려(×) • 매 기간 동안의 현금흐름, 기간 말 부동산의 가치증감분, 보유기간 동안의 지분형성분의 세 요소가 영향
부채감당법	• 환원(이)율 = 부채감당률 × 대부비율 × 저당상수 • 저당투자자 입장

26 수익분석법

1 의의 및 성립 근거

(1) 의의

일반기업경영에 의하여 산출된 총수익을 분석하여 대상물건이 일정기간에 산출할 것으로 기대되는 순수익을 구한 후, 대상물건을 계속하여 임대하는 데 필요한 경비를 가산하여 대상물건의 임대료를 산정하는 방법이다.

> 수익임료 = 순수익 + 필요제경비

(2) 성립 근거

수익성의 사고방식에 기초, 수익배분의 원칙에 근거한다.

2 적용범위

일반기업경영에 의한 기업용 부동산에만 적용되며, 주거용 부동산 또는 임대용 부동산은 수익분석법의 적용대상이 아니다.

27 물건별 감정평가

구분	물건내용	감정평가방식	
		원칙	예외
토지	토지	공시지가기준법	유사지역의 표준지공시지가
	산림	• 산지와 입목 ⇨ 구분평가 • 입목 ⇨ 거래사례비교법 • 소경목림 ⇨ 원가법	산지와 입목 ⇨ 일괄평가 시에는 거래사례비교법
	과수원	거래사례비교법	−
건물	건물	원가법	−
의제 부동산	자동차	거래사례비교법	해체처분가액(효용가치가 없는 경우)
	건설기계	원가법	해체처분가액(효용가치가 없는 경우)
	선박	원가법 ⇨ 선체, 기관, 의장별로 구분평가	해체처분가액(효용가치가 없는 경우)
	항공기	원가법	해체처분가액(효용가치가 없는 경우)
	공장재단	개별물건의 감정평가액 합산	수익환원법(계속적인 수익이 예상되는 경우)
	광업재단	수익환원법	−
동산	동산	거래사례비교법	해체처분가액(효용가치가 없는 경우)
무형 고정자산	광업권	광업재단의 감정평가액 − 현존시설 가액	−
	어업권	어장 전체에 대한 수익가액 − 현존시설 가액	−
	영업권 등	수익환원법	−
임대료	임대료	임대사례비교법	−

소음·진동·일조침해 또는 환경오염 등으로 대상물건에 직접적 또는 간접적인 피해가 발생하여 대상물건의 가치가 하락한 경우, 그 가치하락분을 감정평가할 때에 소음 등이 발생하기 전의 대상물건의 가액 및 원상회복비용 등을 고려하여야 함

「집합건물의 소유 및 관리에 관한 법률」에 따른 구분소유권의 대상이 되는 건물부분과 그 대지사용권을 일괄하여 감정평가하는 경우 등 토지와 건물을 일괄하여 감정평가할 때에는 거래사례비교법을 적용하여야 함. 이 경우 감정평가액은 합리적인 기준에 따라 토지가액과 건물가액으로 구분하여 표시할 수 있음

CHAPTER 4 | 부동산가격공시제도

❗ 무엇이 중요할까?

• 표준지공시지가와 개별공시지가 이해
• 주택가격의 공시 숙지

❓ 더 공부하고 싶다면?

• 에듀윌 기본서 1차 부동산학개론 pp.573~606
• 에듀윌 단원별 기출문제집 1차 부동산학개론 pp.358~367

28 표준지공시지가

1 공시지가(公示地價)의 의의

(1) 공시지가의 개념

① **공시지가**: 널리 지가를 공개하여 국가 또는 국민이 일정지역의 지가수준을 항상 파악할 수 있게 한 것을 말한다.

② **표준지공시지가**: 국토교통부장관이 조사·평가하여 공시한 표준지의 단위면적당 가격을 말한다.

(2) 공시지가의 가격기준일 및 공시일

공시지가의 가격기준일은 매년 1월 1일, 공시일은 2월 말이다.

2 표준지공시지가

(1) 표준지의 선정

① **표준지의 의의**: 표준지란 공시지가의 선정대상이 되는 토지를 말한다.

② **표준지의 선정원칙**

> 동일한 용도지역 내에서 가격수준 및 토지이용상황 등을 고려하여 표준지의 선정범위를 구획한 구역

ㄱ **대표성**: 표준지는 표준지 선정 단위구역의 지가수준을 대표할 수 있는 토지

ㄴ **중용성**: 표준지는 해당 인근지역 내에서 토지의 이용상황·형상·면적 등이 표준적인 토지 ⇨ 중용성이 있다고 한다.

ㄷ **안정성**: 표준지는 가능한 한 표준지 선정 단위구역의 일반적인 용도에 적합한 토지로서 그 이용상태가 일시적이 아니어야 한다.

ㄹ **확정성**: 표준지는 다른 토지와 구분이 명확하고 용이하게 확인할 수 있는 토지

(2) 표준지공시지가의 공시 및 이의신청

① 공시사항

ㄱ 표준지의 지번

ㄴ 표준지의 단위면적(1제곱미터)당 가격

ㄷ 표준지의 면적 및 형상

ㄹ 표준지 및 주변토지의 이용사항

ㅁ 지목

ㅂ 용도지역

ㅅ 도로상황

ㅇ 그 밖에 표준지공시지가 공시에 필요한 사항

② 이의신청: 표준지공시지가에 이의가 있는 자는 공시일부터 30일 이내에 서면(전자문서 포함)으로 국토교통부장관에게 이의신청을 할 수 있다.

3 표준지공시지가의 효력

① 토지시장의 지가정보 제공

② 일반적인 토지거래의 지표

③ 국가 등에 의한 지가산정의 기준

④ 개별토지의 평가기준

29 개별공시지가

1 의의

시장·군수 또는 구청장이 국세·지방세 등 각종 세금의 부과, 그 밖의 다른 법령에서 정하는 목적을 위한 지가산정에 사용되도록 하기 위하여 시·군·구 부동산가격공시위원회의 심의를 거쳐 결정·공시한 매년 공시지가의 공시기준일 현재 관할구역 안의 개별토지의 단위면적당 가격을 말한다.

2 결정·공시 및 이의신청

(1) 결정·공시

시장·군수·구청장이 매년 5월 31일까지 결정·공시한다.

(2) 이의신청

① 개별공시지가에 대하여 이의가 있는 자는 개별공시지가의 결정·공시일부터 30일 이내에 서면으로 시장·군수 또는 구청장에게 이의를 신청할 수 있다.

② 시장·군수 또는 구청장은 이의신청 기간이 만료된 날부터 30일 이내에 이의신청을 심사하여 그 결과를 신청인에게 서면으로 통지하여야 한다.

3 활용

개별공시지가는 토지 관련 국세의 부과기준과 지방세의 과세시가표준액의 조정자료로 활용됨은 물론 개발부담금 등 각종 부담금의 부과기준으로 쓰인다.

🏠 표준지공시지가와 개별공시지가

구분	표준지공시지가	개별공시지가
근거법	「부동산 가격공시에 관한 법률」	
주체	국토교통부장관	시·군·구청장
평가대상	약 50만 필지	전국 필지
평가방식	• 거래사례비교법(원칙) • 수익환원법 • 원가법	토지가격비준표 적용 (표준지가격으로부터 추정)
효력	• 토지거래의 지표 • 개별토지가격의 산정기준 • 토지시장의 지가정보 제공 • 보상금 산정	• 국세 및 지방세의 기준 • 각종 부담금의 부과 • 국·공유재산 사용료·대부료 산정을 위한 토지가격

└➤ 표준지와 산정대상 개별 토지의 가격형성요인에 관한 표준적인 비교표

30 표준주택가격 공시제도

1 표준주택가격의 의의

국토교통부장관이 조사·평가하여 공시한 표준주택의 적정가격을 말한다.

2 표준주택가격의 선정원칙

① 표준주택의 토지는 대표성·중용성·안정성·확정성이 있는 토지를 선정한다.
② 표준주택의 건물은 대표성·중용성·안정성·확정성이 있는 건물을 선정한다.

3 표준주택가격의 공시 및 이의신청

(1) 공시기준일

표준주택가격의 공시기준일은 1월 1일, 공시일은 1월 말이다.

(2) 공시사항

① 표준주택의 지번

② 표준주택가격

③ 표준주택의 대지면적 및 형상

④ 표준주택의 용도, 연면적, 구조 및 사용승인일(임시사용승인일 포함)

⑤ 지목

⑥ 용도지역

⑦ 도로상황

⑧ 그 밖에 표준주택가격 공시에 필요한 사항

(3) 이의신청

표준주택가격에 이의가 있는 자는 공시일부터 30일 이내에 서면(전자문서 포함)으로 국토교통부
장관에게 이의신청을 할 수 있다.

31 개별주택가격 공시제도

1 개별주택가격의 의의

① 개별주택가격은 전국의 단독·다가구주택을 대상으로 국토교통부장관이 매년 공시하는 표
준주택가격을 기준으로 시장·군수·구청장이 산정하여 공시한 주택가격이다.

② 개별주택가격은 국가·지방자치단체 등의 기관이 과세 및 부담금을 부과할 때 그 기준으로
이용되며, 주택시장의 가격정보를 제공하는 기능을 한다.

2 개별주택가격의 공시 및 이의신청

(1) 개별주택가격의 결정·공시

① 표준주택으로 선정된 주택에 대하여는 해당 표준주택가격을 개별주택가격으로 본다.

② 시장·군수 또는 구청장은 매년 4월 30일까지 개별주택가격을 결정·공시하여야 한다. 이
경우 필요하다고 인정되는 때에는 주택소유자 등에게 개별 통지할 수 있다.

(2) 이의신청

개별주택가격에 대하여 이의가 있는 자는 개별주택가격 공시일부터 30일 이내에 주택소재지
시장·군수·구청장에게 이의를 신청할 수 있다.

32 공동주택가격 공시제도

▌1 공동주택가격의 의의

국토교통부장관이 공동주택에 대하여 매년 공시기준일 현재의 적정가격을 조사·산정하여 공시하는 가격이다.

▌2 공동주택가격의 결정·공시

(1) 공동주택가격 공시

국토교통부장관은 매년 4월 30일까지 공동주택가격을 산정·공시하여야 한다.

(2) 공시기준일

공동주택가격의 공시기준일은 1월 1일로 한다.

▌3 이의신청

공동주택가격에 이의가 있는 자는 그 공시일부터 30일 이내에 서면(전자문서 포함)으로 국토교통부장관에게 이의를 신청할 수 있다.

33 주택가격 공시의 효력

① 표준주택가격은 국가·지방자치단체 등의 기관이 그 업무와 관련하여 개별주택가격을 산정하는 경우에 그 기준이 된다.
② 개별주택 및 공동주택의 가격은 주택시장의 가격정보를 제공하고, 국가·지방자치단체 등이 과세 등의 업무와 관련하여 주택의 가격을 산정하는 경우에 그 기준으로 활용될 수 있다.

34 비주거용 일반부동산가격의 공시

(1) 비주거용 표준부동산가격

① 국토교통부장관이 용도지역, 이용상황, 건물구조 등이 일반적으로 유사하다고 인정되는 일단의 비주거용 일반부동산 중에서 선정한 비주거용 표준부동산에 대하여 매년 공시기준일 현재의 적정가격을 조사·산정하여 공시한 가격을 말한다.

② 비주거용 표준부동산가격의 가격공시는 국토교통부장관이 하며, 공시기준일은 1월 1일로 한다.

(2) 비주거용 개별부동산가격

① 시장·군수 또는 구청장이 시·군·구 부동산가격공시위원회의 심의를 거쳐 매년 비주거용 표준부동산가격의 공시기준일 현재 관할구역 안의 비주거용 개별부동산의 가격을 결정·공시한 가격을 말한다.

② 시장·군수 또는 구청장은 비주거용 개별부동산가격을 결정·공시하려는 경우에는 매년 4월 30일까지 비주거용 개별부동산가격을 결정·공시하여야 한다.

35 비주거용 집합부동산가격의 공시

① 비주거용 집합부동산가격이란 국토교통부장관이 비주거용 집합부동산에 대하여 매년 공시기준일 현재의 적정가격을 조사·산정하여 공시한 가격을 말한다.

② 국토교통부장관은 비주거용 집합부동산에 대하여 매년 공시기준일 현재의 적정가격(비주거용 집합부동산가격)을 조사·산정하여 중앙부동산가격공시위원회의 심의를 거쳐 공시할 수 있다.

③ 국토교통부장관은 비주거용 집합부동산가격을 산정·공시하려는 경우에는 매년 4월 30일까지 비주거용 집합부동산가격을 산정·공시하여야 한다. └─→ 조사·평가 및 이의신청에 대한 심의를 하는 국토교통부장관 소속의 위원회

SUBJECT

2

민법 및
민사특별법

PART 1

민법총칙

5 개 년 출 제 비 중

25%

한눈에 보는 **핵심이론**

CHAPTER

1 | 권리변동 일반

❶ 무엇이 중요할까?

- 권리변동의 모습 이해
- 법률사실의 분류 정리

❷ 더 공부하고 싶다면?

- 에듀윌 기본서 1차 민법 및 민사특별법 pp.16~30
- 에듀윌 단원별 기출문제집 1차 민법 및 민사특별법 pp.44~45

01 민법의 의의와 법원

1 민법의 의의

① 민법은 개인 간의 법률관계를 규율하는 법이다.

② 민법은 사법, 일반법, 실체법에 해당한다.

2 민법의 법원

> **제1조【법원】** 민사에 관하여 법률에 규정이 없으면 관습법에 의하고 관습법이 없으면 조리에 의한다.

① **법원**(法源): 분쟁해결의 기준

② **민법의 법원**: 법률 ⇨ 관습법 ⇨ 조리

02 법률관계

1 법률관계와 인간관계

구분	법률관계	인간관계
규율규범	법	도덕·종교·관습 등
구별기준	법적 보호의 필요성 ○	법적 보호의 필요성 ×
특징	이행청구 ○, 손해배상청구 ○	이행청구 ×, 손해배상청구 ×

03 권리변동의 모습

1 권리변동의 원인

체계	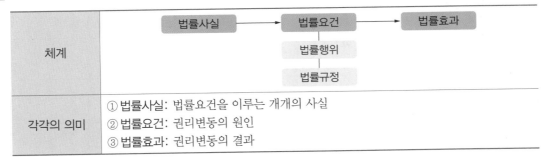
각각의 의미	① 법률사실: 법률요건을 이루는 개개의 사실 ② 법률요건: 권리변동의 원인 ③ 법률효과: 권리변동의 결과

2 권리의 변동 ✍필수체크

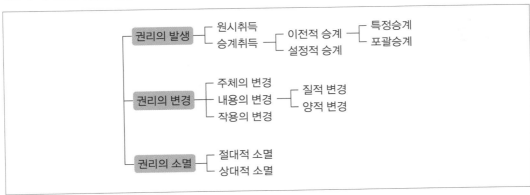

(1) 권리의 발생

원시취득	① 의의: 종전에 없던 권리가 처음으로 생기는 것 ② 대표적 예 　㉠ 신축건물의 소유권취득 　㉡ 취득시효 　㉢ 선의취득 　㉣ 무주물선점·유실물습득·매장물발견 　㉤ 첨부(부합·혼화·가공) 　㉥ 매매로 인한 채권취득 ③ 전주(前主)의 권리에 존재하는 하자나 부담이 소멸한다.
승계취득	① 의의: 타인이 가지고 있던 권리를 승계하는 것 ② 구분 　㉠ 이전적 승계: 전주(前主)가 가지고 있던 권리를 그대로 취득하는 것 　　ⓐ 특정승계: 매매, 증여, 사인증여, 교환 등에 의한 소유권취득 　　ⓑ 포괄승계: 상속, 포괄유증, 회사합병 등에 의한 소유권취득 　㉡ 설정적 승계: 지상권, 전세권, 저당권과 같은 제한물권의 설정

(2) 권리의 변경

주체의 변경	이전적 승계를 권리주체의 변경이라는 관점에서 본 것
내용의 변경	① **질적 변경**: 목적물반환청구권이 이행불능으로 손해배상청구권으로 변하는 것, 물상 대위, 대물변제 등 ② **양적 변경**: 제한물권의 설정이나 소멸로 인한 소유권의 증감, 첨부 등
작용의 변경	① 저당권의 순위승진 ② 등기된 임차권의 대항력 등

(3) 권리의 소멸

절대적 소멸	① 목적물의 멸실로 인한 소유권의 소멸 ② 포락으로 인한 소유권의 소멸 ③ 변제로 인한 채권의 소멸 등
상대적 소멸	① 이전적 승계를 전주(前主)의 입장에서 본 것 ② 이전적 승계=주체의 변경=상대적 소멸

> **판 례**
>
> 한번 포락(토지가 바닷물이나 적용 하천의 물에 개먹어 무너져 바다나 적용 하천에 떨어져 그 원상복구가 불가능한 상태에 이르렀을 때를 말함)되어 해면 아래에 잠김으로써 복구가 심히 곤란하여 토지로서의 효용을 상실하면 종전의 소유권이 영구히 소멸되고, 그 후 포락된 토지가 다시 성토되어도 종전의 소유자가 다시 소유권을 취득할 수는 없다(대판 1992.9.25, 92다24677).

3 법률사실의 분류

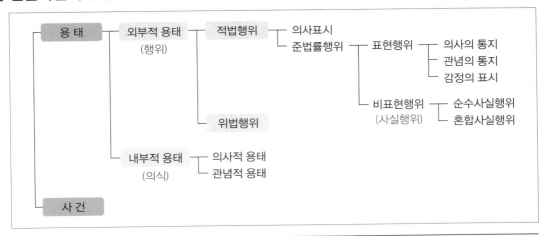

사건	① 출생	② 사망
	③ 실종	④ 기간의 경과
	⑤ 부합	⑥ 혼화
	⑦ 혼동	⑧ 부당이득
의사적 용태	① 소유의 의사	② 변제의사
	③ 사무관리의사	
관념적 용태	① 선의 · 악의	② 정당한 대리인이라는 신뢰
위법행위	① 채무불이행	② 불법행위
의사표시	① 청약	② 승낙
	③ 유언 ┌→ 다른 사람에게 자기의 의사를 알리는 것 ④ 취소	
의사의 통지	① 각종의 최고 · 거절	② 청약의 유인
관념의 통지	① 각종의 통지	② 채권양도의 통지 · 승낙
	③ 대리권수여의 표시	
감정의 표시	① 수증자의 배은행위에 대한 용서	② 배우자의 부정행위에 대한 용서
순수사실행위	① 매장물 발견	② 가공
	③ 주소 설정	④ 발명
혼합사실행위	① 사무관리	② 부부간의 동거
	③ 무주물선점	④ 물건의 인도

└→ 다른 사람에게 일정한 사실을 알리는 것

CHAPTER

2 | 법률행위

❗ 무엇이 중요할까?

• 법률행위의 종류 정리
• 법률행위 목적의 사회적 타당성 관련 판례 정리
• 불공정한 법률행위 숙지

❓ 더 공부하고 싶다면?

• 에듀윌 기본서 1차 민법 및 민사특별법 pp.31~67
• 에듀윌 단원별 기출문제집 1차 민법 및 민사특별법 pp.46~59

04 법률행위의 의의와 종류

1 의의

법률행위	① 의사표시를 필수불가결의 요소로 하는 법률요건이다. ② 당사자가 의욕한 대로 법률효과가 발생한다. ③ 법률행위는 추상적 매개개념이지 실존하는 개념이 아니다.
의사표시와의 관계	법률행위 의사표시 α ① 의사표시는 법률사실에 해당하고, 법률행위는 법률요건에 해당한다. ② 법률행위는 의사표시만으로 이루어진 것은 아니다. ③ 의사표시만으로 법률행위가 성립하는 경우도 있다. ④ 의사표시가 무효가 되거나 취소되면 법률행위 전체에도 영향을 미친다.
계약자유의 원칙	① 계약체결의 자유 ② 상대방 선택의 자유 ③ 내용결정의 자유 ④ 방식의 자유

2 종류 ✔필수체크

(1) 단독행위, 계약, 합동행위

단독행위	① 상대방 없는 단독행위: 유언(유증), 재단법인설립행위, 소유권과 점유권의 포기 ② 상대방 있는 단독행위: 동의, 철회, 상계, 추인, 취소, 해제, 해지, 채권의 포기(채무면제), 공유지분의 포기, 취득시효이익의 포기, 제한물권의 포기, 수권행위
계약	① 채권계약: 매매, 교환, 임대차 ② 물권계약: 소유권이전의 합의, 지상권설정계약, 전세권설정계약, 저당권설정계약 ③ 가족법상의 계약: 혼인, 이혼
합동행위	① 사단법인 설립행위 ② 공유자 전원에 의한 공유물의 포기

(2) 채권행위, 물권행위, 준물권행위

채권행위	① 채권발생을 목적으로 하는 법률행위(법적인 의무를 부담하기로 하는 약속) ② 채권행위는 이행의 문제를 남긴다.
물권행위	① 물권변동을 목적으로 하는 법률행위(사용·교환가치를 이전하기로 하는 합의) ② 물권행위는 이행의 문제를 남기지 않는다.
준물권행위	물권 이외의 권리의 변동을 목적으로 하는 법률행위 예 채권양도, 채무면제, 지식재산권의 양도

(3) 기타 사항

요식행위	① 법인설립행위 ② 유언 ③ 혼인·이혼·인지·입양 ④ 어음·수표행위 ⑤ 등기신청 등
유상행위와 무상행위	① **무상계약**: 증여, 사용대차 ② **유상+무상**: 소비대차, 위임, 임치, 종신정기금
민법상의 신탁행위	① 추심을 위한 채권양도 ② 동산의 양도담보
종된 행위	① **구체적인 예**: 저당권설정계약, 계약금계약 ② 종된 행위는 주된 행위에 대해 부종성이 있다. ③ 종된 행위는 주된 행위와 동시에 할 필요는 없다(단, 환매특약은 매매계약과 동시에 하여야 함).

05　법률행위의 요건

성립요건	일반적 성립요건	① 당사자 ② 법률행위의 목적(내용) ③ 의사표시
	특별 성립요건	① 법인설립행위에 있어서의 설립등기 ② 유언에 있어서의 일정한 방식 ③ 형성적 신분행위(혼인·이혼·인지·입양 등)에 있어서의 신고 ④ 계약에 있어서 청약과 승낙의 의사표시의 합치
효력요건 (유효요건)	일반적 효력요건	① 당사자가 권리능력, 행위능력, 의사능력을 가져야 한다. ② 법률행위의 목적이 확정성, 가능성, 적법성, 사회적 타당성이 있어야 한다. ③ 의사표시에 있어서 의사와 표시가 일치하고 하자가 없어야 한다.
	특별 효력요건	① 대리에 있어서의 대리권의 존재 ② 조건부·기한부 법률행위에 있어서의 조건의 성취·기한의 도래 ③ 유언에 있어서의 유언자의 사망 ④ 「부동산 거래신고 등에 관한 법률」상의 토지거래허가구역 내의 토지거래계약에 　있어서 관할관청의 허가 ➕ 농지취득자격증명은 효력발생요건이 아니다.

06　법률행위의 목적

1 법률행위의 목적의 확정성과 가능성

(1) 개념 정리

　① **확정성**: 이행기까지 확정할 수 있으면 된다(법률행위 성립 당시 ×).
　② **불능 여부**: 법률행위 성립 당시를 기준으로 하여 사회통념에 따라 결정한다.

(2) 핵심 쟁점

　① 원시적 불능을 목적으로 한 법률행위는 무효이나, 계약체결상의 과실책임이 문제될 수 있다.
　② 타인권리의 매매도 채권행위로서는 유효하다.
　③ 채무자의 귀책사유 있는 후발적 불능의 경우에는 채무불이행이 문제된다.
　④ 채무자의 귀책사유 없는 후발적 불능의 경우에는 위험부담이 문제된다.

2 법률행위의 목적의 적법성

(1) 단속법규

단속법규에 해당하는 경우	① 무허가·무신고·무검사 영업을 금지하는 규정 ② 중간생략등기를 금지하는 「부동산등기 특별조치법」 관련 규정(대판 1993.1.26, 92 다39112) ③ 투자일임매매를 제한하는 「자본시장과 금융투자업에 관한 법률」 관련 규정(대판 2002.3.29, 2001다49128) ④ 「주택법」상의 전매금지규정(대판 1991.9.10, 91다21992) ⑤ 비실명 금융거래계약을 금지하는 「금융실명거래 및 비밀보장에 관한 법률」 관련 규정 (대판 2001.12.28, 2001다17565)

> 🔨 **판 례**
>
> 개업공인중개사가 중개의뢰인과 직접 거래를 하는 행위를 금지하는 「공인중개사법」 관련 규정은 단속법
> 규이므로 이에 위반하여 이루어진 거래행위는 유효하다(대판 2017.2.3, 2016다259677).

(2) 효력법규

효력법규에 해당하는 경우	① 광업권자의 명의대여를 금지하는 「광업법」 관련 규정 ② 의료인이나 의료법인 등이 아닌 자가 의료기관을 개설하여 운영하는 것을 금지하는 「의료법」 관련 규정(대판 2003.4.22, 2003다2390) ③ 투기를 방지하기 위하여 중간생략등기를 금지하는 「부동산 거래신고 등에 관한 법률」 상의 토지거래허가 규정(대판 1996.6.28, 96다3982) ④ 증권회사 또는 그 임·직원의 부당권유행위를 금지하는 「자본시장과 금융투자업에 관 한 법률」 관련 규정(대판 1996.8.23, 94다38199) ⑤ 부동산중개보수의 상한을 제한하는 규정(대판 2002.9.4, 2000다54406)

3 법률행위 목적의 사회적 타당성 ✏️필수체크

(1) 반사회적 법률행위의 유형

정의관념에 반하는 행위	① 밀수자금에 사용될 줄 알면서 금원을 대출하는 행위는 무효이다. ② 제2매수인이 매도인의 배임행위에 적극가담한 이중매매는 무효이다. ③ 부첩관계의 종료를 해제조건으로 하는 증여계약은 무효이다. ④ 국가기관이 헌법상 보장된 국민의 기본권을 침해하는 위헌적인 공권력을 행사한 결 과, 국민이 그 공권력의 행사에 의해 외포(畏怖)되어 자유롭지 못한 상태에서 의사 표시를 하였더라도 그 의사표시의 효력은 의사표시의 하자에 관한 민법의 일반원리 에 의하여 판단되어야 하고 그 강박에 의한 의사표시가 항상 반사회성을 띠게 되어 무효로 된다고는 볼 수 없다.

인륜에 반하는 행위	① 첩계약은 무효이다(처의 동의가 있어도 무효). ② 부첩계약을 맺음에 있어서 처의 사망 또는 이혼이 있을 경우 첩과 혼인신고를 하여 입적하게 한다는 부수적 약정도 무효이다. ③ 불륜관계를 단절하면서 첩의 생활비, 자녀의 양육비를 지급하겠다는 계약은 유효하다. ④ 부정행위를 용서받는 대가로 손해배상을 함과 아울러 가정에 충실하겠다는 서약의 취지에서 처에게 부동산을 양도하되, 부부관계가 유지되는 동안에 처가 임의로 처분할 수 없다는 제한을 붙인 약정은 유효하다.
개인의 자유를 심히 제한하는 행위	① 일생동안 혼인 또는 이혼하지 않겠다는 계약은 무효이다. ② 근무기간 중 혼인하지 않겠다는 계약(결혼퇴직조항)은 무효이다. ③ 해외연수 후 일정기간 회사에 근무하지 않으면 해외파견 소요경비를 배상한다는 약정은 유효하다.
생존의 기초가 되는 재산의 처분행위	① 장차 취득하게 될 전(全) 재산을 양도한다는 계약은 무효이다. ② 사찰이 그 존립에 필요불가결한 재산인 임야를 증여하는 행위는 무효이다.
지나치게 사행적인 행위	① 도박자금을 대여하는 계약은 무효이다(동기가 표시된 사안). ② 도박채무를 변제하기 위해 채무자로부터 부동산의 처분을 위임받은 채권자가 그 부동산을 제3자에게 매도한 경우에 도박채무부담행위와 그 변제의 약정 및 변제약정의 이행행위(부동산처분대금으로 도박채무의 변제에 충당)는 무효이다. 그러나 부동산처분에 관한 대리권을 도박채권자에게 수여한 행위는 유효하다. 따라서 도박채권자로부터 부동산을 매수한 제3자는 유효하게 소유권을 취득한다.
기타 행위	① 소송사건에서 증언의 대가로 금전을 지급하기로 약정한 경우 그것이 통상적으로 용인될 수 있는 수준(여비, 일실손해 등)을 초과하는 경우에는 무효이다. ② 양도소득세를 회피할 목적으로 한 명의신탁이나, 상속세를 면탈할 목적으로 피상속인의 명의에서 타인 명의로 직접 소유권이전등기를 한 경우라 하더라도 반사회적 법률행위로서 무효라고 할 수는 없다. ③ 단지 법률행위의 성립과정에서 강박이라는 불법적인 방법이 사용된 데 불과한 경우에는 강박에 의한 의사표시의 하자나 의사의 흠결을 이유로 효력을 논할 수는 있을지언정 반사회적 법률행위로서 무효라고 할 수는 없다. ④ 전통사찰의 주지직을 거액의 금품을 대가로 양도·양수하기로 하는 약정이 있음을 알고도 이를 묵인 또는 방조한 상태에서 한 종교법인의 주지임명행위는 반사회적 법률행위에 해당되지 않는다. ⑤ 비자금을 소극적으로 은닉하기 위하여 임치한 것은 반사회적 법률행위에 해당하지 않는다(대판 2001.4.10, 2000다49343). ⑥ 산모가 우연한 사고로 인한 태아의 상해에 대비하기 위해 자신을 보험수익자로, 태아를 피보험자로 하여 체결한 상해보험계약도 계약자유의 원칙상 유효하므로 이는 반사회적 법률행위에 해당하지 않는다(대판 2019.3.28, 2016다211224).

(2) 반사회적 법률행위의 효과

① 반사회적 법률행위에 대해서는 불법원인급여규정(제746조 본문)이 적용되어 급여자의 반환청구가 부정된다. 또한 급여물의 소유권이 자기에게 있음을 이유로 한 소유권에 기한 반환청구도 부정된다.

② 반사회적 법률행위에 대해서는 무효행위의 추인·전환이 인정되지 않는다.

4 이중매매의 법률관계 🖊필수체크

유효성 인정	이중매매는 계약자유의 원칙상 원칙적으로 유효하다.
무효인 경우	제2매수인이 매도인의 배임행위에 적극가담한 경우에는 반사회적 법률행위(제103조)에 해당하므로 무효가 된다.
적극가담의 정도	제2매수인이 매도사실을 아는 것만으로는 부족하고 매도사실을 알고 적극적으로 매도를 요청하거나 유도하여 계약에 이르는 정도가 되어야 한다.
제3자의 소유권취득 여부	이중매매가 반사회적 법률행위에 해당되어 무효가 되는 경우 위 부동산을 제2매수인으로부터 다시 취득한 제3자는 설사 선의이더라도 부동산의 소유권을 취득하지 못한다.
제1매수인의 소유권회복방법	제1매수인은 제2매수인에 대해 직접 그 명의의 소유권이전등기의 말소를 청구할 수는 없고, 매도인을 대위(代位)하여 제2매수인에 대해 그 명의의 소유권이전등기의 말소를 청구할 수 있다(채권자취소권 행사는 불가).

⚖판례

이중매매의 법리는 이중으로 부동산임대차계약을 체결한 경우에도 그대로 적용된다(대판 2013.6.27, 2011다5813).

5 불공정한 법률행위 🖊필수체크

객관적 요건 —— 급부와 반대급부 사이에 현저한 불균형이 있을 것

주관적 요건 ┌ 피해자에게 궁박, 경솔 또는 무경험한 사정이 있을 것
            └ 폭리자에게 이용의사(악의)가 있을 것

(1) 핵심 쟁점

판단시점	주관적 요건과 객관적 요건 모두 법률행위 성립 당시를 기준으로 판단한다.
요건의 동시충족 여부	궁박·경솔 또는 무경험은 모두 구비해야 하는 것은 아니고, 세 가지 중 어느 하나만 갖추면 된다.
궁박의 의미	① 경제적 궁박 + 정신적 궁박 ② 일시적 궁박 + 계속적 궁박
무경험의 의미	일반 사회생활상의 경험 부족의 의미이다(특정영역에 있어서의 경험 부족 ×).
대리의 경우	대리인을 통해 법률행위를 한 경우에 궁박은 본인을 표준으로 판단하고, 경솔·무경험은 대리인을 표준으로 판단한다.
추정 여부	급부와 반대급부 사이의 현저한 불균형을 입증하였다고 하여 피해자의 궁박·경솔·무경험한 사실이 존재하는 것으로 추정되지 않는다.

(2) 제104조의 적용범위

① **유상행위, 단독행위**(채권포기), **합동행위**(어촌계 총회의 결의): 적용 ○
② **무상행위**(증여, 기부행위), **경매**: 적용 ×

07 법률행위의 해석

1 해석방법

구분	판단자	탐구대상	적용 영역
자연적 해석	표의자의 입장	내심의 효과의사	상대방 없는 단독행위, 오표시무해의 원칙
규범적 해석	상대방의 입장	표시행위의 객관적 의미	상대방 있는 단독행위, 계약
보충적 해석	제3자의 입장	당사자의 가상적 의사	주로 계약

2 오표시무해의 원칙

"잘못된 표시는 해가 되지 않는다."는 원칙을 말하는데, '무해'의 의미는 당사자가 의욕한 대로 법률행위가 성립한다는 뜻

사례	A는 甲토지와 乙토지를 소유하고 있다. 매도인 A와 매수인 B는 甲토지에 관한 매매계약을 체결하려고 하였으나 지번 등에 관하여 착오를 일으켜 계약서상에는 乙토지(甲토지의 인접토지)로 표시하고 그 후 B는 乙토지에 대해 소유권이전등기를 경료하였다. 이 경우의 법률관계는 어떻게 되는가?
핵심 쟁점	① 위 사안과 밀접한 관련이 있는 것은 오표시무해의 원칙(falsa demonstratio non nocet)이다. ② 오표시무해의 원칙의 경우에는 자연적 해석방법이 적용된다. ③ 위 사안의 경우 오표시무해의 원칙에 의해 매매계약은 甲토지에 관해 성립한다. ④ 매매계약은 당사자가 의욕한 대로 甲토지에 관해 성립한다. 따라서 A 또는 B에게는 착오 자체가 존재하지 않으므로 착오를 이유로 甲토지에 관한 매매계약을 취소할 수 없다. ⑤ 위 사안의 경우 甲토지에 관해서는 등기이전이 없었고, 乙토지에 관해서는 매매계약이 없어서 등기가 원인 없이 경료된 것이므로 모두 물권변동이 일어나지 않는다.

CHAPTER 3 | 의사표시

❗ 무엇이 중요할까?

• 비진의표시 및 통정허위표시 숙지
• 통정허위표시, 착오 및 사기·강박에 의한 의사표시 판례 정리

❓ 더 공부하고 싶다면?

• 에듀윌 기본서 1차 민법 및 민사특별법 pp.68~97
• 에듀윌 단원별 기출문제집 1차 민법 및 민사특별법 pp.60~75

08 의사표시 일반

1 의사표시이론

(1) 개념 정리

의의	법률효과의 발생을 목적으로 하는 의사를 표시하는 행위
심리적 과정	동기 ⇨ 효과의사 ⇨ 표시의사 ⇨ 표시행위
구성요소	① 동기는 원칙적으로 의사표시의 내용이 되지 않는다. ② 표시의사도 의사표시의 내용으로 되지 않는다(다수설).

(2) 의사주의와 표시주의

① **의사주의**: 표의자의 이익보호에 중점

② **표시주의**: 상대방의 신뢰보호에 중점

③ **우리 민법의 태도**: 표시주의에 가까운 절충주의(가족법상의 행위는 원칙적으로 의사주의)

2 의사표시규정

(1) 의사표시규정의 체계

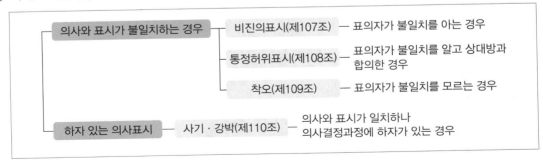

의사와 표시가 불일치하는 경우
- 비진의표시(제107조) — 표의자가 불일치를 아는 경우
- 통정허위표시(제108조) — 표의자가 불일치를 알고 상대방과 합의한 경우
- 착오(제109조) — 표의자가 불일치를 모르는 경우

하자 있는 의사표시
- 사기·강박(제110조) — 의사와 표시가 일치하나 의사결정과정에 하자가 있는 경우

(2) 의사표시규정의 적용범위

① 의사표시에 관한 민법의 규정(제107조 내지 제110조)은 원칙적으로 가족법상의 행위, 공법행위, 소송행위에는 적용되지 않는다.

② 또한 주식인수의 청약, 어음행위에도 원칙적으로 적용되지 않는다(통정허위표시규정은 적용된다는 것이 판례).

09 의사표시규정의 내용

1 비진의표시 ✎필수체크

> **제107조【진의 아닌 의사표시】** ① 의사표시는 표의자가 진의 아님을 알고 한 것이라도 그 효력이 있다. 그러나 상대방이 표의자의 진의 아님을 알았거나 이를 알 수 있었을 경우에는 무효로 한다.
> ② 전항의 의사표시의 무효는 선의의 제3자에게 대항하지 못한다.

(1) 개념 정리

의의	① 의사와 표시가 불일치하는 것을 표의자가 아는 경우 ② 진의란 특정한 내용의 의사표시를 하고자 하는 표의자의 생각을 말하는 것이지 표의자가 진정으로 마음속에서 바라는 사항이 아니다(대판 2001.1.19, 2000다51919).
타인의 명의를 빌린 경우	① 학교법인이「사립학교법」상의 제한규정 때문에 그 학교의 교직원의 명의를 빌려서 금원을 차용한 경우에 금원을 대여한 자가 그러한 사정을 알고 있었다고 하더라도 위 교직원의 의사는 위 금전의 대차에 관하여 그들이 주채무자로서 채무를 부담하겠다는 뜻이라고 해석함이 상당하므로 이를 비진의표시라고 볼 수 없다. ② 법률상 또는 사실상의 장애로 자기 명의로 대출받을 수 없는 자를 위하여 대출금채무자로서의 명의를 빌려준 자에게 그와 같은 채무부담의 의사가 없는 것이라고는 할 수 없으므로 그 의사표시를 비진의표시에 해당한다고 볼 수 없고, 설령 명의대여자의 의사표시가 비진의표시에 해당한다고 하더라도 그 의사표시의 상대방인 상호신용금고로서는 명의대여자가 전혀 채무를 부담할 의사 없이 진의에 반한 의사표시를 하였다는 것까지 알았다거나 알 수 있었다고 볼 수도 없으므로, 명의대여자는 표시행위에 나타난 대로 대출금채무를 부담하여야 한다.
효과	① 비진의표시라도 원칙적으로 유효하다. ② 상대방이 표의자의 진의 아님을 알았거나 알 수 있었을 경우에는 무효이다. ③ 무효를 가지고 선의의 제3자에게 대항하지 못한다.
단독행위의 적용 여부	① 상대방 없는 단독행위에 대해서는 제107조 제1항 본문은 적용되나, 단서는 적용되지 않으므로 언제나 유효하다(다수설). ② 상대방 있는 단독행위와 계약에 대해서는 제107조 제1항 본문·단서가 모두 적용된다.

(2) 핵심 판례

① 물의를 일으킨 사립대학교 조교수가 사직원이 수리되지 않을 것이라고 믿고 사태수습의 방안으로 사직원을 제출한 경우 그 의사표시에 따라 효력이 발생한다(대판 1980.10.14, 79다2168).

② 근로자가 회사의 경영방침에 따라 사직원을 제출하고 회사가 이를 받아들여 퇴직처리를 하였다가 즉시 재입사하는 형식을 취한 경우 사직원 제출은 근로자의 비진의표시에 해당하지만, 회사는 사직원 제출이 근로자의 진의 아님을 알고 있었다고 보아야 하므로 사직의 효과는 발생하지 않는다(대판 1988.5.10, 87다카2578).

③ 공무원이 사직원을 제출하여 의원면직처분을 한 경우 비록 사직할 뜻이 아니었다고 하더라도 표시된 대로 효력이 발생한다(대판 1997.12.12, 97누13962).

2 통정허위표시 ✎필수체크

> **제108조【통정한 허위의 의사표시】** ① 상대방과 통정한 허위의 의사표시는 무효로 한다.
> ② 전항의 의사표시의 무효는 선의의 제3자에게 대항하지 못한다.

(1) 개념 정리

통정의 의미	① 의사와 표시가 불일치하는 것을 표의자도 알고 상대방도 알면서 합의가 있는 경우 ② 표의자가 진의 아닌 의사표시를 하는 것을 상대방이 알고 있는 것만으로는 부족하고, 반드시 외형창출에 관해 상대방과 합의 또는 양해(諒解)가 있어야 한다(판례).
타인의 명의를 빌린 경우	① 동일인에 대한 대출액 한도를 제한하는 규정의 적용을 회피하기 위하여 실질적인 주채무자가 제3자를 형식상의 주채무자로 내세웠고 상호신용금고도 이를 양해하면서 제3자에 대하여는 채무자로서의 책임을 지우지 않을 의도하에 제3자 명의로 대출관계서류 및 약속어음을 작성받은 경우 이는 통정허위표시로서 무효이다. ② 은행이 동일인 여신한도의 제한을 회피하기 위하여 실질적 주채무자가 아닌 제3자와의 사이에 제3자를 주채무자로 하는 소비대차계약을 체결한 경우, 제3자가 은행을 직접 방문하여 금전소비대차 약정서에 주채무자로서 서명·날인하였다면 이는 통정허위표시라고 볼 수는 없다.
효과	① 통정허위표시는 당사자 사이에서는 언제나 무효이다. ② 무효로써 선의의 제3자에게 대항하지 못한다.
단독행위의 적용 여부	① 상대방 없는 단독행위에 대해서는 제108조가 적용되지 않는다. ② 상대방 있는 단독행위와 계약에 대해서는 적용된다.

(2) 핵심 쟁점

① 허위표시 자체가 불법원인급여(제746조)의 '불법'은 아니므로 허위표시를 한 자는 상대방에 대해 부당이득반환청구를 할 수 있다.

② 허위표시가 채권자취소권(제406조)의 요건을 갖춘 경우 통정허위표시를 한 채무자의 채권자는 채권자취소권을 행사할 수 있다.

③ 제3자가 선의인 경우 허위표시의 당사자뿐만 아니라 그 누구도 허위표시의 무효를 가지고 선의의 제3자에게 대항하지 못한다. 한편 선의의 제3자 스스로 무효를 주장하는 것은 무방하다.

④ 선의의 입증책임에 대해서는 제3자의 선의는 추정되므로 제3자의 악의를 주장하는 자가 이를 입증하여야 한다.

⑤ 제3자가 선의인 경우 제3자로부터 권리를 취득한 전득자는 악의일지라도 유효하게 권리를 취득한다(엄폐물의 법칙).

3 가장행위와 은닉행위

개념 구별	① 가장행위: 통정허위표시에 기한 법률행위 ② 은닉행위: 가장행위 속에 감추어진 행위
효력 여부	① 가장행위는 무효이지만 은닉행위는 은닉행위로서의 요건을 갖추는 한 유효하다. ② 증여세를 면탈할 목적으로 매매를 가장한 경우 매매는 가장행위로서 무효이지만, 증여는 은닉행위로서 증여의 요건을 갖추는 한 유효하다.

⚖ 판례

당사자가 통정하여 증여를 매매로 가장한 경우, 매매는 가장행위로서 무효이지만 증여는 은닉행위로서 유효하다(대판 1993.8.27, 93다12930).

4 제108조 제2항의 제3자

(1) 제3자의 의미

제3자란 당사자 및 그 포괄승계인을 제외하고 허위표시를 기초로 법률상 새로운 실질적 이해관계를 맺은 자를 말한다.

(2) 제108조 제2항의 제3자에 해당하는지의 여부

제3자에 해당하는 자	① 가장매매의 매수인으로부터 목적부동산의 소유권을 취득한 자 ② 가장매매의 매수인으로부터 저당권을 설정받은 자 ③ 가장전세권에 대하여 저당권을 취득한 자 ④ 가장저당권설정행위에 기한 저당권실행에 의해 목적부동산을 경락받은 자 ⑤ 가장매매의 매수인으로부터 매매계약에 기한 소유권이전등기청구권을 보전하기 위하여 가등기를 경료한 자 ⑥ 가장매매에 기한 대금채권의 양수인 ⑦ 가장소비대차에 기한 대여금채권의 양수인 ⑧ 가장매매의 매수인에 대한 압류채권자 또는 전부채권자 ⑨ 가장근저당권설정계약이 유효하다고 믿고 그 피담보채권에 대해 가압류한 자 ⑩ 파산자가 상대방과 통정한 허위의 의사표시에 의해 성립된 가장채권을 보유하고 있다가 파산선고가 된 경우의 파산관재인
제3자에 해당하지 않는 자	① 당사자의 상속인 또는 회사합병의 경우의 회사 ② 가장소비대차계약상의 대주의 지위를 계약으로 인수한 자 ③ 채권의 가장양도에 있어서의 채무자 또는 주식이 가장양도된 경우의 회사 ④ 가장의 '제3자를 위한 계약'에 있어서의 제3자 ⑤ 대리인이 상대방과 허위표시를 한 경우의 본인 또는 대표기관이 상대방과 허위표시를 한 경우의 법인 ⑥ 甲이 乙로부터 금전을 차용하고 그 담보로 자기 소유의 부동산에 가등기를 하기로 약정한 후, 채권자들의 강제집행을 회피하기 위하여 위 부동산을 丙에게 가장양도한 경우에 丙으로부터 가등기를 경료받은 乙

판 례

1. 파산자가 상대방과 통정한 허위의 의사표시에 의해 성립된 가장채권을 보유하고 있다가 파산선고가 된 경우의 파산관재인은 제3자에 해당한다. 또한 파산채권자 모두가 악의로 되지 않는 한 파산관재인은 선의의 제3자에 해당한다(대판 2003.6.24, 2002다48214).
2. 가장채무를 보증하고 그 보증채무를 이행한 보증인은 제3자에 해당한다(대판 2000.7.6, 99다51258).
3. 가장소비대차에 있어서 대주의 지위를 이전받은 자(계약이전)는 제3자에 해당하지 않는다(대판 2004.1.15, 2002다31537).

5 착오에 의한 의사표시 ✎ 필수체크

> **제109조【착오로 인한 의사표시】** ① 의사표시는 법률행위의 내용의 중요부분에 착오가 있는 때에는 취소할 수 있다. 그러나 그 착오가 표의자의 중대한 과실로 인한 때에는 취소하지 못한다.
> ② 전항의 의사표시의 취소는 선의의 제3자에게 대항하지 못한다.

(1) 개념 정리

① 취소요건

법률행위 내용의 중요부분에 착오가 있을 것	—— 표의자가 입증
표의자에게 중과실이 없을 것	—— 상대방이 입증

➕ 착오에 대한 상대방의 인식가능성은 요건이 아님

② 중요부분의 태양

ⓖ 주관적·객관적 표준으로 결정한다.

ⓛ 중요부분에 대한 입증책임은 표의자가 부담한다.

③ 중과실이 없을 것

ⓖ 표의자의 중과실에 대한 입증책임은 상대방이 부담한다.

ⓛ 표의자에게 경과실이 있는 경우에도 착오를 이유로 의사표시를 취소할 수 있다. 이 경우 상대방은 표의자에게 불법행위를 이유로 손해배상을 청구할 수 없다(대판 1997.8.22. 97다 13023).

(2) 핵심 쟁점 – 중요부분의 착오에 해당하는지의 여부

중요부분 ○	① 사람의 동일성에 관한 착오 　㉠ '상대방이 누구냐'가 중요한 법률행위에서는 중요부분의 착오에 해당한다. 　㉡ 현실매매와 같이 '상대방이 누구냐'가 중요하지 않은 경우에는 중요부분의 착오 　　가 아니다. ② 목적물의 동일성에 관한 착오 ③ 토지의 현황·경계에 관한 착오 ④ 법률행위의 성질에 관한 착오 ⑤ 부동산매매에서 양도소득세가 부과되지 않을 것이라는 매수인의 설명을 믿고 한 　매도인의 착오 ⑥ 매매에 따른 양도소득세를 매수인이 부담하기로 하고 그 세액을 매수인이 계산하 　여 이를 따로 지급하였는데 후에 양도소득세가 더 부과된 경우(대판 1994.6.10, 　93다24810)
중요부분 ×	① 사람의 재산상태에 관한 착오 ② 목적물의 소유권, 성질, 상태, 시가, 수량에 관한 착오 ③ 토지의 지적부족에 관한 착오 ④ 공(空)리스에 있어서 리스물건의 존재 여부에 대한 보증인의 착오 ⑤ 착오로 인하여 표의자가 경제적 불이익을 입지 아니한 경우

6 동기의 착오

의의	의사표시에는 착오가 없고 동기에만 착오가 있는 경우
법적 취급	① 동기는 의사표시의 '내용'이 아니므로 원칙적으로 동기의 착오를 이유로 의사표시 　를 취소할 수 없다. ② 동기가 표시되고 제109조의 요건을 갖추는 경우에는 취소할 수 있다. ③ 동기가 표시되면 족하고 의사표시의 내용으로 삼기로 하는 합의까지 이루어질 필 　요는 없다.
취소가 부정된 경우	① 우사(牛舍)를 짓기 위해 토지를 매수하였으나 우사를 지을 수 없는 경우 ② 공장에 쓰려고 매수하였으나 그린벨트지역인 경우 ③ 회사 소속 차량에 사람이 치어 부상하였으나 사실은 회사차량 운전사에게는 아무 　런 과실이 없어 회사에 손해배상책임이 돌아올 수 없는 것임에도 불구하고 회사 　사고담당직원이 회사 운전사에게 잘못이 있는 것으로 착각하고 회사를 대리하여 　병원경영자와 환자의 입원치료비의 지급을 연대보증하기로 계약한 경우
상대방으로부터 유발된 경우	① 표시 여부를 불문하고 제109조의 요건을 갖추는 경우에는 취소할 수 있다. ② 대표적 판례 　㉠ 귀속재산이 아닌데도 공무원이 귀속재산이라고 하여 토지를 국가에 증여한 경우 　㉡ 공무원의 법령 오해에 터잡아 토지를 국가에 증여한 경우 　㉢ 매매대상에 포함되었다는 시공무원의 말을 믿고 매매계약을 체결한 경우

7 사기 · 강박에 의한 의사표시 ✎ 필수체크

> **제110조【사기, 강박에 의한 의사표시】** ① 사기나 강박에 의한 의사표시는 취소할 수 있다.
> ② 상대방 있는 의사표시에 관하여 제3자가 사기나 강박을 행한 경우에는 상대방이 그 사실을 알았거나 알 수 있었을 경우에 한하여 그 의사표시를 취소할 수 있다.
> ③ 전2항의 의사표시의 취소는 선의의 제3자에게 대항하지 못한다.

(1) 개념 정리

→ 표의자가 타인의 기망행위에 의해 착오에 빠지고 그 상태에서 의사표시를 한 경우

사기에 의한 의사표시	① 사기자의 고의: 2단계 고의(과실에 의한 경우에는 사기가 성립 ×) ② 기망행위: 침묵도 경우에 따라서는 기망행위가 된다. ③ 기망행위의 위법성: 대형 백화점의 변칙세일행위는 위법성이 있다(대판 1993.8.13, 92다52665). ④ 인과관계: 2단계 인과관계(표의자의 주관적인 것이라도 무방)
강박에 의한 의사표시	① 강박자의 고의: 2단계 고의 ② 강박행위: 강박의 정도가 극심하면 무효이다. ③ 강박행위의 위법성 ④ 인과관계: 2단계 인과관계(표의자의 주관적인 것이라도 무방)

→ 표의자가 타인의 강박행위에 의해 공포심을 가지고 그 상태에서 의사표시를 한 경우

(2) 핵심 쟁점

① **상대방의 사기 · 강박의 경우**: 취소 가능하다.

② **제3자의 사기 · 강박의 경우**

　㉠ 상대방 없는 의사표시에 있어서 제3자가 표의자에게 사기 · 강박을 한 경우에는 표의자는 언제나 그 의사표시를 취소할 수 있다.

　㉡ 상대방 있는 의사표시에 있어서 제3자가 표의자에게 사기 · 강박을 한 경우에는 표의자는 상대방이 그 사실을 알았거나 알 수 있었을 경우에 한하여 그 의사표시를 취소할 수 있다.

　㉢ 제110조 제2항의 제3자: 상대방의 대리인은 제3자에 해당하지 않으나, 상대방의 피용자는 제3자에 해당한다.

8 제도의 경합 여부

(1) 개념 정리

담보책임 vs 착오	
담보책임 vs 사기	
착오 vs 사기	각각 그 요건을 입증하여 주장 가능(판례)
착오 vs 해제	
사기 · 강박 vs 불법행위	

(2) 핵심 판례

① 매도인이 매매계약을 적법하게 해제한 후라도 매수인은 손해배상책임을 지거나 매매계약에 따른 계약금의 반환을 받을 수 없는 불이익을 면하기 위하여 착오를 이유로 매매계약을 취소할 수 있다(대판 1996.12.6, 95다24982).

② 제3자의 기망행위에 의하여 신원보증서류에 서명날인한다는 착각에 빠진 상태로 연대보증의 서면에 서명날인한 경우는 사기에 관한 제110조 제2항이 적용되는 것이 아니라 착오에 관한 제109조 규정이 적용된다(대판 2005.5.27, 2004다43824).

③ 사기행위가 동시에 불법행위에 해당하는 경우 표의자는 취소하지 않고 손해배상을 청구할 수도 있다(대판 1998.3.10, 97다55829).

④ 법률행위가 사기에 의한 것으로서 취소되는 경우에 그 법률행위가 동시에 불법행위를 구성하는 때에는 취소의 효과로 생기는 부당이득반환청구권과 불법행위로 인한 손해배상청구권은 경합하여 병존하는 것이므로, 채권자는 어느 것이라도 선택하여 행사할 수 있지만 중첩적으로 행사할 수는 없다(대판 1993.4.27, 92다56087).

9 의사표시의 효력발생

> **제111조【의사표시의 효력발생시기】**① 상대방이 있는 의사표시는 상대방에게 도달한 때에 그 효력이 생긴다.
> ② 의사표시자가 그 통지를 발송한 후 사망하거나 제한능력자가 되어도 의사표시의 효력에 영향을 미치지 아니한다.
> **제112조【제한능력자에 대한 의사표시의 효력】**의사표시의 상대방이 의사표시를 받은 때에 제한능력자인 경우에는 의사표시자는 그 의사표시로써 대항할 수 없다. 다만, 그 상대방의 법정대리인이 의사표시가 도달한 사실을 안 후에는 그러하지 아니하다.
> **제113조【의사표시의 공시송달】**표의자가 과실 없이 상대방을 알지 못하거나 상대방의 소재를 알지 못하는 경우에는 의사표시는 「민사소송법」 공시송달의 규정에 의하여 송달할 수 있다.

(1) 개념 정리

도달주의의 효과	① 의사표시의 불착 또는 연착의 불이익은 모두 표의자가 부담한다. ② 의사표시의 발신 후 그 도달 전에는 의사표시를 철회할 수 있다. ③ 의사표시자가 그 통지를 발송한 후 사망하거나 제한능력자가 되어도 의사표시의 효력에 영향을 미치지 아니한다.
수령무능력의 경우	① 표의자는 의사표시의 도달을 주장할 수 없다. ② 제한능력자 스스로 의사표시의 도달을 주장하는 것은 무방하다. ③ 제한능력자의 법정대리인이 의사표시의 도달을 안 후에는 법정대리인이 안 때로부터 표의자는 의사표시의 도달을 주장할 수 있다.

(2) 핵심 쟁점

도달 ○	① 상대방이 내용을 확인하지 않은 상태에서 의사표시의 수령을 거절하는 경우 ② 우편물이 내용증명우편이나 등기취급의 방법으로 발송되고 반송되지 않은 경우(수취인이 주민등록지에 실제로 거주해야 함) ③ 동거 중인 가족이 수령하였으나 본인에게 전달하지 않은 경우
도달 ×	① 매도인이 소유권유보의 의사표시를 상품송부서에 잘 알아볼 수 없게 기재한 경우 ② 우편물이 보통우편의 방법으로 발송된 경우 ③ 수신인의 기재가 명료하지 않아 서신을 개봉하지 않은 경우 ④ 채권양도의 통지서를 가정부가 수령한 직후 한 집에 사는 채권양도인이 우편물을 바로 회수한 경우

(3) 민법이 예외적으로 발신주의를 취하고 있는 경우

① 제한능력자의 상대방의 최고에 대한 제한능력자 측의 확답(제15조)

② 사원총회의 소집통지(제71조)

③ 무권대리인의 상대방의 최고에 대한 본인의 확답(제131조)

④ 채무인수에 있어서 채무자 또는 인수인의 최고에 대한 채권자의 확답(제455조)

⑤ 격지자 간의 계약성립에 있어서 승낙의 통지(제531조)

└─→ 상대방의 의사표시를 알 수 있는 상태가 될 때까지 상당한 시간이 필요한 사람

CHAPTER 4 | 법률행위의 대리

❶ 무엇이 중요할까?

• 대리권, 대리행위, 복대리, 협의의 무권대리, 표현대리 숙지

❷ 더 공부하고 싶다면?

• 에듀윌 기본서 1차 민법 및 민사특별법 pp.98~139
• 에듀윌 단원별 기출문제집 1차 민법 및 민사특별법 pp.76~101

10 대리 일반론

1 대리의 의의와 인정범위

(1) 개념 정리

의의	① 대리(代理)란 대리인(代理人)이 본인의 이름으로 법률행위를 하거나 의사표시를 수령하고 그 법률효과가 모두 직접 본인에게 귀속하도록 하는 제도 ② 임의대리는 사적자치를 확장하는 기능을 하고, 법정대리는 사적자치를 보충하는 기능을 한다. ③ 법정대리는 행위능력을 보충하는 제도(권리능력 보충 ×)
인정범위	① 대리는 재산상의 법률행위에만 인정된다. ② 준법률행위(사실행위 포함)에는 원칙적으로 대리가 인정되지 않는다. ③ 의사의 통지와 관념의 통지에 대해서는 대리가 인정된다.

(2) 대리인과 사자의 비교

① 사자에 있어서는 효과의사를 본인이 결정하지만, 대리에 있어서는 대리인이 직접 효과의사를 결정한다.

② 사자와 대리인 모두 행위능력은 요하지 않는다.

2 대리의 3면 관계

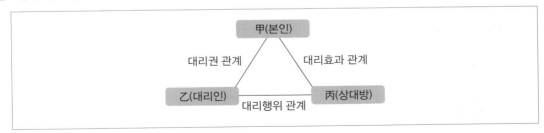

11 대리권

1 대리권의 발생

발생원인	① 법정대리권의 발생원인: 법률규정 등 ② 임의대리권의 발생원인: 수권행위
수권행위의 법적 성질	① 수권행위는 상대방 있는 단독행위(∴ 대리인이 될 자의 승낙 불요) ② 수권행위는 불요식행위(∴ 구두＋서면 / 명시적＋묵시적)

2 대리권의 범위 ✎필수체크

(1) 개념 정리

법정대리권	법정대리권의 범위는 법률규정에 의해 결정된다.
임의대리권	임의대리권의 범위는 원칙적으로 수권행위의 해석에 의해 결정되나, 수권행위의 해석에 의해서도 대리권의 범위가 불분명한 경우에는 제118조가 보충적으로 적용된다.

(2) 수권행위의 해석 관련 판례

① 토지매각의 대리권은 중도금, 잔금을 수령하고 소유권이전등기를 할 권한을 포함한다(대판 1958.3.27, 4290민상840).

② 대여금의 영수권한에는 대여금채무의 면제에 관한 권한은 포함되지 않으므로, 대여금채무의 일부를 면제하기 위해서는 본인의 특별수권이 필요하다(대판 1981.6.23, 80다3221).

③ 매매계약 체결의 대리권에는 계약해제권 등의 처분권을 포함한다고 볼 수 없다(대판 1987.4.28, 85다카971).

④ 통상 사채알선업자가 전주(錢主)를 위하여 금전소비대차계약과 그 담보를 위한 담보권설정계약을 체결할 대리권을 수여받은 것으로 인정되는 경우라 하더라도 특별한 사정이 없는 한 일단 금전소비대차계약과 그 담보를 위한 담보권설정계약이 체결된 후에 이를 해제할 권한까지 당연히 가지고 있다고 볼 수는 없다(대판 1997.9.30, 97다23372).

(3) 제118조

> **제118조【대리권의 범위】** 권한을 정하지 아니한 대리인은 다음 각 호의 행위만을 할 수 있다.
> 1. 보존행위
> 2. 대리의 목적인 물건이나 권리의 성질을 변하지 아니하는 범위에서 그 이용 또는 개량하는 행위

보존행위	가옥의 수선, 부패하기 쉬운 물건의 매각, 미등기부동산의 등기, 시효중단을 위한 소제기, 기한이 도래한 채권의 추심, 기한이 도래한 채무의 변제
이용행위	물건을 임대하는 것과 금전을 이자부로 대여하는 것은 허용되나, 예금을 주식으로 전환하는 것은 허용되지 않는다.

개량행위	가옥에 부가시설을 설치하거나 무이자소비대차를 이자부로 전환하는 것은 허용되나, 농지를 대지로 용도변경하는 것은 허용되지 않는다.

3 대리권의 제한

(1) 개념 정리

자기계약 쌍방대리	① 원칙적 금지: 본인의 이익을 해할 가능성 때문 ② 예외적 허용: 본인의 허락이 있거나 또는 채무를 이행하는 경우
공동대리	① 각자대리의 원칙: 대리인이 수인인 경우 각자가 본인을 대리한다. ② 공동대리의 제한: 법률 또는 수권행위에서 공동(共同)으로만 대리하게 한 경우 　㉠ 공동의 의미: '의사결정의 공동' 　㉡ 수동대리의 경우: 각자 수령의 원칙

(2) 핵심 쟁점

• 자기계약: 대리인이 본인을 대리하면서 동시에 자기가 상대방이 되어 계약을 체결하는 경우
• 쌍방대리: 대리인이 본인을 대리하면서 동시에 상대방을 대리하여 자기 혼자서 법률행위를 하는 경우

① 사채알선업자가 채권자와 채무자 양쪽을 대리하는 경우에는 자기계약·쌍방대리가 허용된다.

② 소유권이전등기신청, 상계, 주식의 명의개서 등에 대해서는 자기계약·쌍방대리가 허용된다.

③ 대물변제, 경개, 다툼이 있는 채무의 이행, 기한 미도래의 채무의 변제에 대해서는 자기계약·쌍방대리가 허용되지 않는다.

④ 자기계약·쌍방대리 금지규정에 위반한 대리행위는 무권대리행위로 된다(무효가 아님).

⑤ 공동대리 제한규정에 위반한 대리행위는 무권대리행위로 된다(무효가 아님).

4 임의대리권과 법정대리권에 공통된 소멸원인

> **제127조 【대리권의 소멸사유】** 대리권은 다음 각 호의 어느 하나에 해당하는 사유가 있으면 소멸된다.
> 1. 본인의 사망
> 2. 대리인의 사망, 성년후견의 개시 또는 파산

5 대리권의 남용

의의	대리인이 대리권의 범위 내에서 대리행위를 하였지만 그것이 자기 또는 제3자의 사리를 도모하기 위한 것인 경우
법적 취급	① 대리권 남용에 대해서는 제107조 제1항 단서 유추적용설이 다수설과 판례의 태도이다. ② 즉, 대리권 남용의 경우에도 대리인에게 대리의사는 있으므로 일단 대리행위로서 유효하나, 상대방이 대리인의 배임적 대리행위를 알았거나 알 수 있었을 경우에 그 대리행위는 무효이다. ③ 대리권 남용이론은 본인 보호가 취지이므로, 본인이 상대방이 대리인의 배임적 대리행위를 알았거나 알 수 있었다는 사실을 입증하여야 한다.
적용 범위	대리권의 남용은 임의대리와 법정대리 모두에 가능하다.

12 대리행위

1 현명 ✍️필수체크

(1) 개념 정리

현명의 의미	① 현명이란 대리인이 대리행위를 할 때 그 행위가 '본인을 위한 것임을 표시'하는 것을 말한다. ② '본인을 위한 것임을 표시'한다는 의미는 본인에게 법률행위의 효과를 귀속시키려는 것을 말하는 것이지 본인의 이익을 위해서라는 뜻은 아니다. ③ 수동대리에서는 상대방이 본인에 대한 의사표시임을 표시하여야 한다. ④ 상행위에 있어서는 현명주의가 적용되지 않는다.
현명의 방식	① 현명의 방식에는 제한이 없다. ② 대리인이 본인의 명의로 법률행위를 하였더라도 대리인에게 대리의사가 있는 것으로 인정되는 한 유효한 대리행위가 된다.

(2) 핵심 쟁점

현명한 경우	본인에게 법률효과가 귀속한다.
현명하지 않은 경우	① 대리인이 본인을 위한 것임을 표시하지 아니한 때에는 그 의사표시는 자기를 위한 것으로 본다. ② 상대방이 대리인으로서 한 것임을 알았거나 알 수 있었을 때에는 대리행위의 효과는 본인에게 귀속한다.

2 대리행위의 하자 ✍️필수체크

원칙	의사표시의 효력이 의사의 흠결, 사기, 강박 또는 어느 사정을 알았거나 과실로 알지 못한 것으로 인하여 영향을 받을 경우에 그 사실의 유무는 대리인을 표준으로 결정한다.
예외	특정한 법률행위를 위임한 경우에 대리인이 본인의 지시에 좇아 그 행위를 한 때에는 본인은 자기가 안 사정 또는 과실로 인하여 알지 못하는 사정에 관하여 대리인의 부지를 주장하지 못한다.

3 대리인의 능력 ✍️필수체크

(1) 개념 정리

권리능력	필요(∵ 법률행위를 하는 자이므로)
의사능력	필요(∵ 법률행위를 하는 자이므로)
행위능력	불요(∵ 법률효과를 받는 자가 아니므로)

(2) 핵심 쟁점

① 대리인은 행위능력자임을 요하지 아니하므로 대리인이 제한능력자임을 이유로 본인은 대리 행위를 취소할 수 없다.

② 대리인은 자신이 행위능력이 제한됨을 이유로 본인과 한 위임계약을 취소할 수 있다. 그러나 본인은 대리인이 제한능력자임을 이유로 대리인과 한 위임계약을 취소할 수는 없다.

13 대리행위의 효과

법률행위의 효과	모두 직접 본인에게 귀속된다.
불법 · 사실행위의 효과	대리인 자신에게 귀속된다.
행위능력	오직 권리능력만 있으면 된다.

14 복대리

(1) 개념 정리

복대리인의 의의	① 복대리인이란 대리인이 대리권의 범위 내에서 자신의 이름으로 선임한 본인의 대리인이다. ② 복대리인 선임행위는 대리행위가 아니다. ③ 복대리인은 본인의 대리인이므로 본인의 이름으로 대리행위를 한다. ④ 복대리인도 본인의 승낙이 있거나 부득이한 사유가 있는 때에는 복임행위를 할 수 있다.
복임행위의 성질	① 복대리인 선임 후에도 대리인의 대리권은 그대로 존속하므로 복대리인 선임행위는 대리권의 양도가 아니다. ② 복대리권은 대리권에 종속하므로 복대리권은 대리권을 초과할 수 없고, 대리권이 소멸하면 복대리권도 같이 소멸한다.

(2) 복임행위와 책임

임의 대리	복임행위	① 임의대리인은 원칙적으로 복대리인을 선임할 수 없다. ② 본인의 승낙이 있거나 부득이한 사유가 있는 때에 한하여 복대리인을 선임할 수 있다.
	책임	① 원칙적으로 선임 · 감독상의 과실책임을 진다. ② 본인의 지명에 의해 복대리인을 선임한 경우 복대리인의 부적임 또는 불성실함을 알고 통지나 해임을 태만히 한 때에만 책임을 진다(통지해태책임).

법정 대리	복임행위	법정대리인은 언제나 복대리인을 선임할 수 있다.
	책임	① 원칙적으로 복대리인의 행위에 대한 모든 책임을 진다(무과실책임). ② 부득이한 사유로 인해 복대리인을 선임한 경우 선임·감독상의 과실책임만 진다.

🔍 판례

임의대리인은 본인의 승낙이 있거나 부득이한 사유가 있지 아니하면 복대리인을 선임할 수 없는 것인바, 아파트 분양업무는 그 성질상 분양 위임을 받은 수임인의 능력에 따라 그 분양사업의 성공 여부가 결정되는 사무로서, 본인의 명시적인 승낙 없이는 복대리인의 선임이 허용되지 아니하는 경우로 보아야 한다(대판 1999.9.3, 97다56099).

15 협의의 무권대리

1 무권대리 일반론

의의	① 무권대리란 대리권 없이 이루어진 대리행위를 말한다. ② 무권대리행위의 효력은 유동적 무효이다.
종류	① 협의의 무권대리 ② 표현대리
당사자의 권리	① 본인 　㉠ 추인권 　㉡ 추인거절권 ② 상대방 　㉠ 최고권 　㉡ 철회권 　㉢ 제135조의 책임주장권

2 계약의 무권대리의 법률관계 📝필수체크

(1) 본인의 추인권

추인의 의의	① 무권대리행위가 있음을 알고 그 행위의 효과를 본인에게 직접 발생하게 하는 것을 목적으로 하는 의사표시를 말한다. ② 추인은 사후 대리권의 수여가 아니다.
추인의 상대방	① 무권대리인, 상대방 및 상대방의 승계인 ② 무권대리인에 대해 추인을 한 경우 상대방이 추인의 사실을 알 때까지는 상대방에게 대항하지 못한다. 따라서 상대방은 추인의 사실을 알 때까지 철회할 수 있다.
추인의 방법	① 서면＋구두 / 명시적＋묵시적 / 재판상＋재판 외 ② 일부에 대한 추인이나 조건·변경을 가한 추인은 상대방의 동의가 없는 한 무효이다.
추인의 효과	① 계약 시에 소급하여 유효로 된다. ② 추인의 소급효는 제3자의 권리를 해하지 못한다.

묵시적 추인 관련 판례	① 본인이 무권대리인 행위를 알고 상대방으로부터 매매대금의 전부 또는 일부를 수령한 것은 무권대리행위를 묵시적으로 추인한 것으로 볼 수 있다(대판 1963.4.11, 63다64). ② 무권대리인이 차용한 금원의 변제기일에 채권자가 본인에게 그 변제를 독촉하자 본인이 변제기간의 유예를 요청한 것은 무권대리행위를 묵시적으로 추인한 것으로 볼 수 있다(대판 1973.1.30, 72다2309·2310). ③ 본인이 자신의 장남이 서류를 위조하여 매도한 부동산을 상대방에게 인도하고 10여 년간 아무런 이의를 제기하지 않았다면 장남의 무권대리행위를 묵시적으로 추인한 것으로 볼 수 있다(대판 1981.4.14, 81다151). ④ 본인이 무권대리행위 사실을 알고 있으면서 이의를 제기하지 않았거나 장시간 방치하였다는 것만으로는 묵시적 추인으로 볼 수 없다(대판 1990.3.27, 88다카181).

> **판례**
>
> 계약상 채무의 이행으로 당사자가 상대방에게 급부를 행하였는데 계약이 무효가 되거나 취소되는 등으로 효력을 가지지 못하는 경우, 각 당사자는 부당이득반환의무를 진다. 그러나 이득자에게 실질적으로 이득이 귀속된 바 없다면 부당이득반환의무를 부담시킬 수 없다(대판 2017.6.29, 2017다213838).

(2) 본인의 추인거절권

① 추인거절권이란 본인이 추인의 의사가 없음을 적극적으로 표시하는 것으로서 추인을 거절한 경우 무권대리행위는 확정적으로 무효가 된다.

② 추인거절은 의사의 통지에 해당하고, 추인거절권은 형성권이다.

(3) 상대방의 최고권

① 선의·악의를 불문하고 최고권을 행사할 수 있다.

② 상대방은 상당한 기간을 정하여 본인에게 추인 여부의 확답을 최고할 수 있는바, 본인이 상당한 기간 내에 확답을 발하지 않는 경우에는 추인을 거절한 것으로 본다.

(4) 상대방의 철회권

① 철회권은 본인의 추인이 있기 전까지 행사할 수 있다.

② 선의자만 철회권을 행사할 수 있다.

> **판례**
>
> 상대방이 유효한 철회를 한 경우 대리인에게 대리권이 없음을 알았다는 점에 대한 주장·입증책임은 철회의 효과를 다투는 본인에게 있다(대판 2017.6.29, 2017다213838).

(5) 무권대리인의 상대방에 대한 책임

제135조【상대방에 대한 무권대리인의 책임】 ① 다른 자의 대리인으로서 계약을 맺은 자가 그 대리권을 증명하지 못하고 또 본인의 추인을 받지 못한 경우에는 그는 상대방의 선택에 따라 계약을 이행할 책임 또는 손해를 배상할 책임이 있다.
② 대리인으로서 계약을 맺은 자에게 대리권이 없다는 사실을 상대방이 알았거나 알 수 있었을 때 또는 대리인으로서 계약을 맺은 사람이 제한능력자일 때에는 제1항을 적용하지 아니한다.

책임의 요건	① 무권대리인이 대리권을 증명하지 못할 것 ② 무권대리인이 본인의 추인을 받지 못할 것 ③ 상대방이 선의 · 무과실일 것 ④ 무권대리인이 행위능력자일 것 ⑤ 상대방이 계약을 철회하지 않을 것 ⑥ 표현대리가 성립하지 않을 것(다수설)
책임의 성질	법정무과실책임(통설)
책임의 내용	무권대리인은 상대방의 선택에 따라 계약의 이행 또는 손해배상책임을 부담한다.

16　표현대리

1　표현대리 일반론

(1) 개념 정리

표현대리의 의의	대리권이 있는 것 같은 외관이 존재하고 외관발생에 대해 본인이 어느 정도 원인을 제공하여 상대방이 정당한 대리권이 있는 것으로 신뢰한 경우 무권대리행위에 의한 법률효과에 대해 본인이 책임을 지는 제도
취지	상대방 보호가 취지이므로, 상대방만 표현대리를 주장할 수 있을 뿐 본인 쪽에서 먼저 표현대리를 주장할 수는 없다.
성질	법정무과실책임(본인의 귀책사유는 요건이 아님)
적용 범위	① 표현대리 규정은 공법행위, 소송행위에는 적용되지 않는다. ② 표현대리 규정은 어음행위와 상행위에는 적용된다. ③ 제125조는 임의대리에만 적용되고 법정대리에는 적용되지 않는다. ④ 제126조와 제129조는 임의대리, 법정대리에 모두 적용된다. ⑤ 복대리에도 제125조, 제126조, 제129조 모두 적용된다.
상대방의 선의 · 무과실에 대한 입증책임	① 다수설: 제125조, 제126조, 제129조 모두 본인이 입증하여야 한다. ② 판례: 제126조에서는 상대방이 입증하여야 한다.

(2) 핵심 쟁점

① 표현대리의 성립은 표현대리행위의 직접 상대방에 한한다.

② 표현대리는 무권대리의 일종이므로 유권대리에 관한 주장 속에 무권대리에 속하는 표현대리에 관한 주장이 포함되어 있다고 볼 수 없다(대판 전합체 1983.12.13, 83다카1489).

③ 표현대리가 성립하는 경우에는 상대방에게 과실이 있다고 하더라도 과실상계의 법리를 유추적용하여 본인의 책임을 경감할 수 없다.

④ 대리행위가 강행법규에 위반한 경우 표현대리가 적용될 여지가 없다.

2 제125조의 표현대리(대리권수여의 표시에 의한 표현대리, 표시대리)

> 제125조 【대리권수여의 표시에 의한 표현대리】 제3자에 대하여 타인에게 대리권을 수여함을 표시한 자는 그 대리권의 범위 내에서 행한 그 타인과 그 제3자 간의 법률행위에 대하여 책임이 있다. 그러나 제3자가 대리권 없음을 알았거나 알 수 있었을 때에는 그러하지 아니하다.

(1) 개념 정리

요건	① 대리권수여의 표시 ② 표시된 대리권의 범위 내에서의 대리행위 ③ 상대방의 선의 · 무과실
대리권수여의 표시	① 대리권수여의 표시는 관념의 통지(의사표시×, 수권행위×) ② 대리권수여의 표시의 방법은 불문 　㉠ 서면(위임장)+구두 　㉡ 명시적+묵시적 　㉢ 특정인+불특정인(광고) 　㉣ 본인이 직접+대리인을 통해서

(2) 핵심 쟁점

① 반드시 대리권 또는 대리인이라는 말을 사용하여야 하는 것이 아니라 사회통념상 대리권을 추단할 수 있는 직함이나 명칭 등의 사용을 승낙 · 묵인한 경우에도 대리권수여의 표시에 해당한다.

② 명의대여와 백지위임장의 교부도 대리권수여의 표시에 해당된다.

③ 표시된 대리권의 범위를 넘는 대리행위를 한 경우에는 제126조가 적용된다.

3 제126조의 표현대리(권한을 넘은 표현대리, 월권대리) ✐필수체크

> 제126조 【권한을 넘은 표현대리】 대리인이 그 권한 외의 법률행위를 한 경우에 제3자가 그 권한이 있다고 믿을 만한 정당한 이유가 있는 때에는 본인은 그 행위에 대하여 책임이 있다.

(1) 개념 정리

요건 분석	① 기본대리권의 존재 ② 월권행위: 기본대리권과 동종 · 유사할 필요 없다(이종행위라도 무방). ③ 상대방의 정당한 이유: 상대방의 선의 · 무과실을 의미한다.
기본대리권의 포섭범위	① 기본대리권에는 임의대리권, 법정대리권, 제125조와 제129조의 표현대리권, 부부 간의 일상가사대리권, 사자권, 복대리권, 사인의 공법행위를 할 권한 등이 포함된다. ② 서류를 위조한 경우에는 기본대리권이 인정되지 않는다. ③ 대리인이 사술을 써서 대리행위의 표시를 하지 아니하고 단지 본인의 성명을 모용하여 자기가 마치 본인인 것처럼 기망하여 본인 명의로 직접 법률행위를 한 경우에는 특별한 사정이 없는 한 제126조의 표현대리는 성립할 수 없다.

(2) 핵심 쟁점

① 등기신청권을 수여받은 자가 그 부동산을 대물변제로 제공한 경우에도 제126조 표현대리가 성립할 수 있다.

② 대리인이 권리 관계서류를 소지하고 있으면 원칙적으로 정당한 이유가 인정된다.

③ 본인과 대리인이 친족관계, 특히 부부관계인 경우에는 위와 같은 서류의 입수가 용이하므로 본인에게 확인절차를 거치는 등의 특별한 사정이 없는 한 정당한 이유가 부정된다.

4 제129조의 표현대리(대리권소멸 후의 표현대리, 멸권대리)

> **제129조 【대리권소멸 후의 표현대리】** 대리권의 소멸은 선의의 제3자에게 대항하지 못한다. 그러나 제3자가 과실로 인하여 그 사실을 알지 못한 때에는 그러하지 아니하다.

(1) 개념 정리

요건 분석	① 존재하였던 대리권이 소멸 ② 소멸된 대리권의 범위 내의 대리행위 ③ 상대방의 선의·무과실
대리권 존재 여부	처음부터 대리권이 없는 경우에는 제129조가 적용되지 않는다.

(2) 핵심 쟁점

① 대리인이 대리권소멸 후 직접 상대방과의 사이에 대리행위를 하는 경우는 물론 대리인이 대리권소멸 후 복대리인을 선임하여 복대리인으로 하여금 상대방과의 사이에 대리행위를 하도록 한 경우에도 제129조의 표현대리가 성립할 수 있다.

② 소멸한 대리권의 범위를 넘는 대리행위를 한 경우에는 제126조가 적용된다.

CHAPTER

5 | 무효와 취소

❶ 무엇이 중요할까?

• 무효와 취소의 차이 정리
• 유동적 무효의 법률관계와 취소권의 개념 정리

❷ 더 공부하고 싶다면?

• 에듀윌 기본서 1차 민법 및 민사특별법 pp.140~163
• 에듀윌 단원별 기출문제집 1차 민법 및 민사특별법
  pp.102~119

17　무효와 취소의 차이점 ✍필수체크

구분	무효	취소
의의	처음부터 당연히 효력이 발생하지 않는 것	일응 유효한 법률행위를 소급적으로 소멸시키는 것
주장권자	누구든지 주장할 수 있다.	취소권자만 주장할 수 있다.
주장기간	제한이 없다.	단기제척기간이 있다(3년, 10년).
각각의 사유	① 권리능력 흠결 ② 의사무능력 ③ 목적을 확정할 수 없는 경우 ④ 원시적 · 객관적 · 전부불능 ⑤ 강행법규(효력규정) 위반 ⑥ 반사회적 법률행위(제103조) ⑦ 불공정한 법률행위(제104조) ⑧ 비진의표시(제107조 제1항 단서) ⑨ 통정허위표시(제108조 제1항) ⑩ 불법조건부 법률행위(제151조 제1항) ⑪ 기성조건이 해제조건인 법률행위(제151조 제2항 후단) ⌐→ 법률행위를 할 당시에 이미 성취된 조건 ⑫ 불능조건이 정지조건인 법률행위(제151조 제3항 후단)	① 제한능력(제5조 제2항, 제10조, 제13조) ② 착오(제109조 제1항) ③ 사기 · 강박(제110조 제1항)

⌐→ 법률행위가 성립할 당시에 이미 성취될 수 없는 조건

1 일부무효의 법리

> **제137조【법률행위의 일부무효】** 법률행위의 일부분이 무효인 때에는 그 전부를 무효로 한다. 그러나 그 무효부분이 없더라도 법률행위를 하였을 것이라고 인정될 때에는 나머지 부분은 무효가 되지 아니한다.

(1) 개념 정리

일부유효의 요건	① 나머지 부분이 유효로 되기 위해서는 법률행위의 일체성과 분할가능성이 있어야 하며, 당사자의 의사가 있어야 한다. ② 이때 당사자의 의사는 가상적 의사이다(실재적 의사 ×).

(2) 핵심 쟁점

① 일부무효의 법리를 유추적용하여 일부취소도 가능하다(판례).

② 법률행위의 일부분에 취소사유가 있는 경우 그 법률행위가 가분적이거나 목적물의 일부가 특정될 수 있고, 나머지 부분만이라도 이를 유지하려는 당사자의 가상적 의사가 인정되는 경우에는 일부만의 취소도 가능하다.

2 무효행위의 전환

> **제138조【무효행위의 전환】** 무효인 법률행위가 다른 법률행위의 요건을 구비하고 당사자가 그 무효를 알았더라면 다른 법률행위를 하는 것을 의욕하였으리라고 인정될 때에는 다른 법률행위로서 효력을 가진다.

(1) 개념 정리

전환의 요건	① 다른 법률행위로서의 요건을 구비할 것 ② 다른 법률행위를 의욕하였으리라는 당사자의 의사가 인정될 것(실재적 의사 ×)
전환에 있어서의 요식성 여부	① 불요식행위를 불요식행위로 전환하는 것은 가능하다. ② 불요식행위를 요식행위로 전환하는 것은 불가능하다. ③ 요식행위를 불요식행위로 전환하는 것은 가능하다. ④ 요식행위를 요식행위로 전환하는 것은 예외적으로만 가능하다.

(2) 핵심 쟁점

① 불성립의 경우에는 전환의 문제가 발생하지 않는다.

② 타인의 자를 자기의 자로서 출생신고를 한 경우 입양의 요건을 갖추는 한 입양으로서의 효력이 있다.

③ 혼인 외의 출생자를 혼인 중의 출생자로 출생신고를 한 경우 인지의 요건을 갖추는 한 인지로서의 효력이 있다.

3 무효행위의 추인

> 제139조 【무효행위의 추인】 무효인 법률행위는 추인하여도 그 효력이 생기지 아니한다. 그러나 당사자가 그 무효임을 알고 추인한 때에는 (추인한 때로부터) 새로운 법률행위로 본다.

(1) 개념 정리

추인의 요건	① 추인 시에 새로운 법률행위의 유효요건이 존재할 것 ② 당사자가 무효임을 알고 추인할 것(명시적 추인+묵시적 추인)
추인의 효과	① 추인한 때로부터 새로운 법률행위로 간주한다. ② 제139조는 임의규정이므로 당사자의 약정에 의한 소급적 추인은 가능하다.

└→ 선량한 풍속 기타 사회질서에 관계없는 규정

(2) 핵심 쟁점

① 무효행위의 추인에 의하여 무효인 행위 자체가 유효로 되는 것은 아니다.

② 강행법규 위반으로 무효인 법률행위는 추인하더라도 효력이 생기지 않는다(대판 2016.6.9, 2014다64752).

③ 양도금지특약에 위반하여 무효인 채권양도에 대해 양도대상이 된 채권의 채무자가 승낙하면 다른 약정이 없는 한 양도의 효과는 승낙 시부터 발생한다.

4 토지거래허가구역 내의 토지거래계약 ✎필수체크

(1) 개념 정리

유동적 무효의 의의	① 유동적 무효란 현재로서는 법률행위의 효력이 발생하지 않지만 추후에 허가·인가·추인 등에 의해 유효로 확정될 수 있는 법적 상태를 말한다. ②「부동산 거래신고 등에 관한 법률」상 토지거래허가구역 내의 토지에 대해 허가를 전제로 체결한 계약이 관할관청의 허가를 받으면 소급해서 유효가 되므로 허가 후에 새로이 거래계약을 체결할 필요가 없다(대판 전합체 1991.12.24, 90다12243).
유동적 무효의 예	① 무권대리행위 ② 무권한자의 처분행위 ③「부동산 거래신고 등에 관한 법률」상의 토지거래허가구역 내의 토지에 대해 허가를 받을 것을 전제로 체결된 매매계약 ④ (정지)조건부·기한부 법률행위 등
확정적 무효로 되는 경우	① 처음부터 허가를 배제하거나 잠탈을 기도한 경우 ② 관할관청의 불허가처분이 확정된 경우 ③ 당사자 쌍방이 허가신청협력의무 거절의사를 명백히 표시한 경우 ④ 허가 전의 토지거래계약이 정지조건부 계약인 경우 그 조건이 토지거래허가를 받기 전에 이미 불성취로 확정된 경우

(2) 유동적 무효상태에서의 핵심 쟁점

① 유동적 무효인 상태에서는 채권적 효력이 없으므로 계약의 이행청구, 계약금 등의 부당이득 반환청구, 강제이행, 채무불이행으로 인한 계약해제 및 손해배상청구 모두 불가능하다. 다만, 해약금에 의한 계약해제는 가능하다.

② 유동적 무효인 상태에서 계약당사자 사이에 허가신청에 협력할 의무는 인정된다. 이러한 협력의무는 소구(訴求)할 수 있으며, 협력의무를 위반한 경우에는 손해배상을 청구할 수 있다 (따라서 손해배상액의 예정계약은 유효). 그러나 협력의무 위반을 이유로 계약해제는 할 수 없다.

③ 중간생략등기를 금지하는 「부동산 거래신고 등에 관한 법률」 규정은 효력법규이므로 이에 위반한 중간생략등기의 효력은 무효이다.

④ 유동적 무효상태에서도 무효·취소(제107조 내지 제110조) 주장은 가능하다.

⑤ 토지거래허가구역의 지정해제 또는 지정기간 만료 후 재지정하지 않은 경우에는 확정적으로 유효로 된다.

⑥ 토지거래허가구역 내의 토지와 지상건물을 일괄하여 매매한 경우 건물만의 소유권이전등기 청구는 인정되지 않는다.

⑦ 「부동산 거래신고 등에 관한 법률」상의 토지거래허가규정에 위반한 자 스스로 무효를 주장하더라도 신의칙에 반하는 것은 아니다.

⑧ 토지의 이용목적이 거래계약의 내용으로 되어 있음에도 그 계약내용과 다른 이용목적이 기재된 토지거래허가신청서가 제출되어 불허가처분된 경우에도 해당 거래계약은 여전히 유동적 무효이다.

⑨ 토지거래허가구역 내 토지에 관한 매매계약 체결 당시 일정한 기간 안에 토지거래허가를 받기로 약정한 경우, 그 약정기간이 경과하였다는 사정만으로는 곧바로 매매계약이 확정적으로 무효가 된다고 볼 수 없다(대판 2009.4.23, 2008다50615).

---

19 법률행위의 취소

1 취소권 ✐필수체크

(1) 개념 정리

취소권자	① 제한능력자 ② 착오에 의한 의사표시를 한 자 ③ 사기나 강박에 의한 의사표시를 한 자 ④ 대리인 ⑤ 승계인
취소의 상대방	해당 취소할 수 있는 법률행위의 직접 상대방

취소의 방식	불요식
취소의 효과	법률행위 성립 당시에 소급하여 무효로 된다(∴ 부당이득반환의무 발생).
반환범위	① 원칙 　㉠ 원물반환의 경우: 제201조 내지 제203조가 적용 　㉡ 가액반환의 경우: 제748조가 적용 　　ⓐ 선의: 현존이익 한도에서 반환 　　ⓑ 악의: 전 손해의 반환 ② 제한능력자의 반환범위의 특칙 　㉠ 선의·악의 불문하고 현존이익 한도에서 반환하면 된다. 　㉡ 금전의 경우에는 이익의 현존을 추정하므로, 제한능력자 측에서 현존이익이 　　없음을 입증하여야 한다(대판 2005.4.15, 2003다60297).

(2) 핵심 쟁점

① 제한능력자도 단독으로 취소할 수 있다.

② 착오에 의한 의사표시를 한 자도 취소할 수 있다.

③ 법정대리인은 당연히 취소할 수 있다.

④ 임의대리인은 본인의 특별수권이 있어야 취소할 수 있다.

⑤ 포괄승계인은 당연히 취소할 수 있다.

⑥ 특정승계인은 취소할 수 있는 행위에 의해 취득한 권리의 승계가 있는 경우에만 취소할 수 있다.

2 취소할 수 있는 법률행위의 추인

(1) 개념 정리

의의	취소권자가 취소권을 행사하지 않겠다는 의사표시
취소추인의 요건	① 추인권자는 취소권자에 한정된다. ② 취소의 원인이 종료하여야 한다. ③ 취소할 수 있는 법률행위임을 알고 추인하여야 한다.

(2) 핵심 쟁점

① 취소권자가 수인인 경우 1인이 추인을 하면 다른 취소권자는 취소를 할 수 없다.

② 취소의 원인이 종료하기 전에 한 추인은 효력이 없다.

③ 법정대리인은 취소의 원인이 종료하기 전이라도 추인할 수 있다.

3 법정추인

의의	일정한 사실이 존재하는 경우 취소권의 포기로 간주하는 것
법정추인의 요건	① 시점: 취소의 원인이 소멸된 후 ② 사유: 이행청구와 양도는 취소권자가 한 경우에만 법정추인에 해당한다. 　㉠ 전부나 일부의 이행 　㉡ 이행청구 　㉢ 경개 　㉣ 담보제공 　㉤ 취소할 수 있는 행위로 취득한 권리의 전부나 일부의 양도 　㉥ 강제집행 ③ 이의를 보류하지 아니할 것

4 취소권의 단기제척기간

주장기간	① 추인할 수 있는 날로부터 3년 내, 법률행위를 한 날로부터 10년 내 ② 추인할 수 있는 날이란 취소의 원인이 소멸된 때를 의미한다.
기간의 성질	① 제척기간에 해당한다. ② 제척기간의 성질에 대해 판례는 행사기간으로 이해한다(재판상 행사＋재판 외 행사).

CHAPTER

6 | 조건과 기한

❗ **무엇이 중요할까?**

• 조건부 법률행위의 효력 관련 이론 정리

❓ **더 공부하고 싶다면?**

• 에듀윌 기본서 1차 민법 및 민사특별법 pp.164~180
• 에듀윌 단원별 기출문제집 1차 민법 및 민사특별법 pp.120~127

20 법률행위의 부관

조건	법률행위의 효력의 발생 또는 소멸을 장래의 불확실한 사실에 의존케 하는 법률행위의 부관
기한	법률행위의 효력의 발생 또는 소멸을 장래의 확실한 사실에 의존케 하는 법률행위의 부관
부담	무상행위에서 출연자의 상대방에게 요구되는 대가적 급부

21 조건부 법률행위

1 조건부 법률행위 일반 ✍필수체크

(1) 개념 정리

조건의 종류	① 정지조건과 해제조건 ② 적극조건과 소극조건 ③ 수의조건과 비수의조건 ④ 가장조건: 기성조건, 불능조건, 불법조건, 법정조건
조건을 붙일 수 있는지의 여부	① 단독행위에 예외적으로 조건을 붙일 수 있는 경우 　㉠ 상대방의 동의가 있는 경우 　㉡ 상대방에게 이익만 주는 경우(채무면제, 유증) 　㉢ 상대방이 결정할 수 있는 사실을 조건으로 하는 경우 ② 가족법상의 행위에는 원칙적으로 조건을 붙일 수 없다(약혼, 유언은 가능). ③ 물권행위에도 조건을 붙일 수 있다. ④ 어음·수표행위에는 원칙적으로 조건을 붙일 수 없으나, 어음보증에는 조건을 붙일 수 있다는 것이 판례의 태도이다.

(2) 핵심 쟁점

① 장래 불하받을 것을 조건으로 하는 귀속재산의 매매는 정지조건부 매매이다.

② 약혼예물의 수수는 혼인불성립을 해제조건으로 하는 증여계약이다.

③ 순수수의조건이란 조건성취 여부가 당사자의 일방적 의사결정에만 의존하는 경우를 말한다.

④ 기성조건이 해제조건이면 무효이고, 기성조건이 정지조건이면 조건 없는 법률행위로 된다.

⑤ 불능조건이 정지조건이면 무효이고, 불능조건이 해제조건이면 조건 없는 법률행위로 된다.

⑥ 불법조건이 붙은 법률행위는 조건뿐만 아니라 법률행위 전체가 무효이다.

⑦ 법정조건은 조건이 아니나, 법정조건에도 조건을 붙일 수 있다.

2 조건부 법률행위의 효력 ✐필수체크

반신의 금지	① 조건성취로 인하여 불이익을 받을 당사자가 신의성실에 반하여 조건의 성취를 방해한 경우 상대방은 조건이 성취한 것으로 주장할 수 있다. ② 조건성취로 인하여 이익을 받을 당사자가 신의성실에 반하여 조건을 성취시킨 경우 상대방은 조건이 성취하지 아니한 것으로 주장할 수 있다.
조건성취 전의 효력	① 조건부 권리의 침해금지: 조건성취를 전제로 손해배상을 청구할 수 있다. ② 조건부 권리의 실현: 처분, 상속, 보존, 담보로 할 수 있다.
조건성취 후의 효력	① 정지조건부 법률행위는 조건이 성취되면 법률행위의 효력이 발생하고, 조건이 불성취로 되면 무효로 확정된다. ② 해제조건부 법률행위는 조건이 성취되면 법률행위의 효력이 소멸하고, 조건이 불성취되면 유효로 확정된다. ③ 조건부 법률행위는 조건이 성취한 때로부터 법률행위의 효력이 발생 또는 소멸한다(장래효가 원칙). ④ 당사자의 약정에 의해 조건성취의 효력을 조건성취 전으로 소급하게 할 수 있다.

22 기한부 법률행위

1 개념 정리

종류	① 시기와 종기 ② 확정기한과 불확정기한: '甲이 사망하면'은 불확정기한
기한도래 전의 효력	① 기한부 권리의 침해금지: 손해배상청구 가능 ② 기한부 권리의 실현: 처분, 상속, 보존, 담보로 할 수 있다.
기한도래 후의 효력	① 시기부 법률행위는 기한이 도래하면 법률행위의 효력이 발생한다. ② 종기부 법률행위는 기한이 도래하면 법률행위의 효력이 소멸한다. ③ 기한부 법률행위는 기한이 도래한 때로부터 법률행위의 효력이 발생 또는 소멸한다(장래효가 원칙). ④ 당사자의 약정에 의해 기한도래의 효력을 기한도래 전으로 소급하게 할 수 없다.

2 기한을 붙일 수 없는 법률행위(기한과 친하지 않은 법률행위)

① 기한을 붙일 수 없는 법률행위는 조건을 붙일 수 없는 법률행위와 대체로 유사하다.

② 소급효가 있는 법률행위에는 시기를 붙일 수 없다(취소, 추인, 상계 등). 또한 법률행위의 성립과 동시에 효력이 발생하여야 하는 법률행위에는 시기를 붙일 수 없다(신분행위 등). 어음·수표행위에 시기를 붙일 수는 있다.

3 기한의 이익

기한의 이익을 가지는 자	① 채권자만이 기한의 이익을 가지는 경우: 무상임치 ② 채무자만이 기한의 이익을 가지는 경우: 무이자 소비대차, 사용대차 ③ 쌍방이 기한의 이익을 가지는 경우: 이자부 소비대차, 임대차
추정 여부	기한의 이익이 누구에게 있는지 불분명한 경우 채무자의 이익을 위한 것으로 추정한다.
포기 여부	기한의 이익은 포기할 수 있으나, 상대방의 이익을 해하지 못한다.
기한이익의 상실사유	① 채무자가 담보를 손상·감소·멸실하게 한 때 ② 채무자가 담보제공의무를 이행하지 아니한 때 ③ 채무자가 파산한 때

물권법

5 개 년 출 제 비 중

35%

CHAPTER

1 | 물권법 일반

❗ 무엇이 중요할까?

• 물권의 의의와 종류 이해
• 물권적 청구권 숙지

❓ 더 공부하고 싶다면?

• 에듀윌 기본서 1차 민법 및 민사특별법 pp.184~201
• 에듀윌 단원별 기출문제집 1차 민법 및 민사특별법 pp.130~142

01 물권의 의의와 종류

1 물권과 채권의 차이점

물권	채권
사람 vs 물건	사람 vs 사람
사람이 물건을 직접 지배하는 권리	특정인이 다른 특정인에게 일정한 행위를 요구하는 권리
모든 사람에게 주장할 수 있다(절대권).	특정한 상대방에게만 주장할 수 있다(상대권).

2 물권의 의의

(1) 개념 정리

┌──── • 선량한 풍속 기타 사회질서에 관계있는 규정

물권법의 의의	각종 재화에 대한 지배관계를 규율하는 일반사법
물권법의 특질	① 물권법은 대부분 강행규정이다. ② 우리나라의 물권법은 고유법성이 약하다. ③ 우리나라의 물권법은 로마법적 요소와 게르만법적 요소의 결합으로 구성되어 있다.
물권의 의의	물건과 권리를 직접 지배하여 이익을 얻는 배타적·절대적·관념적인 재산권
물권의 특질	① 직접적 지배권성 ② 배타성 ③ 절대성 ④ 관념성 ⑤ 양도성

(2) 핵심 쟁점

① 유치권과 관습법상의 법정지상권에 관한 규정은 임의규정이다.

② 본권은 관념적인 권리이나, 점유권은 사실적인 권리이다.

3 물권법정주의

> 제185조【물권의 종류】 물권은 법률 또는 관습법에 의하는 외에는 임의로 창설하지 못한다.

(1) 개념 정리

인정 이유	① 물권거래의 안전과 공시의 원칙을 관철하기 위해서 인정된다. ② 계약자유의 원칙과는 무관하다.
해석론	① 이때의 법률은 형식적 의미의 법률을 의미한다. ② 관습법은 법률의 규정이 없는 경우에 한해 보충적으로 적용된다. ③ '임의로 창설하지 못한다'의 의미: 종류강제＋내용강제
위반 시 효력	① 제185조는 강행규정이므로 이에 위반한 경우에는 무효이다. ② 종류강제를 위반한 경우에는 전부무효로 다루어지고, 내용강제를 위반한 경우에는 일부무효의 법리에 의한다.

(2) 핵심 쟁점

관습법상의 물권인 경우	관습법상의 물권이 아닌 경우
① 분묘기지권 ② 관습법상의 법정지상권	① 온천권 ② 사도통행권 ③ 근린공원이용권

4 민법상 물권의 종류

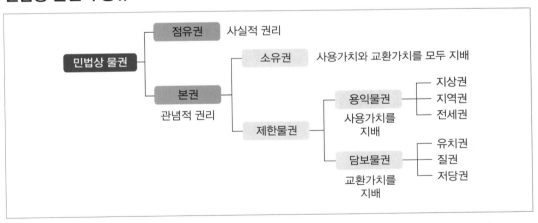

(1) 개념 정리

물권의 객체	물건＋권리
물건의 성질	물권의 객체로 되는 물건은 현존하는 특정의 독립한 물건이어야 한다.
일물일권주의의 의의	① 하나의 물건 위에 하나의 물권이 성립한다는 원칙이다. ② **구체적 내용** 　㉠ 하나의 물건 위에 양립할 수 없는 물권이 동시에 성립할 수 없다. 　㉡ 하나의 물건의 일부 또는 구성부분에 대해서는 하나의 물권이 성립할 수 없다. 　㉢ 수개의 물건 전체 위에 하나의 물권이 성립할 수 없다.
일물일권주의의 예외	① 1필 토지의 일부: 용익물권 가능 ② 1동 건물의 일부: 구분소유권, 전세권 가능 ③ 입목: 소유권과 저당권의 객체 가능 ④ 명인방법을 갖춘 수목의 집단·미분리과실: 소유권의 객체 가능 ⑤ 권원 없이 타인의 토지에 심어 수확기에 이른 농작물: 경작자의 소유

(2) 핵심 쟁점

① 권리에 대해 물권이 성립하는 경우로는 재산권의 준점유, 재산권을 목적으로 하는 권리질권, 지상권과 전세권을 목적으로 하는 저당권 등이 있다.

② 성장을 계속하는 어류일지라도 그 종류, 장소 또는 수량 지정 등의 방법에 의하여 특정되어 있으면 그 전부를 하나의 물건으로 보아 이에 대한 양도담보계약은 유효하다(대판 1990.12. 26, 86다카20224).

③ 토지의 개수는 지적공부상의 필수를 표준으로 결정된다.

02 　물권의 일반적 효력

1 물권의 우선적 효력

물권 vs 채권	① 원칙적으로 물권이 우선한다. ② 예외적으로 채권이 물권에 우선하는 경우도 있다(**예** 주택임차권, 상가임차권 등).
물권 vs 물권	① 본권과 점유권은 병존한다. ② 제한물권은 언제나 소유권에 우선한다. ③ 제한물권 상호간에는 순위의 원칙(성립의 선후, 등기의 선후)이 적용된다.

2 물권적 청구권 ✎ 필수체크

(1) 개념 정리

의의	물권의 내용이 침해당하거나 침해당할 염려가 있는 경우에 물권자가 침해자에 대해 물건의 반환, 방해제거, 방해예방을 청구할 수 있는 권리이다.
인정 이유	물권의 실효성 확보
요건	① 침해 또는 침해의 염려가 있어야 한다(침해자의 고의 · 과실은 불요). ② 권리자는 침해된 물권의 정당한 소지자여야 한다. ③ 상대방은 현재 방해상태를 지배하는 자이다(직접점유, 간접점유 불문).
성질	① 물권적 청구권은 부종성이 있다. ② 물권적 청구권만의 양도는 허용되지 않는다. ③ 소유권을 상실한 전 소유자는 소유권에 기한 물권적 청구권을 행사하지 못한다. ④ 소유권에 기한 물권적 청구권은 소멸시효에 걸리지 않는다.
내용	① 반환청구, 방해제거청구, 방해예방청구 ② 지역권과 저당권은 반환청구권이 없다.

(2) 핵심 쟁점

① 유치권은 점유권에 기한 물권적 청구권만 인정되고 유치권 자체에 기한 물권적 청구권은 인정되지 않는다.

② **물권적 청구권과 불법행위에 의한 손해배상청구권과의 관계**

구분	물권적 청구권	불법행위에 의한 손해배상청구권
요건	물권의 침해가능성만으로 성립	권리침해의 발생가능성만으로는 불성립
	침해자의 고의 · 과실은 요건 ×	가해자의 고의 · 과실이 요건 ○
효과	반환, 방해제거, 방해예방	손해배상
경합	물권의 침해가 침해자의 고의 · 과실에 의한 경우 양 청구권이 병존	

CHAPTER

2 | 물권의 변동

❗ **무엇이 중요할까?**

• 청구권보전의 가등기의 효력과 추정적 효력 숙지
• 등기, 제186조와 제187조의 물권변동 숙지

❓ **더 공부하고 싶다면?**

• 에듀윌 기본서 1차 민법 및 민사특별법 pp.202~249
• 에듀윌 단원별 기출문제집 1차 민법 및 민사특별법 pp.143~157

03 물권변동의 원인

→ 지상물을 토지로부터 물리적으로 분리하지 않은 채로 토지의 소유권과 독립해서 그 자체만을 거래하는 데 이용되는 공시방법

법률행위에 의한 물권변동	물권행위 + 공시방법(등기, 인도, 명인방법)	
법률규정에 의한 물권변동	① 취득시효	② 선의취득
	③ 무주물선점 · 유실물습득 · 매장물발견	④ 첨부
	⑤ 소멸시효	⑥ 혼동
	⑦ 상속	⑧ 공용징수
	⑨ 경매	⑩ 몰수 등

04 물권행위의 의의와 종류

의의	① 직접 물권변동을 목적으로 하는 법률행위이다.
	② 물권행위는 불요식행위이다(다수설).
	③ 물권행위에도 조건 · 기한을 붙일 수 있다.
종류	① 물권적 단독행위
	② 물권계약
	③ 물권적 합동행위

05 등기

1 등기의 종류

(1) 개념 정리

기능에 따른 분류	사실의 등기	표제부의 등기로서 부동산의 현황을 기재하는 것
	권리의 등기	甲구·乙구의 등기로서 부동산의 권리관계를 기재하는 것
내용에 따른 분류	기입등기	새로운 등기원인에 의해 새로 기입하는 등기
	경정등기	등기과정에 착오나 탈루로 인한 원시적 불일치를 시정하는 등기
	변경등기	등기와 실체적 권리관계 사이의 후발적 불일치를 시정하는 등기
	말소등기	기존 등기를 전부 말소하는 등기
	말소회복등기	등기사항이 불법하게 말소된 경우에 행해지는 등기
	멸실등기	부동산이 전부 멸실한 경우에 행해지는 등기
방식에 따른 분류	주등기	표시번호란 또는 순위번호란에 독립된 번호를 붙여서 하는 등기
	부기등기	독립된 번호 없이 주등기의 번호에 따라서 행해지는 등기
효력에 따른 분류	본등기	물권변동의 효력이 직접 발생하는 등기(종국등기라고도 함)
	가등기	청구권보전의 가등기+담보가등기

(2) 핵심 쟁점

① 경정등기와 변경등기의 경우에는 실체적 권리관계와의 동일성이 인정되어야 한다.
② 말소회복등기청구의 상대방은 말소 당시의 소유자이다.

2 등기청구권

(1) 개념 정리

의의	① 등기권리자가 등기의무자에 대해 등기에 협력할 것을 청구할 수 있는 실체법상의 권리이다. ② 공동신청의 경우에만 등기청구권의 문제가 발생한다.
물권적 청구권인 경우	① 실체적 권리관계와 등기가 일치하지 않는 경우(위조 등) ② 법정지상권자의 법정지상권설정등기청구권 ③ 매매계약이 해제·취소된 경우 물권적 효과설에 따른 등기청구권
채권적 청구권인 경우	① 법률행위에 의한 등기청구권 ② 취득시효완성으로 인한 등기청구권 ③ 부동산임차인의 등기청구권 ④ 환매에 있어서의 등기청구권

(2) 핵심 쟁점 − 미등기매수인 판례

① 이때의 등기청구권은 채권행위로부터 발생하는 채권적 청구권이다.

② 부동산의 매수인이 부동산을 인도받아 사용·수익하고 있는 한 매수인의 등기청구권은 소멸시효에 걸리지 않는다(대판 전합체 1976.11.6, 76다148).

③ 부동산의 매수인이 부동산을 인도받아 사용·수익하고 있다가 보다 적극적인 권리행사의 일환으로 제3자에게 그 부동산을 처분하고 점유를 승계하여 준 경우에도 소유권이전등기청구권의 소멸시효는 진행하지 않는다(대판 전합체 1999.3.18, 98다32175).

④ 부동산매매로 인한 소유권이전등기청구권은 이행과정에 신뢰관계가 따르고, 권리의 성질상 양도가 제한되며, 그 양도에 채무자(매도인)의 승낙이나 동의를 요한다고 할 것이므로 통상의 채권양도와 달리 양도인의 채무자에 대한 통지만으로는 채무자에 대한 대항력이 생기지 않으며 반드시 채무자의 동의나 승낙을 받아야 대항력이 생긴다(대판 2001.10.9, 2000다51216).

⑤ 점유취득시효의 완성으로 점유자가 소유자에 대해 갖는 소유권이전등기청구권은 통상의 채권양도 법리에 따라 양도될 수 있다. 따라서 소유자의 동의가 없어도 등기청구권 양도사실에 대한 시효완성자의 소유자에 대한 통지만으로 소유자에 대한 대항력이 생긴다(대판 2018.7.12, 2015다36167).

3 청구권보전의 가등기의 효력 ✍필수체크

본등기 전의 효력	① 가등기인 채로는 아무런 실체법적 효력이 없다. ② 가등기가 되어 있더라도 권리추정력이 없으므로 청구권존재의 추정력도 없다. ③ 본등기가 없는 한 가등기의무자는 여전히 자신의 권리를 처분할 수 있다. ④ 가등기권리자는 가등기만으로는 가등기 후의 본등기를 취득한 제3자에게 대항할 수 없다.
본등기 후의 효력	① 물권변동의 효력은 본등기를 한 때에 발생한다. ② 본등기의 순위는 가등기의 순위에 의한다(순위보전의 효력). ③ 가등기권리자는 현재의 등기명의인이 아니라 가등기의무자인 전 소유자를 상대로 본등기를 청구하여야 한다. ④ 본등기가 되면 가등기 이후에 있었던 제3자의 본등기는 직권말소된다. ⑤ 제3자는 전 소유자를 상대로 제576조에 의한 담보책임을 물을 수 있다(대판 1992. 10.27, 92다21784).

🔖 판례

가등기권리자가 본등기절차에 의하지 아니하고 별도의 본등기를 경료받은 경우에는, 가등기의무자에 대하여 그 가등기에 기한 본등기절차의 이행을 청구할 수 있다(대판 2007.2.22, 2004다59546).

4 본등기의 효력

본등기의 효력	① 권리변동적 효력(창설적 효력) ② 대항적 효력 ③ 순위확정적 효력 ④ 추정적 효력
공신력 인정 여부	우리 민법은 등기의 공신력을 인정하지 않는다.

5 추정적 효력 ✎필수체크

(1) 개념 정리

의의	등기가 형식적으로 존재하면 무효인 등기라도 그에 상응하는 실체적 권리가 존재하는 것으로 추정하는 힘을 말한다.
물적 범위	절차의 적법추정 + 기재사항의 적법추정
인적 범위	① 등기명의인뿐만 아니라 제3자도 원용할 수 있다. ② 등기명의인의 이익뿐만 아니라 불이익을 위해서도 추정된다.
효과	① 입증책임이 상대방에게 전환된다. ② 등기를 신뢰하고 거래한 제3자는 선의·무과실로 추정된다.

(2) 핵심 쟁점

① 등기된 권리가 등기명의인에게 있는 것으로 추정된다.

② 근저당권설정등기의 경우 피담보채권의 존재도 추정된다.

③ 등기원인도 적법한 것으로 추정된다.

④ 대리인을 통하여 매수한 경우 대리권의 존재도 추정된다.

⑤ 등기의 추정력은 물권변동의 당사자 사이에서도 미친다.

⑥ 소유권보존등기의 추정력은 약하다(소유권이 진실하게 보존되어 있다는 사실만 추정됨).

⑦ 「부동산등기 특별조치법」에 의한 소유권보존등기의 추정력은 강하다(위조사실까지 입증하여야 추정이 번복됨).

6 등기의 형식적 유효요건

형식적 유효요건	① 등기가 존재할 것 ② 관할등기소에서 행해지고 등기사항일 것 ③ 물권변동의 대상인 부동산에 대한 등기일 것 ④ 1부동산 1등기기록의 원칙에 따라 편성될 것 ⑤ 「부동산등기법」이 정하는 절차에 따를 것

물권의 존부문제	① 등기신청이 있더라도 등기부에 기록되지 않으면 물권변동의 효력은 발생하지 않는다. ② 관할위반의 등기는 무효이다. ③ 등기의 불법말소, 등기부의 멸실, 등기의 후발적 탈루의 경우 모두 물권은 그대로 존재한다. ④ 저당권설정등기가 불법말소된 후 그 부동산이 경매절차에서 경락된 경우 저당권은 소멸한다.

7 등기의 실질적 유효요건 ✏️필수체크

(1) 개념 정리

시간적 불합치	① 당사자가 사망한 경우: 물권행위는 유효하고 상속인이 등기를 하여야 한다. ② 당사자가 제한능력자가 된 경우: 법정대리인이 등기신청을 하여야 한다. ③ 당사자가 교체된 경우: 새 권리자와 다시 물권행위를 하고 등기신청을 하여야 한다. ④ 등기가 먼저 경료된 경우: 물권행위가 효력을 발생하는 때에 물권변동의 효력이 생긴다.

내용적 불합치	① 양적 불일치
	   ⊙ 등기의 양 > 물권행위의 양: 물권행위의 한도 내에서 유효하다.
	   ⓒ 등기의 양 < 물권행위의 양: 일부무효의 법리에 따라 해결한다.
	② 객체의 불일치: 무효
	③ 등기원인의 불일치: 실체적 권리관계와 부합하면 유효하다.
	④ 물권행위 또는 등기원인의 부존재: 무효

무효등기의 유용	① 유용의 합의 이전에 등기부상 새로운 이해관계를 가진 제3자가 없는 한 유효하다. ② 유용하기로 한 때로부터 유효로 된다. ③ 표제부의 등기유용은 절대 불가하다.

(2) 핵심 쟁점 – 중간생략등기

의의	甲 —매매— 乙 등기 ↘ │전매 丙	최초양도인(甲)과 중간자(乙)가 물권행위를 하고 이전등기를 하지 않은 상태에서 중간자(乙)와 최종양수인(丙)이 물권행위를 한 경우 중간자(乙)의 등기를 생략하고 최초양도인(甲)에게서 최종양수인(丙)에게로 행해지는 등기이다.
유효성 여부		① 이미 최종양수인 앞으로 중간생략등기가 경료된 경우 그 등기는 유효하다. ② 다만, 「부동산 거래신고 등에 관한 법률」상의 토지거래허가규정을 위반하여 이루어진 중간생략등기는 무효이다.

직접청구의 문제		① 아직 최종양수인 앞으로 중간생략등기가 경료되지 않은 경우
		   ⊙ 중간생략등기의 합의가 있는 경우: 최종양수인이 최초양도인에게 직접 자기명의로의 등기청구 가능
		   ⓒ 중간생략등기의 합의가 없는 경우: 최종양수인은 중간자를 대위(代位)하여 등기청구 가능
		② 판례는 채권양도의 법리에 의한 중간생략등기청구권을 명시적으로 부정한다.

06 부동산물권변동

(1) 개념 정리 ✏️필수체크

물권변동의 원인	① 법률행위에 의한 부동산물권변동
	제186조【부동산물권변동의 효력】 부동산에 관한 법률행위로 인한 물권의 득실변경은 등기하여야 그 효력이 생긴다.
	② 법률규정에 의한 부동산물권변동
	제187조【등기를 요하지 아니하는 부동산물권취득】 상속, 공용징수, 판결, 경매 기타 법률의 규정에 의한 부동산에 관한 물권의 취득은 등기를 요하지 아니한다. 그러나 등기를 하지 아니하면 이를 처분하지 못한다.
제187조의 해석론	① 적용범위 　㉠ 상속: 피상속인이 사망한 때에 물권변동의 효력이 발생한다. 　㉡ 공용징수: 재결수용의 경우에는 수용개시일에 물권변동의 효력이 발생한다. 　㉢ 판결: 형성판결만을 말하고, 판결확정 시에 물권변동의 효력이 발생한다. 　㉣ 경매: 공경매만을 말하고, 매수인이 매각대금을 다 낸 때(경락인이 경락대금을 완납한 때)에 물권변동의 효력이 발생한다. 　㉤ 기타 법률규정 ② 제187조의 예외: 점유취득시효

(2) 핵심 쟁점 ✏️필수체크

① 부동산소유권이전등기청구소송에서 승소판결이 확정된 경우에는 등기하여야 소유권을 취득한다.

② 매매를 원인으로 한 부동산소유권확인청구소송에서 원고의 승소판결이 확정된 경우에는 등기하여야 소유권을 취득한다.

07 동산물권변동

물권변동의 원인	① 법률행위에 의한 동산물권변동: 물권행위 + 인도 ② 법률규정에 의한 동산물권변동: 소유권 부분에서 별도로 규정하고 있다.
인도방법	① 현실의 인도 ② 간이인도 ③ 점유개정 ④ 목적물반환청구권의 양도에 의한 인도

(1) 개념 정리

의의	서로 대립하는 두 개의 법률상 지위 또는 자격이 동일인에게 귀속되는 것
원칙	① 소유권과 제한물권의 혼동: 제한물권이 소멸하는 것이 원칙이다. ② 제한물권과 그 제한물권을 목적으로 하는 다른 제한물권의 혼동: 다른 제한물권이 소멸하는 것이 원칙이다.
효과	① 혼동으로 인한 물권의 소멸은 절대적이다. ② 혼동을 생기게 한 원인이 부존재하거나 원인행위가 무효, 취소, 해제된 경우에는 소멸한 물권은 부활한다. ③ 점유권과 광업권은 혼동으로 소멸하지 않는다.

(2) 핵심 쟁점

① 지상권자가 소유권을 취득(매수, 상속)한 경우 지상권은 소멸한다.

② 甲이 토지소유자, 乙이 1번 저당권자, 丙이 2번 저당권자인 경우 丙이 토지소유권을 취득(매수, 상속)한 경우 2번 저당권은 소멸한다.

③ 위 ②의 예에서 乙이 토지소유권을 매수하여 취득한 경우 1번 저당권은 소멸하지 않는다 (∵ 본인의 이익보호).

④ 위 ②의 예에서 乙이 토지소유권을 상속받아 취득한 경우 1번 저당권은 소멸한다(∵ 상속의 경우 채권의 혼동으로 피담보채권이 소멸하므로 부종성으로 인해 담보물권도 소멸).

⑤ 지상권이 저당권의 목적이 된 때 지상권자가 소유권을 취득하더라도 지상권은 소멸하지 않는다(∵ 제3자의 이익보호).

CHAPTER

3 | 점유권

PART 2

❶ **무엇이 중요할까?**

• 자주점유와 타주점유 정리
• 점유자와 회복자의 관계 숙지

❷ **더 공부하고 싶다면?**

• 에듀윌 기본서 1차 민법 및 민사특별법 pp.250~280
• 에듀윌 단원별 기출문제집 1차 민법 및 민사특별법 pp.158~170

09 점유의 관념화

(1) 개념 정리

점유보조자	제195조【점유보조자】 가사상, 영업상 기타 유사한 관계에 의하여 타인의 지시를 받아 물건에 대한 사실상의 지배를 하는 때에는 그 타인만을 점유자로 한다.
간접점유	제194조【간접점유】 지상권, 전세권, 질권, 사용대차, 임대차, 임치 기타의 관계로 타인으로 하여금 물건을 점유하게 한 자는 간접으로 점유권이 있다.
점유권의 상속	제193조【상속으로 인한 점유권의 이전】 점유권은 상속인에 이전한다.

(2) 핵심 쟁점

점유보조자	간접점유자
점유권 ×, 점유보호청구권 ×, 자력구제권 ○	점유권 ○, 점유보호청구권 ○, 자력구제권 ×
점유보조관계는 사회적 종속관계가 요건 ○	점유매개관계는 사회적 종속관계가 요건 ×
점유보조관계는 반드시 유효할 필요 ×	점유매개관계는 반드시 유효할 필요 ×
점유가 중첩적으로 성립 ×	점유가 중첩적으로 성립 ○

10 점유의 태양

1 점유의 태양(態樣) ✎필수체크

점유의 종류	① 자주점유와 타주점유: 소유의 의사의 유무에 따른 구별 ② 선의점유와 악의점유: 본권이 있다고 오신하였는지에 따른 구별 ③ 과실 있는 점유와 과실 없는 점유: 오신에 과실이 있는지에 따른 구별

	④ 평온점유와 폭력점유: 강폭행위를 썼는지에 따른 구별
	⑤ 공연점유와 은비점유: 남몰래 점유하였는지에 따른 구별
	⑥ 계속점유와 불계속점유: 점유가 계속되었는지에 따른 구별
추정 여부	① 점유자는 소유의 의사로 선의, 평온 및 공연하게 점유한 것으로 추정한다(제197조 제1항).
	② 전후 양시에 점유한 사실이 있는 때에는 그 점유는 계속한 것으로 추정한다(제198조).

② 자주점유와 타주점유 ✏️필수체크

(1) 개념 정리

의의	① 소유의 의사가 있는 점유를 자주점유라 하고, 소유의 의사가 없는 점유를 타주점유라 한다.
	② 소유의 의사란 소유권이 있다고 믿고서 하는 점유가 아니다(타인의 소유권을 배척하고 자기가 소유자로서 사실상 점유하려는 의사).
구별 기준	① 통설: 권원의 성질에 의해 객관적으로 결정
	② 판례: 권원의 성질 + 점유와 관계가 있는 모든 사정도 고려하여 결정한다.
자주점유의 추정	① 추정규정의 보충성

권원이 없음이 밝혀진 경우		자주점유의 추정은 깨진다.
권원이 있음이 밝혀진 경우	권원의 성질이 분명한 경우	
	권원의 성질이 불분명한 경우	자주점유로 추정된다.
권원의 존부가 불분명한 경우		

자주점유의 추정	② 입증책임: 자주점유로 추정되는 경우 상대방이 점유자의 점유가 타주점유임을 입증하여야 한다.
	③ 추정의 번복: 악의의 무단점유가 입증된 경우 자주점유의 추정이 번복된다(대판 전합체 1997.8.21. 95다28625).
양자의 전환	① 타주점유에서 자주점유로의 전환: 새로운 권원에 의하여 다시 소유의 의사로 점유하거나 점유를 시킨 자에게 소유의 의사가 있음을 표시하여야 한다.
	② 자주점유에서 타주점유로의 전환: 새로운 권원에 기하여 타인을 위하는 의사를 가지고 점유를 시작하거나, 점유를 시킨 자에게 타주점유의사를 표시하여야 한다.

(2) 핵심 쟁점

① 타인의 토지 위에 분묘를 설치·소유하는 자의 점유는 타주점유이다.

② 명의신탁에 있어서 수탁자의 점유는 타주점유이다.

③ 공유자 1인이 공유토지 전부를 점유하더라도 다른 공유자의 지분비율의 범위 내에서는 타주점유이다.

④ 착오로 인접토지의 일부를 자기가 매수·취득한 토지에 속하는 것으로 믿고 점유한 매수인의 점유는 자주점유이다.

⑤ 귀속재산의 점유자의 점유는 타주점유이다.

⑥ 상속 그 자체는 타주점유가 자주점유로 전환되기 위한 새로운 권원에 해당하지 않는다.

11 점유권의 효력

1 점유의 권리적법의 추정

(1) 개념 정리

의의	점유자가 점유물에 대하여 행사하는 권리는 적법하게 보유한 것으로 추정하는 힘이다.
적용범위	제200조는 동산에만 적용되고 부동산에는 적용되지 않는다.
추정의 범위와 효과	① 점유물에 대하여 행사하는 권리가 존재하는 것으로 추정된다. ② 점유자의 이익뿐만 아니라 불이익을 위해서도 추정된다. ③ 점유의 권리적법 추정력은 점유자뿐만 아니라 제3자도 원용할 수 있다. ④ 입증책임이 상대방에게 전환된다.

(2) 핵심 쟁점

① **부동산의 등기명의인과 점유자가 다른 경우**: 등기의 추정력이 적용되므로 등기명의인이 적법한 권리자로 추정된다.

② **부동산에 대하여 등기가 없고 점유만 있는 경우**: 점유의 권리적법 추정력이 적용되지 않으므로 통상의 입증을 통해 권리자를 가려야 한다.

③ 점유의 권리적법 추정력은 소유자와 그로부터 점유를 취득한 자 사이에는 미치지 않는다.

2 점유자와 회복자의 관계 ✎필수체크

(1) 개념 정리

점유자의 과실취득권	**제201조【점유자와 과실】**① 선의의 점유자는 점유물의 과실을 취득한다. ② 악의의 점유자는 수취한 과실을 반환하여야 하며 소비하였거나 과실로 인하여 훼손 또는 수취하지 못한 경우에는 그 과실의 대가를 보상하여야 한다. ③ 전항의 규정은 폭력 또는 은비에 의한 점유자에 준용한다.
목적물의 멸실·훼손에 대한 책임	**제202조【점유자의 회복자에 대한 책임】**점유물이 점유자의 책임 있는 사유로 인하여 멸실 또는 훼손한 때에는 악의의 점유자는 그 손해의 전부를 배상하여야 하며 선의의 점유자는 이익이 현존하는 한도에서 배상하여야 한다. 소유의 의사가 없는 점유자는 선의인 경우에도 손해의 전부를 배상하여야 한다.
점유자의 비용 상환청구권	**제203조【점유자의 상환청구권】**① 점유자가 점유물을 반환할 때에는 회복자에 대하여 점유물을 보존하기 위하여 지출한 금액 기타 필요비의 상환을 청구할 수 있다. 그러나 점유자가 과실을 취득한 경우에는 통상의 필요비는 청구하지 못한다. ② 점유자가 점유물을 개량하기 위하여 지출한 금액 기타 유익비에 관하여는 그 가액의 증가가 현존한 경우에 한하여 회복자의 선택에 좇아 그 지출금액이나 증가액의 상환을 청구할 수 있다. ③ 전항의 경우에 법원은 회복자의 청구에 의하여 상당한 상환기간을 허여할 수 있다.

(2) 핵심 쟁점

① 선의의 점유자가 점유물의 과실을 취득하기 위해서는 과실취득권이 있는 본권에 관해 오신하여야 하고, 오신할만한 정당한 근거가 있어야 한다.

② 선의의 점유자가 점유물의 과실을 취득한 경우에는 통상의 필요비를 청구할 수 없다. 그러나 과실취득권이 없는 악의의 점유자는 통상의 필요비를 청구할 수 있다(대판 2021.4.29, 2018다 261889).

③ 선의점유자가 점유물에 대한 과실을 취득하여 타인에게 손해를 입혔더라도 이를 반환할 의무는 없다.

④ 목적물이 멸실·훼손된 경우 선의이면서 자주점유자만 현존이익 한도에서 배상책임을 진다.

⑤ 비용상환청구권은 선의·악의를 불문하고 행사할 수 있다.

⑥ 비용상환청구권은 점유자가 회복자로부터 반환청구를 받거나 회복자에게 점유물을 반환한 때에 발생한다.

3 점유보호청구권 🖊 필수체크

(1) 개념 정리

점유물 반환청구권	**제204조【점유의 회수】** ① 점유자가 점유의 침탈을 당한 때에는 그 물건의 반환 및 손해의 배상을 청구할 수 있다. ② 전항의 청구권은 침탈자의 특별승계인에 대하여는 행사하지 못한다. 그러나 승계인이 악의인 때에는 그러하지 아니하다. ③ 제1항의 청구권은 침탈을 당한 날로부터 1년 내에 행사하여야 한다.
점유물방해 제거청구권	**제205조【점유의 보유】** ① 점유자가 점유의 방해를 받은 때에는 그 방해의 제거 및 손해의 배상을 청구할 수 있다. ② 전항의 청구권은 방해가 종료한 날로부터 1년 내에 행사하여야 한다. ③ 공사로 인하여 점유의 방해를 받은 경우에는 공사착수 후 1년을 경과하거나 그 공사가 완성한 때에는 방해의 제거를 청구하지 못한다.
점유물방해 예방청구권	**제206조【점유의 보전】** ① 점유자가 점유의 방해를 받을 염려가 있는 때에는 그 방해의 예방 또는 손해배상의 담보를 청구할 수 있다. ② 공사로 인하여 점유의 방해를 받을 염려가 있는 경우에는 전조 제3항의 규정을 준용한다.
양소의 관계	**제208조【점유의 소와 본권의 소와의 관계】** ① 점유권에 기인한 소와 본권에 기인한 소는 서로 영향을 미치지 아니한다. ② 점유권에 기인한 소는 본권에 관한 이유로 재판하지 못한다.

(2) 핵심 쟁점

① 절취와 강취는 점유의 침탈에 해당하나, 사기는 점유의 침탈에 해당하지 않는다. 따라서 점유자가 상대방의 사기에 의해 물건을 인도한 경우 점유침탈을 이유로 점유물반환청구권을 행사할 수 없다(대판 1992.2.28, 91다17443).

② 점유물반환청구권은 침탈자와 악의의 특별승계인에게만 가능하다(선의의 특별승계인에 대해서는 불가).

③ 점유물반환청구권과 점유물방해제거청구권 및 손해배상청구권은 1년 내에 소를 제기하는 방법으로 행사하여야 한다.

CHAPTER

4 | 소유권

❗ 무엇이 중요할까?

• 지역권과 상린관계 내용 이해
• 소유권의 취득, 공유의 법률관계 정리

❓ 더 공부하고 싶다면?

• 에듀윌 기본서 1차 민법 및 민사특별법 pp.282~326
• 에듀윌 단원별 기출문제집 1차 민법 및 민사특별법 pp.171~195

12　소유권 일반

1 소유권 일반

의의	① 법률의 범위 내에서 그 소유물을 사용·수익·처분할 수 있는 권리이다. ② 소유권의 객체는 물건에 한한다.
토지소유권의 범위	① 정당한 이익이 있는 범위 내에서 토지의 상하에 미친다. ② 토사, 토석, 지하수: 토지의 구성부분 ③ 입목과 명인방법을 갖춘 수목의 집단: 토지와 별개의 독립한 부동산 ④ 임야 내의 자연석을 조각하여 제작한 석불: 임야와는 독립한 소유권 객체 ⑤ 성숙한 농작물: 경작자의 소유(판례) ⑥ 미채굴의 광물: 국유(다수설)

📖 판례

물건에 대한 배타적인 사용·수익권은 소유권의 핵심적 권능이므로, 소유권의 사용·수익 권능을 대세적, 영구적으로 포기하는 것은 허용되지 않는다(대판 2013.8.22, 2012다54133). 또한 소유자에게 처분권능이 없는 소유권도 인정되지 않는다(대판 2014.3.13, 2009다105215).

2 상린관계 일반 ✏️필수체크

(1) 개념 정리

의의	인접한 부동산소유자 상호간의 이용을 조절하기 위한 제도를 말한다.	
지역권과의 비교	구분	상린관계	지역권
	발생원인	법률규정에 의해 발생(등기 불요)	계약에 의해 발생(등기 필요)
	성질	소유권의 내용 그 자체	독립한 물권
	내용	소유권에 대한 최소한의 확장·제한	탄력적인 이용조절
		양자 모두 토지의 이용관계를 내용으로 하므로 병존 가능하다.	

인접성	인접성을 요구한다.	요역지와 승역지가 인접할 필요 없다.
대상	부동산+물의 이용관계	토지만의 이용관계
소멸시효	소멸시효에 걸리지 않는다.	소멸시효에 걸린다.

(2) 주요 제도

인지사용청구권	토지소유자는 경계나 그 근방에서 담 또는 건물을 축조하거나 수선하기 위하여 필요한 범위 내에서 이웃 토지의 사용을 청구할 수 있다(이웃 사람의 승낙이 없으면 주거에 들어가지 못함).
생활방해 금지	토지소유자는 매연·열기체·액체·음향·진동 기타 이에 유사한 것으로 이웃 토지의 사용을 방해하거나 이웃 거주자의 생활에 고통을 주지 아니하도록 적당한 조처를 할 의무가 있다(수인한도 초과 시 적당한 조처청구 가능).
공유하천용수권	종래 관습법상의 물권으로 인정되어 오던 것을 명문화한 것이다.
경계표·담의 설치권	① 인접한 토지소유자는 통상의 경계표나 담을 설치할 수 있다. ② 경계표·담의 설치비용은 쌍방이 절반하여 부담하나, 측량비용은 토지의 면적에 비례한다.
수지·목근의 제거권	① 가지가 경계를 넘으면 가지의 소유자에게 제거를 청구하고, 불응하면 청구자가 제거할 수 있다. ② 수목뿌리가 경계를 넘으면 청구 없이 임의로 제거할 수 있다.
지하시설의 제한	우물을 파거나 용수, 하수 또는 오물 등을 저치할 지하시설을 하는 때에는 경계로부터 2미터 이상의 거리를 두어야 하며, 저수지·구거 또는 지하실 공사에는 경계로부터 그 깊이의 반 이상의 거리를 두어야 한다.
경계선 부근의 건축제한	건물을 축조함에는 특별한 관습이 없으면 경계로부터 반미터 이상의 거리를 두어야 한다(건축착수 후 1년 경과 또는 완성 시에는 손해배상청구만 가능).
차면시설의무	경계로부터 2미터 이내의 거리에서 이웃 주택의 내부를 관망할 수 있는 창이나 마루를 설치하는 경우에는 적당한 차면시설을 설치하여야 한다.
비용 정리	① 수도시설변경비용: 토지소유자 ② 소통공사비용: 자비 ③ 유수용 공작물의 설치와 보존비용: 이익을 받는 비율 ④ 언의 설치와 보존비용: 이익을 받는 비율 ⑤ 경계표·담의 설치비용: 쌍방이 절반하여 부담 ⑥ 측량비용: 토지의 면적에 비례 ⑦ 담의 특수시설비용: 자비

(3) 핵심 쟁점

비용부담에 관해 관습이 우선하는 경우	그 외 관습이 우선하는 경우
① 소통공사비용 ② 배수·인수·저수를 위한 공작물 공사비용 ③ 경계표·담의 설치비용 ④ 측량비용	① 수류의 변경 ② 공유하천용수권 ③ 경계선 부근의 건축제한 ④ 특수지역권

③ 주위토지통행권 ✎필수체크

(1) 개념 정리

유상이 원칙	**제219조【주위토지통행권】** ① 어느 토지와 공로 사이에 그 토지의 용도에 필요한 통로가 없는 경우에 그 토지소유자는 주위의 토지를 통행 또는 통로로 하지 아니하면 공로에 출입할 수 없거나 과다한 비용을 요하는 때에는 그 주위의 토지를 통행할 수 있고 필요한 경우에는 통로를 개설할 수 있다. 그러나 이로 인한 손해가 가장 적은 장소와 방법을 선택하여야 한다. ② 전항의 통행권자는 통행지소유자의 손해를 보상하여야 한다.
무상의 예외	**제220조【분할, 일부양도와 주위통행권】** ① 분할로 인하여 공로에 통하지 못하는 토지가 있는 때에는 그 토지소유자는 공로에 출입하기 위하여 다른 분할자의 토지를 통행할 수 있다. 이 경우에는 보상의 의무가 없다. ② 전항의 규정은 토지소유자가 그 토지의 일부를 양도한 경우에 준용한다.

(2) 핵심 판례

① 이미 통로가 있는 경우에는 다른 장소로의 통행권이 인정되지 않는다(대판 1995.6.13, 95다1088·1095).

② 통로가 있더라도 통로로서의 충분한 기능을 하지 못하는 경우에는 주위토지통행권이 인정된다(대판 2003.8.19, 2002다53468).

③ 나중에 그 토지에 접하는 공로가 개설된 경우에는 주위토지통행권이 소멸한다(대판 1998.3.10, 97다47118).

④ 통행권의 범위는 현재의 토지의 용법에 따른 이용의 범위에서 인정할 수 있을 뿐, 장래의 이용상황까지 미리 대비하여 통행로를 정할 것은 아니다(대판 2006.10.26, 2005다30993).

⑤ 무상의 주위토지통행권은 토지의 직접 분할자 또는 일부양도의 당사자 사이에만 적용된다(대판 2002.5.31, 2002다9202).

⑥ 주위토지통행권의 본래적 기능 발휘를 위해서 주위토지통행권자는 통행에 방해가 되는 담장과 같은 축조물에 대해 철거를 청구할 수 있다(대판 2006.6.2, 2005다70144).

1 취득시효 일반

의의	물건 또는 권리를 점유하는 사실상태가 일정기간 동안 계속된 경우에 그 상태가 진실한 권리관계와 일치하는가의 여부를 묻지 않고 권리취득의 효과가 생기는 것으로 하는 제도이다.		
시효취득의 대상	시효취득의 대상 ○	① 소유권 ④ 전세권	② 지상권 ⑤ 질권	③ 지역권(계속 및 표현)
	시효취득의 대상 ×	① 점유권 ④ 저당권	② 유치권 ⑤ 형성권	③ 가족법상의 권리
종류	점유취득시효	20년간 소유의 의사로 평온·공연하게 부동산을 점유하여 등기함으로써 소유권을 취득하는 제도이다.		
	등기부 취득시효	소유자로 등기한 자가 10년간 소유의 의사로 평온·공연·선의·무과실로 부동산을 점유하면 소유권을 취득하는 제도이다.		
	동산장기 취득시효	10년간 소유의 의사로 평온·공연하게 동산을 점유하면 소유권을 취득하는 제도이다.		
	동산단기 취득시효	5년간 소유의 의사로 평온·공연·선의·무과실로 동산을 점유하면 소유권을 취득하는 제도이다.		
주체	① 자연인 ④ 권리능력 없는 재단	② 법인 ⑤ 국가·지방자치단체	③ 권리능력 없는 사단	
객체	① 자기의 부동산: ○ ② 1필 토지의 일부: ○(분필절차를 밟지 않는 한 등기부취득시효는 불가) ③ 공유지분: ○(공유물 전체를 점유할 것) ④ 국유재산 중 일반재산: ○(행정재산은 불가)		
기산점	점유개시 시가 원칙		
효과	① 취득시효는 원시취득이다. ② 취득시효에 의한 소유권취득의 효력은 점유를 개시한 때에 소급한다. ③ 취득시효에도 중단, 정지, 포기가 모두 있다.		

2 점유취득시효 일반 ✎필수체크

> **제245조 【점유로 인한 부동산소유권의 취득기간】** ① 20년간 소유의 의사로 평온, 공연하게 부동산을 점유하는 자는 등기함으로써 그 소유권을 취득한다.

요건	① 20년 ② 소유의 의사 ③ 평온·공연 ④ 점유 ⑤ 등기
기산점	① 원칙: 점유개시 시가 기준(임의선택 불가, 역산 불가) ② 시효기간 중 계속해서 등기명의인이 동일하고 취득자의 변동이 없는 경우: 임의선택 가능(역산도 가능) ③ 시효기간 중 소유명의자의 변동이 있는 경우: 점유개시 시가 기준 ④ 소유자가 변동된 시점을 새로운 기산점으로 삼아도 다시 취득시효가 완성되는 경우(재취득시효): 소유권변동시점을 기산점으로 주장 가능 ⑤ 전 점유자의 점유를 아울러 주장하는 경우: 이때에도 ①에서 ④의 내용이 동일하게 적용
소유의 의사	① 소유의 의사는 점유개시 시에 있으면 족하다. ② 소유자가 점유자를 상대로 소를 제기하여 점유자가 패소한 경우 점유자는 패소판결확정 시부터 타주점유로 전환된다. ③ 점유자가 소유자를 상대로 소를 제기하여 패소한 경우 여전히 자주점유로 추정된다.
점유	직접점유 + 간접점유
등기	보존등기를 하여야 하나, 실무상 이전등기를 한다.

🔨 판례

부동산취득시효완성 후 소유자의 변동이 있으나, 그 시점을 새로운 기산점으로 삼아도 다시 취득시효기간이 완성되는 경우에는 소유권변동시점을 새로운 기산점으로 삼아 취득시효의 완성을 주장할 수 있다(대판 1999.2.12, 98다40688). 그리고 재취득시효(2차의 취득시효) 기간 중 소유자의 변동이 있는 경우에도 재취득시효완성 당시의 소유자에게 취득시효를 주장할 수 있다(대판 전합체 2009.7.16, 2007다15172).

3 취득시효완성 후 등기 전의 법률관계 ✏️필수체크

취득시효 완성으로 인한 등기청구권	① 취득시효완성으로 인한 등기청구권은 법률규정에 의해 발생하는 채권적 청구권이다. ② 등기청구권의 상대방은 취득시효완성 당시의 소유자이다. 따라서 시효완성 당시의 소유권보존등기가 무효라면 그 등기명의인은 원칙적으로 시효완성을 원인으로 한 소유권이전등기청구의 상대방이 될 수 없다. ③ 시효취득자가 목적물을 계속 점유하고 있는 한 등기청구권은 소멸시효에 걸리지 않는다. ④ 시효완성 후 점유자가 부동산을 매도한 경우 점유상실 시부터 소멸시효가 진행한다. ⑤ 시효완성자로부터 점유를 승계한 자는 소유자를 상대로 직접 소유권이전등기를 청구할 수는 없고, 시효완성자의 소유권이전등기청구권을 대위행사할 수 있다. ⑥ 시효완성자로부터 점유를 승계한 자는 취득시효완성으로 인한 효과까지 승계하는 것은 아니다.
취득시효 완성자의 법적 지위	① 소유자가 취득시효완성 전에 제3자에게 부동산을 양도한 경우: 시효취득자는 제3자에 대해 소유권취득을 주장할 수 있다. ② 소유자가 취득시효완성 후에 제3자에게 부동산을 양도한 경우 　㉠ 시효취득자와 제3자의 법률관계: 시효취득자는 제3자에 대해 소유권취득을 주장할 수 없다(다만, 재취득시효는 가능).

	© 시효취득자와 종전의 소유자의 **법률관계**: 소유자는 시효취득자가 시효취득사실을 주장하지 않는 한 그 사실을 모르기 때문에 목적부동산을 제3자에게 처분하더라도 원칙적으로 채무불이행이나 불법행위를 구성하지 않는다. 그러나 시효취득자가 취득시효를 주장하면서 소유권이전등기청구소송을 제기하여 입증까지 마친 경우 부동산소유자는 시효취득사실을 알 수 있으므로 제3자에게 부동산을 처분한 경우 불법행위를 구성한다. 나아가 제3자가 부동산소유자의 불법행위에 적극가담한 경우에는 반사회적 법률행위로서 무효가 된다.
대상청구권	이행불능(토지수용) 전에 취득시효가 완성되었음을 이유로 그 권리를 주장하거나 등기청구권을 행사하였어야 대상청구권을 행사할 수 있다(대판 1996.12.10, 94다43825).

> **⚖ 판례**
>
> 취득시효완성 후 아무런 하자 없이 여러 차례 국유재산 대부계약을 체결하거나, 대부계약을 체결하고 그 계약 전에 밀린 점용료를 변상금이란 명목으로 납부한 것은 취득시효완성의 이익을 포기한다는 적극적인 의사표시로 볼 수 있다(대판 2007.4.13, 2006다62546).

4 등기부취득시효

> **제245조 【점유로 인한 부동산소유권의 취득기간】** ② 부동산의 소유자로 등기한 자가 10년간 소유의 의사로 평온, 공연하게 선의이며 과실 없이 그 부동산을 점유한 때에는 소유권을 취득한다.

(1) 개념 정리

요건	① 10년의 등기 및 점유: 무효인 등기라도 무방(원칙) ② 자주, 평온·공연, 선의·무과실의 점유: 선의·무과실은 점유에 관한 것

(2) 핵심 쟁점

① 이중으로 경료된 소유권보존등기에 있어서 무효로 된 후등기나 이에 터잡은 소유권이전등기를 근거로 하여서는 등기부취득시효의 완성을 주장할 수 없다.

② 시효취득자 명의로 10년간 등기되어 있어야 하는 것은 아니고, 전주 명의의 등기기간까지 합쳐서 10년간 소유자로 등기되어 있으면 충분하다(소유자로 등기된 기간과 점유기간이 '때를 같이하여 다같이' 10년일 필요 없음).

5 무주물선점·유실물습득·매장물발견

무주물선점	① 무주의 동산을 소유의 의사로 점유한 자는 즉시 소유권을 취득한다. ② 무주의 부동산은 국유로 한다. ③ 야생동물은 무주물로 하고, 사양하는 야생동물이 다시 야생상태로 돌아가면 무주물로 한다.

유실물습득	① 유실물은 법률(유실물법)에 의하여 공고한 후 6개월 내에 그 소유자가 권리를 주장하지 아니하면 습득자가 그 소유권을 취득한다. ② 유실물은 동산이어야 한다. ③ 「유실물법」상의 보상청구권의 범위는 유실물의 가액의 100분의 5 이상 100분의 20이다. ④ 유가증권의 경우에는 액면가가 아니라 유실자가 받는 실제 불이익을 기준으로 보상금을 정하여야 한다(판례).
매장물발견	① 매장물은 법률(유실물법)에 따라 공고한 후 1년 내에 그 소유자가 권리를 주장하지 아니하면 발견자가 그 소유권을 취득한다. ② 매장물은 동산뿐만 아니라 부동산도 포함된다. ③ 타인의 토지에서 발견한 매장물은 토지소유자와 발견자가 절반으로 하여 취득한다(공유로 추정 ×).

6 첨부 ✐필수체크

(1) 개념 정리

의의	어떤 물건에 타인의 물건이 결합하거나 타인의 노력이 가하여지는 것을 말한다.
중심적 효과	소유권 귀속에 관한 규정 ─┐ 당사자의 이해조정에 관한 규정 ─┘ 임의규정 복구청구금지에 관한 규정 ─┐ 제3자 보호에 관한 규정 ─┘ 강행규정
부합	제256조 【부동산에의 부합】 부동산의 소유자는 그 부동산에 부합한 물건의 소유권을 취득한다. 그러나 타인의 권원에 의하여 부속된 것은 그러하지 아니하다. 제257조 【동산 간의 부합】 동산과 동산이 부합하여 훼손하지 아니하면 분리할 수 없거나 그 분리에 과다한 비용을 요할 경우에는 그 합성물의 소유권은 주된 동산의 소유자에게 속한다. 부합한 동산의 주종을 구별할 수 없는 때에는 동산의 소유자는 부합 당시의 가액의 비율로 합성물을 공유한다.
혼화	제258조 【혼화】 전조의 규정은 동산과 동산이 혼화하여 식별할 수 없는 경우에 준용한다.
가공	제259조 【가공】 ① 타인의 동산에 가공한 때에는 그 물건의 소유권은 원재료의 소유자에게 속한다. 그러나 가공으로 인한 가액의 증가가 원재료의 가액보다 현저히 다액인 때에는 가공자의 소유로 한다. ② 가공자가 재료의 일부를 제공하였을 때에는 그 가액은 전항의 증가액에 가산한다.

(2) 핵심 쟁점

① 부동산에의 부합에 있어서 부합물(부합하는 물건)은 동산에 한하지 않고 부동산도 포함된다(판례).

② 건물은 토지에 부합하지 않는다.

③ 입목과 명인방법을 갖춘 수목의 집단은 토지에 부합하지 않는다.

④ 성숙한 농작물은 토지에 부합하지 않는다.

⑤ 기존 건물을 증축 또는 개축한 경우 그 증축 또는 개축한 부분이 기존 건물과 독립한 건물인 경우에는 부합하지 않는다.

14 공동소유

1 공동소유 일반 ✎필수체크

- 공유: 1개의 소유권이 분량적으로 분할되어 수인에게 귀속하는 공동소유 형태
- 합유: 계약 또는 법률규정에 의하여 수인이 조합체로서 물건을 소유하는 경우
- 총유: 법인 아닌 사단의 사원이 집합체로서 물건을 소유하는 경우

구분	공유	합유	총유
지분	공유지분	합유지분	지분 없음
지분처분	자유 (지분처분금지특약 가능)	전원의 동의	없음
분할청구	자유	조합이 존속하는 동안은 불가	불가
보존행위	각자가 단독으로	각자가 단독으로	총회의 결의를 거쳐 사단 자신의 명의로 하거나 구성원 전원의 이름으로
관리행위	지분의 과반수	조합계약 ⇨ 조합원의 과반수	사원총회의 결의
처분·변경행위	전원의 동의	전원의 동의	사원총회의 결의
사용·수익	지분의 비율로 전부	지분비율, 조합계약	정관, 기타 규약

🔎판례

공유물의 관리에 관한 사항은 공유자 지분의 과반수로써 결정하므로 과반수지분을 가진 공유자는 공유물의 관리방법으로서 공유물의 특정부분을 배타적으로 사용할 수 있다. 그러나 관리란 공유물의 이용·개량을 말하므로 나대지에 건물을 건축하는 것은 관리의 범위를 넘는 것이므로 허용되지 않는다(대판 2001. 11. 27, 2000다33638).

② 공유의 주장 ✎ 필수체크

① 공유자의 1인은 공유물에 관한 보존행위로서 제3자에 대하여 등기 전부의 말소를 청구할 수 있다(대판 1993.5.11. 92다52870).

② 공유자 중의 1인이 부정한 방법으로 공유물 전부에 관한 소유권이전등기를 그 단독명의로 경료한 경우 다른 공유자는 공유물의 보존행위로서 단독명의로 등기를 경료하고 있는 공유자에 대하여 그 공유자의 공유지분을 제외한 나머지 공유지분 전부에 관하여 소유권이전등기 말소등기절차의 이행을 청구할 수 있다(대판 1988.2.23. 87다카961).

③ 과반수지분권자는 공유물의 관리에 관한 사항을 단독으로 결정할 수 있으므로 공유물의 특정부분을 배타적으로 사용·수익할 것을 정할 수 있다. 다만, 이 경우에도 공유물을 전혀 사용·수익하지 않고 있는 다른 공유자에 대하여 그 지분에 상응하는 부당이득반환의무는 있다(대판 1991.9.24. 88다카33855).

④ 공유물의 소수지분권자가 다른 공유자와의 협의 없이 공유물을 배타적으로 점유하는 경우 다른 소수지분권자는 공유물의 인도를 청구할 수는 없고, 공유물에 대한 공동점유·사용을 방해하는 소수지분권자의 행위에 대한 방해금지나 소수지분권자가 설치한 지상물의 제거 등 방해제거만을 청구할 수 있다(대판 전합체 2020.5.21. 2018다287522).

⑤ 일부 공유자가 공유물의 전부를 배타적으로 사용·수익하든 자신의 지분비율에 상응하는 부분을 배타적으로 사용·수익하든 공유물을 전혀 사용·수익하지 않고 있는 다른 공유자에 대하여 그 지분에 상응하는 부당이득반환의무가 있다(대판 2002.10.11. 2000다17803, 대판 2001.12.11. 2000다13948).

⑥ 과반수지분의 공유자로부터 사용·수익을 허락받은 점유자에 대하여 소수지분의 공유자는 건물의 철거나 퇴거 등 점유배제를 청구할 수 없다(대판 2002.5.14. 2002다9738).

⑦ 과반수지분의 공유자로부터 공유물의 특정부분의 사용·수익을 허락받은 점유자는 소수지분권자에 대하여 부당이득을 얻었다고 할 수 없다(대판 2002.5.14. 2002다9738).

3 공유물의 분할

(1) 개념 정리

분할의 자유	공유자는 언제든지 공유물의 분할을 청구할 수 있다.
불분할의 특약	① 공유자는 5년 내의 기간으로 분할하지 아니할 것을 약정할 수 있다. ② 불분할의 특약은 등기하여야 지분의 양수인에게 대항할 수 있다.
공유물분할 청구권	① 공유물분할청구권은 형성권이다. ② 공유물분할청구권을 행사하면 각 공유자 사이에는 공유물의 분할을 실현할 법률 관계가 발생한다.
분할의 방법	① 협의에 의한 분할 　㉠ 현물분할(원칙): 공유물을 그대로 양적으로 분할하는 방법 　㉡ 대금분할: 공유물을 매각하여 그 대금을 분할하는 방법 　㉢ 가격배상: 공유자의 한 사람이 단독소유권을 취득하고 다른 공유자에게 지분 　　의 가격을 지급하는 방법 ② 재판에 의한 분할: 필수적 공동소송에 해당한다. 　㉠ 현물분할(원칙) 　㉡ 물건의 경매: 현물분할이 불가능하거나 현저한 가액감소가 염려될 경우
분할의 효과	① 각 공유자는 지분의 비율로 매도인과 동일한 담보책임을 진다. ② 분할의 효과는 소급하지 않는다.

(2) 핵심 판례

① 공유자 사이에 이미 분할에 관한 협의가 성립된 경우 공유물분할의 소를 제기하거나 이미 제기한 공유물분할의 소를 유지하는 것은 허용되지 않는다(대판 전합체 2013.11.21, 2011두1917).

② 공유물을 공유자 중의 1인의 단독소유 또는 수인의 공유로 하고 다른 공유자에게 가격배상을 시키는 방법의 공유물분할도 가능하다(대판 2004.10.14, 2004다30583).

5 | 용익물권

❶ 무엇이 중요할까?

• 지상권의 내용 숙지
• 전세권의 존속기간, 효력내용 숙지

❷ 더 공부하고 싶다면?

• 에듀윌 기본서 1차 민법 및 민사특별법 pp.327~364
• 에듀윌 단원별 기출문제집 1차 민법 및 민사특별법 pp.196~220

15 지상권 · 전세권 · 임차권의 비교

구분	지상권	전세권	임차권
의의	토지에 대한 권리	부동산에 대한 권리	임대인에 대한 권리
목적물의 사용·수익	지상권자가 직접 사용	전세권자가 직접 사용·수익	임차인이 임대인에게 사용·수익을 요구
설정자 측 의무	지상권설정자는 소극적 인용의무만 부담	전세권설정자는 소극적 인용의무만 부담	임대인은 적극적으로 사용·수익케 할 의무를 부담
지료 또는 차임	지료는 성립요건 ×	전세금은 성립요건 ○	차임은 성립요건 ○
증감청구	지료증감청구권 ○	전세금증감청구권 ○	차임증감청구권 ○
최단존속기간	○(30년, 15년, 5년)	건물전세권만 1년 있음	×(특별법에 있음)
최장존속기간	×	○(10년)	×
갱신청구권	지상권자 ○	전세권자 ×	• 토지임차인 ○ • 건물임차인 ×
법정갱신	×	건물전세권에만 ○	○
소멸청구 및 해지	2년 이상의 지료체납	사용목적 위반	• 2기의 차임액 이상 연체 • 사용목적 위반
통고제도	소멸통고 ×	소멸통고 ○	해지통고 ○
비용상환청구권	유익비상환청구권 ○	유익비상환청구권 ○	• 필요비상환청구권 ○ • 유익비상환청구권 ○
매수청구권	지상권자, 설정자 모두 지상물매수청구권 ○	전세권자, 설정자 모두 부속물매수청구권 ○	• 임차인의 매수청구권 ○ • 임대인의 매수청구권 ×
수거권과 원상회복의무	○	○	○
처분성	• 지상권설정자의 동의 × • 설정행위로써 금지 ×	• 전세권설정자의 동의 × • 설정행위로써 금지 ○	• 임대인의 동의 ○ • 설정행위로써 금지 ○

16   지상권

❶ 지상권의 성립

(1) 개념 정리

지상권의 의의	타인의 토지에 건물 기타 공작물 또는 수목을 소유하기 위하여 그 토지를 사용할 수 있는 물권을 말한다.
성질	① 타물권 ② 건물 기타 공작물이나 수목을 소유하기 위한 권리 ③ 타인의 토지를 사용할 수 있는 권리
취득	① **법률행위에 의한 취득**: 지상권설정계약+등기 ② **법률규정에 의한 취득**: 상속, 공용징수, 판결, 경매, 기타 법률의 규정, 법정지상권, 관습법상의 법정지상권

(2) 핵심 쟁점

① 지상권은 타인의 토지에 대한 권리이다.

② 지상권은 1필 토지의 일부에 대해서도 성립할 수 있다.

③ 지상권에는 부종성이 없다. 따라서 현재 건물 기타 공작물 또는 수목이 없더라도 지상권은 유효하게 성립하고, 기존의 건물 기타 공작물 또는 수목이 멸실하더라도 지상권은 존속한다.

④ 영구무한의 지상권설정도 가능하다(대판 2001.5.29, 99다66410).

⑤ 최단존속기간보다 짧은 기간을 정한 때에는 최단존속기간까지 연장된다.

⑥ 지상권자는 지상권을 유보한 채 지상물소유권만을 양도할 수도 있고 지상물소유권을 유보한 채 지상권만을 양도할 수도 있는 것이어서 지상권자와 그 지상물의 소유권자가 반드시 일치하여야 하는 것은 아니다(대판 2006.6.15, 2006다6126).

❷ 지상권의 존속기간 ✏️ 필수체크

(1) 개념 정리

존속기간	**제280조【존속기간을 약정한 지상권】** ① 계약으로 지상권의 존속기간을 정하는 경우에는 그 기간은 다음 연한보다 단축하지 못한다. 1. 석조, 석회조, 연와조 또는 이와 유사한 견고한 건물이나 수목의 소유를 목적으로 하는 때에는 30년 2. 전호 이외의 건물의 소유를 목적으로 하는 때에는 15년 3. 건물 이외의 공작물의 소유를 목적으로 하는 때에는 5년 ② 전항의 기간보다 단축한 기간을 정한 때에는 전항의 기간까지 연장한다. **제281조【존속기간을 약정하지 아니한 지상권】** ① 계약으로 지상권의 존속기간을 정하지 아니한 때에는 그 기간은 전조의 최단존속기간으로 한다. ② 지상권설정 당시에 공작물의 종류와 구조를 정하지 아니한 때에는 지상권은 전조 제2호의 건물의 소유를 목적으로 한 것으로 본다.

계약의 갱신	① 약정갱신 　㉠ 갱신한 날로부터 최단존속기간보다 단축 불가(장기는 가능) 　㉡ 지상권자의 갱신청구권과 지상물매수청구권 ② 법정갱신: 없음

(2) 핵심 쟁점

① 갱신청구권은 청구권이다.

② 지상권자가 갱신청구권을 행사하기 위해서는 존속기간의 만료로 지상권이 소멸하여야 하고, 지상물이 현존하여야 한다.

③ 지상권자의 갱신청구로 곧바로 계약갱신의 효과가 발생하는 것은 아니다(설정자가 갱신청구에 응하여 갱신의 효과가 발생함).

④ 지상물매수청구권은 형성권이다.

⑤ 매수청구를 할 수 있는 지상물에는 제한이 없다.

⑥ 토지소유자가 지상권자의 지료연체를 이유로 지상권소멸청구를 하여 지상권이 소멸된 경우 지상물매수청구권이 인정되지 않는다(대판 1993.6.29, 93다10781).

3 지상권의 효력 ✍필수체크

(1) 개념 정리

토지사용권	① **토지사용권의 내용**: 설정행위로 정한 목적범위 내 ② 상린관계 규정의 준용 ③ 물권적 청구권
지상권의 처분	① 지상권자는 지상권설정자의 동의 없이 지상권을 양도·임대·담보로 제공할 수 있다. ② 설정행위로써 지상권의 처분성을 금지할 수 없다. ③ 지상권의 양도·임대·담보제공금지특약은 모두 무효이다.
지료 지급의무	① **지료청구권**: 지료지급을 약정한 경우 지상권자는 지료지급의무를 부담한다. ② **지료증감청구권**: 조세, 기타 부담의 증감이나 지가의 변동으로 인하여 상당하지 아니하게 된 때에 증감청구를 할 수 있다. ③ **지료체납의 효과**: 2년 이상 지료체납 시 지상권설정자는 지상권소멸청구를 할 수 있다.

(2) 핵심 쟁점

① 지료는 금전에 한하지 않는다.

② 지료증감청구권과 지상권소멸청구권은 형성권이다.

③ '2년'이란 연속된 2년간의 지료체납을 의미하는 것이 아니라 체납한 지료의 합산액이 2년분에 이르면 된다는 의미이다.

④ 지상권자의 지료체납이 토지소유권의 양도 전후에 걸쳐 이루어진 경우 토지양수인에 대한 연체기간이 2년이 되지 않는다면 양수인은 지상권소멸청구를 할 수 없다(대판 2001.3.13, 99다17142).

⑤ 지상권설정자가 지상권의 소멸을 청구하지 않고 있는 동안 지상권자로부터 연체된 지료의 일부를 지급받고 이를 이의 없이 수령하여 연체된 지료가 2년 미만으로 된 경우에는 지상권 설정자는 종전에 지상권자가 2년분의 지료를 연체하였다는 사유를 들어 지상권자에게 지상 권의 소멸을 청구할 수 없으며, 이러한 법리는 토지소유자와 법정지상권자 사이에서도 마찬 가지이다(대판 2014.8.28, 2012다102384).

4 구분지상권

(1) 개념 정리

의의	지하 또는 지상의 공간에 상하의 범위를 정하여 건물 기타 공작물을 소유하기 위한 지상권 이다.
성질	객체가 토지의 상하의 어느 층에 한정된다(지상권과 양적인 차이가 있음에 불과).
성립	구분지상권설정계약＋등기
효력	① **토지사용권**: 설정행위에서 정해진 구분층에 한정된다. ② **토지사용권의 제한**: 설정행위로 토지소유자의 사용권을 제한할 수 있고, 기존 이용권자 는 구분지상권의 행사를 방해해서는 안 된다.

(2) 핵심 쟁점

① 수목을 소유하기 위한 구분지상권은 설정할 수 없다.
② 등기 시에 반드시 토지의 상하의 범위를 정하여야 한다.
③ 기존의 이용권이 존재하는 경우 구분지상권 설정에 대해 이용권자 전원의 승낙을 얻어야 한다.
④ 구분지상권에는 지상권의 정의규정을 제외한 모든 규정이 준용된다.

5 분묘기지권

(1) 개념 정리

의의	타인의 토지 위에 분묘를 소유하기 위한 지상권 유사의 물권이다.
성질	판례에 의해 인정된 관습법상의 물권이다.
성립	① **세 가지 취득원인** 　㉠ 토지소유자의 승낙을 얻어 분묘를 설치한 경우 　㉡ 자기 소유 토지에 분묘를 설치하고 그 토지를 타인에게 양도한 경우 　㉢ 분묘기지권을 시효취득한 경우 ② **공시방법**: 분묘 자체가 공시방법
효력	① **분묘기지권의 보호**: 분묘기지권이 침해된 경우 분묘소유자는 침해배제를 청구할 수 있다. ② **효력범위**: 분묘가 설치된 기지뿐만 아니라 분묘의 수호 및 제사의 봉행에 필요한 주위 의 빈 땅에도 효력이 미친다.

(2) 핵심 쟁점

① 평장되거나 암장된 경우에는 분묘기지권을 취득할 수 없다(대판 1996.6.14, 96다14036).
② 기존의 분묘기지권의 효력이 미치는 범위 내에서 부부합장을 위한 쌍분형태의 분묘를 새로이 설치할 수 없고, 단분형태의 분묘도 설치할 수 없다(대판 1997.5.23, 95다29086).
③ 분묘기지권의 존속기간을 약정하지 않은 경우에는 지상권에 관한 규정이 유추적용되는 것이 아니라 권리자가 분묘의 수호와 봉사를 계속하는 동안 분묘기지권은 존속한다(대판 1994.8.26, 94다28970).
④ 장사법 시행 이전에 타인의 토지에 분묘를 설치한 다음 20년간 평온·공연하게 분묘의 기지를 점유함으로써 분묘기지권을 시효로 취득한 자는 토지소유자가 지료지급청구를 한 날부터 지료를 지급하여야 한다(대판 전합체 2021.4.29, 2017다228007).
⑤ 자기 소유 토지에 분묘를 설치하고 그 토지를 타인에게 양도한 경우에는 분묘기지권이 성립한 때부터 지료를 지급하여야 한다.

6 법정지상권

종류	① 제305조 제1항: 토지와 건물이 동일인의 소유에 속한 경우에 건물에 대해서만 전세권이 설정된 후 토지소유자가 변경된 경우 그 토지소유권의 특별승계인은 전세권설정자(건물소유자)에 대하여 지상권을 설정한 것으로 본다. ② 제366조: 토지와 건물이 동일인의 소유에 속한 경우에 토지 또는 건물에 저당권이 설정된 후 토지와 건물의 소유자가 다르게 된 경우 토지소유자는 건물소유자에 대하여 지상권을 설정한 것으로 본다. ③「가등기담보 등에 관한 법률」 제10조: 토지와 그 지상건물이 동일인의 소유에 속한 경우에 토지 또는 건물에 가등기담보권, 양도담보권, 매도담보권이 설정된 후 그 담보권의 실행으로 토지와 건물의 소유자가 다르게 된 경우 토지소유자는 건물소유자에 대하여 지상권을 설정한 것으로 본다. ④「입목에 관한 법률」 제6조: 토지와 입목이 동일인의 소유에 속한 경우 경매 기타의 사유로 토지와 입목의 소유자가 다르게 된 경우 토지소유자는 입목소유자에 대하여 지상권을 설정한 것으로 본다.
성질	법정지상권에 관한 규정은 강행규정이다(당사자의 특약으로 배제 불가).

7 관습법상의 법정지상권 ✍필수체크

(1) 개념 정리

의의	토지와 건물이 동일인의 소유에 속하였다가 토지와 건물 중 어느 하나가 매매 기타 사유로 토지소유자와 건물소유자가 다르게 된 경우에 건물을 철거한다는 특약이 없는 한 건물소유자가 당연히 취득하게 되는 지상권이다.
성질	① 관습법상의 법정지상권은 판례에 의해 인정된 관습법의 물권이다. ② 관습법상의 법정지상권에 관한 규정은 임의규정이다.

성립요건	① 토지와 건물이 동일인의 소유에 속할 것 ② 토지와 건물 중 어느 하나가 매매 기타 사유로 소유자가 달라질 것 ③ 당사자 사이에 건물을 철거한다는 특약이 없을 것
효력	① 관습법상의 법정지상권은 법률규정에 의한 물권변동이므로 등기 없이 취득한다. 다만, 관습법상의 법정지상권을 처분하는 경우에는 등기하여야 한다. ② 관습법상의 법정지상권의 효력에 관해서는 지상권에 관한 규정이 유추적용된다.

(2) 핵심 쟁점

① 원칙적으로 토지와 건물이 동일인의 소유로 등기되어 있어야 하나, 미등기건물·무허가건물의 경우에도 관습법상의 법정지상권이 성립한다.

② 토지와 건물이 처분 당시에 동일인의 소유에 속하면 족하고, 원시적으로 동일인의 소유에 속할 필요는 없다.

③ 대지와 건물을 함께 매도하면서 매수인에게 대지에 관하여만 소유권이전등기를 경료해 주고 건물에 관하여는 등기가 경료되지 아니하여 형식적으로 대지소유자와 건물소유자가 다르게 된 경우에는 매도인에게 관습법상의 법정지상권이 인정되지 않는다.

④ 매매 기타 사유에는 매매, 증여, 공유물분할, 귀속재산의 불하, 강제경매, 「국세징수법」에 의한 경매 등이 포함된다.

⑤ 당사자 사이에 건물철거의 합의가 있는 경우에는 관습법상의 법정지상권은 성립하지 않는다.

---

17 지역권

(1) 개념 정리 📝필수체크

의의	일정한 목적을 위하여 타인의 토지를 자기토지의 편익에 이용하는 물권이다.
성질	① 비배타성 ② 부종성 ③ 불가분성
취득	① **법률행위에 의한 취득**: 지역권설정계약＋등기 ② **법률규정에 의한 취득**: 상속, 시효취득
존속기간	① 존속기간에 관한 규정은 없다. ② 영구무한의 지역권설정도 가능하다.
효력	① **지역권자의 권리** 　㉠ 승역지이용권 　㉡ **지역권에 기한 물권적 청구권**: 반환청구권은 없다. ② **승역지소유자의 의무** 　㉠ 부작위의무 　㉡ **공작물의 설치 또는 수선의무**: 위기하여 부담을 면할 수 있다.

(2) 핵심 쟁점 ✎필수체크

① **편익의 대상**: 지역권에서 편익을 받는 것은 토지이지 사람이 아니다.

② **요역지와 승역지의 두 개의 토지 사이의 관계** ──── • 요역지: 지역권에 있어서 편익(서비스)을 받는 자기의 토지
　　　　　　　　　　　　　　　　　　　　　　　　　　　 • 승역지: 지역권에 있어서 편익(서비스)을 주는 타인의 토지

　㉠ 지역권자로 될 수 있는 자는 토지소유자뿐만 아니라 지상권자, 전세권자, 임차인도 포함
　　 된다.

　㉡ 요역지는 반드시 1필의 토지이어야 한다(1필 토지의 일부를 위한 지역권 설정은 불가능).

　㉢ 승역지는 1필 토지의 일부이어도 무방하다(1필 토지의 일부에 대한 지역권 설정은 가능).

　㉣ 요역지와 승역지는 반드시 인접할 필요가 없다.

③ **지역권의 특수한 성질**

　㉠ 하나의 승역지에 여러 개의 지역권이 설정될 수 있다.

　㉡ 지역권은 요역지소유권에 부종하여 이전하며 또는 요역지에 대한 소유권 이외의 권리의 목
　　 적이 된다(다른 약정이 있는 때에는 그 약정에 의함).

　㉢ 지역권은 요역지와 분리하여 지역권만을 양도하거나 다른 권리의 목적으로 할 수 없다.

　㉣ 토지공유자의 1인은 그의 지분에 관하여 그 토지를 위한 지역권 또는 그 토지가 부담한 지
　　 역권을 소멸하게 할 수 없다.

　㉤ 요역지 또는 승역지가 분할되거나 일부 양도된 경우 지역권은 요역지의 각 부분을 위하여
　　 또는 승역지의 각 부분에 존속한다.

　㉥ 공유자의 1인이 지역권을 취득한 때에는 다른 공유자도 이를 취득한다.

　㉦ 점유로 인한 지역권 취득기간의 중단은 지역권을 행사하는 모든 공유자에 대한 사유여야 효
　　 력이 발생한다.

　㉧ 요역지의 공유자 1인에 의한 지역권 소멸시효의 중단 또는 정지는 다른 공유자에 대하여 효
　　 력이 있다.

④ **지역권의 취득시효**

　㉠ 지역권은 계속되고 표현된 지역권에 한해 시효취득이 가능하다.

　㉡ 통행지역권의 경우 요역지소유자가 승역지상의 통로를 개설하여 승역지를 항시 사용하고
　　 있다는 객관적 상태가 제245조에 규정된 기간 동안 계속된 사실이 있어야 시효취득할 수 있
　　 다(대판 2001.4.13, 2001다8493).

　㉢ 토지의 불법점유자는 통행지역권의 시효취득 주장을 할 수 없다(대판 1976.10.29, 76다1694).

18 전세권

1 전세권의 성립

(1) 개념 정리

전세권의 의의	전세금을 지급하고 타인의 부동산을 점유하여 그 부동산의 용도에 좇아 사용·수익하는 용익물권으로서, 전세권이 소멸하면 목적부동산으로부터 전세금의 우선변제를 받을 수 있는 권리이다.
성질	① 타물권 ② 용익물권 ③ 담보물권적 성격
취득	① **법률행위에 의한 취득**: 전세권설정계약＋등기 / 전세권의 양도 ② **법률규정에 의한 취득**: 상속, 시효취득

(2) 핵심 쟁점

① 전세권은 타인의 부동산에 대한 권리이다.

② 1필 토지의 일부, 1동 건물의 일부에 대해서도 전세권이 성립할 수 있다.

③ 농경지는 전세권의 목적으로 할 수 없다.

④ 지상권과 동일한 목적을 위하여 전세권을 설정하는 것도 가능하다.

⑤ 전세금의 지급은 전세권의 성립요소이다.

⑥ 전세금이 현실적으로 수수되어야 하는 것은 아니고 기존 채권으로 전세금의 지급에 갈음하는 것도 가능하다(대판 1995.2.10, 94다18508).

⑦ 당사자가 주로 채권담보의 목적으로 전세권을 설정하였더라도, 장차 전세권자의 목적물에 대한 사용·수익권을 완전히 배제하는 것이 아니라면, 그 효력은 인정된다(대판 1995.2.10, 94다18508).

⑧ 임차보증금반환채권을 담보할 목적으로 임대인과 임차인 및 제3자 사이의 합의에 따라 제3자 명의로 경료된 전세권설정등기도 유효하다(대판 2005.5.26, 2003다12311).

2 전세권의 존속기간 ✎필수체크

(1) 개념 정리

존속기간	**제312조【전세권의 존속기간】**① 전세권의 존속기간은 10년을 넘지 못한다. 당사자의 약정기간이 10년을 넘는 때에는 이를 10년으로 단축한다. ② 건물에 대한 전세권의 존속기간을 1년 미만으로 정한 때에는 이를 1년으로 한다. ③ 전세권의 설정은 이를 갱신할 수 있다. 그 기간은 갱신한 날로부터 10년을 넘지 못한다.

	제313조【전세권의 소멸통고】전세권의 존속기간을 약정하지 아니한 때에는 각 당사자는 언제든지 상대방에 대하여 전세권의 소멸을 통고할 수 있고 상대방이 이 통고를 받은 날로부터 6월이 경과하면 전세권은 소멸한다.
계약의 갱신	① 약정갱신 　㉠ 갱신한 날로부터 10년을 넘지 못한다. 　㉡ 전세권자의 갱신청구권은 없다. ② 법정갱신: 건물의 전세권설정자가 전세권의 존속기간 만료 전 6월부터 1월까지 사이에 전세권자에 대하여 갱신거절의 통지 또는 조건을 변경하지 아니하면 갱신하지 아니한다는 뜻의 통지를 하지 아니한 경우에는 그 기간이 만료된 때에 전전세권과 동일한 조건으로 다시 전세권을 설정한 것으로 본다. 이 경우 전세권의 존속기간은 그 정함이 없는 것으로 본다.

(2) 핵심 쟁점

① 전세권에는 최단존속기간은 제한규정이 없다(건물전세권에만 있음).

② 건물전세권에 대해서는 약정기간을 설정하지 않더라도 1년간은 그 존속이 보장된다(다수설).

③ 건물전세권에만 법정갱신이 있다.

④ 법정갱신은 법률규정에 의한 전세권의 존속기간의 변경이므로 등기할 필요 없다.

3 전세권의 효력 ✎ 필수체크

(1) 효력 일반

전세권의 효력범위	① 건물전세권의 효력범위: 타인의 토지에 있는 건물에 전세권을 설정한 때에는 전세권의 효력은 그 건물의 소유를 목적으로 한 지상권 또는 임차권에 미친다. ② 법정지상권: 대지와 건물이 동일한 소유자에 속한 경우에 건물에 전세권을 설정한 때에는 그 대지소유권의 특별승계인은 '전세권설정자'에 대하여 지상권을 설정한 것으로 본다.
전세권자의 권리·의무	① 사용·수익할 권리: 사용목적 위반 시 소멸청구가 가능하다. ② 현상유지·수선의무: 전세권자는 필요비상환청구권이 없다. ③ 상린관계규정의 준용 ④ 물권적 청구권
전세권의 처분	① 처분방법 　㉠ 양도 　㉡ 임대: 책임가중이 있다. 　㉢ 전전세: 책임가중이 있다. 　㉣ 담보제공 ② 전세권처분 시 전세권설정자의 동의는 필요 없다. ③ 설정행위로써 전세권의 처분을 금지할 수 있다(등기한 때에는 대항력 ○).

(2) 전전세

의의	전세권자의 전세권은 그대로 유지하면서 그 전세권을 목적으로 하는 전세권을 다시 설정하는 것을 말한다.
요건	① 전전세가 성립하기 위해서는 전전세권설정계약과 등기가 있어야 한다. ② 계약의 당사자는 전전세권설정자(원전세권자)와 전전세권자이다. ③ 전전세금의 지급은 전전세권의 성립요소이다. ④ 전전세권은 원전세권에 종속한다.
효과	① 전전세권자는 전세권자로서의 모든 권리를 가지나, 원전세권설정자에 대해서는 아무런 권리의무를 가지지 않는다. ② 전세권자는 전전세하지 아니하였으면 면할 수 있는 불가항력으로 인한 손해에 대하여 그 책임을 부담한다. ③ 전전세권자도 경매권과 우선변제권을 가지나, 전전세권의 존속기간이 만료한 경우 전전세권자는 즉시 경매를 청구할 수 있는 것은 아니다.

▣ 전세권소멸의 법률관계

소멸원인	① 일반적 소멸원인
	  ㉠ 목적물의 멸실
	  ㉡ 공용징수
	  ㉢ 혼동
	  ㉣ 소멸시효
	  ㉤ 존속기간의 만료
	  ㉥ 약정소멸사유의 발생
	  ㉦ 전세권에 우선하는 저당권의 실행에 의한 경매
	② 특유한 소멸원인
	  ㉠ 전세권설정자의 소멸청구
	  ㉡ 각 당사자의 소멸통고
	  ㉢ 전세권의 포기
	  ㉣ 목적물의 멸실

동시이행관계	<div align="center">전세금 반환 전세권설정자 ←——————→ 전세권자 목적물의 인도 및 전세권설정등기의 말소등기에 필요한 서류</div>
우선변제권	부동산의 일부에 대하여 전세권이 설정되어 있는 경우 전세권자는 전세권의 목적물이 아닌 나머지 부분에 대하여는 우선변제권은 별론으로 하고 경매신청권은 없다(대판 1992.3.10, 91마256).
부속물 매수청구권	① 전세권이 존속기간의 만료로 인하여 소멸한 때에는 전세권설정자가 그 부속물의 매수를 청구한 때에는 전세권자는 정당한 이유 없이 거절하지 못한다. ② 전세권이 존속기간의 만료로 인하여 소멸한 때에 전세권자는 그 부속물이 전세권설정자의 동의를 얻어 부속시키거나 전세권설정자로부터 매수한 때에 한하여 전세권설정자에 대하여 부속물의 매수를 청구할 수 있다.

CHAPTER

6 | 담보물권

❗ 무엇이 중요할까?

• 유치권 관련 이론 숙지
• 저당권 관련 이론 숙지

❓ 더 공부하고 싶다면?

• 에듀윌 기본서 1차 민법 및 민사특별법 pp.366~405
• 에듀윌 단원별 기출문제집 1차 민법 및 민사특별법 pp.221~251

19 담보물권 일반

1 담보물권의 통유성

(1) 개념 정리

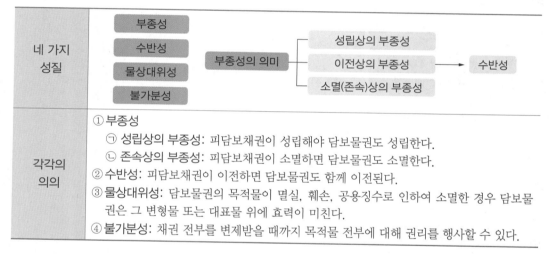

네 가지 성질	부종성 / 수반성 / 물상대위성 / 불가분성 → 부종성의 의미 → 성립상의 부종성 / 이전상의 부종성 → 수반성 / 소멸(존속)상의 부종성
각각의 의의	① 부종성 　㉠ 성립상의 부종성: 피담보채권이 성립해야 담보물권도 성립한다. 　㉡ 존속상의 부종성: 피담보채권이 소멸하면 담보물권도 소멸한다. ② 수반성: 피담보채권이 이전하면 담보물권도 함께 이전된다. ③ 물상대위성: 담보물권의 목적물이 멸실, 훼손, 공용징수로 인하여 소멸한 경우 담보물권은 그 변형물 또는 대표물 위에 효력이 미친다. ④ 불가분성: 채권 전부를 변제받을 때까지 목적물 전부에 대해 권리를 행사할 수 있다.

(2) 핵심 쟁점 – 물상대위

① 물상대위는 우선변제적 효력이 인정되는 질권과 저당권에만 인정되고, 유치권에는 인정되지 않는다.

② 물상대위는 추급력이 끝나는 곳에서 시작된다. 따라서 목적물의 매매로 인한 매매대금에 대해서는 물상대위를 할 수 없다.

③ 저당권자는 물상대위권을 행사하려면, 저당권설정자가 받을 금전 기타 물건의 지급 또는 인도 전에 압류하여야 한다. 압류는 특정성(特定性)을 보존하기 위한 것이므로 제3자가 압류하여도 저당권자는 물상대위권을 행사할 수 있다(대판 2002.10.11, 2002다33137).

2 담보물권의 효력

유치물로서 직접 채권의 변제에 충당하는 것

구분	성질	경매권	별제권	간이변제충당	유치적 효력	우선변제적 효력
유치권	법정	○	○	○	○	×
질권	약정	○	○	○	○	○
저당권	약정	○	○	×	×	○
전세권	약정	○	○	수익적 효력	○	○

20   유치권

1 유치권의 성립 [필수체크]

(1) 개념 정리

유치권의 의의	타인의 물건 또는 유가증권을 점유한 자가 그 물건이나 유가증권에 관하여 생긴 채권이 변제기에 있는 경우에 그 채권의 전부를 변제받을 때까지 그 물건 또는 유가증권을 유치할 수 있는 권리를 말한다.
성질	① 법정담보물권 ② 유치권 규정은 임의규정이므로 당사자의 특약으로 배제 가능하다.
성립요건	① 타인의 물건 또는 유가증권일 것 ② 적법한 점유일 것(직접점유＋간접점유) ③ 채권과 목적물 사이에 견련성이 있을 것 ④ 피담보채권의 변제기가 도래할 것 ⑤ 유치권배제의 특약이 없을 것

(2) 핵심 쟁점

① 부동산에 대해서도 유치권이 성립할 수 있다(등기는 불요). 그러나 건물신축공사를 도급받은 수급인이 사회통념상 독립한 건물이 되지 못한 정착물을 토지에 설치한 상태에서 공사가 중단된 경우에는 그 토지에 대해 유치권을 행사할 수 없다.

② 점유는 유치권의 존속요건이므로 점유를 상실하면 유치권은 소멸한다.

③ 점유를 침탈당한 후 1년 내에 점유를 회수한 경우 처음부터 점유를 상실하지 않은 것으로 되므로 유치권도 소멸하지 않은 것으로 된다.

④ 불법행위에 의해 점유를 개시한 경우에는 유치권은 성립하지 않는다.

⑤ 유치권 행사기간 중의 점유에 대해서는 유치권 성립이 가능하다.

⑥ 유익비상환청구권에 대해 법원이 상당한 상환기간을 허여한 경우에는 유치권은 성립하지 않는다.

2 채권과 목적물과의 견련성 ✏️필수체크

(1) 개념 정리

'관하여 생긴'의 의미	① 채권이 목적물 자체로부터 발생한 경우 ② 채권이 목적물반환청구권과 동일한 법률관계 또는 사실관계로부터 발생한 경우
점유와의 견련성 요부	채권이 목적물의 점유 중 또는 점유와 동시에 발생할 필요는 없고, 목적물을 점유하기 전에 채권이 발생하였고 후에 점유를 취득한 경우에도 유치권은 성립한다.

(2) 핵심 쟁점

견련성 인정 ○	① 수리대금채권 ② 목적물에 지출한 비용상환청구권 ③ 목적물로부터 받은 손해에 대한 손해배상청구권 ④ 도급인 소유의 완성물에 대한 수급인의 공사대금채권 ⑤ 매매계약이 무효·취소된 경우 ⑥ 우연히 물건을 서로 바꾸어 간 경우
견련성 인정 ×	① 보증금반환채권 ② 권리금반환채권 ③ 매매대금채권 ④ 사람의 배신행위에 기한 손해배상청구권을 담보하기 위한 경우

3 유치권의 효력 ✏️필수체크

효력	① 목적물의 유치권 ② 경매권 ③ 간이변제충당권(법원에 청구) ④ 우선변제권의 여부(법률상 우선변제권 없음) ⑤ 과실수취권 ┌→ 유치권자가 유치물에서 생긴 과실을 거두어들여 다른 채권보다 먼저 　　　　　　　　　자기채권을 변제하는 데 충당할 수 있는 권리 ⑥ 유치물사용권(승낙에 의한 사용권＋보존에 필요한 사용권) ⑦ 비용상환청구권(필요비＋유익비) ⑧ 선관주의의무 ─• 평균적·추상적 채무자가 마땅히 기울여야 할 일반적·객관적 주의의무 ⑨ 사용금지의무
핵심 쟁점	① 부동산임차인은 비용상환청구권에 관한 유치권을 행사하기 위해 종전대로 그 부동산을 사용할 수 있으나, 그 동안의 사용이익은 부당이득으로 채무자에게 반환하여야 한다. ② 원고의 목적물인도청구의 소에 대해 피고가 유치권을 주장하는 경우 법원은 상환이행판결을 한다. ③ 유치물이 경락된 경우 유치권자는 매수인(경락인)에게도 유치권의 효력을 주장할 수 있다. ④ 유치권자에게는 경매절차의 매각대금에 대한 우선변제권이 없다. ⑤ 유치권자는 채무자의 승낙이 있는 때에는 유치물을 사용, 대여, 담보로 제공할 수 있다. 그러나 보존에 필요한 사용은 승낙이 없더라도 가능하다.

4 유치권의 소멸

소멸원인	① 일반적 소멸원인 　㉠ 목적물의 멸실　　㉡ 공용징수　　㉢ 혼동 　㉣ 몰수　　㉤ 포기　　㉥ 피담보채권의 소멸 ② 특유한 소멸원인 　㉠ 유치권소멸청구: 의무위반+다른 담보제공 　㉡ 점유의 상실
핵심 쟁점	① 유치권은 유치권자가 점유하는 동안은 시효로 소멸하지 않는다. ② 채권자가 유치권을 행사하더라도 피담보채권의 소멸시효는 그와 관계없이 진행한다(유치권행사는 피담보채권의 시효중단사유가 아님). ③ 유치권자가 선관주의의무나 사용금지의무를 위반한 경우 채무자는 유치권소멸청구를 할 수 있다(이때의 유치권소멸청구권은 형성권임). ④ 채무자는 상당한 담보를 제공하고 유치권의 소멸을 청구할 수 있다(이때의 유치권소멸청구권은 청구권임).

21　저당권

1 저당권의 성립

(1) 개념 정리

약정저당권	저당권설정계약+등기
법정저당권	**제649조 【임차지상의 건물에 대한 법정저당권】** 토지임대인이 변제기를 경과한 최후 2년의 차임채권에 의하여 그 지상에 있는 임차인 소유의 건물을 압류한 때에는 저당권과 동일한 효력이 있다. **제666조 【수급인의 목적부동산에 대한 저당권설정청구권】** 부동산공사의 수급인은 전조의 보수에 관한 채권을 담보하기 위하여 그 부동산을 목적으로 한 저당권의 설정을 청구할 수 있다.

(2) 핵심 쟁점

저당권 설정계약과 등기	① 불요식행위 / 조건·기한 ○ / 종된 계약 ② 저당권자는 피담보채권의 채권자에 한한다(판례는 합의가 있으면 제3자도 가능). ③ 저당권설정자는 채무자뿐만 아니라 물상보증인도 포함된다.

└▸ 채무는 없으면서 자신의 재산으로 책임만 지는 자

저당권의 객체	① 민법상 저당권의 객체 ┬ 토지, 건물 └ 지상권, 전세권 ② 특별법상 저당권의 객체 ┬ 선박·자동차·항공기·건설기계 ├ 입목 ├ 광업권·어업권 └ 각종 재단저당
피담보채권	① 피담보채권은 반드시 금전채권이어야 하는 것은 아니다. ② 장래의 특정·불특정채권을 위해서도 저당권설정이 가능하다.

2 저당권의 효력이 미치는 범위 ✐필수체크

(1) 개념 정리

목적물의 범위	① 부합물과 종물 　㉠ 원칙적으로 저당권설정 전후를 불문하고 저당권의 효력이 미친다. 　㉡ 법률에 특별규정이 있거나 설정행위에서 다른 약정을 한 경우 저당권의 효력이 미 　　치지 않는다. ② 과실 　㉠ 원칙적으로 과실에 저당권의 효력이 미치지 않는다. 　㉡ 예외적으로 저당부동산에 대한 압류가 있은 후에는 저당권의 효력이 미친다.
피담보채권의 범위	① 담보되는 범위 　┬ 원본, 이자, 위약금: 등기하여야 담보된다. 　├ 채무불이행으로 인한 손해배상청구권 ┐ 등기하지 않아도 담보된다. 　└ 저당권실행비용 ┘ ② 지연배상(지연이자)은 1년분에 한하나, 이자는 무제한 담보된다. ③ 저당물의 보존비용과 저당물의 하자로 인한 손해배상청구권은 피담보채권의 범위에 　속하지 않는다.

(2) 핵심 쟁점

① 저당건물이 증축된 경우 종전 건물과 동일성을 유지하면 저당권의 효력이 미친다.

② 토지저당권의 효력은 저당토지 위의 건물과 입목 및 명인방법을 갖춘 수목의 집단에는 미치
지 않는다.

③ 건물에 대한 저당권의 효력은 그 건물의 소유를 목적으로 하는 지상권, 전세권, 임차권에도
미친다.

④ 제360조에서 피담보채권의 범위를 한정하는 이유는 후순위담보물권자나 저당부동산의 제3
취득자를 보호하기 위한 것이므로, 이들이 없는 경우에는 피담보채권의 범위는 전액이다.

3 저당권자가 피담보채권의 변제를 받는 방법

세 가지 방법	① 저당권을 실행하는 방법 ┬ 담보권실행경매 　　　　　　　　　　　　　└ 유저당 ② 이미 개시된 집행에 참가하는 방법 ③ 채무자의 일반재산에 대해 강제집행하는 방법

담보권실행 경매절차	① 경매신청 ⇨ ② 경매개시결정 ⇨ ③ 감정평가 ⇨ ④ 최저매각가격 결정 ⇨ ⑤ 매각기일과 매각결정기일 공고 ⇨ ⑥ 매각허가결정 확정 ⇨ ⑦ 대금납부명령 ⇨ ⑧ 배당절차
핵심 쟁점	① 통상의 강제경매의 경우에는 집행권원이 필요하나, 담보권실행경매 시에는 집행권원이 필요 없다. ② 저당권자는 저당권을 실행하지 않고 먼저 채무자의 일반재산에 대해 강제집행을 할 수 있다. 그러나 일반채권자가 이의를 신청한 경우 그 강제집행은 저지된다.

4 우선변제의 순위

0순위	① 경매비용 ② 제3취득자의 비용상환청구권	―
제1순위	① 보증금 중 일정액(주택임대차보호법 제8조, 상가건물 임대차보호법 제14조) ② 최종 3월분의 임금과 재해보상금(근로기준법 제38조 제2항)	이들 상호간에는 동순위로 채권액에 비례하여 배당한다.
제2순위	저당물 자체에 부과된 국세와 가산금(당해세)	상속세·재산세·자동차세 등
제3순위	① 국세와 지방세의 법정기일 전에 설정된 저당권·전세권으로 담보되는 채권 ② 국세와 지방세의 법정기일 전에 설정된 대항요건과 확정일자를 갖춘 임차보증금채권	① **저당권 vs 저당권**: 등기의 선후로 결정 ② **저당권 vs 전세권**: 등기의 선후로 결정 ③ **저당권 vs 임차보증금채권**: 등기와 확정일자를 비교해 결정
제4순위	「근로기준법」 제38조 제2항 이외의 임금채권	
제5순위	국세와 지방세	
제6순위	각종 공과금(의료보험료, 연금보험료 등)	
제7순위	일반채권	

5 저당권과 용익권의 관계

비교기준	저당권의 등기 vs 용익권의 등기 또는 대항력의 선후로 결정
핵심 쟁점	① 용익권이 저당권실행에 의해 소멸하는지의 여부는 최고 순위의 저당권과 비교해 결정한다. ② 甲이 주택소유자, 乙이 1번 저당권자, 丙이 대항력 있는 주택임차인, 丁이 2번 저당권자인 경우, 丁이 저당권을 실행하여 A에게 경락된 경우 丙은 A에 대해 자신의 주택임차권을 주장할 수 없다.

6 제366조의 법정지상권 ✒️필수체크

(1) 개념 정리

의의	토지와 건물이 동일인의 소유에 속한 경우에 토지 또는 건물에 저당권이 설정된 후 토지와 건물의 소유자가 다르게 된 경우 건물소유자가 당연히 취득하게 되는 지상권이다.
성질	법정지상권에 관한 규정은 강행규정이다(당사자의 특약으로 배제 불가).

성립요건	① 저당권설정 당시에 토지 위에 건물이 있을 것 ② 저당권설정 당시에 토지와 건물이 동일인 소유일 것 ③ 토지 또는 건물에 저당권이 설정되었을 것 ④ 담보권실행경매로 토지소유자와 건물소유자가 달라질 것
성립시기와 등기	① 매수인이 매각대금을 다 낸 때에 법정지상권이 성립한다. ② 법정지상권의 취득 시에는 등기가 필요 없으나, 이를 처분하는 경우에는 등기가 필요하다.
효력	① 법정지상권의 범위는 반드시 그 건물의 대지에 한정되는 것은 아니며, 건물 이용에 필요한 한도 내에서 대지 이외의 부분까지 미친다. ② 법정지상권의 존속기간에 대해서는 지상권에 관한 규정이 유추적용된다. ③ 지료는 당사자의 협의로 이를 정하나, 협의가 이루어지지 않은 때에는 당사자의 청구에 의하여 법원이 이를 정한다.

(2) 핵심 쟁점

① 건물이 없는 토지에 저당권을 설정한 후에 건물을 지은 경우 법정지상권이 성립하지 않는다.

② 건물이 존재하면 되므로 미등기건물, 무허가건물이더라도 법정지상권은 성립한다.

③ 건물의 증축, 개축, 신축, 재축, 건축 중인 경우에도 법정지상권은 성립한다. 다만, 법정지상권의 범위는 구건물을 기준으로 결정한다.

④ 동일인 소유에 속하는 토지와 건물에 대하여 공동저당권이 설정된 후 그 건물이 철거되고 신축된 경우에는 특별한 사정이 없는 한 저당물의 경매로 인하여 토지소유자와 그 신축건물의 소유자가 다르게 되더라도 그 신축건물을 위한 법정지상권이 성립하지 않는다(대판 전합체 2003.12.18, 98다43601).

⑤ 미등기건물을 그 대지와 함께 매수한 사람이 그 대지에 관하여만 소유권이전등기를 넘겨받고 건물에 대하여는 그 등기를 이전받지 못하고 있다가, 대지에 대하여 저당권을 설정하고 그 저당권의 실행으로 대지가 경매되어 다른 사람의 소유로 된 경우에는 법정지상권이 성립될 여지가 없다(대판 전합체 2002.6.20, 2002다9660).

⑥ 저당권설정 후에 토지 또는 건물이 제3자에게 양도된 경우에도 법정지상권이 성립한다.

7 법정지상권 성립 후의 법률관계

토지가 양도된 경우	건물소유자는 법정지상권을 취득할 당시의 토지소유자로부터 토지소유권을 전득한 제3자에 대하여도 등기 없이 법정지상권을 주장할 수 있다.
건물이 양도된 경우	① 법정지상권을 처분하려면 등기하여야 한다. **② 법정지상권설정등기를 경료하지 않고 건물만 양도한 경우** 　㉠ 건물소유권이전의 합의에는 지상권이전의 합의는 당연히 포함된다. 　㉡ 건물양수인은 등기하여야 지상권을 취득한다. 　㉢ 건물양수인은 양도인을 대위하여 토지소유자에게 지상권설정등기를 청구할 수 있다(직접 청구 불가). 　㉣ 이때 토지소유자가 법정지상권부 건물양수인에 대해 건물철거를 청구하는 것은 신의칙에 반한다(부당이득반환청구는 가능).

8 제365조의 일괄경매청구권 ✍️필수체크

(1) 개념 정리

의의	토지를 목적으로 하는 저당권을 설정한 후 설정자가 그 토지에 건물을 축조한 경우 저당권자가 토지와 함께 그 건물에 대해서도 경매를 청구할 수 있는 권리이다.
법적 성격	① 일괄경매청구권은 권리이지 의무는 아니다(일괄경매청구 여부는 저당권자의 자유). ② 토지만을 경매하여 그 대금으로부터 충분히 피담보채권의 변제를 받을 수 있는 경우에도 일괄경매청구권은 인정된다(과잉경매가 아님).
성립요건	① 저당권설정 당시에 토지 위에 건물이 없을 것 ② 저당권설정자가 건물을 축조하여 소유하고 있을 것
효과	건물의 매각대금에 대해서는 우선변제권이 없다.

(2) 핵심 쟁점

① 저당권설정 당시 토지 위에 건물이 있는 경우는 제366조의 법정지상권 문제이고, 저당권설정 당시 토지 위에 건물이 없는 경우는 제365조의 일괄경매청구권 문제이다.

② 저당권설정자 이외의 제3자가 건물을 축조한 경우에는 일괄경매청구권은 인정되지 않는다.

③ 저당권설정자가 건물을 축조한 후 이를 제3자에게 양도한 경우에는 일괄경매청구권이 인정되지 않는다.

④ 저당권설정자로부터 저당토지에 용익권을 설정받은 자가 그 토지에 건물을 축조한 경우라도 그 후 저당권설정자가 그 건물의 소유권을 취득한 경우에는 일괄경매청구권이 인정된다.

9 제3취득자의 지위

의의	저당권이 설정된 후에 저당목적물을 양도받은 양수인 또는 저당부동산 위에 지상권이나 전세권을 취득한 자
보호 방법	① 매수인(경락인)이 될 수 있는 권리 ② 변제권(지연배상은 1년분만 변제하면 됨) ③ 비용상환청구권(필요비＋유익비) ④ 담보책임(제576조 적용)

> 📖 판례
>
> 피담보채권을 변제하고 저당권의 소멸을 청구할 수 있는 제3취득자에는 경매신청 후에 소유권, 지상권 또는 전세권을 취득한 자도 포함된다(대결 1974.10.26, 74마440).

⑩ 저당권의 침해와 구제

침해의 특수성	침해로 인해 목적물의 가치가 피담보채권액 이하로 내려가야 저당권자에게 손해가 발생한다.
구제 방법	① **물권적 청구권**: 반환청구권은 없다. ② **불법행위로 인한 손해배상청구권**: 피담보채권의 완전한 만족을 얻을 수 없을 때에만 발생한다. ③ **담보물보충청구권**: 저당권설정자의 책임 있는 사유로 인하여 저당물의 가액이 현저히 감소된 때에는 원상회복 또는 상당한 담보제공을 청구할 수 있다. ④ 기한이익상실로 인한 즉시변제청구권
상호간의 관계	물권적 청구권 손해배상청구권 ── 선택적 관계 병존 ── 담보물보충청구권 즉시변제청구권 ── 선택적 관계

⑪ 공동저당 🖋필수체크

(1) 개념 정리

의의	① 동일한 채권을 담보하기 위하여 수개의 부동산에 저당권을 설정한 경우를 말한다. ② 공동저당은 목적물의 수만큼 저당권이 존재한다.
성립	① 공동저당권설정계약 + 등기 ② 공동저당은 때를 달리하여 설정되는 경우도 있고, 수개의 목적물의 소유자 내지 수개의 저당권의 순위를 달리하여 설정되는 경우도 있다. ③ 각 부동산에 관하여 저당권설정등기를 하여야 하며, 각 부동산이 하나의 채권의 공동담보로 되어 있다는 것을 아울러 기재하여야 한다.
효력	① **동시배당의 경우**: 동일한 채권의 담보로 수개의 부동산에 저당권을 설정한 경우에 그 부동산의 경매대가를 동시에 배당하는 때에는 각 부동산의 경매대가에 비례하여 그 채권의 분담을 정한다. ② **이시배당의 경우**: 공동저당부동산 중 일부의 경매대가를 먼저 배당하는 경우에는 그 대가에서 그 채권 전액의 변제를 받을 수 있다. 이 경우에 그 경매한 부동산의 차순위 저당권자는 선순위저당권자가 동시에 경매하여 배당하였더라면 다른 부동산의 경매대가에서 변제를 받을 수 있는 금액의 한도에서 선순위자를 대위하여 저당권을 행사할 수 있다.

(2) 핵심 쟁점

① 후순위저당권자의 대위는 채무자 소유의 수개의 부동산에 저당권이 설정된 경우에 한하여 적용된다.

② 채무자 소유라도 동일한 채권의 담보로 부동산과 선박에 대하여 저당권이 설정된 경우에는 후순위저당권자의 대위규정이 적용되지 않는다(대판 2002. 7. 12, 2001다53264).

③ 물상보증인과 채무자 소유의 부동산에 대한 후순위저당권자의 이익충돌 시 항상 물상보증인이 우선한다(대판 2001.6.1, 2001다21854).

　　㉠ 채무자와 물상보증인 소유의 부동산에 대해 각각 1번 저당권을 가진 자가 채무자 소유의 부동산에 대해 경매를 실행한 경우 채무자 소유의 부동산에 대한 후순위저당권자는 물상보증인 소유의 부동산에 대해 대위권을 행사할 수 없다.

　　㉡ 채무자와 물상보증인 소유의 부동산에 대해 각각 1번 저당권을 가진 자가 물상보증인 소유의 부동산에 대해 경매를 실행한 경우 물상보증인이 공동저당권자를 대위한다.

12 근저당 ✎필수체크

(1) 개념 정리

의의	① 계속적 거래관계로부터 발생하는 장래의 불특정채권을 일정한 한도액까지 담보하는 저당권을 말한다. ② 채권최고액은 담보목적물로부터 우선변제를 받을 수 있는 한도액을 의미한다.
특수성	① 피담보채권의 불특정성 ② 소멸상의 부종성 불요
성립	① 근저당권설정계약+등기 ② 근저당이라는 취지와 채권최고액은 반드시 등기하여야 한다(결산기 또는 존속기간은 임의적 등기사항). ③ 원본, 이자, 위약금 모두 채권최고액에 포함되며, 지연배상도 1년분에 한하지 않는다. ④ 근저당권실행비용은 채권최고액에 포함되지 않는다.
실행	피담보채권이 확정되면 근저당은 보통 저당권으로 전환되어 실행할 수 있게 된다.
근저당권 말소청구	① 확정된 피담보채권액이 채권최고액을 초과하는 경우 채무자 겸 근저당권설정자는 확정된 피담보채권 전액을 변제하여야 근저당권설정등기의 말소를 청구할 수 있다. ② 물상보증인과 제3취득자는 채권최고액까지만 변제하고 근저당권설정등기의 말소를 청구할 수 있다.

(2) 핵심 쟁점

피담보채권이 확정되는 경우	① 결산기의 도래 ② 존속기간의 만료 ③ 기본계약 또는 근저당권설정계약의 해제·해지 ④ 채무자 또는 물상보증인의 파산선고 ⑤ 채무자 또는 물상보증인에 대한 회사 정리절차 개시결정 ⑥ 근저당권자가 경매를 신청하는 경우(경매신청 시에 확정) ⑦ 후순위근저당권자가 경매를 신청하는 경우(선순위근저당권자의 피담보채권은 매수인이 매각대금을 다 낸 때에 확정)

계약법

5 개 년 출 제 비 중

25%

CHAPTER

1 | 계약법 총론

❶ 무엇이 중요할까?

• 청약과 승낙의 합치 이해
• 계약의 효력과 해제·해지 정리

❷ 더 공부하고 싶다면?

• 에듀윌 기본서 1차 민법 및 민사특별법 pp.414~472
• 에듀윌 단원별 기출문제집 1차 민법 및 민사특별법 pp.254~299

01　계약의 종류 ✍필수체크

계약의 종류	① 전형계약과 비전형계약 ③ 쌍무계약과 편무계약 ⑤ 요식계약과 불요식계약 ⑦ 예약과 본계약		② 유상계약과 무상계약 ④ 낙성계약과 요물계약 ⑥ 일시적 계약과 계속적 계약	
전형계약	재산을 대상으로 하는 계약	재산권의 이전을 목적으로 하는 계약	무상으로 양도 ▷ 증여	
			유상으로 양도	반대급부가 금전 ▷ 매매
				반대급부가 금전 이외의 것 ▷ 교환
		물건의 이용을 목적으로 하는 계약	동종·동량·동질의 물건으로 반환 ▷ 소비대차	
			빌린 물건 자체를 반환해야 하는 것	무상 ▷ 사용대차
				유상 ▷ 임대차
	노무를 대상으로 하는 계약	종속적 노무를 제공하는 계약 ▷ 고용		
		비종속적 노무를 제공하는 경우	노무가 일의 완성에 목적 ▷ 도급	
			여행 관련 용역을 결합하여 제공 ▷ 여행	
			광고에 정한 행위를 완료하는 것을 목적 ▷ 현상광고	
			일정한 사무처리를 목적 ▷ 위임	
			물건의 보관을 목적 ▷ 임치	
	기타의 계약	공동사업의 경영을 목적 ▷ 조합		
		특정인의 사망 시까지 정기적으로 금전 기타 물건의 급부를 약정 ▷ 종신정기금		
		당사자 사이의 분쟁을 서로 양보하여 해결하는 것을 목적 ▷ 화해		

무상계약	① 무상계약: 증여, 사용대차 ② 유상＋무상: 소비대차·위임·임치·종신정기금
쌍무계약	유상계약 쌍무계약 ① 쌍무계약은 모두 유상계약에 해당한다. ② 유상계약이 모두 쌍무계약에 해당하는 것은 아니다. ③ 쌍무계약에 대해서는 동시이행의 항변권과 위험부담의 문제가 발생한다.
요물계약	① 현상광고 ② 대물변제 ③ 계약금계약 ④ 보증금계약(다수설)
계속적 계약	① 당사자 사이의 인적 신뢰관계가 존재한다. ② 사정변경의 원칙이 고려되어야 할 필요성이 크다. ③ 계약의 해소는 해지에 의한다.
예약	예약은 언제나 채권계약이다.

02   계약의 성립

1 계약성립의 모습

(1) 개념 정리

청약 vs 승낙	① 객관적 합치: 내용적 일치 ② 주관적 합치: 상대방의 일치
의사실현	제532조【의사실현에 의한 계약성립】청약자의 의사표시나 관습에 의하여 승낙의 통지가 필요하지 아니한 경우에는 계약은 승낙의 의사표시로 인정되는 사실이 있는 때에 성립한다.
교차청약	제533조【교차청약】당사자 간에 동일한 내용의 청약이 상호교차된 경우에는 양 청약이 상대방에게 도달한 때에 계약이 성립한다.

(2) 핵심 쟁점

불합의	① 안 불합의(의식적 불합의): 당사자가 불합의를 알고 있는 경우 ② 숨은 불합의(무의식적 불합의): 당사자가 불합의를 모르고 있는 경우
숨은 불합의와 착오의 구별	① 의사표시의 합치는 계약의 성립요건의 문제이고, 착오는 성립을 전제로 한 계약의 효력요건의 문제이므로 항상 불합의 여부를 먼저 검토하여야 한다. ② 불합의는 양 당사자의 의사표시를 비교하는 것임에 반하여, 착오는 일방당사자의 의사표시를 의사와 표시로 나누어 그 일치 여부를 검토하는 것이다. ③ 사례의 해결: 쌍방착오의 경우에는 불합의문제로 다루고, 일방착오의 경우에는 착오문제로 다룬다.

❷ 청약과 승낙에 의한 계약의 성립 ✐필수체크

(1) 개념 정리

구분	청약	승낙
의의	승낙과 결합하여 계약을 성립시킬 것을 목적으로 하는 일방적·확정적 의사표시	청약에 대응하여 계약을 성립시킬 목적으로 청약자에 대하여 하는 승낙자의 의사표시
성질	의사표시로서 법률사실에 해당	
요건	① 청약의 주체: 특정인 ② 청약의 상대방: 특정인＋불특정인 ③ 청약의 성질: 확정적 의사표시	① 승낙 여부는 자유(법적 의무 부담 ×) ② 청약의 내용과 일치할 것 ③ 승낙의 상대방: 특정의 청약자
효력발생	① 효력발생시기: 도달된 때 효력발생 ② 청약의 구속력: 임의로 철회 불가 ③ 승낙적격: 승낙의 의사표시가 청약자에게 도달될 때까지 계약을 성립시킬 수 있는 효력을 가진다.	① 승낙기간을 정한 경우: 청약자가 그 기간 내에 승낙의 통지를 받지 못한 때에는 효력상실 ② 승낙기간을 정하지 않은 경우: 청약자가 상당한 기간 내에 승낙의 통지를 받지 못한 때에는 효력상실

(2) 핵심 쟁점

① **청약의 의사표시 발신 후의 사정변경**

　ⓐ 청약자가 사망 또는 제한능력자가 된 경우: 청약의 효력에는 영향이 없다.

　ⓑ 상대방이 사망 또는 제한능력자가 된 경우: 사망의 경우에는 상속문제로 처리되고, 제한능력자가 된 경우에는 수령무능력의 문제로 처리된다.

② **청약의 구속력이 배제되는 경우**: 다음의 경우에는 철회 가능하다.

　ⓐ 청약의 의사표시가 상대방에게 도달하기 전인 경우

　ⓑ 청약자가 처음부터 철회의 자유를 유보한 경우

3 연착된 승낙 및 조건과 변경을 가한 승낙

(1) 개념 정리

도달 가능하게 보낸 경우	① 승낙의 통지가 승낙기간 후에 도달한 경우에 보통 그 기간 내에 도달할 수 있는 발송인 때에는 청약자는 지체 없이 상대방에게 그 연착의 통지를 하여야 한다(청약자가 승낙의 의사표시의 도달 전에 지연의 통지를 발송한 경우에는 연착의 통지불요). ② 청약자가 연착의 통지를 하지 아니한 때에는 승낙의 통지는 연착되지 아니한 것으로 되어 계약은 성립한 것으로 간주된다. ③ 연착의 통지 또는 지연의 통지를 한 경우 청약자는 연착된 승낙을 새 청약으로 볼 수 있다.
아예 늦게 보낸 경우	① 승낙기간을 정한 청약에 대해 승낙기간을 경과하여 승낙의 의사표시가 도달한 경우라든가 승낙기간을 정하지 않은 청약에 대해 상당한 기간을 경과하여 승낙이 도달한 경우에는 계약이 성립하지 않는다. ② 다만, 연착된 승낙은 청약자가 이를 새 청약으로 볼 수 있다.

(2) 조건을 붙이거나 변경을 가한 승낙의 법적 처리

승낙자가 청약에 대하여 조건을 붙이거나 변경을 가하여 승낙한 때에는 그 청약의 거절과 동시에 새로 청약한 것으로 본다.

4 계약의 성립시기 ✐필수체크

(1) 개념 정리

대화자 간의 계약성립	제111조【의사표시의 효력발생시기】① 상대방이 있는 의사표시는 상대방에게 도달한 때에 그 효력이 생긴다.
격지자 간의 계약성립	제531조【격지자 간의 계약성립시기】격지자 간의 계약은 승낙의 통지를 발송한 때에 성립한다.

(2) 핵심 쟁점

법조문 비교	제531조【격지자 간의 계약성립시기】격지자 간의 계약은 승낙의 통지를 발송한 때에 성립한다. 제528조【승낙기간을 정한 계약의 청약】① 승낙의 기간을 정한 계약의 청약은 청약자가 그 기간 내에 승낙의 통지를 받지 못한 때에는 그 효력을 잃는다. 제529조【승낙기간을 정하지 아니한 계약의 청약】승낙의 기간을 정하지 아니한 계약의 청약은 청약자가 상당한 기간 내에 승낙의 통지를 받지 못한 때에는 그 효력을 잃는다.

	해제조건설 (통설)	승낙의 통지를 발송한 때에 계약은 일단 성립하고, 그 통지가 청약의 존속기간 내에 도달하지 않으면 계약은 소급하여 성립하지 않는다고 본다.
견해의 대립	정지조건설 (소수설)	승낙의 통지가 발송되더라도 계약은 성립하지 않고, 그 통지가 청약의 존속기간 내에 도달하면 발송한 때에 소급하여 계약이 성립한다고 본다.
	입증책임	해제조건설에 의하면 승낙자는 발송사실을 입증하는 것으로 충분하나, 정지조건설에 의하면 승낙자는 도달사실까지 입증하여야 한다.

5 계약체결상의 과실책임

> **제535조【계약체결상의 과실】**① 목적이 불능한 계약을 체결할 때에 그 불능을 알았거나 알 수 있었을 자는 상대방이 그 계약의 유효를 믿었음으로 인하여 받은 손해를 배상하여야 한다. 그러나 그 배상액은 계약이 유효함으로 인하여 생길 이익액을 넘지 못한다.
> ② 전항의 규정은 상대방이 그 불능을 알았거나 알 수 있었을 경우에는 적용하지 아니한다.

(1) 개념 정리

요건	① 계약의 목적이 원시적 불능으로 무효일 것 ② 배상의무자가 불능임을 알았거나 알 수 있었을 것 ③ 상대방이 손해를 입었을 것 ④ 상대방이 불능원인에 대해 선의·무과실일 것
효과	① 불능을 알았거나 알 수 있었을 자는 상대방이 입은 신뢰이익을 배상하여야 한다. ② 신뢰이익의 배상액은 이행이익을 넘지 못한다.

(2) 핵심 쟁점

① 판례는 원시적 불능의 경우에 한하여 계약체결상의 과실책임을 인정한다(나머지는 모두 불법행위책임의 성립문제로 해결).

② 부동산매매계약에 있어서 실제면적이 계약면적에 미달하고 그 매매가 수량지정매매에 해당하는 경우 담보책임규정상의 대금감액청구권을 행사하는 것 외에 별도로 부당이득반환청구를 하거나 계약체결상의 과실책임을 물을 수는 없다(대판 2002.4.9, 99다47396).

03 계약의 효력

1 계약의 효력 일반

성립요건	일반적 성립요건+특별성립요건
효력요건	일반적 효력요건+특별효력요건
쌍무계약의 특질	① 성립상의 견련성 ② 이행상의 견련성 ⇨ 동시이행의 항변권(제536조) ③ 존속상의 견련성 ⇨ 위험부담(제537조, 제538조)

2 동시이행의 항변권 ✎ 필수체크

(1) 개념 정리

의의	채권자가 자기채무를 이행하지 않고 채무자에게 이행을 청구한 경우 채무자는 일시적으로 자기채무의 이행을 거절할 수 있는 권리를 말한다.
요건	연기적 항변권(청구권의 효력을 일시적으로 저지)
성립요건	① 쌍무계약일 것 ② 상대방 채무의 변제기가 도래할 것 ③ 상대방이 자기채무의 이행 또는 이행제공을 하지 않고 청구할 것
효과	① **자기채무의 이행거절권능**: 원용 필요 　㉠ 상대방이 채무의 이행을 제공할 때까지 채무자는 자기채무의 이행을 거절할 수 있다. 　㉡ 원고가 제기한 이행청구소송에서 피고가 동시이행의 항변권을 주장하는 경우 법원은 상환이행판결을 내려야 한다. ② **자기채무에 대한 이행지체저지효**: 원용 불요 　㉠ 동시이행의 항변권을 가지는 채무자는 비록 이행기에 자신의 채무를 이행하지 않더라도 이행지체책임을 지지 않는다. 　㉡ 채무자에게 이행지체책임을 지우려면 채권자가 먼저 자기채무를 이행하거나 이행의 제공을 하여 채무자의 동시이행의 항변권을 상실시켜야 한다. ③ **상계금지효**: 원용 불요 　㉠ 동시이행의 항변권이 붙은 채권을 자동채권으로 하여 상계하지 못한다. 　㉡ 수동채권으로 상계하는 것은 가능하다.

(2) 핵심 쟁점

① 쌍무계약의 각 당사자는 자기채무를 이행하지 않고 먼저 상대방에게 이행을 청구할 수 있다.

② 동시이행의 항변권은 원칙적으로 쌍무계약의 당사자 사이에서 인정된다.

③ 채권양도, 채무인수, 상속, 전부명령 등으로 당사자가 변경된 경우에도 동일성이 유지되는 한 동시이행의 항변권이 인정된다. 그러나 경개의 경우에는 동일성이 유지되지 않으므로 동시이행의 항변권이 인정되지 않는다.
> └ 채무자가 제3채무자에 대하여 가지는 압류한 금전채권을 집행채권과 집행비용청구권의 변제에 갈음하여 압류채권자에게 이전시키는 집행법원의 결정

④ 당사자 일방의 채무가 이행불능으로 손해배상채무로 성질이 변경되더라도 채무의 동일성이 유지되므로 동시이행의 항변권은 존속한다.

⑤ 선이행의무자라 하더라도 타방당사자의 채무의 이행이 곤란할 정도의 현저한 사유가 존재하는 경우에는 동시이행의 항변권을 가진다(이를 불안의 항변권이라 함).

⑥ 선이행의무자가 그 이행을 지체하고 있는 동안에 상대방의 채무의 이행기가 도달한 경우 선이행의무자도 동시이행의 항변권을 행사할 수 있다.

⑦ 쌍무계약의 당사자 일방이 먼저 한 번의 현실의 제공을 하고 상대방을 수령지체에 빠지게 하였더라도 그 이행의 제공이 계속되지 않는 경우는 과거에 이행의 제공이 있었다는 사실만으로 상대방이 가지는 동시이행의 항변권이 소멸하는 것은 아니다.

3 동시이행관계 여부가 문제되는 경우 ✔필수체크

명문규정에 의해 동시이행관계가 인정되는 경우	① 전세권이 소멸한 경우에 있어서 전세권자의 목적물인도 및 전세권설정등기의 말소에 필요한 서류의 교부의무와 전세권설정자의 전세금반환의무(제317조) ② 계약해제에 있어서 각 당사자의 원상회복의무(제549조) ③ 매매에 있어서 매도인의 재산권이전의무와 매수인의 대금지급의무(제568조 제2항) ④ 매도인의 담보책임과 매수인의 반환의무(제583조) ⑤ 가등기담보에 있어서 청산금지급채무와 목적물인도 및 등기의무(가등기담보 등에 관한 법률 제4조 제3항)
해석상 동시이행관계가 인정되는 경우	① 임대차에 있어서 목적물인도의무와 보증금반환의무 ② 변제와 영수증 교부 ③ 매매계약이 무효 또는 취소된 경우 각 당사자의 부당이득반환의무 ④ 부동산매매 시 매수인이 양도소득세를 부담하기로 한 경우에 매도인의 소유권이전등기의무와 매수인의 양도소득세 납부의무 ⑤ 토지임대차에 있어서 토지임차인이 지상물매수청구권을 행사한 경우 토지임차인의 지상물이전의무와 토지임대인의 매매대금지급의무 ⑥ 가압류가 된 부동산의 매매계약에서 매도인의 가압류등기말소 및 소유권이전의무와 매수인의 대금지급의무

동시이행관계가 아닌 경우	① 변제와 담보권(저당권, 양도담보권 등) 소멸 ② 변제와 채권증서의 반환 ③ 토지거래허가 신청절차협력의무와 매수인의 대금지급의무

4 유치권과 동시이행항변권의 공통점과 차이점

구분	유치권	동시이행의 항변권
공통점	① 양자 모두 공평의 원칙에 입각한다. ② 양자 모두 채권의 변제를 촉구하는 기능을 한다(양자는 병존 가능). ③ 소송에서 문제된 경우 상환이행판결(원고일부승소판결)이 내려진다.	
차이점	물권이므로 절대성과 배타성이 있다[대세 권(對世權)].	쌍무계약의 효력으로서 인정되는 것이므로 당사자 사이에서만 효력이 있다[대인권(對 人權)].
	그 물건에 관한 일체의 채권의 변제 확보 가 목적(채권담보가 핵심)	쌍무계약상의 채권의 이행이 목적(선이행 방지가 핵심)
	채권의 전부를 변제받을 때까지 유치물 전 부에 대해 권리행사 가능	일부를 제공한 경우 미제공부분에 대해서 만 권리행사 가능
	채권의 변제를 받을 때까지 권리행사 가능	이행의 제공을 할 때까지 권리행사 가능
	물건의 인도를 거절	일체의 채무의 이행을 거절
	다른 담보를 제공하고 소멸청구 가능	다른 담보를 제공하고 권리행사 저지 불가

5 위험부담 ✐필수체크

(1) 개념 정리

위험의 종류	① 물건의 위험(급부의 위험): 재산권이전이라는 급부가 당사자 쌍방의 귀책사유 없이 불능이 된 경우 그 목적물에 대한 재산권을 이전받지 못하는 불이익을 말한다. ② 대가의 위험(반대급부의 위험): 재산권이전이라는 급부가 당사자 쌍방의 귀책사유 없이 불능이 된 경우 반대급부인 대금지급을 받지 못하는 불이익을 말한다. ③ 물건의 위험은 항상 채권자가 부담한다. ④ 보통 위험이라고 하면 대가의 위험을 말한다.
위험부담의 의미	① 쌍무계약에 있어서 ② 일방의 채무가 채무자의 책임 없는 사유로 ⎤ 타방당사자의 채무가 ③ 후발적 불능이 되어 소멸한 경우　　　 ⎦ 존속하느냐에 관한 문제
채무자 위험부담주의	**제537조 【채무자위험부담주의】** 쌍무계약의 당사자 일방의 채무가 당사자 쌍방의 책임 없는 사유로 이행할 수 없게 된 때에는 채무자는 상대방의 이행을 청구하지 못한다.

채권자 위험부담주의	**제538조【채권자 귀책사유로 인한 이행불능】**① 쌍무계약의 당사자 일방의 채무가 채권자의 책임 있는 사유로 이행할 수 없게 된 때에는 채무자는 상대방의 이행을 청구할 수 있다. 채권자의 수령지체 중에 당사자 쌍방의 책임 없는 사유로 이행할 수 없게 된 때에도 같다. ② 전항의 경우에 채무자는 자기의 채무를 면함으로써 이익을 얻은 때에는 이를 채권자에게 상환하여야 한다.
법적 성질	제537조와 제538조는 임의규정

(2) 핵심 쟁점

① 지문에서 채권자에 대한 언급 없이 단순히 '홍수로', '태풍으로', '원인을 알 수 없는 화재로' 목적물이 소실되었다는 표현이 나오면 이는 100% 채무자가 위험을 부담하는 경우이다.

② 채권자가 위험을 부담하는 경우는 주로 채무자가 채권에서 물건을 가져다주었으나 채권자가 수령을 지체하는 경우에 발생한다. 이 경우 채무자는 채권자에게 반대급부인 대금지급을 청구할 수 있다.

③ 소유권유보부 매매에 있어서 목적물이 당사자 쌍방의 책임 없는 사유로 멸실된 경우에도 동산을 인도받은 매수인은 위험을 부담하므로 대금지급의무를 부담한다.

6 제3자를 위한 계약 ✍필수체크

(1) 개념 정리

의의	계약당사자 이외의 제3자에게 직접 권리를 취득시키는 계약을 말한다.
3면관계	 ① 대가관계＝원인관계＝출연관계 ② 보상관계＝기본관계 ③ 수익관계＝급부실현관계 ④ 요약자＝채권자 ⑤ 낙약자＝채무자 ⑥ 수익자＝제3자

성립요건	① 보상관계의 유효
	② 제3자 수익약정
	  ㉠ 제3자는 계약체결 당시에 현존할 필요가 없다.
	  ㉡ 제3자가 취득할 수 있는 권리의 종류에는 제한이 없다.
	③ 제3자의 권리취득의 요건: 수익의 의사표시
	  ㉠ 제3자의 권리는 제3자가 낙약자에 대하여 수익의 의사를 표시하는 때에 발생한다.
	  ㉡ 제3자의 수익의 의사표시는 권리발생요건에 해당한다(성립요건 ×).

수익자의 지위	① 수익의 의사표시 전의 제3자의 지위 　㉠ 수익의 의사표시의 법적 성질은 형성권이다. 　㉡ 재산권이므로 양도 · 상속 · 채권자대위권의 객체가 된다. 　㉢ 채무자는 상당한 기간을 정하여 계약의 이익의 향수 여부의 확답을 최고하였는 　　 데, 채무자가 그 기간 내에 확답을 받지 못한 때에는 제3자가 계약의 이익을 받 　　 을 것을 거절한 것으로 본다. ② 수익의 의사표시 후의 제3자의 지위 　㉠ 제3자의 권리가 확정된 후에 당사자는 이를 변경 또는 소멸시키지 못한다. 　㉡ 제3자는 의사표시규정에서 말하는 제3자에 해당되지 않는다.
요약자의 지위	① 요약자는 낙약자에 대하여 제3자에 대한 채무의 이행을 청구할 권리를 가진다. ② 요약자는 낙약자가 채무를 불이행하는 경우 자기 또는 제3자에게 손해배상을 할 것 　 을 청구할 수 있다. ③ 요약자는 계약의 당사자이므로 취소권, 해제권 등을 행사할 수 있다. ④ 제3자가 수익의 의사표시를 한 후일지라도 요약자가 계약해제권을 행사함에 있어 　 서 제3자의 동의는 필요 없다.
낙약자의 지위	① 낙약자는 요약자와의 계약 자체에 기한 항변(보상관계에 기한 항변)으로 제3자에게 　 대항할 수 있다. ② 제3자가 수익을 거절하는 경우 요약자에게 대신 급부함으로써 채무의 이행을 완료 　 할 수 있다.

판 례

채무자와 인수인의 계약으로 체결되는 병존적 채무인수는 채권자로 하여금 인수인에 대하여 새로운 권리
를 취득하게 하는 것이므로 제3자를 위한 계약에 해당한다(대판 1997.10.24, 97다28698).

(2) 핵심 쟁점

① 3면관계의 내용

　㉠ 보상관계의 흠결이나 하자는 제3자를 위한 계약에 영향을 미친다.

　㉡ 대가관계의 흠결이나 하자는 제3자를 위한 계약에 영향을 미치지 않는다.

② 제3자의 권리행사 여부

　㉠ 제3자는 계약의 당사자가 아니므로 취소권, 해제권, 원상회복청구권, 해지권을 행사할
　　 수 없다.

　㉡ 요약자가 계약을 해제한 경우 제3자는 낙약자에게 손해배상을 청구할 수 있다.

③ 제3자에게 이미 급부한 것에 대한 반환청구: 제3자를 위한 계약에서 요약자와 낙약자 사이의
법률관계(이른바 기본관계)를 이루는 계약이 해제된 경우, 낙약자는 이미 제3자에게 급부한 것
에 대해 계약해제에 기한 원상회복 또는 부당이득을 원인으로 제3자를 상대로 그 반환을 청
구할 수 없다(대판 2005. 7.22, 2005다7566).

04 계약의 해제 · 해지

1 해제와의 구별개념

해제	해제권자의 일방적 의사표시에 의해 계약관계를 해소하는 것
해제계약 (합의해제)	① 해제 그 자체를 하기로 하는 당사자 사이의 계약 ② 민법의 해제에 관한 규정이 적용되지 않음
해제조건	① 조건이 성취하는 경우 장래에 대하여 특별한 의사표시 없이 효력이 소멸하는 것 ② 중도금을 제때에 지급하지 않으면 계약이 해제되는 것으로 하는 실권약관은 자동해제로 볼 수 있으나(대판 1991.8.13, 91다13717), 잔금을 제때에 지급하지 않으면 계약이 해제되는 것으로 하는 실권약관은 자동해제된다고 볼 수 없다(대판 1998. 6.12, 98다505).
철회	법률행위의 효과가 발생하기 전에 장래에 대하여 그 효과의 발생을 저지하는 행위

취소와 해제의 비교	구분	취소	해제
	법률관계의 해소	일방적 의사표시에 의해 법률행위의 효력을 소급적으로 소멸	
	적용범위	모든 법률행위에 인정	계약에만 인정
	발생원인	법률규정에 의해서만 발생	약정과 법률규정에 의해 발생
	반환범위	부당이득반환에 의함	원상회복에 의함
	손해배상청구	×	○

2 해제권의 발생원인

(1) 개념 정리 ✎필수체크

약정해제권	① 약정사유가 발생한 경우 일방이 계약을 해제할 수 있다고 약정한 경우 ② 계약체결 후 별개의 계약으로 해제권유보의 약정을 할 수 있다.
법정해제권	① 이행지체 ┬ 보통의 이행지체: 최고 + 해제 └ 정기행위의 이행지체: 최고 없이 곧바로 해제 가능 ② 이행불능: 최고 없이 곧바로 해제 가능 ③ 불완전이행 ┬ 추완 가능: 이행지체에 준함 └ 추완 불가능: 이행불능에 준함 ④ 채권자지체: 계약해제와 손해배상청구 불가 ⑤ 부수적 주의의무위반: 해제는 원칙적으로 인정 ×(손해배상청구만 가능)

└─ 채무자의 채무불이행이 있는 경우에 발생되는 해제권

(2) 핵심 쟁점 ✏️필수체크

① **약정해제권에 법정해제권 규정을 적용할 수 있는지의 여부**

    ㉠ 약정해제의 경우 해제권의 행사방법, 해제의 효과, 해제권의 소멸에 관한 규정은 적용된다. 따라서 약정해제권을 행사한 경우 계약은 소급적으로 소멸하고 각 당사자에게는 원상회복의무가 주어진다.

    ㉡ 약정해제의 경우 해제권의 발생에 관한 규정과 손해배상청구에 관한 규정은 적용되지 않는다. 따라서 약정해제권을 행사하더라도 손해배상청구권을 행사할 수 없다.

② **최고 없이 해제권 행사가 가능한 경우**

    ㉠ 정기행위의 이행지체

    ㉡ 이행불능과 추완이 불가능한 불완전이행

    ㉢ 채무자가 미리 이행하지 아니할 의사를 표시한 경우

    ㉣ 당사자 사이에 최고 배제의 특약이 있는 경우

3 해제권의 행사

행사의 자유	해제권을 행사할 것인가는 해제권자의 자유이다.
행사방법	① 해제권을 행사하는 경우에는 상대방에 대한 의사표시로 한다. ② 해제의 의사표시가 그 효력을 발생한 후에는 철회하지 못한다.
해제의 불가분성	① 당사자의 일방 또는 쌍방이 수인인 경우에는 계약의 해제는 그 전원으로부터 또는 전원에 대하여 하여야 한다. ② 당사자의 일방 또는 쌍방이 수인인 경우에 해제의 권리가 당사자 1인에 대하여 소멸한 때에는 다른 당사자에 대하여도 소멸한다. ③ 해제의 불가분성에 관한 규정은 임의규정이므로 당사자의 특약으로 배제할 수 있다.
행사기간	형성권이므로 10년의 제척기간에 걸린다.

4 해제의 효과 ✏️필수체크

> **제548조【해제의 효과, 원상회복의무】**① 당사자 일방이 계약을 해제한 때에는 각 당사자는 그 상대방에 대하여 원상회복의 의무가 있다. 그러나 제3자의 권리를 해하지 못한다.
>   ② 전항의 경우에 반환할 금전에는 그 받은 날로부터 이자를 가하여야 한다.
> **제549조【원상회복의무와 동시이행】** 제536조의 규정은 전조의 경우에 준용한다.
> **제551조【해지, 해제와 손해배상】** 계약의 해지 또는 해제는 손해배상의 청구에 영향을 미치지 아니한다.

소급효	계약을 해제하는 경우 계약은 소급적으로 소멸한다.
원상회복의무	① 계약을 해제한 경우 각 당사자에게는 제548조에 따라 원상회복의무가 주어진다. ② 각 당사자가 부담하는 원상회복의무는 동시이행관계에 있다. ③ 계약의 해제는 손해배상의 청구에 영향을 미치지 아니한다(이때의 해제는 법정해제만을 의미함).
물권변동과의 관련성	계약이 해제되면 그 계약의 이행으로 변동이 생겼던 물권은 당연히 그 계약이 없었던 원상태로 복귀한다(대판 1977.5.24, 75다1394).
제3자 보호	① 계약해제에 있어서 제3자란 해제된 계약을 기초로 법률상 새로운 이해관계를 맺은 자로서 물권자에 한한다. ② 해제 전이면 제3자는 선의·악의를 불문하고 보호된다. ③ 해제 후 말소등기 전이면 제3자는 선의인 경우에만 보호된다.

5 제548조 제1항 단서의 제3자 ✐필수체크

제3자의 의미	① 제548조 제1항 단서에서 말하는 제3자는 원칙적으로 해제의 의사표시가 있기 이전에 해제된 계약을 기초로 법률상 새로운 이해관계를 맺은 자를 말한다. ② 이때의 제3자는 선의·악의를 불문한다. ③ 이때의 제3자는 등기나 인도 등으로 완전한 권리를 취득한 자를 의미한다.
제3자에 해당 ○	① 계약에 기한 급부의 목적인 물건이나 권리를 취득한 양수인 ② 급부목적물의 저당권자 또는 질권자 ③ 해제된 계약에 의하여 채무자의 책임재산이 된 계약의 목적물을 가압류한 가압류채권자 ④ 소유권을 취득하였다가 계약해제로 소유권을 상실하게 된 매수인(임대인)으로부터 그 계약이 해제되기 전에 주택을 임차하여 「주택임대차보호법」상의 대항요건을 갖춘 임차인
제3자에 해당 ×	① 해제에 의하여 소멸하는 채권 그 자체의 양수인(아파트 분양신청권이 전전매매된 후 최초의 매매 당사자가 계약을 합의해제한 경우 그 분양신청권을 전전매수한 자) ② 해제에 의하여 소멸하는 채권에 대하여 압류명령이나 전부명령을 받은 압류채권자 또는 전부채권자 ③ 제3자를 위한 계약에 있어서의 수익자 ④ 매도인의 매매대금 수령 이전에 해제조건부로 임대권한을 부여받은 매수인으로부터 그 계약이 해제되기 전에 주택을 임차하여 「주택임대차보호법」상의 대항요건을 갖춘 임차인 ⑤ 토지를 매도하였다가 대금지급을 받지 못하여 그 매매계약을 해제한 경우에 있어 그 토지 위에 신축된 건물의 매수인 ⑥ 계약이 해제되기 전에 계약상의 채권을 양수하여 이를 피보전권리로 하여 처분금지 가처분결정을 받은 자

6 해제와 해지의 비교

구분	해제	해지
적용범위	일시적 계약에서 인정	계속적 계약에서 인정
효력	계약이 소급적으로 소멸	계약은 장래에 대하여 소멸
의무	원상회복의무를 부담	청산의무를 부담
공통점	① 형성권 ② 약정 또는 법률규정에 의해 발생 ③ 손해배상청구 가능 ④ 철회 불가 ⑤ 행사상·소멸상의 불가분성	

CHAPTER

2 | 매매

❗ 무엇이 중요할까?

• 해약금에 의한 계약해제 내용 정리
• 매도인의 담보책임 내용 정리

❓ 더 공부하고 싶다면?

• 에듀윌 기본서 1차 민법 및 민사특별법 pp.473~508
• 에듀윌 단원별 기출문제집 1차 민법 및 민사특별법
  pp.300~322

05 매매 일반

1 개념 정리 ✏️필수체크

매매의 의의	매도인이 매수인에게 재산권을 이전할 것을 약정하고 매수인은 이에 대해 대금을 지급할 것을 약정함으로써 성립하는 계약이다.
법적 성질	① 유상계약 ② 쌍무계약 ③ 낙성계약 ④ 불요식 계약
성립	① **의사표시의 합치**: 재산권이전 vs 대금지급 　㉠ 매매계약은 재산권이전과 대금지급에 관한 합의가 있으면 성립한다. 　㉡ 매매계약의 세부사항(계약비용, 채무의 이행시기, 이행장소 등)에 관한 합의까지는 필요 없다. ② **재산권의 이전**: 타인 소유의 물건 · 권리 ○ / 장래에 생길 물건 · 권리 ○ ③ **대금의 지급**: 매매에 있어서 반대급부는 금전에 한한다. ④ **현실매매도** 매매의 일종이다(매매에 관한 규정이 준용됨).

2 핵심 쟁점 ✏️필수체크

비용부담	① 매매계약의 비용은 쌍방이 균분하여 부담한다. ② 등기비용은 계약비용이 아니므로 매수인이 부담한다.
효력 일반	**제568조【매매의 효력】**① 매도인은 매수인에 대하여 매매의 목적이 된 권리를 이전하여야 하며 매수인은 매도인에게 그 대금을 지급하여야 한다. 　② 전항의 쌍방의무는 특별한 약정이나 관습이 없으면 동시에 이행하여야 한다. **제585조【동일기한의 추정】**매매의 당사자 일방에 대한 의무이행의 기한이 있는 때에는 상대방의 의무이행에 대하여도 동일한 기한이 있는 것으로 추정한다. **제586조【대금지급장소】**매매의 목적물의 인도와 동시에 대금을 지급할 경우에는 그 인도장소에서 이를 지급하여야 한다.

제587조【과실의 귀속, 대금의 이자】매매계약있은 후에도 인도하지 아니한 목적물로부터 생긴 과실은 매도인에게 속한다. 매수인은 목적물의 인도를 받은 날로부터 대금의 이자를 지급하여야 한다. 그러나 대금의 지급에 대하여 기한이 있는 때에는 그러하지 아니하다.

제588조【권리주장자가 있는 경우와 대금지급거절권】매매의 목적물에 대하여 권리를 주장하는 자가 있는 경우에 매수인이 매수한 권리의 전부나 일부를 잃을 염려가 있는 때에는 매수인은 그 위험의 한도에서 대금의 전부나 일부의 지급을 거절할 수 있다. 그러나 매도인이 상당한 담보를 제공한 때에는 그러하지 아니하다.

제589조【대금공탁청구권】전조의 경우에 매도인은 매수인에 대하여 대금의 공탁을 청구할 수 있다.

06 매매의 성립

1 매매의 예약

의의	① 예약이란 장차 본계약을 체결할 것을 미리 약속하는 계약을 말한다. ② 본계약은 채권계약·물권계약·가족법상의 계약일 수 있으나, 예약은 언제나 채권계약이다.
종류	① 편무예약, 쌍무예약: 본계약체결의무를 누가 부담하느냐에 따른 구별 ② 일방예약, 쌍방예약: 예약완결권을 누가 가지느냐에 따른 구별 ← 일방적인 의사표시로써 매매를 완결할 수 있는 권리 ③ 추정: 특약 또는 관습이 없는 한 일방예약으로 추정한다.
매매의 일방예약	① 일방예약의 법적 성질: 예약완결권 행사를 정지조건으로 하는 매매계약(다수설) ② 예약완결권 　㉠ 성질 ┬ 형성권(10년의 제척기간에 걸림) ← 법률이 예정하고 있는 권리의 존속기간 　　　　├ 양도성 ○ 　　　　└ 가등기 ○ 　㉡ 예약자는 상당한 기간을 정하여 매매완결 여부의 확답을 상대방(예약완결권자)에게 최고할 수 있고, 상당한 기간 내에 확답을 받지 못한 경우에는 그 예약은 효력을 상실한다.

판례

예약완결권은 일종의 형성권으로서 당사자 사이에 그 행사기간을 약정한 때에는 그 기간 내에, 그러한 약정이 없는 때에는 예약이 성립한 때부터 10년 내에 이를 행사하여야 하고, 그 기간을 도과한 때에는 상대방이 예약목적물인 부동산을 인도받은 경우라도 예약완결권은 제척기간의 경과로 인하여 소멸된다(대판 2000.10.13, 99다18725).

2 계약금계약 ✎필수체크

(1) 개념 정리

의의	① **계약금**: 계약을 체결하면서 그에 부수하여 당사자 일방이 상대방에 대하여 교부하는 금전 기타 유가물이다. ② **계약금계약의 성격**: 요물계약+종된 계약
종류	① **증약금**: 계약체결의 증거로서의 성격 ② **해약금**: 계약해제의 유보수단으로서의 성격 ③ **위약금**: 계약위반에 대한 손해배상의 성격(반드시 특약이 있어야 함) ⇨ 민법은 계약금을 해약금으로 추정한다.
해약금에 의한 계약해제	① 당사자 일방이 이행에 착수할 때까지 교부자는 이를 포기하고 수령자는 배액을 상환하여 계약을 해제할 수 있다. 　㉠ 당사자의 일방이란 매매계약의 쌍방 중 어느 일방을 말한다. 　㉡ 이행의 착수란 채무이행의 일부를 행하거나 이행에 필요한 전제행위를 하는 것을 말하고(중도금의 지급 ○, 잔금을 준비하고 등기소에 동행할 것을 촉구 ○), 이행의 준비만으로는 부족하다. 　㉢ 교부자는 해제권을 행사하면 당연히 계약금 포기의 효력이 발생하므로 별도의 포기 의사가 필요 없다. 　㉣ 수령자는 반드시 현실적으로 배액을 상환하여야만 해제권을 행사할 수 있다(상대방이 수령하지 않더라도 공탁할 필요는 없음). ② 해약금에 의한 계약해제 역시 계약이 소급적으로 실효되나, 원상회복의무나 손해배상 청구권의 문제가 원칙적으로 발생하지 않는다.

(2) 핵심 쟁점

① 매도인이 전혀 계약의 이행에 착수한 바 없더라도 중도금을 지급한 매수인은 계약금을 포기하고 매매계약을 해제할 수 없다.

② 이행기의 약정이 있더라도 당사자가 채무의 이행기 전에는 착수하지 않기로 특약을 하는 등의 특별한 사정이 없는 한 이행기 전에 이행에 착수할 수 있다.

③ 매매계약 당시 매수인이 중도금 일부의 지급에 갈음하여 매도인에게 제3자에 대한 대여금채권을 양도하기로 약정하고, 그 자리에 제3자도 참석한 경우에는 매수인은 매매계약과 함께 채무의 일부 이행에 착수하였으므로, 매도인은 해약금에 의한 계약해제를 할 수 없다(대판 2006.11.24, 2005다39594).

1 매도인의 담보책임 ✍필수체크

(1) 개념 정리

의의	매매의 목적물인 권리 또는 물건에 하자가 있는 경우 매도인이 매수인에 대하여 부담하는 책임을 말한다.
성질	① 법정책임: 매매계약의 유상성에 비추어 매수인을 보호하고 거래안전을 보호하기 위하여 인정되는 책임이다(채무불이행책임 ×). ② 무과실책임: 매도인은 목적물의 하자에 대한 고의·과실이 없어도 책임을 진다. ③ 임의규정: 담보책임의 내용을 가중·감경·면제하는 특약은 원칙적으로 유효하다.
적용범위	① 담보책임은 모든 유상계약에 준용된다. ② 특정물매매뿐만 아니라 종류물매매에 있어서도 담보책임이 인정된다. ③ 경매의 경우에는 권리에 하자가 있는 때에만 담보책임을 물을 수 있다. ④ 법률상의 장애의 경우 판례는 이를 물건의 하자로 보므로 경매에 있어서의 담보책임 규정이 적용되지 않는다.

(2) 담보책임의 사례

전부타인의 권리	甲이 자기 소유의 건물을 乙에게 매도하고, 乙은 이를 다시 丙에게 전매하였다. 그런데 甲이 자기 앞으로 등기명의가 남아 있음을 기화로 丁에게 매각하고 소유권이전등기를 경료해 준 경우 丙은 乙에 대하여 어떠한 책임을 물을 수 있는가?
일부타인의 권리	甲이 토지 1,000m²를 乙에게 매각하였는데, 그중 800m²는 甲의 소유이지만 200m²는 丙의 소유인 경우 甲이 그 소유권을 취득하여 乙에게 이전할 수 없는 때에 乙은 甲에 대하여 어떠한 책임을 물을 수 있는가?
수량부족·일부멸실	① 甲이 자기 소유 토지 100m²를 m²당 100만원씩 책정하여 乙에게 매각하였으나, 실측을 해본 결과 80m²밖에 되지 않는 경우 乙은 甲에 대하여 어떠한 책임을 물을 수 있는가? ② 甲이 창고가 딸린 건물을 乙에게 매각하였으나 그 창고가 매매계약체결 이전에 이미 화재로 소실된 경우 乙은 甲에 대하여 어떠한 책임을 물을 수 있는가?
용익권에 의한 제한	甲이 자기 소유의 건물을 乙에게 매도하였는데, 그 건물에 대해 이미 丙이 전세권을 가지고 있는 경우 乙은 甲에 대하여 어떠한 책임을 물을 수 있는가?
저당권에 의한 제한	甲은 자신의 토지를 담보로 丙으로부터 1천만원을 차용하고 丙에게 저당권을 설정하여 주었다. 그 후 甲은 乙에게 자신의 토지를 매각하였으나, 甲의 채무불이행으로 인해 丙이 저당권을 실행하여 丁에게 토지가 경락되었다. 이 경우 乙은 甲에 대하여 어떠한 책임을 물을 수 있는가?
특정물매매	甲은 자기 소유의 건물을 乙에게 매각하였는데, 그 건물의 바닥과 벽에 균열이 있는 경우 乙은 甲에 대하여 어떠한 책임을 물을 수 있는가?
종류물매매	甲은 乙로부터 주문받은 그랜저자동차 한 대를 인도하였으나, 그 인도된 자동차의 엔진에 결함이 있는 경우 乙은 甲에 대하여 어떠한 책임을 물을 수 있는가?

PART 3

(3) 담보책임의 사례

담보책임		매수인의 선의·악의	책임의 내용			제척 기간
			대금감액 청구권	계약해제권	손해배상청구권	
권리의 하자에 대한 담보책임	전부타인의 권리	선의		있음	있음	×
		악의		있음	없음	
	일부타인의 권리	선의	있음	일정한 경우에만 있음	있음	1년
		악의	있음	없음	없음	1년
	수량부족· 일부멸실	선의	있음	일정한 경우에만 있음	있음	1년
		악의	없음	없음	없음	
	용익권에 의한 제한	선의		목적달성 불능 시에 있음	있음	1년
		악의		없음	없음	
	저당권에 의한 제한	선의		일정한 경우에만 있음	일정한 경우에만 있음	×
		악의		일정한 경우에만 있음	일정한 경우에만 있음	
물건의 하자에 대한 담보책임	특정물매매	선의· 무과실		목적달성 불능 시에 있음	있음	6월
		악의		없음	없음	
	종류물매매	선의· 무과실		목적달성 불능 시에 있음	있음	6월
		악의		없음	없음	

② 경매에 있어서의 담보책임

성립요건	① 경매목적물의 권리에 하자가 있을 것(물건에 하자가 있는 경우에는 인정 ×) ② 경매는 공경매에 한한다(통상의 강제집행, 담보권실행경매, 국세징수법에 의한 공매).
담보책임의 내용	① **채무자가 제1차적 책임자**: 매각받은 권리에 하자가 있는 경우 그 하자의 유형에 따라 매수인은 채무자에게 계약의 해제 또는 대금감액을 청구할 수 있다. ② **채권자는 제2차적 책임자**: 담보책임을 지는 채무자에게 자력이 없는 때에는 매수인은 대금의 배당을 받은 채권자에 대하여 그 대금 전부나 일부의 반환을 청구할 수 있다. ③ **원칙적으로 손해배상청구권 불가**: 채무자가 물건 또는 권리의 흠결을 알고 고지하지 아니하거나 채권자가 이를 알고 경매를 청구한 때에는 매수인은 그 흠결을 안 채무자나 채권자에 대하여 손해배상을 청구할 수 있다.

의의	매매계약과 동시에 환매할 권리를 보류하는 경우를 말한다.
법적 성질	해제권유보부 매매(다수설) vs 재매매의 예약
요건	① **목적물**: 동산, 부동산, 채권, 지식재산권 모두 가능하다. ② **환매특약**: 매매계약과 동시에 하여야 한다. ③ **환매대금**: 매매대금과 매수인이 부담한 매매비용에 한정된다. ④ **환매기간** 　㉠ 환매기간은 부동산은 5년, 동산은 3년을 넘지 못한다(약정기간이 이를 넘는 때에는 5년, 3년으로 단축). 　㉡ 환매기간을 정한 때에는 다시 이를 연장하지 못한다. 　㉢ 환매기간을 정하지 아니한 때에는 그 기간은 부동산은 5년, 동산은 3년으로 한다. ⑤ **환매특약의 등기**: 매매등기와 동시에 환매권을 등기하면 대항력이 발생한다.
행사	① **환매권** 　㉠ 성질 ┬ 형성권 　　　　├ 양도성 ○ 　　　　└ 상속성 ○ 　㉡ 환매권은 채권자대위권의 객체가 된다. ② **행사방법**: 환매기간 내에 환매대금을 제공하면서 환매권을 행사하여야 한다.

CHAPTER

3 | 교환

❶ 무엇이 중요할까?

• 교환의 성립, 동시이행의 항변권과 위험부담 규정 숙지

❷ 더 공부하고 싶다면?

• 에듀윌 기본서 1차 민법 및 민사특별법 pp.510~514
• 에듀윌 단원별 기출문제집 1차 민법 및 민사특별법
  pp.323~326

09 교환의 성립

의의	당사자 쌍방이 금전 이외의 재산권을 서로 이전할 것을 약정함으로써 성립하는 계약을 의미한다.
법적 성질	① 유상계약 ② 쌍무계약 ③ 낙성계약 ④ 불요식계약
성립	① **의사표시의 합치**: 금전 이외의 재산권이전 vs 금전 이외의 재산권이전 ② **보충금** 지급을 약정한 경우: 매매대금에 관한 규정이 준용된다. ③ 환금은 교환이 아니다.
효력	① 유상계약이므로 매매에 관한 규정, 특히 담보책임 규정이 준용된다. ② 쌍무계약이므로 동시이행의 항변권과 위험부담에 관한 규정이 준용된다.

└─ 서로 교환하는 목적물 또는 권리의 가격이 균등하지 않은 경우 그 차액을
    보충하기 위한 금전

CHAPTER

4 | 임대차

❶ 무엇이 중요할까?

- 임대차의 효력 이해
- 임차권의 양도와 전대 정리

❷ 더 공부하고 싶다면?

- 에듀윌 기본서 1차 민법 및 민사특별법 pp.515~554
- 에듀윌 단원별 기출문제집 1차 민법 및 민사특별법 pp.327~345

10 임대차의 성립

(1) 개념 정리

의의	당사자 일방이 상대방에게 목적물을 사용·수익하게 할 것을 약정하고 상대방이 이에 대하여 차임을 지급할 것을 약정함으로써 성립하는 계약을 말한다.
법적 성질	① 임대차는 물건의 사용·수익을 목적으로 하는 계속적 채권계약 ② 임대차는 유상·쌍무·낙성·불요식계약
성립	① 의사표시의 합치: 사용·수익 vs 차임지급 ② 법률규정에 의한 성립

(2) 핵심 쟁점

① 민법상 임대차의 목적물은 물건이다.

② 부동산 중 농지에 대한 임대차는 원칙적으로 금지된다.

③ 차임은 임대차의 요소이다.

④ 차임은 금전에 한하지 않는다.

11 임대차의 존속기간

(1) 개념 정리 ✐필수체크

존속기간	**제635조 【기간의 약정 없는 임대차의 해지통고】** ① 임대차기간의 약정이 없는 때에는 당사자는 언제든지 계약해지의 통고를 할 수 있다. ② 상대방이 전항의 통고를 받은 날로부터 다음 각 호의 기간이 경과하면 해지의 효력이 생긴다. 1. 토지, 건물 기타 공작물에 대하여는 임대인이 해지를 통고한 경우에는 6월, 임차인이 해지를 통고한 경우에는 1월 2. 동산에 대하여는 5일 **제636조 【기간의 약정 있는 임대차의 해지통고】** 임대차기간의 약정이 있는 경우에도 당사자 일방 또는 쌍방이 그 기간 내에 해지할 권리를 보류한 때에는 전조의 규정을 준용한다.
계약의 갱신	① 약정갱신 　㉠ 당사자의 합의에 의하여 갱신할 수 있다. 　㉡ 토지임차인의 갱신청구권과 지상물매수청구권 ② 법정갱신(묵시의 갱신) 　㉠ 임대차기간이 만료한 후 임차인이 임차물의 사용·수익을 계속하는 경우에 임대인이 상당한 기간 내에 이의제기를 하지 아니한 때에는 전 임대차와 동일한 조건으로 다시 임대차한 것으로 본다. 　㉡ 법정갱신의 경우 전 임대차와 동일한 조건으로 다시 임대차한 것으로 보게 되나, 다만 존속기간만은 기간의 약정이 없는 것으로 된다(각 당사자는 해지통고 가능).

(2) 핵심 쟁점 ✐필수체크

① 민법상 임대차에는 최단존속기간 제한이 없다.

② 민법상 임대차에는 최장존속기간 제한이 없다. 따라서 임대차기간을 영구로 정한 임대차약정은 특별한 사정이 없는 한 계약자유의 원칙에 의하여 허용된다(대판 2023.6.1, 2023다209045).

③ 일정한 토지임대차에 대해서는 계약갱신이 간접적으로 강제된다.

　㉠ 건물 기타 공작물의 소유 또는 식목, 채염, 목축을 목적으로 한 토지임대차의 기간이 만료한 경우에 건물, 수목 기타 지상시설이 현존한 때에는 임차인은 계약의 갱신을 청구할 수 있다.

　㉡ 임대인이 계약의 갱신을 원하지 않는 경우 임차인은 임대인에 대하여 상당한 가액으로 지상물의 매수를 청구할 수 있다.

④ 법정갱신규정은 강행규정이다(판례).

⑤ 법정갱신이 성립하는 경우 전 임대차에 대하여 제3자가 제공한 담보는 기간의 만료로 소멸하나, 당사자가 제공한 담보는 존속한다.

12 임대차의 효력

1 임대차의 효력 일반

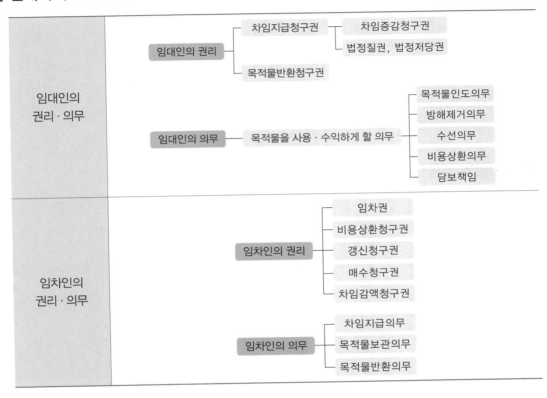

임대인의
권리·의무
	임대인의 권리 ─ 차임지급청구권 ─ 차임증감청구권
	                                └ 법정질권, 법정저당권
	               └ 목적물반환청구권
	임대인의 의무 ─ 목적물을 사용·수익하게 할 의무 ─ 목적물인도의무
	                                    ─ 방해제거의무
	                                    ─ 수선의무
	                                    ─ 비용상환의무
	                                    └ 담보책임

임차인의
권리·의무
	임차인의 권리 ─ 임차권
	                     ─ 비용상환청구권
	                     ─ 갱신청구권
	                     ─ 매수청구권
	                     └ 차임감액청구권
	임차인의 의무 ─ 차임지급의무
	                     ─ 목적물보관의무
	                     └ 목적물반환의무

2 임대인의 수선의무 ✎필수체크

(1) 개념 정리

수선의무의 부담	임대인은 임대차계약 존속 중 그 사용·수익에 필요한 상태를 유지하게 할 의무를 부담한다.
발생요건	① 임차목적물에 파손이 생긴 경우 ② 수선이 가능한 경우 ③ 수선하지 않으면 계약에서 정한 목적에 따라 목적물을 사용·수익할 수 없는 경우

수선의무의
면제
	① 임대인의 수선의무는 당사자의 특약에 의해 면제될 수 있다.
	② 수선의무 면제특약에 대한 판례의 제한해석 – 수선의무의 범위를 명시하지 않은 경우
	  ㉠ 소규모 수선: 임대인 면제 가능
	  ㉡ 대규모 수선: 임대인이 부담

PART 3

(2) 핵심 쟁점

① 임대차목적물인 방에 약간의 균열이 있고 외벽에 금이 가 있는 정도의 파손은 그 방을 사용할 수 없을 정도의 파손상태가 아니므로, 이는 임차인의 통상의 수선·관리의무에 속한다 (대판 1994.12.9, 94다34692).

② 천재지변 기타 불가항력으로 목적물이 파손된 경우에도 임대인의 수선의무는 면제되지 않는다.

③ 임대인이 임대물의 보존에 필요한 행위를 하는 때에는 임차인은 이를 거절하지 못한다.

④ 임대인이 임차인의 의사에 반하여 보존행위를 하는 경우에 임차인이 이로 인하여 임대의 목적을 달성할 수 없는 때에는 계약을 해지할 수 있다.

3 임차인의 임차권

의의	임차인이 임대인에게 목적물을 사용·수익하게 해 줄 것을 요구할 수 있는 권리
사용·수익의 범위	① 임차인은 계약 또는 목적물의 성질에 의하여 정하여진 용법으로 임차물을 사용·수익하여야 한다. ② 임차인이 이를 위반한 경우 임대인은 위반행위의 정지를 청구하거나 손해가 있으면 손해배상을 청구할 수 있고 그 밖에 계약을 해지할 수 있다. ③ 임차인은 임대인의 동의 없이 그 권리를 양도하거나 임차물을 전대하지 못하며, 임차인이 이를 위반한 경우 임대인은 계약을 해지할 수 있다.
대항력 인정	① 부동산임차인은 당사자 간에 반대약정이 없으면 임대인에 대하여 그 임대차등기절차에 협력할 것을 청구할 수 있고, 부동산임대차를 등기한 때에는 그때부터 제3자에 대하여 효력이 생긴다. ② 건물의 소유를 목적으로 한 토지임대차는 이를 등기하지 아니한 경우에도 임차인이 그 지상건물을 등기한 때에는 제3자에 대하여 임대차의 효력이 생긴다. ③ 주택임대차는 그 등기가 없는 경우에도 임차인이 주택의 인도와 주민등록을 마친 때에는 그 다음 날부터 제3자에 대하여 효력이 생긴다. ④ 상가건물임대차는 그 등기가 없는 경우에도 임차인이 건물의 인도와 사업자등록을 신청한 때에는 그 다음 날부터 제3자에 대하여 효력이 생긴다.

4 임차인의 비용상환청구권 ✔필수체크

제626조 【임차인의 상환청구권】 ① 임차인이 임차물의 보존에 관한 필요비를 지출한 때에는 임대인에 대하여 그 상환을 청구할 수 있다.
② 임차인이 유익비를 지출한 경우에는 임대인은 임대차 종료 시에 그 가액의 증가가 현존한 때에 한하여 임차인의 지출한 금액이나 그 증가액을 상환하여야 한다. 이 경우에 법원은 임대인의 청구에 의하여 상당한 상환기간을 허여할 수 있다.

(1) 개념 정리

필요비 상환청구권	① 필요비의 의의: 임차물의 보존을 위하여 지출한 비용이다(수선비 등). ② 필요비의 범위 　㉠ 목적물 자체의 현상을 유지하기 위하여 지출된 비용 　㉡ 목적물의 원상을 회복하기 위하여 지출된 비용 　㉢ 목적물을 통상의 용도에 적합한 상태로 보존하기 위하여 지출된 비용 ③ 필요비상환청구의 시기: 필요비 지출 즉시, 즉 임대차 존속 중에도 가능 ④ 가액의 증가의 현존 여부: 가액의 증가가 현존할 필요 없다. ⑤ 법원의 상환기간의 허여 여부: 불가
유익비 상환청구권	① 유익비의 의의: 목적물을 개량하기 위하여 지출한 비용을 말한다. ② 유익비의 범위 　㉠ 목적물의 객관적 가치를 증가하게 하는 것이어야 한다. 　㉡ 임차인의 주관적인 취미나 특수한 영업목적을 위하여 지출된 비용은 유익비가 아니다. 　㉢ 지출에 의한 개량이 임차물의 구성부분이 되어 임대인이 그 소유권을 취득하는 경우이어야 한다. ③ 유익비상환청구의 시기: 임대차 종료 시 ④ 가액의 증가의 현존 여부: 가액의 증가가 현존한 경우에 한하여 청구 가능 ⑤ 법원의 상환기간의 허여 여부: 가능
행사기간	① 필요비·유익비상환청구권은 임대인이 목적물을 반환받은 날로부터 6월 내에 행사하여야 한다(제척기간에 해당). ② 필요비상환청구는 필요비를 지출한 즉시 가능하므로 위 제척기간과 관계없이 지출한 때로부터 소멸시효가 진행한다.

(2) 핵심 쟁점

① 간판설치비, 인테리어비는 유익비가 아니다(대판 1994.9.30, 94다20389).

② 임차인의 비용상환청구권에 관한 규정은 임의규정이므로 비용상환면제특약은 가능하다.

③ 임대차계약에서 원상복구의 특약이 있는 경우 이는 유익비상환청구권을 미리 포기한 것으로 볼 수 있다(대판 1995.6.30, 95다12927).

④ 임차인은 비용상환청구권을 담보하기 위하여 유치권을 행사할 수 있다. 그러나 임대인의 청구에 의해 법원이 상환기간을 허여한 경우에는 유치권을 행사할 수 없다.

5 건물임차인의 부속물매수청구 ✔필수체크

> **제646조【임차인의 부속물매수청구권】**① 건물 기타 공작물의 임차인이 그 사용의 편익을 위하여 임대인의 동의를 얻어 이에 부속한 물건이 있는 때에는 임대차의 종료 시에 임대인에 대하여 그 부속물의 매수를 청구할 수 있다.
② 임대인으로부터 매수한 부속물에 대하여도 전항과 같다.

(1) 개념 정리

건물임차인의 부속물 매수청구권	① 부속물이 되기 위한 요건 　㉠ 건물에 부속된 물건으로서 임차인의 소유에 속할 것 　㉡ 건물의 구성부분으로는 되지 아니할 것 　㉢ 건물의 사용에 객관적인 편익을 가져올 것 ② 부속물매수청구권의 성질: 형성권 ③ 부속물매수청구권의 행사시기: 임대차 종료 후 언제든지 행사할 수 있다.

(2) 핵심 쟁점

① 오로지 임차인의 특수목적에 사용하기 위하여 부속된 물건은 부속물이 아니다.

② 임차인의 부속물매수청구권의 행사에 의하여 임대인과 임차인 사이에는 부속물에 관한 매매 계약이 성립한다(임차인의 부속물인도의무와 임대인의 대금지급의무는 동시이행관계임).

③ 임차인의 채무불이행으로 임대차계약이 해지된 경우에는 부속물매수청구권을 행사할 수 없 다(대판 1990.1.23, 88다카7245 · 88다카7252).

④ 부속물매수청구권에 관한 규정은 편면적 강행규정이므로 이에 위반한 약정으로 임차인에게 불리한 것은 효력이 없다.

⑤ 임차인은 부속물매수청구권을 담보하기 위하여 유치권을 행사할 수 없다.

6 토지임차인의 갱신청구권과 지상물매수청구권 🖉 필수체크

> **제643조 【임차인의 갱신청구권, 매수청구권】** 건물 기타 공작물의 소유 또는 식목, 채염, 목축을 목적으로 한 토지임대차의 기간이 만료한 경우에 건물, 수목 기타 지상시설이 현존한 때에는 제283조의 규정을 준용한다.

(1) 개념 정리

토지임차인의 갱신청구권과 지상물 매수청구권	① 갱신청구의 요건: 존속기간의 만료+지상물의 현존 ② 갱신청구권의 성질: 청구권 ③ 매수청구의 주체: 지상물의 소유자에 한한다. ④ 매수청구의 상대방: 임차권 소멸 당시의 임대인+임차권 소멸 후의 토지양수인 ⑤ 매수청구권의 대상: 토지 위의 지상물 　㉠ 임대차계약 당시의 기존 건물에 한하지 않는다. 　㉡ 임대인의 동의를 얻어 신축한 것에 한하지 않는다. ⑥ 매수청구의 요건 　㉠ 존속기간의 만료+지상물의 현존+토지소유자의 갱신 거절 　㉡ 지상물의 객관적인 경제적 가치나 임대인에 대한 효용 여부는 요건이 아니다. ⑦ 지상물매수청구권의 성질: 형성권

(2) 핵심 쟁점

① 건물 소유를 목적으로 하는 토지임대차에 있어서 임차인 소유건물이 임대인이 임대한 토지 외에 임차인 또는 제3자 소유의 토지 위에 걸쳐서 건립되어 있는 경우에는, 임차지상에 서있는 건물부분 중 구분소유의 객체가 될 수 있는 부분에 한하여 임차인에게 매수청구가 허용된다(대판 전합체 1996.3.21, 93다42634).

② 임차인의 지상물매수청구권의 행사에 의하여 임대인과 임차인 사이에는 지상물에 관한 매매계약이 성립한다(임차인의 지상물인도의무와 임대인의 대금지급의무는 동시이행관계임).

③ 기간의 약정이 없는 토지임대차계약을 임대인이 해지한 경우에는 계약갱신을 거절한 것이라고 할 수 있으므로 임차인은 곧바로 지상물매수청구를 할 수 있다.

④ 임차인의 채무불이행으로 임대차계약이 해지된 경우에는 지상물매수청구권을 행사할 수 없다(대판 1972.12.26, 72다2013).

⑤ 지상물매수청구권에 관한 규정은 편면적 강행규정이므로 이에 위반한 약정으로 임차인에게 불리한 것은 효력이 없다(제652조).

⑥ 임차인은 지상물매수청구권을 담보하기 위하여 유치권을 행사할 수 없다.

7 임차인의 차임지급의무

차임지급의무	① **차임의 의의**: 목적물의 사용대가 ② **차임의 내용**: 금전에 한하지 않는다(물건으로 지급하여도 무방). ③ **차임의 액수**: 제한규정이 없으므로 자유로이 약정할 수 있다. ④ **차임의 지급시기**: 후급이 원칙 　㉠ 동산 · 건물 · 대지는 매월 말, 기타 토지는 매년 말에 지급하여야 한다. 　㉡ 수확기에 있는 것은 수확 후 지체 없이 지급하여야 한다. ⑤ **차임지급의 연체**: 2기의 차임액 이상 연체 시 계약해지 가능하다. 　㉠ '2기'란 연속된 2기의 차임연체를 의미하는 것이 아니라, 연체한 차임의 합산액이 2기분에 달하면 된다는 의미이다. 　㉡ 차임연체와 계약해지에 관한 규정은 편면적 강행규정이다. ⑥ **공동임차인의 연대의무**: 여러 사람이 공동으로 목적물을 임차한 경우에는 임차인은 연대하여 차임지급의무를 부담한다.
차임증감 청구권	① 임대물에 대한 공과부담의 증감 기타 경제사정의 변동으로 인하여 약정한 차임이 상당하지 아니하게 된 때에는 당사자는 장래에 대한 차임의 증감을 청구할 수 있다(형성권에 해당). ② **차임증감청구권에 관한 규정은 편면적 강행규정** 　㉠ 차임불감액의 특약은 언제나 무효이다. 　㉡ 차임부증액의 특약은 원칙적으로 유효하다. 　㉢ 차임부증액의 특약이 있더라도 그 특약을 그대로 유지시키는 것이 신의칙에 반한다고 인정될 정도의 사정변경이 있는 경우에는 임대인에게 차임증액청구를 인정할 수 있다(대판 1996.11.12, 96다34061).
차임감액 청구권	임차물의 일부가 임차인의 과실 없이 멸실 기타 사유로 인하여 사용 · 수익할 수 없는 때에는 임차인은 그 부분의 비율에 의한 차임의 감액을 청구할 수 있다.

> **제629조【임차권의 양도, 전대의 제한】**① 임차인은 임대인의 동의 없이 그 권리를 양도하거나 임차물을 전대하지 못한다.
> ② 임차인이 전항의 규정에 위반한 때에는 임대인은 계약을 해지할 수 있다.

(1) 개념 정리

임차권의 처분	① **임차권의 양도**: 임차인이 임차권을 양수인에게 이전하고 자신은 종래의 임대차관계에서 벗어나는 것을 말한다. ② **임차권의 전대**: 임차인이 자신의 임차권을 그대로 유지하면서 자신이 임대인의 지위에서 다시 임대차하는 것을 말한다.
무단양도 · 전대의 금지	① 무단양도 · 전대를 금지하는 이유는 임대인의 동의 없이 임차권을 양도 · 전대하는 것이 임대인에 대한 배신행위이기 때문이다. ② 배신행위가 아니라고 볼 수 있는 특별한 사정이 있는 경우(부부, 경락)에는 임대인은 임대차계약을 해지할 수 없다(대판 1993.4.27, 92다45308).

(2) 임대인의 동의가 있는 전대의 법률관계

임대인의 동의	① **동의의 의미** 　㉠ 임차인에 대하여 그 목적물에 대한 용익권능을 승계적으로 이전할 수 있는 권능을 주는 임대인의 의사표시이다. 　㉡ 임대인의 동의는 임대인 기타 제3자에 대한 대항요건에 해당한다. ② **동의의 방식**: 불요식 ③ **동의의 상대방**: 임차인+양수인 또는 전차인 ④ **동의의 철회 여부**: 한 번 한 동의는 철회할 수 없다.
법률관계	① 임차인이 임대인의 동의를 얻어 임차물을 전대한 때에는 전차인은 직접 임대인에 대하여 의무를 부담한다(임대인은 전차인에 대하여 차임지급청구 가능). ② 이 경우에 전차인은 전대인에 대한 차임의 지급으로써 임대인에게 대항하지 못한다. ③ 임차인의 전대행위에 대해 임대인의 동의가 있더라도 임대인의 임차인에 대한 권리행사에 영향이 없다.

(3) 무단전대의 법률관계 ✎ 필수체크

사례	甲 ─임대차─ 乙 　　　　　│ 전대차 　　　　　丙	① 전대차계약의 당사자는 乙과 丙이다. ② 甲의 동의가 없더라도 전대차계약 자체는 유효하다. ③ 乙은 丙에게 임대인의 동의를 얻어 줄 의무를 부담한다.
법률관계		① 甲과 丙 사이에는 아무런 계약관계가 없으므로 甲은 丙에게 차임지급을 청구할 수 없다. ② 무단전대를 하더라도 甲이 임대차를 해지하지 않는 한 乙과의 임대차관계는 그대로 존속하므로 甲은 乙에게 차임지급을 청구할 수 있다. ③ 丙은 전차권을 가지고 甲에게 대항할 수 없으므로 甲에 대한 관계에서는 불법점유자이다. 따라서 甲은 丙을 상대로 소유권에 기한 물권적 청구권을 행사할 수 있다. ④ 甲은 丙에 대해서 불법행위를 이유로 한 손해배상은 청구할 수 없다(∵ 甲이 임대차를 해지하지 않는 한 乙로부터 계속 차임을 지급받으므로 그 한도 내에서는 손해가 없기 때문).

PART 4
민사특별법

5 개 년 출 제 비 중

15%

CHAPTER

1 | 주택임대차보호법

❶ 무엇이 중요할까?

- 주택임대차의 대항력과 우선변제권 숙지
- 존속기간 숙지

❷ 더 공부하고 싶다면?

- 에듀윌 기본서 1차 민법 및 민사특별법 pp.558~579
- 에듀윌 단원별 기출문제집 1차 민법 및 민사특별법 pp.348~361

01 주택임대차보호법의 목적과 적용범위

(1) 개념 정리

입법목적	주택임차인을 보호하여 국민의 주거생활 안정보장이 목적이다.
법적 성격	①「주택임대차보호법」은 민법상 임대차의 특별법이다. ②「주택임대차보호법」은 편면적 강행규정이다.
물적 적용범위	① 주택(주거용 건물)의 전부 또는 일부에 대한 임대차: ○ ② 주택(주거용 건물)의 일부가 주거 외의 목적으로 사용되는 경우: ○ ③ 비주거용 건물의 일부가 주거의 목적으로 사용되는 경우: × ④ 등기하지 아니한 전세계약: ○ ⑤ 일시사용을 위한 임대차: ×

인적
적용범위
	① 자연인: ○
	② 법인: 원칙적으로 적용되지 않으나, 대통령령이 정한 일정한 법인에게는 적용 ○
	  ㉠ 한국토지주택공사 + 지방공사: 적용 ○
	  ㉡「중소기업기본법」상의 중소기업에 해당하는 법인: 적용 ○

(2) 핵심 판례

① 주거용 건물에 해당하는지의 여부는 실지 용도에 따라서 정하여야 한다(대판 1988.12.27, 87다카2024).

②「주택임대차보호법」이 적용되는지의 여부는 임대차계약 체결 당시를 기준으로 한다. 임대차 계약 체결 당시에는 주거용 건물부분이 존재하지 아니하였는데 임차인이 그 후 임의로 주거 용으로 개조한 경우 임대인이 그 개조를 승낙하였다는 등의 특별한 사정이 없는 한「주택임 대차보호법」의 적용은 있을 수 없다(대판 1986.1.21, 85다카1367).

③「주택임대차보호법」상의 주거용 건물에는 건물뿐만 아니라 그 대지도 포함된다(대결 2000.3.15, 99마4499).

④ 법인이 주택을 임차하면서 그 소속직원 명의로 주민등록을 하고 확정일자를 구비하였더라도 법인은「주택임대차보호법」상의 우선변제권을 주장할 수 없다(대판 1997.7.11, 96다7236).

  ⇨ 일정한 법인에 대해「주택임대차보호법」을 적용한다는 내용의 개정이 이루어지기 전에 나 온 판례이다.

⑤ 주택의 소유자는 아니지만 그 주택에 대한 적법한 임대권한을 가지는 명의신탁자와 체결된 주택임대차에 대해서도 「주택임대차보호법」이 적용된다.

02 대항력과 우선변제권 및 최우선변제권

1 대항력 ✎ 필수체크

(1) 개념 정리

대항력의 요건	주택의 인도 + 주민등록(전입신고) ⇨ 다음 날 오전 0시부터 대항력을 취득한다.
대항력의 내용	① 대항력을 취득한 후에 임차주택의 소유권을 취득한 양수인에 대해 임차인은 임차권을 주장할 수 있다. ② 임차주택의 양수인은 임대인의 지위를 승계한 것으로 본다.

(2) 핵심 판례

① 대항요건은 임차인 본인뿐만 아니라 그 배우자나 자녀 등 가족의 주민등록을 포함한다(대판 1996.1.26, 95다30338).

② 대항요건은 대항력의 취득 시에만 구비하면 충분한 것이 아니고 대항력을 유지하기 위하여 계속 존속하여야 한다(대판 2002.10.11, 2002다20957).

③ 임차인이 대항력을 취득한 후 가족과 함께 일시 다른 곳으로 주민등록을 이전하였다가 재전입한 경우 원래의 대항력은 소멸하고 재전입 시부터 새로운 대항력을 취득하는 것이다(대판 1998.1.23, 97다43468). ⇨ 가족의 주민등록을 그대로 둔 경우는 대항력이 유지된다.

④ 주택임차인이 그 지위를 강화하고자 별도로 전세권설정등기를 마쳤더라도 주택임차인이 「주택임대차보호법」 제3조 제1항의 대항요건을 상실하면 이미 취득한 「주택임대차보호법」상의 대항력 및 우선변제권을 상실한다(대판 2007.6.28, 2004다69741).

⑤ 다가구용 단독주택의 경우에는 지번만 기재하여도 되나, 다세대 공동주택의 경우에는 지번뿐만 아니라 동·호수까지 정확히 기재하여야 「주택임대차보호법」의 보호를 받을 수 있다.

⑥ 임차인이 올바르게(즉, 임차건물 소재지 지번으로) 전입신고를 하였으나, 담당공무원의 착오로 주민등록표상에 신거주지 지번이 다소 틀리게 기재된 경우에는 「주택임대차보호법」상의 대항력을 취득한다(대판 1991.8.13, 91다18118).

⑦ 임차인이 임대인의 승낙을 받아 임차주택을 전대하고 그 전차인이 주택을 인도받아 자신의 주민등록을 마친 경우 그때로부터 임차인은 대항력을 취득한다. 다만, 해당 주택에 실제로 거주하는 전차인(직접점유자)이 자신의 주민등록을 마친 경우에 한해 임차인(간접점유자)은 대항력을 취득할 수 있다(대판 1994.6.24, 94다3155).

⑧ 자기 명의의 주택을 매도하면서 동시에 그 주택을 임차하는 경우 매도인이 임차인으로서 가지는 대항력은 매수인 명의의 소유권이전등기가 경료된 다음 날부터 효력이 발생한다.

⑨ 「주택임대차보호법」 제3조 제4항의 '임대인의 지위를 승계한다'의 의미는 임차보증금반환채무도 부동산소유권과 결합하여 일체로서 이전하는 것을 말하므로 양도인(종전 임대인)의 보증금반환채무는 소멸한다(보증금반환채무의 면책적 채무인수로 해석).

⑩ 甲이 丙회사 소유 임대아파트의 임차인인 乙로부터 아파트를 임차하여 전입신고를 마치고 거주하던 중, 乙이 丙회사로부터 위 아파트를 분양받아 자기 명의로 소유권이전등기를 경료한 후 근저당권을 설정한 경우 甲은 乙 명의의 소유권이전등기가 경료되는 즉시 대항력을 취득한다(대판 2001.1.30, 2000다58026 · 58033).

2 우선변제와 최우선변제 ✍필수체크

(1) 개념 정리

요건 검토	① 우선변제권: 대항요건 + 확정일자 　　　　배당요구의 종기까지 존속하여야 한다. ② 최우선변제권: 대항요건만 필요하다(확정일자 불요). ③ 우선변제권과 최우선변제권 모두 배당요구채권에 해당한다.
의미 검토	① 우선변제의 의미: 대항요건과 확정일자를 갖춘 주택임차인은 임차주택(대지포함)의 환가대금에서 후순위권리자 기타 채권자보다 우선하여 보증금을 변제받을 권리가 있다. ② 최우선변제의 의미: 임차인은 보증금 중 일정액을 다른 담보물권자보다 우선하여 변제받을 권리가 있다.
우선변제권의 행사	① 임차인이 임차주택에 대하여 보증금반환청구소송의 확정판결 기타 이에 준하는 집행권원에 기한 경매를 신청하는 경우에는 반대의무의 이행 또는 이행의 제공을 집행개시의 요건으로 하지 아니한다. ② 임차인은 임차주택을 양수인에게 인도하지 아니하면 보증금을 수령할 수 없다(이는 임차인이 보증금을 수령하기 위해서는 임차주택을 명도한 증명을 하여야 한다는 의미이지, 주택인도의무가 보증금반환의무보다 선이행되어야 한다는 의미가 아님).
우선변제권의 승계	① 일정한 금융기관이 우선변제권을 취득한 임차인의 보증금반환채권을 계약으로 양수한 경우에는 양수한 금액의 범위에서 우선변제권을 승계한다. ② 우선변제권을 승계한 금융기관은 임차인이 대항요건을 상실한 경우와 임차권등기명령에 따른 임차권등기가 말소된 경우 및 민법상 임대차등기가 말소된 경우에는 우선변제권을 행사할 수 없다. ③ 우선변제권을 승계한 금융기관이더라도 우선변제권을 행사하기 위하여 임차인을 대리하거나 대위하여 임대차를 해지할 수는 없다.
최우선변제의 범위	① 최우선변제를 받을 임차인 및 보증금 중 일정액의 범위와 기준은 주택가액의 2분의 1의 범위 안에서 대통령령으로 정한다.

② 최우선변제의 범위

구분	보증금의 범위	최우선변제금액
서울특별시	1억 6천 500만원 이하	5천 500만원
과밀억제권역	1억 4천 500만원 이하	4천 800만원
광역시 등	8천 500만원 이하	2천 800만원
기타 지역	7천 500만원 이하	2천 500만원

(2) 우선변제권 핵심 판례

① 확정일자의 요건은 임대인과 임차인 사이의 담합으로 임차보증금의 액수를 사후에 변경하는 것을 방지하고자 하는 취지일 뿐, 해당 임대차의 존재사실을 제3자에게 공시하고자 하는 것은 아니다(대판 1999.6.11, 99다7992).

② 주택임차인이 주택의 인도와 주민등록을 마친 당일 또는 그 이전에 임대차계약증서상의 확정일자를 갖춘 경우 우선변제권은 주택의 인도와 주민등록을 마친 다음 날을 기준으로 발생한다(대판 1999.3.23, 98다46938).

③ 「주택임대차보호법」상의 대항요건과 확정일자를 갖춘 임차인은 임차주택의 양수인에게 대항하여 보증금의 반환을 받을 때까지 임대차관계의 존속을 주장할 수 있는 권리와 보증금에 관하여 임차주택의 가액으로부터 우선변제를 받을 수 있는 권리를 겸유하므로 위 두 가지 권리 중 하나를 선택하여 행사할 수 있다(대판 1993.12.24, 93다39676).

④ 「주택임대차보호법」상의 대항력과 우선변제권의 두 가지 권리를 겸유하고 있는 임차인이 우선변제권을 선택하여 제1경매절차에서 보증금 전액에 대하여 배당요구를 하였으나 보증금 전액을 배당받을 수 없었던 때에는 경락인에게 대항하여 이를 반환받을 때까지 임대차관계의 존속을 주장할 수 있을 뿐이고, 임차인의 우선변제권은 경락으로 인하여 소멸하는 것이므로 제2경매절차에서 우선변제권에 의한 배당을 받을 수 없다(대판 1997.8.22, 96다53628).

⑤ 대항력을 갖춘 임차인이 저당권설정등기 이후에 임대인과의 합의에 의하여 보증금을 증액한 경우 보증금 중 증액부분에 관해서는 저당권에 기하여 건물을 경락받은 소유자에게 대항할 수 없다(대판 1990.8.14, 90다카11377).

(3) 최우선변제권 핵심 판례

① 대지에 관한 저당권의 실행으로 경매가 진행된 경우에도 그 지상건물의 소액임차인은 대지의 환가대금 중에서 소액보증금을 우선변제받을 수 있다. 그러나 소액보증금의 최우선변제권은 대지에 관한 저당권설정 당시에 이미 그 지상건물이 존재하는 경우에만 적용될 수 있는 것이고, 저당권설정 후에 비로소 건물이 신축된 경우에는 적용되지 않는다.

② 임대차계약의 주된 목적이 주택을 사용·수익하려는 데 있는 것이 아니고 소액임차인으로 보호받아 기존 채권을 회수하려는 데에 있는 경우에는 「주택임대차보호법」상의 소액임차인으로 보호받을 수 없다(대판 2008.5.15, 2007다23203).

입법취지	종래에는 임차인이 임대차가 종료된 후 보증금을 반환받지 못한 상태에서 다른 곳으로 이사를 가거나 주민등록을 전출하면 임차인이 종전에 가지고 있던 대항력과 우선변제권을 상실하게 되어 사실상 보증금을 반환받는 것이 곤란하게 되자 임차권등기명령제도를 도입하였다.
내용 검토	① 임대차가 끝난 후 보증금이 반환되지 아니한 경우 임차인은 임차주택의 소재지를 관할하는 지방법원·지방법원지원 또는 시·군 법원에 임차권등기명령을 신청할 수 있다. 우선변제권을 승계한 금융기관은 임차인을 대위하여 임차권등기명령을 신청할 수 있다. ② 임차권등기명령의 집행에 의한 임차권등기를 마치면 임차인은 대항력과 우선변제권을 취득한다. 다만, 임차인이 임차권등기 이전에 이미 대항력 또는 우선변제권을 취득한 경우에는 그 대항력 또는 우선변제권은 그대로 유지되며, 임차권등기 이후에는 대항요건을 상실하더라도 이미 취득한 대항력 또는 우선변제권을 상실하지 않는다. ③ 임차권등기명령의 집행에 따른 임차권등기가 끝난 주택을 그 이후에 임차한 임차인은 최우선변제를 받을 권리가 없다. ④ 임차인은 임차권등기명령의 신청 및 그에 따른 임차권등기와 관련하여 든 비용을 임대인에게 청구할 수 있다.

04 존속기간 등

1 존속기간 ✎ 필수체크

존속기간	① 최단존속기간 제한규정: ○(2년) ② 임차인은 2년 미만으로 정한 기간이 유효함을 주장할 수 있다.
계약갱신 요구권	① 임차인은 임대차기간이 끝나기 6개월 전부터 2개월 전까지 임대인에게 임대차계약의 갱신을 요구할 수 있다. ② 1회에 한하여 갱신을 요구할 수 있고, 이 경우 갱신되는 임대차의 존속기간은 2년으로 본다. ③ 임차인은 언제든지 해지통고 ○(3개월 경과 시 임대차 소멸) ④ **임대인이 거절할 수 있는 경우** 　㉠ 임차인이 2기의 차임액에 해당하는 금액에 이르도록 차임을 연체한 사실이 있는 경우 　㉡ 임차인이 거짓이나 그 밖의 부정한 방법으로 임차한 경우 　㉢ 서로 합의하여 임대인이 임차인에게 상당한 보상을 제공한 경우 　㉣ 임차인이 임대인의 동의 없이 목적 주택의 전부 또는 일부를 전대한 경우 　㉤ 임차인이 임차한 주택의 전부 또는 일부를 고의나 중대한 과실로 파손한 경우 　㉥ 임차한 주택의 전부 또는 일부가 멸실되어 임대차의 목적을 달성하지 못한 경우

	ⓐ 임대인이 다음의 어느 하나에 해당하는 사유로 목적 주택의 전부 또는 대부분을 철거하거나 재건축하기 위하여 목적 주택의 점유를 회복할 필요가 있는 경우 　　ⓐ 임대차계약 체결 당시 공사시기 및 소요기간 등을 포함한 철거 또는 재건축 계획을 임차인에게 구체적으로 고지하고 그 계획에 따르는 경우 　　ⓑ 건물이 노후ㆍ훼손 또는 일부 멸실되는 등 안전사고의 우려가 있는 경우 　　ⓒ 다른 법령에 따라 철거 또는 재건축이 이루어지는 경우 ⓞ 임대인(임대인의 직계존속ㆍ직계비속을 포함함)이 목적 주택에 실제 거주하려는 경우 ⓧ 그 밖에 임차인이 임차인으로서의 의무를 현저히 위반하거나 임대차를 계속하기 어려운 중대한 사유가 있는 경우
법정갱신	① **임대인**: 임대차기간이 끝나기 6개월 전부터 2개월 전까지 ② **임차인**: 임대차기간이 끝나기 2개월 전까지 ③ **존속기간**: 2년으로 본다. ④ 임차인만 해지통고 ○ ⑤ 임대인이 통고를 받은 날로부터 3개월 경과 시 임대차가 소멸한다.

🔍 판례

임차인이 주택임대차보호법 제6조의3 제1항에 따라 임대차계약의 갱신을 요구하면 임대인에게 갱신거절 사유가 존재하지 않는 한 임대인에게 갱신요구가 도달한 때 갱신의 효력이 발생한다. 갱신요구에 따라 임대차계약에 갱신의 효력이 발생한 경우 임차인은 제6조의2 제1항에 따라 언제든지 계약의 해지통지를 할 수 있고, 계약해지의 통지가 갱신된 임대차계약 기간이 개시되기 전에 임대인에게 도달하였더라도, 해지 통지 후 3개월이 지나면 그 효력이 발생한다(대판 2024. 1. 11, 2023다258672).

2 기타 내용 ✏️필수체크

차임증감 청구권	① 당사자는 약정한 차임이나 보증금이 임차주택에 관한 조세, 공과금 그 밖의 부담의 증감이나 경제사정의 변동으로 인하여 적절하지 아니하게 된 때에는 장래에 대하여 그 증감을 청구할 수 있다. 다만, 증액의 경우에는 약정한 차임이나 보증금의 20분의 1을 초과할 수 없다. ② 임차인이 증액비율을 초과하여 차임 또는 보증금을 지급한 경우에는 초과 지급된 차임 또는 보증금 상당금액의 반환을 청구할 수 있다. ③ 차임 등의 증액청구는 임대차계약 또는 약정한 차임 등의 증액이 있은 후 1년 이내에는 할 수 없다. ④ 보증금의 전부 또는 일부를 월 단위의 차임으로 전환하는 경우에는 그 전환되는 금액에, 「은행법」에 따른 은행에서 적용하는 대출금리와 해당 지역의 경제 여건 등을 고려하여 대통령령으로 정하는 비율(연 1할)과 한국은행에서 공시한 기준금리에 대통령령으로 정하는 이율(연 2%)을 더한 비율 중 낮은 비율을 곱한 월차임의 범위를 초과할 수 없다. ⑤ 임차인이 월차임 산정률을 초과하여 차임을 지급한 경우에는 초과 지급된 차임 상당금액의 반환을 청구할 수 있다.

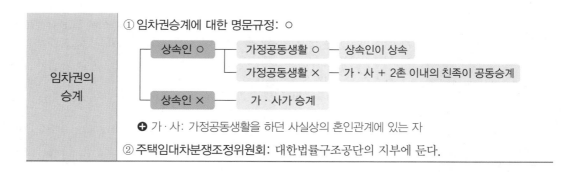

| 임차권의
승계 | ① 임차권승계에 대한 명문규정: ○

상속인 ○ ─┬─ 가정공동생활 ○ ─ 상속인이 상속
　　　　　 └─ 가정공동생활 × ─ 가·사 + 2촌 이내의 친족이 공동승계
상속인 × ─── 가·사가 승계

➕ 가·사: 가정공동생활을 하던 사실상의 혼인관계에 있는 자
② 주택임대차분쟁조정위원회: 대한법률구조공단의 지부에 둔다. |

CHAPTER 2 | 상가건물 임대차보호법

❶ 무엇이 중요할까?

- 상가건물 임대차의 대항력과 우선변제권 숙지
- 존속기간 숙지

❷ 더 공부하고 싶다면?

- 에듀윌 기본서 1차 민법 및 민사특별법 pp.580~596
- 에듀윌 단원별 기출문제집 1차 민법 및 민사특별법 pp.362~371

05 상가건물 임대차보호법의 목적과 적용범위

입법목적	상가임차인을 보호하여 국민의 경제생활 안정보장이 목적이다.
법적 성격	①「상가건물 임대차보호법」은 민법상의 임대차의 특별법이다. ②「상가건물 임대차보호법」은 편면적 강행규정이다.
물적 적용범위	① 상가건물의 임대차: ○ ② 임대차 목적물의 주된 부분을 영업용으로 사용하는 경우: ○ ③ 등기하지 아니한 전세계약: ○ ④ 일시사용을 위한 임대차: ×
보증금 제한	①「상가건물 임대차보호법」의 적용을 받기 위해서는 환산보증금이 다음 금액 이하이어야 한다.　└─▶ 보증금 + (차임 × 100) ＜표 참조＞ ② 환산보증금이 위 금액을 초과하더라도 인정되는 것들: 대항력, 계약갱신요구권, 차임연체와 해지, 권리금보호, 표준권리금계약서 작성, 감염병(코로나) 예방을 위한 집합제한 조치에 따른 폐업으로 인한 해지권은 인정된다. ③ 환산보증금이 위 금액을 초과한 경우 계약갱신요구권에 있어서 주의할 점 　㉠ 경제사정 변동 시 5%를 초과해서 차임증액청구를 할 수 있다. 　㉡ 임대차기간을 정하지 않은 경우에는 계약갱신요구권을 행사할 수 없다.

서울특별시	9억원 이하
수도권 과밀억제권역 및 부산광역시	6억 9천만원 이하
광역시 등	5억 4천만원 이하
기타	3억 7천만원 이하

1 대항력 ✎필수체크

(1) 개념 정리

대항력의 요건	건물의 인도＋사업자등록 신청 ⇨ 다음 날 오전 0시부터 대항력을 취득한다.
대항력의 내용	① 대항력을 취득한 후에 상가건물의 소유권을 취득한 양수인에 대해 임차인은 임차권을 주장할 수 있다. ② 임차건물의 양수인은 임대인의 지위를 승계한 것으로 본다.

(2) 핵심 판례

① 상가건물을 임차하고 사업자등록을 마친 사업자가 임차건물의 전대차 등으로 해당 사업을 개시하지 않거나 사실상 폐업한 경우「상가건물 임대차보호법」상의 대항력 및 우선변제권을 유지하기 위해서는 건물을 직접 점유하면서 사업을 운영하는 전차인이 그 명의로 사업자등록을 하여야 한다(대판 2006.1.13, 2005다64002).

② 소유권이전등기청구권을 보전하기 위한 가등기가 경료된 후에「상가건물 임대차보호법」상 대항력을 취득한 임차인은 그 가등기에 기하여 본등기를 경료한 자에 대하여 임대차의 효력으로써 대항할 수 없다(대판 2007.6.28, 2007다25599).

2 우선변제와 최우선변제 ✎필수체크

요건 검토	① **우선변제권**: 대항요건＋확정일자 ② **최우선변제권**: 대항요건만 필요하다(확정일자 불요). ③ 우선변제권과 최우선변제권 모두 배당요구채권에 해당한다.
의미 검토	① **우선변제의 의미**: 대항요건과 확정일자를 갖춘 임차인은 임차건물(대지 포함)의 환가대금에서 후순위권리자 기타 채권자보다 우선하여 보증금을 변제받을 권리가 있다. ② **최우선변제의 의미**: 임차인은 보증금 중 일정액을 다른 담보물권자보다 우선하여 변제받을 권리가 있다.
우선변제권의 행사	① 임차인이 임차건물에 대하여 보증금반환청구소송의 확정판결, 그 밖에 이에 준하는 집행권원에 기한 경매를 신청하는 경우에는 반대의무의 이행 또는 이행의 제공을 집행개시의 요건으로 하지 아니한다. ② 임차인은 임차건물을 양수인에게 인도하지 아니하면 보증금을 수령할 수 없다.
우선변제권의 승계	① 일정한 금융기관이 우선변제권을 취득한 임차인의 보증금반환채권을 계약으로 양수한 경우에는 양수한 금액의 범위에서 우선변제권을 승계한다. ② 우선변제권을 승계한 금융기관은 임차인이 대항요건을 상실한 경우와 임차권등기 명령에 따른 임차권등기가 말소된 경우 및 민법상 임대차등기가 말소된 경우에는 우선변제권을 행사할 수 없다.

	③ 우선변제권을 승계한 금융기관이더라도 우선변제권을 행사하기 위하여 임차인을 대리하거나 대위하여 임대차를 해지할 수는 없다.
최우선변제의 범위	① 최우선변제를 받을 임차인 및 보증금 중 일정액의 범위와 기준은 주택가액의 2분의 1의 범위 안에서 대통령령으로 정한다. ② 최우선변제의 범위

구분	보증금의 범위	최우선변제금액
서울특별시	6,500만원 이하	2,200만원
과밀억제권역	5,500만원 이하	1,900만원
광역시 등	3,800만원 이하	1,300만원
기타 지역	3,000만원 이하	1,000만원

판 례

임차건물의 양수인이 임대인의 지위를 승계하면, 양수인은 임차인에게 보증금반환의무를 부담하고 임차인은 양수인에게 차임지급의무를 부담한다. 그러나 임차건물의 소유권이 이전되기 전에 이미 발생한 연체차임이나 관리비 등은 별도의 채권양도절차가 없는 한 원칙적으로 양수인에게 이전되지 않는다(대판 2017.3.22, 2016다218874).

07 존속기간 등

1 존속기간 ✏️필수체크

존속기간	**제9조【임대차기간 등】**① 기간을 정하지 아니하거나 기간을 1년 미만으로 정한 임대차는 그 기간을 1년으로 본다. 다만, 임차인은 1년 미만으로 정한 기간이 유효함을 주장할 수 있다. ② 임대차가 종료한 경우에도 임차인이 보증금을 돌려받을 때까지는 임대차 관계는 존속하는 것으로 본다.
계약갱신요구권	**제10조【계약갱신 요구 등】**① 임대인은 임차인이 임대차기간이 만료되기 6개월 전부터 1개월 전까지 사이에 계약갱신을 요구할 경우 정당한 사유 없이 거절하지 못한다. 〈각 호 생략〉 ② 임차인의 계약갱신요구권은 최초의 임대차기간을 포함한 전체 임대차기간이 10년을 초과하지 아니하는 범위에서만 행사할 수 있다. ③ 갱신되는 임대차는 전 임대차와 동일한 조건으로 다시 계약된 것으로 본다. 다만, 차임과 보증금은 제11조에 따른 범위에서 증감할 수 있다.

법정갱신	**제10조【계약갱신 요구 등】**④ 임대인이 제1항의 기간 이내에 임차인에게 갱신거절의 통지 또는 조건변경의 통지를 하지 아니한 경우에는 그 기간이 만료된 때에 전 임대차와 동일한 조건으로 다시 임대차한 것으로 본다. 이 경우에 임대차의 존속기간은 1년으로 본다. ⑤ 제4항의 경우 임차인은 언제든지 임대인에게 계약해지의 통고를 할 수 있고, 임대인이 통고를 받은 날부터 3개월이 지나면 효력이 발생한다.

임대인이
임차인의
계약갱신요구를
거절할 수 있는
경우
	① 임차인이 3기의 차임액에 해당하는 금액에 이르도록 차임을 연체한 사실이 있는 경우
	② 임차인이 거짓이나 그 밖의 부정한 방법으로 임차한 경우
	③ 서로 합의하여 임대인이 임차인에게 상당한 보상을 제공한 경우
	④ 임차인이 임대인의 동의 없이 목적 건물의 전부 또는 일부를 전대한 경우
	⑤ 임차인이 임차한 건물의 전부 또는 일부를 고의나 중대한 과실로 파손한 경우
	⑥ 임차한 건물의 전부 또는 일부가 멸실되어 임대차의 목적을 달성하지 못할 경우
	⑦ 임대인이 다음의 어느 하나에 해당하는 사유로 목적 건물의 전부 또는 대부분을 철거하거나 재건축하기 위하여 목적 건물의 점유를 회복할 필요가 있는 경우
	  ㉠ 임대차계약 체결 당시 공사시기 및 소요기간 등을 포함한 철거 또는 재건축계획을 임차인에게 구체적으로 고지하고 그 계획에 따르는 경우
	  ㉡ 건물이 노후·훼손 또는 일부 멸실되는 등 안전사고의 우려가 있는 경우
	  ㉢ 다른 법령에 따라 철거 또는 재건축이 이루어지는 경우
	⑧ 그 밖에 임차인이 임차인으로서의 의무를 현저히 위반하거나 임대차를 계속하기 어려운 중대한 사유가 있는 경우

2 기타 내용 ✎필수체크

차임증감청구권	① 차임 또는 보증금이 임차건물에 관한 조세, 공과금 그 밖의 부담의 증감이나 「감염병의 예방 및 관리에 관한 법률」제2조 제2호에 따른 제1급감염병 등에 의한 경제사정의 변동으로 인하여 상당하지 아니하게 된 경우에는 당사자는 장래의 차임 또는 보증금에 대하여 증감을 청구할 수 있다. 그러나 증액의 경우에는 청구 당시의 차임 또는 보증금의 100분의 5를 초과할 수 없다. ② 임차인이 증액비율을 초과하여 차임 또는 보증금을 지급한 경우에는 초과 지급된 차임 또는 보증금 상당금액의 반환을 청구할 수 있다. ③ 차임 등의 증액청구는 임대차계약 또는 약정한 차임 등의 증액이 있은 후 1년 이내에는 할 수 없다. ④ 보증금의 전부 또는 일부를 월 단위의 차임으로 전환하는 경우에는 그 전환되는 금액에, 「은행법」에 따른 은행의 대출금리 및 해당 지역의 경제여건 등을 고려하여 대통령령으로 정하는 비율(연 1할 2푼)과 한국은행에서 공시한 기준금리에 대통령령으로 정하는 배수(4.5배)를 곱한 비율 중 낮은 비율을 곱한 월차임의 범위를 초과할 수 없다.

권리금의 보호	① 임대인은 임대차기간이 끝나기 6개월 전부터 임대차 종료 시까지 다음의 어느 하나에 해당하는 행위를 함으로써 권리금계약에 따라 임차인이 주선한 신규임차인이 되려는 자로부터 권리금을 지급받는 것을 방해하여서는 아니 된다. 다만, 임대인이 임차인의 계약갱신요구를 거절할 수 있는 경우(제10조 제1항 각 호의 어느 하나에 해당하는 사유가 있는 경우)에는 그렇지 않다. ⓐ 임차인이 주선한 신규임차인이 되려는 자에게 권리금을 요구하거나 임차인이 주선한 신규임차인이 되려는 자로부터 권리금을 수수하는 행위 ⓑ 임차인이 주선한 신규임차인이 되려는 자로 하여금 임차인에게 권리금을 지급하지 못하게 하는 행위 ⓒ 임차인이 주선한 신규임차인이 되려는 자에게 상가건물에 관한 조세, 공과금, 주변 상가건물의 차임 및 보증금, 그 밖의 부담에 따른 금액에 비추어 현저히 고액의 차임과 보증금을 요구하는 행위 ⓓ 그 밖에 정당한 사유 없이 임대인이 임차인이 주선한 신규임차인이 되려는 자와 임대차계약의 체결을 거절하는 행위 ② 임대인이 임차인의 권리금 회수기회를 방해하여 임차인에게 손해를 발생하게 한 때에는 그 손해를 배상할 책임이 있다. 이 경우 그 손해배상액은 신규임차인이 임차인에게 지급하기로 한 권리금과 임대차 종료 당시의 권리금 중 낮은 금액을 넘지 못한다. ③ 임차인이 임대인에게 손해배상을 청구할 권리는 임대차가 종료한 날부터 3년 이내에 행사하지 아니하면 시효의 완성으로 소멸한다. ④ 대규모점포, 국·공유재산, 전대차의 경우에는 권리금 회수기회의 보장에 관한 규정이 적용되지 않는다.
차임연체 시 해지	임차인의 차임연체액이 3기의 차임액에 달하는 때에는 임대인은 계약을 해지할 수 있다.
주임법과의 비교	① **임차권등기명령제도**: 「주택임대차보호법」과 동일하다. ② **임차권의 승계**: 「상가건물 임대차보호법」에는 규정이 없다.

CHAPTER

3 | 집합건물의 소유 및 관리에 관한 법률

❶ 무엇이 중요할까?

• 집합건물의 소유 및 관리에 관한 법률 조문과 관련 판례 정리

❷ 더 공부하고 싶다면?

• 에듀윌 기본서 1차 민법 및 민사특별법 pp.597~618
• 에듀윌 단원별 기출문제집 1차 민법 및 민사특별법 pp.372~380

08 집합건물의 소유 및 관리에 관한 법률의 내용

1 존속기간 ✎ 필수체크

(1) 개념 정리

의의	① **구분소유권**: 1동 건물 중 구조상 독립성 및 이용상의 독립성을 가진 전유부분을 목적으로 하는 소유권을 말한다. ② **전유부분**: 구분소유권의 목적인 건물부분을 말한다.
등기처리	① 1동의 건물에 속하는 전부에 대하여 1등기기록을 사용한다. ② 표제부 및 각 구는 1동의 건물을 구분한 각 건물마다 둔다.
상가건물의 구분소유	**제1조의2【상가건물의 구분소유】** ① 1동의 건물이 다음 각 호에 해당하는 방식으로 여러 개의 건물부분으로 이용상 구분된 경우에 그 건물부분(이하 '구분점포'라 한다)은 이 법에서 정하는 바에 따라 각각 소유권의 목적으로 할 수 있다. 1. 구분점포의 용도가 「건축법」 제2조 제2항 제7호의 판매시설 및 같은 항 제8호의 운수시설일 것 2. 삭제 3. 경계를 명확하게 알아볼 수 있는 표지를 바닥에 견고하게 설치할 것 4. 구분점포별로 부여된 건물번호표지를 견고하게 붙일 것 ② 제1항에 따른 경계표지 및 건물번호표지에 관하여 필요한 사항은 대통령령으로 정한다.
담보책임	① 집합건물을 건축하여 분양한 자(분양자)와 분양자와의 계약에 따라 건물을 건축한 자로서 대통령령으로 정하는 자(시공자)는 구분소유자에 대하여 담보책임을 진다. ② 분양자와 시공자의 담보책임에 관하여 「집합건물의 소유 및 관리에 관한 법률」과 민법에 규정된 것보다 매수인에게 불리한 특약은 효력이 없다. ③ 담보책임의 기산점 　㉠ **전유부분**: 구분소유자에게 인도한 날 　㉡ **공용부분**: 「주택법」 제49조에 따른 사용검사일 또는 「건축법」 제22조에 따른 사용승인일

(2) 핵심 쟁점

① 구분건물이 되기 위해서는 객관적·물리적인 측면에서 구분건물이 구조상·이용상의 독립성을 갖추어야 하고 그 건물을 구분소유권의 객체로 하려는 의사표시, 즉 구분행위가 있어야 한다.

② 집합건물인 상가건물의 지하주차장은 독립된 구분소유의 대상이 될 수 있다.

③ 아파트 지하실은 구분소유의 목적이 될 수 없다.

2 공용부분 🖊필수체크

의의	① 법정공용부분: 성질 및 구조상 당연한 공용부분 ㉠ 전유부분 이외의 건물부분: 복도, 계단, 지붕, 엘리베이터, 지하실 등 ㉡ 전유부분에 속하지 아니하는 건물의 부속물: 전기배선, 저수탱크, 소화시설 등 ② 규약공용부분: 구조상으로는 전유부분이지만 규약에 의하여 공용부분으로 된 부속건물(관리사무실, 창고, 차고 등) ③ 법정공용부분은 등기할 필요가 없으나, 규약공용부분은 등기가 필요하다.
소유형태	① 공용부분은 구분소유자 전원의 공유에 속하나, 일부공용부분은 그들 구분소유자의 공유에 속한다. ② 각 공유자의 지분은 그가 가지는 전유부분의 면적비율에 따른다.
일체성의 원칙	공용부분은 그의 전유부분의 처분에 따르고, 공용부분에 대한 지분권만을 분리하여 처분할 수 없는 것이 원칙이다.

3 대지사용권

의의	① 대지사용권: 전유부분을 소유하기 위하여 건물의 대지에 대해서 가지는 권리(소유권, 지상권, 전세권, 임차권 등) ㉠ 법정대지: 전유부분이 속하는 1동의 건물이 소재하는 대지 ㉡ 규약대지: 규약에 의하여 건물의 대지로 된 도로, 주차장, 정원, 부속건물의 대지 등 ㉢ 규약대지는 법정대지와 인접할 필요는 없다. ② 대지권: 대지사용권으로서 건물과 분리하여 처분할 수 없는 것
일체성의 원칙	① 대지사용권은 그의 전유부분의 처분에 따르고, 전유부분과 분리하여 처분할 수 없는 것이 원칙이다. ② 대지사용권은 특별한 사정이 없는 한 전유부분과 일체성이 있으므로 이에 반하는 대지사용권의 처분은 법원의 강제경매절차에 의한 것이라 하더라도 무효이다(대판 2009.6.23, 2009다26145).
지분포기의 경우	민법 제267조 규정은 대지사용권에는 적용되지 않으므로 구분소유자가 대지사용권에 대한 지분을 포기하거나 상속인 없이 사망하더라도 그 지분은 다른 구분소유자에게 귀속하지 않는다.

4 구분소유자의 권리 · 의무 ✏️필수체크

(1) 개념 정리

권리와 의무	① 각 공유자는 공용부분을 그 용도에 따라 사용할 수 있다. ② 구분소유자는 건물의 보존에 해로운 행위나 그 밖에 건물의 관리 및 사용에 관하여 구분소유자의 공동의 이익에 어긋나는 행위를 하여서는 안 된다. ③ 구분소유자가 공동의 이익에 어긋나는 행위를 한 경우 또는 그 행위를 할 우려가 있는 경우에는 관리인 또는 관리단집회의 결의에 의하여 지정된 구분소유자는 위반행위의 정지청구(제43조), 사용금지청구(제44조), 경매청구(제45조), 전유부분의 점유자에 대한 인도청구(제46조)를 할 수 있다.
공용부분의 관리	① 공용부분의 관리에 관한 사항은 원칙적으로 통상의 집회결의로써 결정한다(보존행위는 각 공유자가 할 수 있음). ② 공용부분의 변경에 관한 사항은 구분소유자의 3분의 2 이상 및 의결권의 3분의 2 이상의 다수에 의한 집회결의로써 결정한다(공용부분의 개량을 위한 것으로서 지나치게 많은 비용이 드는 것이 아닐 경우와 휴양콘도미니엄의 공용부분 변경에 관한 사항은 통상의 집회결의로써 결정할 수 있음). ③ 각 공유자는 규약에 달리 정함이 없는 한 그 지분의 비율에 따라 공용부분의 관리비용 기타 의무를 부담하며, 공용부분에서 생기는 이익을 취득한다. ④ 공유자가 공용부분에 관하여 다른 공유자에 대하여 가지는 채권은 그 특별승계인에 대하여도 행사할 수 있다.
구분소유자의 일부가 공용부분을 배타적으로 사용 · 수익한 경우	① 집합건물의 구분소유자가 관리단집회 결의나 다른 구분소유자의 동의 없이 공용부분을 독점적으로 점유 · 사용하고 있는 경우, 다른 구분소유자는 공용부분의 보존행위로서 그 인도를 청구할 수 없다. ② 구분소유자 중 일부가 정당한 권원 없이 집합건물의 복도, 계단 등과 같은 공용부분을 배타적으로 점유 · 사용한 경우, 특별한 사정이 없는 한 해당 공용부분을 점유 · 사용함으로써 얻은 이익을 다른 구분소유자에게 부당이득으로 반환하여야 한다.

(2) 핵심 쟁점

① 아파트의 특별승계인은 전 입주자의 체납관리비 중 공용부분에 관하여는 이를 승계하여야 한다.

② 공용부분 관리비에 대한 연체료는 특별승계인에게 승계되는 공용부분 관리비에 포함되지 않는다.

③ 구분소유권의 특별승계인은 구분소유권을 다시 제3자에 이전한 경우에도, 이전 구분소유자들의 채무를 중첩적으로 인수하므로 여전히 자신의 전 구분소유자의 공용부분에 대한 체납관리비를 지급할 책임을 진다(대판 2008.12.11, 2006다50420).

관리단	건물에 대하여 구분소유관계가 성립되면 구분소유자 전원을 구성원으로 하여 건물과 그 대지 및 부속시설의 관리에 관한 사업의 시행을 목적으로 하는 관리단이 설립된다.

관리인	① 임의적 선임: 구분소유자가 10인 이상일 때에는 관리단을 대표하고 관리단의 사무를 집행할 관리인을 선임해야 한다.
	② 선임과 해임
	  ㉠ 관리인은 구분소유자일 필요가 없으며, 그 임기는 2년의 범위에서 규약으로 정한다. 관리인은 관리단집회의 결의로 선임되거나 해임된다.
	  ㉡ 관리인에게 부정한 행위나 그 밖에 그 직무를 수행하기에 적합하지 아니한 사정이 있을 때에는 각 구분소유자는 관리인의 해임을 법원에 청구할 수 있다.
	  ㉢ 관리인은 매년 1회 이상 구분소유자에게 그 사무에 관한 보고를 해야 한다.
	③ 임시관리인의 선임
	  ㉠ 구분소유자, 그의 승낙을 받아 전유부분을 점유하는 자, 분양자 등 이해관계인은 선임된 관리인이 없는 경우에는 법원에 임시관리인의 선임을 청구할 수 있다.
	  ㉡ 임시관리인은 선임된 날부터 6개월 이내에 관리인 선임을 위하여 관리단집회 또는 관리위원회를 소집하여야 한다.
	  ㉢ 임시관리인의 임기는 선임된 날부터 관리인이 선임될 때까지로 하되, 규약으로 정한 임기를 초과할 수 없다.
	④ 관리인의 권한과 의무
	  ㉠ 공용부분의 보존 행위
	  ㉡ 공용부분의 관리 및 변경에 관한 관리단집회 결의를 집행하는 행위
	  ㉢ 공용부분의 관리비용 등 관리단의 사무 집행을 위한 비용과 분담금을 각 구분소유자에게 청구·수령하는 행위 및 그 금원을 관리하는 행위
	  ㉣ 관리단의 사업 시행과 관련하여 관리단을 대표하여 하는 재판상 또는 재판 외의 행위
	  ㉤ 소음·진동·악취 등을 유발하여 공동생활의 평온을 해치는 행위의 중지 요청 또는 분쟁조정절차 권고 등 필요한 조치를 하는 행위
	  ㉥ 그 밖에 규약에 정하여진 행위

관리단집회의 소집	① 정기 관리단집회: 관리인은 매년 회계연도 종료 후 3개월 이내에 정기 관리단집회를 소집하여야 한다.
	② 임시 관리단집회
	  ㉠ 관리인은 필요하다고 인정한 때에는 관리단집회를 소집할 수 있다.
	  ㉡ 구분소유자의 5분의 1 이상이 회의의 목적사항을 명시하여 관리단집회의 소집을 청구한 때에는 관리인은 관리단집회를 소집하여야 한다.
	③ 소집절차
	  ㉠ 관리단집회를 소집하고자 할 때에는 관리단 집회일의 1주일 전에 회의의 목적사항을 구체적으로 밝혀 각 구분소유자에게 통지하여야 한다.
	  ㉡ 관리단집회는 구분소유자 전원의 동의가 있는 때에는 소집절차를 거치지 아니하고 소집할 수 있다.

PART 4

관리단집회의 결의	① 관리단집회는 통지한 사항에 관하여서만 결의할 수 있고, 각 구분소유자의 의결권은 규약에 특별한 규정이 없는 경우에는 지분비율에 따른다. ② 관리단집회의 의사는 「집합건물의 소유 및 관리에 관한 법률」 또는 규약에 특별한 규정이 없는 경우에는 구분소유자 및 의결권의 각 과반수로써 의결한다. ③ 의결권은 서면이나 전자적 방법으로 또는 대리인을 통하여 행사할 수 있다. ④ 관리단집회의 결의는 구분소유자의 특별승계인에 대하여도 효력이 있다.

6 규약

내용	① 건물과 대지 또는 부속시설의 관리 또는 사용에 관한 구분소유자 상호간의 사항 중 「집합건물의 소유 및 관리에 관한 법률」에서 규정하지 아니한 사항은 규약으로써 정할 수 있다. ② 규약의 설정·변경 및 폐지는 관리단집회에서 구분소유자의 4분의 3 이상 및 의결권의 각 4분의 3 이상의 찬성을 얻어서 한다. ③ 규약은 구분소유자의 특별승계인에 대하여도 효력이 있다.
제3자의 불법점유 배제방법	집합건물의 공용부분이나 구분소유자의 공유에 속하는 건물의 대지 또는 부속시설을 제3자가 불법으로 점유하는 경우에 입주자대표회의는 공동주택의 구분소유자를 대리하여 공용부분 등의 구분소유권에 기초한 방해배제청구 등의 권리를 행사할 수 없다 (구분소유자가 각각 또는 전원의 이름으로 하거나 관리단집회의 결의에 의하여 선임된 관리인이 하여야 함).

7 재건축 ✏️필수체크

재건축 결의	① 재건축의 결의는 구분소유자의 5분의 4 이상 및 의결권의 각 5분의 4 이상의 다수에 의한 결의에 따른다(각각의 건물마다 5분의 4를 의미). ② 재건축의 결의가 있는 때에는 집회를 소집한 자는 지체 없이 그 결의에 찬성하지 아니한 구분소유자에 대하여 그 결의내용에 따른 재건축에 참가할 것인지 여부를 회답할 것을 서면으로 촉구해야 한다. ③ 위의 촉구를 받은 구분소유자는 촉구를 받은 날부터 2개월 이내에 회답해야 한다. 이 기간 내에 회답하지 아니한 경우 그 구분소유자는 재건축에 참가하지 아니하겠다는 뜻을 회답한 것으로 본다. ④ 위 기간이 지나면 매수지정자는 기간만료일로부터 2개월 이내에 재건축에 참가하지 아니하겠다는 뜻을 회답한 구분소유자에 대하여 구분소유권과 대지사용권을 시가로 매도할 것을 청구할 수 있다.
결의내용의 변경	① 재건축 결의내용의 변경을 위한 의결정족수: 조합원 5분의 4 이상의 결의 ② 재건축 결의내용의 변경방법: 서면결의로도 가능

CHAPTER

4 | 가등기담보 등에 관한 법률

❗ 무엇이 중요할까?

• 가등기담보권의 실행방법 정리

❓ 더 공부하고 싶다면?

• 에듀윌 기본서 1차 민법 및 민사특별법 pp.619~630
• 에듀윌 단원별 기출문제집 1차 민법 및 민사특별법 pp.381~391

09 비전형담보와 가등기담보 등에 관한 법률의 적용범위

1 비전형담보의 유형

매도담보	매매＋환매 또는 재매매의 예약
양도담보	금전소비대차계약＋소유권이전등기＋주로 점유개정의 방식
가등기담보	금전소비대차계약＋대물변제의 예약＋가등기

2 가등기담보 등에 관한 법률의 적용범위 ✔️필수체크

(1) 개념 정리

적용 요건	① 목적물이 공시할 수 있을 것 ② 예약 당시의 가액이 차용액과 이에 붙인 이자를 합산한 액수를 초과할 것 ③ 채권담보를 목적으로 한 계약이 있을 것(대물변제의 예약, 매매예약 등) ④ 소비대차에 기한 채권일 것
판례의 태도	대체로 학설과 일치하나 동산의 양도담보에 관해서는 「가등기담보 등에 관한 법률」을 적용하지 않고 신탁적 소유권이전설에 따라 해결한다.

(2) 핵심 쟁점

① 매매대금채권, 물품대금선급금 반환채권, 공사대금채권, 불하대금채권, 매매계약의 해제에 따른 대금반환채권, 불법행위채권, 부당이득반환채권, 낙찰자로서의 권리를 포기하는 대가로 채무자가 지급한 금전을 담보하기 위하여 가등기한 경우에는 「가등기담보 등에 관한 법률」이 적용되지 않는다.

② 동산에도 역시 적용되지 않는다. 또한 전세권, 질권 및 저당권에 대해서도 「가등기담보 등에 관한 법률」이 적용되지 않는다.

③ 예약 당시의 가액이 차용액 및 이에 붙인 이자의 합산액을 초과하는 경우에만 적용되므로 이에 미달하는 경우에는 적용되지 않는다.

(1) 개념 정리 ✎ 필수체크

권리취득에 의한 실행	실행 순서	변제기 도래 ⇨ 실행통지 ⇨ 청산기간(2개월) 경과 ⇨ 청산금 지급 ⇨ 소유권취득
	실행 통지	① **통지사항**: 청산금의 평가액 　ⓐ 청산금의 평가액이 채권액에 미달하여 청산금이 없다고 인정되는 때에는 그 뜻을 통지하여야 한다. 　ⓑ 채권자는 그가 통지한 청산금의 금액에 관하여 다툴 수 없다. ② **통지의 상대방**: 채무자＋물상보증인＋제3취득자(담보가등기 후 소유권을 취득한 제3자) ③ **통지시기**: 피담보채권의 변제기 이후 ④ **통지방법**: 서면 또는 구두
	청산	① **청산기간**: 실행통지가 도달한 날로부터 2개월이 경과하여야 한다. ② **청산금청구권자**: 채무자와 물상보증인 및 제3취득자 　ⓐ 후순위권리자도 청산금청구권을 행사할 수 있다. 　ⓑ 담보가등기 후에 대항력 있는 임차권을 취득한 자도 청산금의 범위 내에서 보증금의 반환을 청구할 수 있다.
	소유권 취득	① **청산금이 없는 경우**: 청산기간 경과 후에 곧바로 가등기에 기한 본등기를 청구할 수 있다. ② **청산금이 있는 경우**: 청산기간이 경과한 후 청산금을 지급하거나 청산금을 공탁하여야 본등기를 청구할 수 있다. ③ **채무자 등의 말소청구**: 청산금채권을 변제받을 때까지 그 채무액을 채권자에게 지급하고 등기말소를 청구할 수 있다. 　ⓐ 채무의 변제기가 지난 때로부터 10년이 지난 경우 말소청구를 할 수 없다. 　ⓑ 선의의 제3자가 소유권을 취득한 경우 말소청구를 할 수 없다.
경매에 의한 실행		가등기담보권자는 그 선택에 따라 권리취득에 의해 실행하거나 목적부동산의 경매를 청구할 수 있다.

(2) 핵심 쟁점 ✎ 필수체크

① 「가등기담보 등에 관한 법률」은 귀속청산방식만 인정하고 있다.

② 가등기담보부동산의 예약 당시의 시가가 그 피담보채무액에 미달하는 경우에는 청산금평가액의 통지를 할 필요가 없다(대판 1993.10.26, 93다27611).

③ **청산금의 평가액**

> 통지 당시의 목적부동산의 가액 − (민법 제360조에 규정된 채권액＋선순위담보권자의 채권액)

④ **동시이행의 관계**: 청산금의 지급채무 vs 소유권이전등기 및 인도채무

보호방법	① 후순위권리자는 그 순위에 따라 채무자 등이 지급받을 청산금에 대하여 가등기담보권자가 통지한 청산금의 평가액의 범위에서 청산금이 지급될 때까지 그 권리를 행사할 수 있다. ② 후순위권리자는 청산기간 내에 한정하여 그 피담보채권의 변제기 도래 전이라도 목적부동산의 경매를 청구할 수 있다.
본등기 청구금지	담보가등기를 마친 부동산에 대하여 강제경매 등의 개시결정이 있는 경우에 그 경매의 신청이 청산금을 지급하기 전에 행하여진 경우에는 가등기담보권자는 그 가등기에 따른 본등기를 청구할 수 없다.

PART 4

5 | 부동산 실권리자명의 등기에 관한 법률

❶ 무엇이 중요할까?

• 부동산 실권자명의 등기에 관한 법률 내용 정리

❷ 더 공부하고 싶다면?

• 에듀윌 기본서 1차 민법 및 민사특별법 pp.631~643
• 에듀윌 단원별 기출문제집 1차 민법 및 민사특별법 pp.392~405

12 부동산 실권리자명의 등기에 관한 법률의 적용범위

적용대상	부동산에 관한 소유권 기타 물권
적용제외	① 양도담보 ② 가등기담보 ③ 상호명의신탁(구분소유적 공유) ④「신탁법」상의 신탁
적용특례	종중재산의 명의신탁과 배우자 간의 명의신탁, 종교단체의 명의로 그 산하조직이 보유한 부동산에 대한 물건을 등기한 경우로서 탈법목적이 없는 경우에는 유효하다.

── 신탁자가 소유권을 보유하여 이를 관리·수익하면서 공부상의 소유명의만 수탁자로 해 두는 것

13 명의신탁의 유형과 법률관계의 정리

1 2자 간 명의신탁(이전형 명의신탁) ✔필수체크

사례	甲(신탁자) ──약정/등기── 乙(수탁자) ↓ 처분 丙(제3자)
쟁점 정리	① 甲·乙 간의 명의신탁약정도 무효이고, 등기에 의한 물권변동도 무효이다. ② 대내적·대외적 소유권은 甲이 보유한다. ③ 甲은 乙을 상대로 소유권에 기한 방해제거청구권을 행사하여 등기말소를 청구할 수 있다. ④ 丙은 선의·악의를 불문하고 소유권을 취득한다.

2 등기명의신탁(중간생략형 명의신탁) ✐필수체크

사례	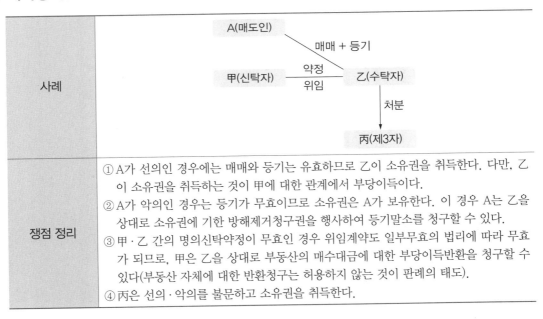
쟁점 정리	① 甲·乙 간의 명의신탁약정도 무효이고, A에게서 乙에게로 이전된 등기에 의한 물권변동도 무효이다. ② 소유권은 여전히 A가 보유한다. 따라서 A는 乙을 상대로 소유권에 기한 방해제거청구권을 행사하여 등기말소를 청구할 수 있다. ③ A와 甲 사이의 매매는 유효하므로 甲은 A를 상대로 매매대금의 반환을 청구할 수 없고, 甲은 자신에게 소유권이전등기를 하기 위해서는 A를 대위하여 乙을 상대로 등기말소를 구하고 다시 A를 상대로 매매계약에 기한 소유권이전등기를 청구하여야 한다. ④ 丙은 선의·악의를 불문하고 소유권을 취득한다.

3 계약명의신탁(위임형 명의신탁) ✐필수체크

사례	
쟁점 정리	① A가 선의인 경우에는 매매와 등기는 유효하므로 乙이 소유권을 취득한다. 다만, 乙이 소유권을 취득하는 것이 甲에 대한 관계에서 부당이득이다. ② A가 악의인 경우는 등기가 무효이므로 소유권은 A가 보유한다. 이 경우 A는 乙을 상대로 소유권에 기한 방해제거청구권을 행사하여 등기말소를 청구할 수 있다. ③ 甲·乙 간의 명의신탁약정이 무효인 경우 위임계약도 일부무효의 법리에 따라 무효가 되므로, 甲은 乙을 상대로 부동산의 매수대금에 대한 부당이득반환을 청구할 수 있다(부동산 자체에 대한 반환청구는 허용하지 않는 것이 판례의 태도). ④ 丙은 선의·악의를 불문하고 소유권을 취득한다.

🔍 판례

계약명의신탁의 경우 부동산의 소유권을 유효하게 취득한 수탁자가 명의신탁약정 외의 적법한 원인에 의하여 신탁자 앞으로 부동산에 대한 소유권이전등기를 경료한 경우 그 소유권이전등기는 유효하다(대판 2003.9.5, 2001다32120).

4 등기명의신탁과 계약명의신탁의 구별 ✎필수체크

명의신탁약정이 이른바 3자 간 등기명의신탁인지 아니면 계약명의신탁인지의 구별은 계약당사자가 누구인가를 확정하는 문제로 귀결된다. 그런데 타인을 통하여 부동산을 매수함에 있어 매수인 명의를 그 타인 명의로 하기로 하였다면 이때의 명의신탁관계는 그들 사이의 내부적인 관계에 불과하므로, 설령 계약의 상대방인 매도인이 그 명의신탁관계를 알고 있었다고 하더라도, 계약명의자인 명의수탁자가 아니라 명의신탁자에게 계약에 따른 법률효과를 직접 귀속시킬 의도로 계약을 체결하였다는 등의 특별한 사정이 인정되지 아니하는 한, 그 명의신탁관계는 계약명의신탁에 해당한다고 보아야 함이 원칙이다(대결 2013.10.7, 2013스133).

삶의 순간순간이
아름다운 마무리이며
새로운 시작이어야 한다.

– 법정 스님

MEMO

MEMO

MEMO

2025 에듀윌 공인중개사 1차 핵심요약집 + 기출팩

발 행 일	2025년 4월 25일 초판
편 저 자	이영방, 심정욱
펴 낸 이	양형남
펴 낸 곳	(주)에듀윌
I S B N	979-11-360-3732-9
등록번호	제25100-2002-000052호
주 소	08378 서울특별시 구로구 디지털로34길 55 코오롱싸이언스밸리 2차 3층

www.eduwill.net
대표전화 1600-6700

여러분의 작은 소리
에듀윌은 크게 듣겠습니다.

본 교재에 대한 여러분의 목소리를 들려주세요.
공부하시면서 어려웠던 점, 궁금한 점,
칭찬하고 싶은 점, 개선할 점, 어떤 것이라도 좋습니다.

에듀윌은 여러분께서 나누어 주신 의견을
통해 끊임없이 발전하고 있습니다.

에듀윌 도서몰 book.eduwill.net
• 부가학습자료 및 정오표: 에듀윌 도서몰 → 도서자료실
• 교재 문의: 에듀윌 도서몰 → 문의하기 → 교재(내용, 출간) / 주문 및 배송

에듀윌 직영학원에서
합격을 수강하세요

언제나 전문 학습 매니저와 상담이 가능한 안내데스크

고품질 영상 및 음향 장비를 갖춘 최고의 강의실

재충전을 위한 카페 분위기의 아늑한 휴게실

에듀윌의 상징 노란색의 환한 학원 입구

에듀윌 직영학원 대표전화

공인중개사 학원	02)815-0600	
주택관리사 학원	02)815-3388	
전기기사 학원	02)6268-1400	
공무원 학원	02)6328-0600	
소방 학원	02)6337-0600	
편입 학원	02)6419-0600	
부동산아카데미	02)6736-0600	

공인중개사학원
바로가기

에듀윌 공인중개사
동문회 특권

1. 에듀윌 공인중개사 합격자 모임

2. 앰배서더 가입 자격 부여

3. 동문회 인맥북

업계 최대 네트워크

4. 개업 축하 선물

5. 온라인 커뮤니티

부동산 정보
실시간 공유

6. 오프라인 커뮤니티

지부/기수 정기모임

7. 공인중개사 취업박람회

8. 동문회 주최 실무 특강

9. 프리미엄 복지혜택

숙박/자기계발/의료
및 소식지 무료 구독

10. 마이오피스

동문 사무소
등록/조회

11. 동문회와 함께하는 사회공헌활동

※ 본 특권은 회원별로 상이하며, 예고 없이 변경될 수 있습니다.

2025

에듀윌
공인중개사
핵심요약집+기출팩

1차 부동산학개론 | 민법 및 민사특별법

기출의 모든 것을 담은 합격 부록

기출팩

eduwill

2025

에듀윌
공인중개사
핵심요약집+기출팩

1차 부동산학개론 | 민법 및 민사특별법

2025

에듀윌
공인중개사
핵심요약집+기출팩

1차 부동산학개론 | 민법 및 민사특별법

기출의 모든 것을 담은 합격 부록

기출팩

부동산학개론

01 | 기출분석

5개년 PART별 출제비중 & 학습법

PART 1
부동산학 총론

9%
5개년 출제비중

PART 1 부동산학 총론은 최근 5개년 평균 약 9%(40문제 중 약 4문제) 출제된 부분입니다. 특히, 부동산의 개념과 분류 부분의 출제비중이 높으며, 개념 이해 위주로 학습하는 것이 좋습니다.

PART 2
부동산학 각론

74.5%
5개년 출제비중

PART 2 부동산학 각론은 최근 5개년 평균 약 74.5%(40문제 중 약 30문제) 출제된 부분으로 압도적으로 출제비중이 높은 PART입니다. 특히, 모든 CHAPTER가 전반적으로 높은 비중으로 출제되니 꼼꼼히 학습하시기 바랍니다.

PART 3
부동산 감정평가론

16.5%
5개년 출제비중

PART 3 부동산 감정평가론은 최근 5개년 평균 약 16.5%(40문제 중 약 6문제) 출제된 부분입니다. 특히, CHAPTER 3 감정평가의 방식의 출제비중이 가장 높으니 이 부분은 반드시 학습하기를 바랍니다.

☑ 5개년 기출 빅데이터

5년 동안의 기출문제를 분석한 결과, PART 2 부동산학 각론의 출제비중이 약 74.5%로 가장 높았습니다. 출제비중이 가장 높은 부동산학 각론은 세부적으로 꼼꼼하게 학습하고, 부동산학 총론, 부동산 감정평가론은 이해 위주로 학습하는 것이 좋습니다.

PART	CHAPTER별 5개년 출제비중		핵심 Point
PART 1 부동산학 총론	1 부동산학 서설	0.5%	부동산학
	2 부동산의 개념과 분류	6%	토지의 분류
	3 부동산의 특성	2.5%	토지의 특성 – 자연적 특성
PART 2 부동산학 각론	1 부동산경제론	13.5%	수요변화의 요인, 수요의 가격탄력성
	2 부동산시장론	12.5%	도시공간구조이론, 레일리의 소매인력법칙
	3 부동산정책론	12.5%	부동산정책
	4 부동산투자론	12.5%	포트폴리오이론, 영업 현금흐름의 계산, 할인현금수지분석법, 비율분석법
	5 부동산금융론 (부동산금융·증권론)	12%	부동산금융의 개요, 저당의 상환방법, 부동산투자회사
	6 부동산개발 및 관리론	11.5%	부동산마케팅의 전략
PART 3 부동산 감정평가론	1 감정평가의 기초이론	2.5%	감정평가의 분류
	2 부동산의 가격이론	1.5%	시장가치, 지역분석의 대상, 부동산가격(가치)의 제 원칙
	3 감정평가의 방식	10%	감가수정의 방법, 거래사례비교법, 공시지가기준법, 수익환원법
	4 부동산가격공시제도	2.5%	표준지공시지가, 표준주택가격 공시제도
합계	100%		

* 복합문제이거나, 법률이 개정 및 제정된 경우 분류 기준에 따라 위 수치와 달라질 수 있습니다.

☑ 제35회 시험분석

지난 회차에 비해 높은 난도!

제35회 부동산학개론은 지난 제34회에 비해 난도가 약간 높은 편이었습니다. 옳은 것을 묻는 문제, 시간이 오래 걸리는 계산문제, 박스형 문제 등이 다수 출제되어 전반적으로 시간안배에 어려움을 호소하는 수험생들이 많았습니다. 특히 1문제는 전문적이고 실무적인 내용으로 출제되어 건너뛰어야 하는 문제였습니다. 또한 세법 문제도 1문제가 출제되어 1차 시험만 준비하신 분들에겐 어려웠을 것입니다.

하지만 20문제 정도는 비교적 수월하게 접근 가능했기 때문에 준비를 잘했다면 합격점수는 무난하게 받을 수 있었을 것입니다.

계산문제 9문제 출제!

계산문제가 9문제 출제되었고, 전체적으로는 지난 제34회보다 다소 높은 수준으로 출제되어 계산문제 연습이 부족한 수험생들에게는 어려운 시험이었습니다. 기본이론을 충실히 학습하여 개념을 정확히 이해하고, 문제풀이를 통해 계산문제 등의 연습으로 응용력을 갖추어야 합격점수 이상을 획득할 수 있는 회차였습니다.

▼

☑ 제36회 대비 학습전략

부동산학개론의 개념을 정확히 알고 문제해결능력을 키우는 것이 합격의 관건!

제36회(2025년) 시험도 이번 제35회 시험과 유사한 경향과 난이도로 출제될 것으로 보입니다. 난이도 중, 하의 문제는 확실하게 맞힐 수 있도록 기본기가 튼튼해야 합니다. 따라서 개념을 정확히 알고, 기출문제를 풀어보며 경향을 확실하게 알아야 합니다. 또한 계산문제의 비중이 높아지고 있는 점을 감안하여 계산문제에 대한 문제해결능력을 갖추는 것이 합격의 지름길이라고 할 수 있습니다.

출제비중이 높은 PART 2 부동산학 각론 위주로 학습!

제35회 시험에서 부동산학 각론은 28문제가 출제되었는데 제36회 시험에서도 유사한 비중으로 출제될 것으로 예상합니다. PART 2 부동산학 각론은 모든 CHAPTER에서 골고루 문제가 출제되므로, 선별식 공부나 단순암기식 공부보다는 이론을 체계적으로 독파하고 응용력을 키우는 공부가 필요합니다.

자주 출제되는 기출지문으로 출제의 감을 잡아야 합니다.

02 | 기출지문

옳은 지문 142선

PART 1 | 부동산학 총론

001 복합개념의 부동산이란 부동산을 법률적·경제적·기술적 측면 등이 복합된 개념으로 이해하는 것을 말한다. 27회

002 부동산학의 접근방법 중 종합식 접근방법은 부동산을 기술적·경제적·법률적 측면 등의 복합개념으로 이해하여, 이를 종합해서 이론을 구축하는 방법이다. 26회

003 택지는 주거·상업·공업용지 등의 용도로 이용되고 있거나 해당 용도로 이용할 목적으로 조성된 토지를 말한다. 29회

004 포락지(浦落地)는 지적공부에 등록된 토지가 물에 침식되어 수면 밑으로 잠긴 토지를 말한다. 31회

005 택지지역 내에서 주거지역이 상업지역으로 용도변경이 진행되고 있는 토지를 이행지라 한다. 21회, 29회, 32회

006 토지는 영속성으로 인해 물리적인 측면에서 감가상각의 적용을 배제시키는 근거가 된다. 33회

007 용도의 다양성으로 인해 토지의 경제적 공급은 증가할 수 있다. 35회

PART 2 | 부동산학 각론

008 수요곡선상의 수요량은 주어진 가격에서 수요자들이 구입 또는 임차하고자 하는 부동산의 최대수량이다. 34회

009 부동산 시장수요곡선은 개별수요곡선을 수평으로 합하여 도출한다. 34회

010 아파트매매시장에서 대체재인 단독주택의 가격이 상승하면 아파트의 수요곡선은 우상향으로 이동하게 된다. 29회

011 부동산의 신규공급은 일정한 시점에서 측정되는 저량 개념이 아니라 일정한 기간 동안 측정되는 유량 개념이다. 23회

012 부동산공급 및 공급곡선에서 해당 부동산 가격 변화에 의한 공급량의 변화는 다른 조건이 불변일 때 동일한 공급곡선상에서 점의 이동으로 나타난다. 27회

013 수요와 공급이 모두 감소하고 수요의 감소폭보다 공급의 감소폭이 더 큰 경우, 균형거래량은 감소한다. 35회

014 수요의 가격탄력성이 1보다 작을 경우 비탄력적이므로 전체 수입은 임대료가 상승함에 따라 증가한다. 28회

015 일반적으로 부동산수요의 가격탄력성은 단기에서 장기로 갈수록 더 탄력적이 된다. 28회

016 공급의 가격탄력성이 탄력적이면 가격의 변화율보다 공급량의 변화율이 더 크다. 32회

017 가격이 변하여도 수요량이 전혀 변화하지 않는다면, 수요의 가격탄력성은 완전비탄력적이다. 34회

018 부동산수요가 증가할 때 부동산공급곡선이 탄력적일수록 부동산가격은 더 적게 상승하고, 균형량은 더 많이 증가한다. 27회

019 부동산경기변동의 회복시장 국면에서는 매수자가 주도하는 시장에서 매도자가 주도하는 시장으로 바뀌는 경향이 있다. 33회

020 거미집모형에서 가격이 변동하면 수요는 즉각적으로 영향을 받지만, 공급은 일정한 생산기간이 경과한 후이어야만 변동이 가능하다. 34회

021 부동산시장에서는 수요와 공급의 불균형으로 인해 단기적으로 가격형성이 왜곡될 가능성이 있다. 23회

022 아직 공표되지 않은 정보를 분석해도 초과이윤을 얻을 수 없는 시장은 강성 효율적 시장이다. 32회

023 저급주택이 재개발되어 고소득가구의 주택으로 사용이 전환되는 것을 주택의 상향여과과정이라 한다. 31회

024 리카도(D. Ricardo)의 차액지대설에서 지대는 토지의 비옥도차이에 의해 결정된다. 34회

025 절대지대설에 따르면 토지의 소유 자체가 지대의 발생요인이다. 24회

026 마샬(A. Marshall)의 준지대론은 한계생산이론에 입각하여 리카도(D. Ricardo)의 지대론을 재편성한 이론이다. 24회

027 튀넨(J. H. von Thünen)의 위치지대설에 따르면, 위치에 따른 수송비차이에 기초한 지대에 의해 농업적 토지이용이 결정된다. 34회

028 알론소(W. Alonso)의 입찰지대곡선은 도심에서 외곽으로 나감에 따라 가장 높은 지대를 지불할 수 있는 각 산업의 지대곡선들을 연결한 것이다. 32회

029 호이트(H. Hoyt)의 선형이론은 단핵의 중심지를 가진 동심원 도시구조를 기본으로 하고 있다는 점에서 동심원이론을 발전시킨 것이라고 할 수 있다. 35회

030 호이트(H. Hoyt)의 선형이론에 따르면, 도시공간구조의 성장과 분화는 주요 교통축을 따라 부채꼴 모양으로 확대되면서 나타난다. 34회

031 해리스(C. Harris)와 울만(E. Ullman)은 도시 내부의 토지이용이 단일한 중심의 주위에 형성되는 것이 아니라 몇 개의 핵심지역 주위에 형성된다는 점을 강조하면서, 도시공간구조가 다핵심구조를 가질 수 있다고 보았다. 35회

032 허프(D. Huff)모형의 공간(거리)마찰계수는 도로환경, 지형, 주행수단 등 다양한 요인에 영향을 받을 수 있는 값이며, 이 모형을 적용하려면 공간(거리)마찰계수가 정해져야 한다. 35회

033 주택시장의 지표로서 PIR(Price to Income Ratio)은 개인의 주택지불능력을 나타내며, 그 값이 클수록 주택구매가 더 어렵다는 의미다. 33회

034 지역지구제는 토지이용에 수반되는 부(−)의 외부효과를 제거하거나 완화시킬 목적으로 활용된다. 35회

035 부(−)의 외부효과가 발생하는 재화의 경우 시장에만 맡겨두면 지나치게 많이 생산될 수 있다. 22회

036 토지비축제는 정부가 토지를 매입한 후 보유하고 있다고 적절한 때에 이를 매각하거나 공공용으로 사용하는 제도를 말한다. 35회

037 임대료를 균형가격 이하로 통제하면 민간 임대주택의 공급량은 감소하고 질적 수준은 저하된다. 34회

038 균형임대료보다 임대료 상한이 높을 경우, 균형임대료와 공급량에 아무런 영향을 미치지 않는다. 20회

039 임대료 보조정책은 장기적으로 임대주택의 공급을 증가시킬 수 있다. 28회

040 공공임대주택의 공급은 주택시장에 정부가 개입하는 사례라 할 수 있다. 23회

041 통합공공임대주택은 국가나 지방자치단체의 재정이나 주택도시기금의 자금을 지원받아 최저소득 계층, 저소득 서민, 젊은 층 및 장애인·국가유공자 등 사회 취약계층 등의 주거안정을 목적으로 공급하는 공공임대주택이다. 35회

042 분양가 상한제 도입배경은 주택가격을 안정시키고, 무주택자의 신규주택 구입부담을 경감시키기 위해서이다. 27회

043 분양가 상한제의 목적은 주택가격을 안정시키고 무주택자의 신규주택 구입부담을 경감시키기 위해서이다. 30회

044 조세의 중립성은 조세가 시장의 자원배분에 영향을 미치지 않아야 한다는 원칙을 의미한다. 32회

045 임대주택에 재산세를 부과하면, 임대주택의 공급이 감소하고 임대료는 상승할 것이다. 28회

046 주택공급의 동결효과(lock-in effect)란 가격이 오른 부동산의 소유자가 양도소득세를 납부하지 않기 위해 주택의 처분을 기피함으로써 주택의 공급이 감소하는 효과를 말한다. 28회

047 정(+)의 레버리지효과는 자기자본수익률이 총자본수익률(종합수익률)보다 높을 때 발생한다. 34회

048 요구수익률은 투자에 대한 위험이 주어졌을 때, 투자자가 대상부동산에 자금을 투자하기 위해 충족되어야 할 최소한의 수익률이다. 34회

049 부동산투자에서 위험조정할인율을 적용하는 방법으로 장래 기대되는 소득을 현재가치로 환산하는 경우, 위험한 투자일수록 높은 할인율을 적용한다. 28회

050 포트폴리오 이론에 따른 부동산투자의 포트폴리오 분석에서 인플레이션, 경기변동 등의 체계적 위험은 분산투자를 통해 제거가 불가능하다. 26회

051 부동산투자에서 개별 부동산의 특성으로 인한 비체계적인 위험은 포트폴리오를 통해 제거할 수 있다. 27회

052 개별자산의 기대수익률 간 상관계수가 −1인 두 개의 자산으로 포트폴리오를 구성할 때 포트폴리오의 위험감소효과가 최대로 나타난다. 33회

053 무차별곡선은 투자자에게 동일한 효용을 주는 수익과 위험의 조합을 나타낸 곡선이다. 33회

054 효율적 프론티어(효율적 전선)란 평균−분산 지배원리에 의해 동일한 위험수준에서 최대의 기대수익률을 얻을 수 있는 포트폴리오의 집합을 말한다. 30회

055 최적의 포트폴리오는 투자자의 무차별곡선과 효율적 프론티어의 접점에서 선택된다. 32회

056 포트폴리오 이론에 따른 부동산투자의 포트폴리오 분석에서 2개의 투자자산의 수익률이 서로 다른 방향으로 움직일 경우, 상관계수는 음(−)의 값을 가지므로 위험분산효과가 커진다. 26회

057 원리금균등상환방식으로 담보대출받은 가구가 매월 상환할 금액을 산정하는 경우, 저당상수를 사용한다. 32회

058 부동산 운영수지 분석에서 유효총소득은 가능총소득에서 공실손실상당액과 불량부채액(충당금)을 차감하고, 기타 수입을 더하여 구한 소득이다. 28회

059 화폐의 시간가치를 고려한 투자분석기법에는 순현가법, 내부수익률법, 수익성 지수법 등의 할인현금수지분석법과 현가회수기간법이 있다. 21회

060 할인현금흐름분석법(discounted cash flow analysis)은 장래 예상되는 현금수입과 지출을 현재가치로 할인하여 분석하는 방법이다. 28회

061 할인현금흐름기법이란 부동산투자로부터 발생하는 현금흐름을 일정한 할인율로 할인하는 투자의사결정 기법이다. 30회

062 투자자산의 현금흐름에 따라 복수의 내부수익률이 존재할 수 있다. 35회

063 복수의 투자안을 비교할 때 투자금액의 차이가 큰 경우, 순현재가치법과 내부수익률법은 분석결과가 서로 다를 수 있다. 35회

064 내부수익률은 수익성 지수를 1로, 순현재가치를 0으로 만드는 할인율이다. 34회

065 재투자율로 내부수익률법에서는 내부수익률을 사용하지만, 순현재가치법에서는 요구수익률을 사용한다. 29회

066 하나의 투자안에 있어 수익성 지수가 1보다 크면 순현재가치는 0보다 크다. 35회

067 회계적 이익률법은 현금흐름의 시간적 가치를 고려하지 않는다. 34회

068 담보인정비율(LTV)은 주택의 담보가치를 중심으로 대출규모를 결정하는 기준이고, 차주상환능력(DTI)은 차입자의 소득을 중심으로 대출규모를 결정하는 기준이다. 25회

069 부채감당률(DCR)이 1보다 작으면, 투자로부터 발생하는 순영업소득이 부채서비스액을 감당할 수 없다고 판단된다. 26회

070 다른 대출조건이 동일한 경우, 통상적으로 고정금리 주택저당대출의 금리는 변동금리 주택저당대출의 금리보다 높다. 25회

071 체증식분할상환대출은 대출기간 초기에는 원리금상환액을 적게 하고 시간의 경과에 따라 늘려가는 방식이다. 35회

072 원리금균등상환방식은 매기 이자상환액이 감소하는 만큼 원금상환액이 증가한다. 27회

073 원금균등상환방식의 경우, 매 기간에 상환하는 원리금상환액과 대출잔액이 점차적으로 감소한다. 29회

074 원리금균등분할상환대출이나 원금균등분할상환대출에서 거치기간이 있을 경우, 이자지급총액이 증가하므로 원리금지급총액도 증가하게 된다. 35회

075 대출기간 초기에는 원금균등분할상환방식의 원리금이 원리금균등분할상환방식의 원리금보다 많다. 23회

076 대출채권의 가중평균상환기간(duration)은 원금균등분할상환대출에 비해 원리금균등분할상환대출이 더 길다. 35회

077 대출기간 만기까지 대출기관의 총이자수입 크기는 '점증(체증)상환방식 > 원리금균등상환방식 > 원금균등상환방식' 순이다. 29회

078 프로젝트 금융은 비소구 또는 제한적 소구금융의 특징을 가지고 있다. 26회

079 사업주(sponsor)가 특수목적회사인 프로젝트 회사를 설립하여 프로젝트 금융을 활용하는 경우, 프로젝트 사업주의 재무상태표에 해당 부채가 표시되지 않는다. 29회

080 한국주택금융공사의 주택담보노후연금(주택연금)에서 주택소유자가 담보를 제공하는 방식에는 저당권설정등기방식과 신탁등기방식이 있다. 35회

081 변동금리 주택담보대출은 이자율 변동으로 인한 위험을 차입자에게 전가하는 방식으로 금융기관의 이자율 변동위험을 줄일 수 있는 장점이 있다. 25회

082 한국주택금융공사는 주택저당채권을 기초로 하여 주택저당증권을 발행하고 있다. 26회

083 주택저당담보부채권(MBB)은 유동화기관이 모기지 풀(mortgage pool)을 담보로 발행하는 채권성격의 증권이다. 35회

084 MBB 투자자는 주택저당대출의 채무불이행위험과 조기상환위험을 부담하지 않는다. 35회

085 MPTB(Mortgage Pay-Through Bond)의 경우, 조기상환위험은 투자자가 부담하고, 채무불이행 위험은 증권발행자가 부담한다. 32회

086 CMO(Collateralized Mortgage Obligations)는 트랜치별로 적용되는 이자율과 만기가 다른 것이 일반적이다. 27회

087 부동산투자회사는 자기관리, 위탁관리, 기업구조조정 부동산투자회사로 구분할 수 있다. 27회

088 자기관리 부동산투자회사는 자산운용전문인력을 포함한 임직원을 상근으로 두고 자산의 투자·운용을 직접 수행하는 회사를 말한다. 25회, 33회

089 위탁관리 부동산투자회사는 본점 외의 지점을 설치할 수 없으며, 직원을 고용하거나 상근 임원을 둘 수 없다. 24회, 25회, 26회, 27회, 29회

090 감정평가사 또는 공인중개사로서 해당 분야에 5년 이상 종사한 사람은 자기관리 부동산투자회사의 상근 자산운용전문인력이 될 수 있다. 24회, 27회

091 도시스프롤 현상은 도시의 성장이 무질서하고 불규칙하게 확산되는 현상이다. 23회

092 부동산개발이란 타인에게 공급할 목적으로 토지를 조성하거나 건축물을 건축, 공작물을 설치하는 행위로 조성·건축·대수선·리모델링·용도변경 또는 설치되거나 될 예정인 부동산을 공급하는 것을 말한다. 다만, 시공을 담당하는 행위는 제외된다. 23회

093 부동산개발사업의 위험은 법률적 위험(legal risk), 시장위험(market risk), 비용위험(cost risk) 등으로 분류할 수 있다. 23회

094 시장분석은 특정 부동산에 관련된 시장의 수요와 공급 상황을 분석하는 것이다. 25회

095 시장성 분석은 특정 부동산이 가진 경쟁력을 중심으로 해당 부동산이 분양될 수 있는 가능성을 분석하는 것이다. 31회

096 흡수율 분석은 부동산시장의 추세파악에 많은 도움을 주는데, 단순히 과거의 추세를 파악하는 것만이 아니라 이를 기초로 개발사업의 미래의 흡수율을 파악하는 데 목적이 있다. 23회

097 토지비축제도는 현재 우리나라에서 시행하고 있는 부동산시장에 대한 정부의 개입수단이다. 20회

098 민간의 부동산개발 사업방식 중 지주공동사업은 불확실하거나 위험도가 큰 부동산 개발사업에 대한 위험을 토지소유자와 개발업자 간에 분산할 수 있는 장점이 있다. 24회

099 민간의 부동산개발 방식 중 자체개발사업에서는 사업시행자의 주도적인 사업추진이 가능하나 사업의 위험성이 높을 수 있어 위기관리능력이 요구된다. 26회

100 민간의 부동산개발 사업방식 중 사업위탁방식은 토지소유자가 개발업자에게 사업시행을 의뢰하고, 개발업자는 사업시행에 대한 수수료를 취하는 방식이다. 24회

101 민간의 부동산개발방식의 경우 토지소유자가 사업을 시행하면서 건설업체에 공사를 발주하고 공사비의 지급은 분양 수입금으로 지급한다면, 이는 분양금 공사비 지급(청산)형 사업방식에 해당된다. 26회

102 민간의 부동산개발 사업방식에서 토지신탁형은 토지소유자로부터 형식적인 소유권을 이전받은 신탁회사가 토지를 개발·관리·처분하여 그 수익을 수익자에게 돌려주는 방식이다. 24회

103 부동산개발에서 BOT(Build-Operate-Transfer)방식은 사업시행자가 시설을 준공하여 소유권을 보유하면서 시설의 수익을 가진 후 일정기간 경과 후 시설소유권을 국가 또는 지방자치단체에 귀속시키는 방식이다. 24회

104 부동산개발에서 BTL(Build-Transfer-Lease)방식은 사업시행자가 시설의 준공과 함께 소유권을 국가 또는 지방자치단체로 이전하고, 해당 시설을 국가나 지방자치단체에 임대하여 수익을 내는 방식이다. 24회

105 BTL(Build-Transfer-Lease)방식은 사회기반시설의 준공과 동시에 해당 시설의 소유권이 국가 또는 지방자치단체에 귀속되며, 사업시행자에게 일정기간의 시설관리운영권을 인정하되, 그 시설을 국가 또는 지방자치단체 등이 협약에서 정한 기간 동안 임차하여 사용·수익하는 방식이다. 31회

106 포트폴리오 관리, 투자리스크 관리, 매입·매각관리, 재투자 결정 업무를 모두 수행하는 부동산관리의 유형은 자산관리이다. 24회

107 자기(직접)관리방식은 전문(위탁)관리방식에 비해 기밀유지에 유리하고 의사결정이 신속한 경향이 있다. 26회

108 위탁(간접)관리방식은 관리업무의 타성(惰性)을 방지할 수 있고, 인건비의 절감효과가 있다. 23회

109 혼합관리방식은 필요한 부분만 선별하여 위탁할 수 있으나, 관리의 책임소재가 불분명해지는 단점이 있다. 25회

110 예방적 유지활동은 시설 등이 본래의 기능을 발휘하는 데 장애가 없도록 유지계획에 따라 시설을 교환하고 수리하는 사전적 유지활동을 의미한다. 22회

111 부동산마케팅은 부동산상품을 수요자의 욕구에 맞게 상품을 개발하고 가격을 결정한 후 시장에서 유통, 촉진, 판매를 관리하는 일련의 과정이다. 34회

112 마케팅 전략 중 시장세분화 전략이란 수요자 집단을 인구·경제적 특성에 따라 세분하고, 세분된 시장에서 상품의 판매지향점을 분명히 하는 것을 말한다. 33회

113 AIDA원리는 주의(attention), 관심(interest), 욕망(desire), 행동(action)의 단계를 통해 수요자의 욕구를 파악하여 마케팅 효과를 극대화하는 고객점유마케팅 전략의 하나이다. 34회

114 바이럴 마케팅(viral marketing) 전략은 SNS, 블로그 등 다양한 매체를 통해 해당 브랜드나 제품에 대해 입소문을 내게 하여 마케팅효과를 극대화시키는 것이다. 32회

PART 3 | 부동산 감정평가론

115 '감정평가'라 함은 토지 등의 경제적 가치를 판정하여 그 결과를 가액으로 표시하는 것을 말한다. 25회

116 대상물건에 대한 감정평가액은 원칙적으로 시장가치를 기준으로 결정한다. 33회

117 감정평가법인등은 법령에 다른 규정이 있는 경우에는 기준시점의 가치형성요인 등을 실제와 다르게 가정하거나 특수한 경우로 한정하는 조건을 붙여 감정평가할 수 있다. 35회

118 하나의 대상물건이라도 가치를 달리하는 부분은 이를 구분하여 감정평가할 수 있다. 35회

119 가치형성요인이란 대상물건의 경제적 가치에 영향을 미치는 일반요인, 지역요인 및 개별요인 등을 말한다. 34회

120 부동산의 가치발생요인 중 유효수요란 대상부동산을 구매하고자 하는 욕구로, 구매력(지불능력)을 필요로 한다. 24회

121 지역분석은 해당 지역의 표준적 이용 및 그 지역 내 부동산의 가격수준을 판정하는 것이며, 개별분석은 대상부동산의 최유효이용을 판정하는 것이다. 32회

122 인근지역이란 감정평가의 대상이 된 부동산이 속한 지역으로서 부동산의 이용이 동질적이고 가치형성요인 중 지역요인을 공유하는 지역을 말한다. 31회

123 동일수급권(同一需給圈)이란 대상부동산과 대체·경쟁 관계가 성립하고 가치 형성에 서로 영향을 미치는 관계에 있는 다른 부동산이 존재하는 권역(圈域)을 말하며, 인근지역과 유사지역을 포함한다. 34회

124 균형의 원칙은 부동산의 유용성(수익성 또는 쾌적성)이 최고도로 발휘되기 위해서는 그 내부 구성요소의 결합상태가 균형을 이루고 있어야 한다는 원칙이다. 21회

125 대체의 원칙에서 대체관계가 성립하기 위해서는 부동산 상호간 또는 부동산과 일반재화 상호간에 용도, 효용, 가격 등이 동일성 또는 유사성이 있어야 한다. 21회

126 원가법이란 대상물건의 재조달원가에 감가수정을 하여 대상물건의 가액을 산정하는 감정평가방법을 말한다. 26회, 29회, 31회, 32회

127 원가법에서 재조달원가란 대상물건을 기준시점에 재생산하거나 재취득하는 데 필요한 적정원가의 총액을 말한다. 35회

128 거래사례비교법이란 대상물건과 가치형성요인이 같거나 비슷한 물건의 거래사례와 비교하여 대상물건의 현황에 맞게 사정보정, 시점수정, 가치형성요인 비교 등의 과정을 거쳐 대상물건의 가액을 산정하는 감정평가방법을 말한다. 29회, 32회

129 거래사례비교법, 임대사례비교법 등 시장성의 원리에 기초한 감정평가방식 및 공시지가기준법은 감정평가방식 중 비교방식에 해당된다. 33회

130 수익환원법에서는 대상물건이 장래 산출할 것으로 기대되는 순수익이나 미래의 현금흐름을 환원하거나 할인하여 가액을 산정한다. 31회

131 「감정평가에 관한 규칙」상 건물의 주된 감정평가방법은 원가법이다. 35회

132 「감정평가에 관한 규칙」상 영업권과 특허권의 주된 감정평가방법은 수익환원법이다. 35회

133 시산가액 조정은 평가 시 사용된 자료의 양, 정확성 및 적절성 등을 고려하여 각각의 방법에 가중치를 두어 가격을 결정하는 것이다. 21회

134 시산가액 조정은 각 시산가액을 상호 관련시켜 재검토함으로써 시산가액 상호간의 격차를 합리적으로 조정하는 작업이다. 30회

135 토지를 평가하는 공시지가기준법은 표준지공시지가를 기준으로 한다. 26회

136 표준지공시지가는 토지시장에 지가정보를 제공하고 일반적인 토지거래의 지표가 되며, 국가·지방자치단체등이 그 업무와 관련하여 지가를 산정하거나 감정평가법인 등이 개별적으로 토지를 감정평가하는 경우에 기준이 된다. 34회

137 표준지공시지가에 대한 이의신청의 내용이 타당하다고 인정될 때에는 해당 표준지공시지가를 조정하여 다시 공시하여야 한다. 28회

138 시장·군수 또는 구청장(자치구의 구청장을 말함)은 표준지로 선정된 토지에 대해서는 개별공시지가를 결정·공시하지 아니할 수 있다. 28회

139 국토교통부장관은 표준주택에 대하여 매년 공시기준일 현재 적정가격을 조사·산정하고, 중앙부동산가격공시위원회의 심의를 거쳐 이를 공시하여야 한다. 33회

140 표준주택가격은 국가·지방자치단체 등이 그 업무와 관련하여 개별주택가격을 산정하는 경우에 그 기준이 된다. 24회, 32회

141 개별주택가격 및 공동주택가격은 주택시장의 가격정보를 제공하고, 국가·지방자치단체 등이 과세 등의 업무와 관련하여 주택의 가격을 산정하는 경우에 그 기준으로 활용될 수 있다. 35회

142 국토교통부장관은 공시기준일 이후에 토지의 분할·합병이나 건축물의 신축 등이 발생한 경우에는 대통령령으로 정하는 날을 기준으로 하여 공동주택가격을 결정·공시하여야 한다. 35회

PART 1 | 부동산학 총론

01 과학을 순수과학과 응용과학으로 구분할 때, 부동산학은 응용과학에 속한다. 26회 (O | X)

02 부동산학의 일반원칙으로서 안전성의 원칙은 소유활동에 있어서 최유효이용을 지도원리로 삼고 있다. 26회 (O | X)

03 「민법」상 부동산은 토지 및 그 정착물이다. 34회 (O | X)

04 복합부동산이란 부동산을 법률적·경제적·기술적 측면 등이 복합된 개념으로 이해하는 것을 말한다. 27회 (O | X)

05 택지는 주거·상업·공업용지 등의 용도로 이용되고 있거나 해당 용도로 이용할 목적으로 조성된 토지를 말한다. 29회 (O | X)

06 필지는 하나의 지번이 부여된 토지의 등록단위이다. 32회 (O | X)

07 토지에 건물이나 그 밖의 정착물이 없고 지상권 등 토지의 사용·수익을 제한하는 사법상의 권리가 설정되어 있지 아니한 토지를 나지라 한다. 21회 (O | X)

08 이행지는 용도지역 상호간에 다른 지역으로 전환되고 있는 지역의 토지를 말한다. 24회 (O | X)

09 후보지는 택지지역 내에서 공업지역이 상업지역으로 용도가 전환되고 있는 토지를 말한다. 34회 (O | X)

10 포락지(浦落地)는 지적공부에 등록된 토지가 물에 침식되어 수면 밑으로 잠긴 토지를 말한다. 31회 (O | X)

11 영속성으로 인해 부동산활동에서 토지는 감가상각을 고려하여야 한다. 35회 (O | X)

12 부증성으로 인해 재화의 소모를 전제로 하는 재생산이론과 물리적 감가상각이 적용되지 않는다. 34회 (O | X)

13 토지는 개별성으로 인해 거래사례를 통한 지가산정이 쉽다. 35회 (O | X)

PART 1 **01** O **02** X, 부동산학의 일반원칙으로서 능률성의 원칙은 소유활동에 있어서 최유효이용을 지도원리로 삼고 있다. **03** O **04** X, 복합개념의 부동산을 말한다. 복합부동산이란 토지와 건물이 각각 독립된 거래의 객체이면서도 마치 하나의 결합된 상태로 다루어져 부동산활동의 대상으로 인식될 때를 말한다. **05** O **06** O **07** O **08** X, 후보지에 대한 설명이다. **09** X, 이행지에 대한 설명이다. **10** O **11** X, 영속성으로 인해 부동산활동에서 토지는 감가상각을 고려하지 않아도 된다. **12** X, 영속성으로 인해 재화의 소모를 전제로 하는 재생산이론과 물리적 감가상각이 적용되지 않는다. **13** X, 토지는 개별성으로 인해 거래사례를 통한 지가 산정이 어렵다.

PART 2 | 부동산학 각론

01 유량은 일정한 기간을 정해야 측정이 가능한 개념이고, 저량은 일정시점에서만 측정이 가능한 개념이다. 22회 (O | X)

02 토지의 용도의 다양성으로 인해 토지의 경제적 공급곡선은 우하향하는 공급곡선을 가진다. 24회 (O | X)

03 가격이 변화하여도 수요량이 전혀 변화하지 않는다면, 수요의 가격탄력성은 완전탄력적이다. 34회 (O | X)

04 수요곡선은 우하향하고 공급곡선은 우상향하며, 다른 조건은 동일할 경우 수요와 공급이 모두 증가하고 수요의 증가폭과 공급의 증가폭이 동일한 경우, 균형거래량은 감소한다. 35회 (O | X)

05 부동산 경기의 회복시장 국면에서는 매수자가 주도하는 시장에서 매도자가 주도하는 시장으로 바뀌는 경향이 있다. 33회 (O | X)

06 강성 효율적 시장은 공표된 정보는 물론이고 아직 공표되지 않은 정보까지도 시장가치에 반영되어 있는 시장이므로 이를 통해 초과이윤을 얻을 수 없다. 27회 (O | X)

07 허프(D. Huff)모형의 공간(거리)마찰계수는 도로환경, 지형, 주행수단 등 다양한 요인에 영향을 받을 수 있는 값이며, 이 모형을 적용하려면 공간(거리)마찰계수가 정해져야 한다. 35회 (O | X)

08 지역지구제는 토지이용에 수반되는 부(−)의 외부효과를 제거하거나 완화시킬 목적으로 활용된다. 35회 (O | X)

09 양도소득세의 중과는 부동산 보유자로 하여금 매각을 앞당기게 하는 동결효과(lock-in effect)를 발생시킬 수 있다. 35회 (O | X)

10 투자자가 위험을 회피할수록 위험(표준편차, X축)과 기대수익률(Y축)의 관계를 나타낸 투자자의 무차별곡선의 기울기는 완만해진다. 26회 (O | X)

11 내부수익률법에서는 현금흐름의 재투자율로 투자자의 요구수익률을 가정한다. 35회 (O | X)

12 대출채권의 가중평균상환기간(duration)은 원금균등분할상환대출에 비해 원리금균등분할상환대출이 더 길다. 35회 (O | X)

PART 2 **01** O **02** ×, 토지의 용도의 다양성으로 인해 토지의 경제적 공급곡선은 우상향하는 공급곡선을 가진다. **03** ×, 가격이 변하여도 수요량이 전혀 변화하지 않는다면, 수요의 가격탄력성은 완전비탄력적이다. **04** ×, 균형가격은 불변이고 균형거래량은 증가한다. **05** O **06** O **07** O **08** O **09** ×, 양도소득세의 중과는 부동산 보유자로 하여금 매각을 미루게 하는 동결효과(lock-in effect)를 발생시킬 수 있다. **10** ×, 투자자가 위험을 회피할수록 위험(표준편차, X축)과 기대수익률(Y축)의 관계를 나타낸 투자자의 무차별곡선의 기울기는 급해진다. **11** ×, 현금흐름의 재투자율로 순현재가치법에서는 투자자의 요구수익률을 가정하나, 내부수익률법에서는 투자자의 내부수익률을 가정한다. **12** O

13 만기일시상환대출은 대출기간 동안 차입자가 원금만 상환하기 때문에 원리금상환구조가 간단하다. 35회 (O | X)

14 MPTS(Mortgage Pass-Through Securities)의 조기상환위험은 투자자가 부담한다. 27회 (O | X)

15 시장 분석은 개발된 부동산이 현재나 미래의 시장상황에서 매매·임대될 수 있는 가능성 정도를 조사하는 것을 말한다. 27회 (O | X)

16 시장성 분석은 특정 부동산이 가진 경쟁력을 중심으로 해당 부동산이 분양될 수 있는 가능성을 분석하는 것을 말한다. 31회 (O | X)

17 민간투자사업에 있어 민간사업자가 자금을 조달하여 시설을 건설하고 일정기간 소유 및 운영을 한 후 국가 또는 지방자치단체에게 시설의 소유권을 이전하는 방식은 BOT(Build-Operate-Transfer)방식이다. 35회 (O | X)

18 AIDA원리는 주의(attention), 관심(interest), 욕망(desire), 행동(action)의 단계를 통해 공급자의 욕구를 파악하여 마케팅 효과를 극대화하는 시장점유마케팅 전략의 하나이다. 34회 (O | X)

PART 3 | 부동산 감정평가론

01 하나의 대상물건이라도 가치를 달리하는 부분은 이를 구분하여 감정평가할 수 있다. 30회 (O | X)

02 기준시점은 대상물건의 가격조사를 완료한 날짜로 한다. 다만, 기준시점을 미리 정하였을 때에는 그 날짜로 하여야 한다. 35회 (O | X)

03 대상물건에 대한 감정평가액은 원칙적으로 시장가치를 기준으로 결정한다. 33회 (O | X)

04 원가법이란 대상물건의 재조달원가에 감가수정을 하여 대상물건의 가액을 산정하는 감정평가방법을 말한다. 32회 (O | X)

05 개별분석은 대상부동산에 대한 미시적·국지적 분석인 데 비하여, 지역분석은 대상지역에 대한 거시적·광역적 분석이다. 30회 (O | X)

06 지역분석이란 대상부동산이 속해 있는 지역의 지역요인을 분석하여 대상부동산의 최유효이용을 판정하는 것을 말한다. 34회 (O | X)

---

13 ✕, 만기일시상환대출은 대출기간 동안 차입자가 이자만 상환하다가 만기에 일시로 원금을 상환하는 방식이다. **14** ○ **15** ✕, 시장성 분석에 대한 설명이다. 시장 분석은 특정 부동산에 관련된 시장의 수요와 공급 상황을 분석하는 것이다. **16** ○ **17** ○ **18** ✕, AIDA원리는 주의(attention), 관심(interest), 욕망(desire), 행동(action)의 단계를 통해 수요자의 욕구를 파악하여 마케팅 효과를 극대화하는 고객점유마케팅 전략의 하나이다. **PART 3 01** ○ **02** ✕, 기준시점은 대상물건의 가격조사를 완료한 날짜로 한다. 다만, 기준시점을 미리 정하였을 때에는 그 날짜에 가격조사가 가능한 경우에만 기준시점으로 할 수 있다(「감정평가에 관한 규칙」 제9조). **03** ○ **04** ○ **05** ○ **06** ✕, 지역분석이란 대상부동산이 속해 있는 지역의 지역요인을 분석하여 해당 지역 내 부동산의 표준적 이용과 가격수준을 판정하는 것을 말한다.

07 부동산 감정평가에서 가격의 제 원칙 중 적합의 원칙은 부동산의 유용성(수익성 또는 쾌적성)이 최고도로 발휘되기 위해서는 그 내부 구성요소의 결합상태가 균형을 이루고 있어야 한다는 원칙이다. 21회 　(O | X)

08 재조달원가는 대상물건을 일반적인 방법으로 생산하거나 취득하는 데 드는 비용으로 하되, 제세공과금은 제외한다. 35회 　(O | X)

09 거래사례비교법이란 대상물건과 가치형성요인이 같거나 비슷한 물건의 거래사례와 비교하여 대상물건의 현황에 맞게 사정보정, 시점수정, 가치형성요인 비교 등의 과정을 거쳐 대상물건의 가액을 산정하는 감정평가방법을 말한다. 29회, 32회 　(O | X)

10 수익환원법에서는 대상물건이 장래 산출할 것으로 기대되는 순수익이나 미래의 현금흐름을 환원하거나 할인하여 가액을 산정한다. 31회 　(O | X)

11 표준주택으로 산정된 단독주택, 국세 또는 지방세 부과대상이 아닌 단독주택에 대하여는 개별주택가격을 결정·공시하지 아니할 수 있다. 35회 　(O | X)

12 국토교통부장관이 표준지공시지가를 조사·산정할 때에는 「한국부동산원법」에 따른 한국부동산원에게 이를 의뢰하여야 한다. 34회 　(O | X)

13 감정평가법인등이 「감정평가에 관한 규칙」에 의거하여 거래사례비교법으로 토지를 감정평가하는 경우 비교표준지 선정, 시점수정, 지역요인 비교, 개별요인 비교, 그 밖의 요인 보정 등의 순서에 따라야 한다. 25회 　(O | X)

14 「감정평가에 관한 규칙」상 건물의 주된 평가방법은 거래사례비교법이다. 26회 　(O | X)

15 국토교통부장관은 표준주택에 대하여 매년 공시기준일 현재 적정가격을 조사·산정하고, 시·군·구부동산가격공시위원회의 심의를 거쳐 이를 공시하여야 한다. 33회 　(O | X)

---

07 ×, 균형의 원칙은 부동산의 유용성(수익성 또는 쾌적성)이 최고도로 발휘되기 위해서는 그 내부 구성요소의 결합상태가 균형을 이루고 있어야 한다는 원칙이다. **08** ×, 재조달원가는 대상물건을 일반적인 방법으로 생산하거나 취득하는 데 드는 비용으로 하되, 제세공과금 등과 같은 일반적인 부대비용을 포함한다. **09** ○ **10** ○ **11** ○ **12** ×, 국토교통부장관은 표준주택가격을 조사·산정하고자 할 때에는 「한국부동산원법」에 따른 한국부동산원에 의뢰한다(「부동산 가격공시에 관한 법률」 제16조 제4항). **13** ×, 감정평가법인등이 「감정평가에 관한 규칙」에 의거하여 공시지가기준법으로 토지를 감정평가하는 경우 비교표준지 선정, 시점수정, 지역요인 비교, 개별요인 비교, 그 밖의 요인 보정 등의 순서에 따라야 한다. **14** ×, 「감정평가에 관한 규칙」상 건물의 주된 평가방법은 원가법이다. **15** ×, 국토교통부장관은 표준주택에 대하여 매년 공시기준일 현재 적정가격을 조사·산정하고, 중앙부동산가격공시위원회의 심의를 거쳐 이를 공시하여야 한다.

03 | 박스형 기출문제

왜 박스형 기출문제에 익숙해져야 하나요?

박스형 기출문제는 매년 증가하는 추세를 보이는 중요한 문제유형입니다. 박스형 기출문제는 주로 여러 선택지에서 옳은 것 또는 틀린 것만을 모두 고르는 형태로 많이 출제되기에 모든 선택지의 옳고 그름을 알아야 정확히 풀 수 있습니다. 일부 지문을 몰라도 상황에 따라 문제를 풀 수 있는 5지선다형 문제보다 고난도 문제유형이라 볼 수 있는 것이죠.

어떻게 풀어야 할까요?

아래의 3단계 패턴 풀이법을 적용하여 연습해 보세요.

1단계 문제의 질문에서 묻는 것을 정확하게 체크해야 합니다. 옳은 것을 고르는 것인지, 틀린 것을 고르는 것인지 확인한 후 헷갈리지 않게 크게 O 또는 X를 표시하세요. 문제는 잘 풀었는데 질문을 잘못 봐서 틀리는 경우도 꽤 많답니다.

2단계 선택지를 확인한 후, 옳은 지문이면 O, 틀린 지문이면 X를 표시하세요. 헷갈리거나 모르는 지문이 나오면 일단 패스하세요.

3단계 질문에서 묻는 것과 일치하는 지문만 모아놓은 보기가 정답입니다! 2단계에서 모르는 지문이 있더라도, 운이 좋으면 소거법을 통해서 정답을 알아낼 수도 있습니다.

3단계 패턴 풀이법

(○ ×) **1단계** 질문에서 묻는 게 O인지 X인지 체크!

토지의 자연적 특성에 관한 설명으로 옳은 것을 모두 고른 것은?   32회

> ㄱ. 부증성으로 인해 동산과 부동산이 구분되고, 일반 재화와 부동산재화의 특성이 다르게 나타난
>   다. → 부동성   (○ | ⊗)
>   동산과 부동산이 구분되고, 일반 재화와 부동산재화의 특성이 다르게 나타나게 하는 특성은 부동성이다.
> ㄴ. 부동성으로 인해 임장활동과 지역분석을 필요로 한다.   (Ⓞ ×)
> ㄷ. 인접성으로 인해 부동산의 수급이 불균형하여 균형가격의 형성이 어렵다.   (○ | ⊗)
>   → 부증성, 부동성, 개별성 등
>   부동산의 수급이 불균형하여 균형가격의 형성이 어렵게 하는 특성은 부동산시장을 불완전한 시장으로 만드는 부증성, 부동성, 개별성 등이다.
> ㄹ. 개별성으로 인해 일물일가 법칙의 적용이 배제되어 토지시장에서 물건 간 완전한 대체관계가
>   제약된다.   **2단계** 각 지문의 O, X 여부를 체크! (Ⓞ ×)

① ㄱ, ㄴ   ② ㄱ, ㄷ   ③ ㄴ, ㄷ
④ ㄴ, ㄹ   ⑤ ㄷ, ㄹ

3단계 질문에서 묻는 것과 일치하는 지문만 모아놓은 것이 정답!

※ 3단계 패턴 풀이법을 모든 문제에 적용하며 차근차근 풀어보세요.

PART 1 | 부동산학 총론

01

토지 관련 용어의 설명으로 옳은 것을 모두 고른 것은?   29회

ㄱ. 택지는 주거·상업·공업용지 등의 용도로 이용되고 있거나 해당 용도로 이용할 목적으로 조성된 토지를 말한다.
ㄴ. 획지는 용도상 불가분의 관계에 있는 2필지 이상의 일단의 토지를 말한다.
ㄷ. 표본지는 지가의 공시를 위해 가치형성요인이 같거나 유사하다고 인정되는 일단의 토지 중에서 선정한 토지를 말한다.
ㄹ. 이행지는 택지지역·농지지역·임지지역 상호간에 다른 지역으로 전환되고 있는 일단의 토지를 말한다.

① ㄱ
② ㄱ, ㄴ
③ ㄴ, ㄹ
④ ㄴ, ㄷ, ㄹ
⑤ ㄱ, ㄴ, ㄷ, ㄹ

02

토지의 특성에 관련된 설명으로 옳은 것을 모두 고른 것은?   31회

ㄱ. 개별성은 토지시장을 불완전경쟁시장으로 만드는 요인이다.
ㄴ. 부증성은 토지이용을 집약화시키는 요인이다.
ㄷ. 부동성은 부동산활동에서 임장활동 필요성의 근거가 된다.
ㄹ. 영속성은 부동산활동에서 감가상각 필요성의 근거가 된다.

① ㄱ
② ㄴ, ㄹ
③ ㄱ, ㄴ, ㄷ
④ ㄴ, ㄷ, ㄹ
⑤ ㄱ, ㄴ, ㄷ, ㄹ

PART 2 | 부동산학 각론

03

다음 중 유량(flow)의 경제변수는 모두 몇 개인가?   31회

• 가계 자산
• 노동자 소득
• 가계 소비
• 통화량
• 자본총량
• 신규주택 공급량

① 1개
② 2개
③ 3개
④ 4개
⑤ 5개

04

아파트시장에서 균형가격을 상승시키는 요인은 모두 몇 개인가? (단, 아파트는 정상재로서 수요곡선은 우하향하고, 공급곡선은 우상향하며, 다른 조건은 동일함)   35회

• 가구의 실질소득 증가
• 아파트에 대한 선호도 감소
• 아파트 건축자재 가격의 상승
• 아파트 담보대출 이자율의 상승

① 0개
② 1개
③ 2개
④ 3개
⑤ 4개

05

아파트시장에서 균형가격을 하락시키는 요인은 모두 몇 개인가? (단, 아파트는 정상재이며, 다른 조건은 동일함)
32회

- 건설노동자 임금 상승
- 대체주택에 대한 수요 감소
- 가구의 실질소득 증가
- 아파트 건설업체 수 증가
- 아파트 건설용 토지가격의 상승
- 아파트 선호도 감소

① 1개   ② 2개
③ 3개   ④ 4개
⑤ 5개

06

다음 중 리카도(D. Ricardo)의 차액지대론에 관한 설명으로 옳은 것을 모두 고른 것은?
31회

ㄱ. 지대 발생의 원인으로 비옥한 토지의 부족과 수확체감의 법칙을 제시하였다.
ㄴ. 조방적 한계의 토지에는 지대가 발생하지 않으므로 무지대(無地代) 토지가 된다.
ㄷ. 토지소유자는 토지소유라는 독점적 지위를 이용하여 최열등지에도 지대를 요구한다.
ㄹ. 지대는 잉여이기에 토지생산물의 가격이 높아지면 지대가 높아지고 토지생산물의 가격이 낮아지면 지대도 낮아진다.

① ㄱ, ㄷ   ② ㄴ, ㄹ
③ ㄱ, ㄴ, ㄷ   ④ ㄱ, ㄴ, ㄹ
⑤ ㄴ, ㄷ, ㄹ

07

지대이론에 관한 설명으로 옳은 것을 모두 고른 것은?
28회

ㄱ. 리카도(D. Ricardo)는 지대 발생의 원인을 비옥한 토지의 희소성과 수확체감현상으로 설명하고, 토지의 질적 차이에서 발생하는 임대료의 차이로 보았다.
ㄴ. 마샬(A. Marshall)은 일시적으로 토지와 유사한 성격을 가지는 생산요소에 귀속되는 소득을 준지대로 설명하고, 단기적으로 공급량이 일정한 생산요소에 지급되는 소득으로 보았다.
ㄷ. 뛰넨(J. H. von Thünen)은 한계지의 생산비와 우등지의 생산비 차이를 절대지대로 보았다.
ㄹ. 마르크스(K. Marx)는 도시로부터 거리에 따라 농작물의 재배형태가 달라진다는 점에 착안하여, 수송비의 차이가 지대의 차이를 가져온다고 보았다.

① ㄱ, ㄴ   ② ㄴ, ㄷ
③ ㄱ, ㄴ, ㄹ   ④ ㄱ, ㄷ, ㄹ
⑤ ㄴ, ㄷ, ㄹ

08

다음 입지와 도시공간구조에 관한 설명으로 옳은 것을 모두 고른 것은? 　31회

> ㄱ. 컨버스(P. Converse)는 소비자들의 특정 상점의 구매를 설명할 때 실측거리, 시간 거리, 매장규모와 같은 공간요인뿐만 아니라 효용이라는 비공간요인도 고려하였다.
> ㄴ. 호이트(H. Hoyt)는 저소득층의 주거지가 형성되는 요인으로 도심과 부도심 사이의 도로, 고지대의 구릉지, 주요 간선도로의 근접성을 제시하였다.
> ㄷ. 넬슨(R. Nelson)은 특정 점포가 최대 이익을 얻을 수 있는 매출액을 확보하기 위해서 어떤 장소에 입지하여야 하는지를 제시하였다.
> ㄹ. 알론소(W. Alonso)는 단일도심도시의 토지이용형태를 설명함에 있어 입찰지대의 개념을 적용하였다.

① ㄱ
② ㄱ, ㄴ
③ ㄴ, ㄷ
④ ㄷ, ㄹ
⑤ ㄴ, ㄷ, ㄹ

09

정부의 부동산시장 직접개입 유형에 해당하는 것을 모두 고른 것은? 　31회

> ㄱ. 토지은행
> ㄴ. 공영개발사업
> ㄷ. 총부채상환비율(DTI)
> ㄹ. 종합부동산세
> ㅁ. 개발부담금
> ㅂ. 공공투자사업

① ㄱ, ㄴ, ㄷ
② ㄱ, ㄴ, ㅂ
③ ㄷ, ㄹ, ㅁ
④ ㄷ, ㅁ, ㅂ
⑤ ㄹ, ㅁ, ㅂ

10

다음 중 법령을 기준으로 현재 우리나라에서 시행되고 있는 제도를 모두 고른 것은? 　31회

> ㄱ. 개발행위허가제
> ㄴ. 택지소유상한제
> ㄷ. 용도지역제
> ㄹ. 토지초과이득세제

① ㄱ, ㄷ
② ㄴ, ㄹ
③ ㄱ, ㄴ, ㄷ
④ ㄴ, ㄷ, ㄹ
⑤ ㄱ, ㄴ, ㄷ, ㄹ

11

부동산정책에 관한 설명으로 옳은 것을 모두 고른 것은? 　28회

> ㄱ. 공공재 또는 외부효과의 존재는 정부의 시장 개입 근거가 된다.
> ㄴ. 부(−)의 외부효과는 사회가 부담하는 비용을 감소시킨다.
> ㄷ. 부동산 조세는 소득재분배 효과를 기대할 수 있다.
> ㄹ. 용도지역은 토지를 경제적·효율적으로 이용하고 공공복리의 증진을 도모하기 위하여 지정한다.

① ㄱ, ㄴ
② ㄱ, ㄷ
③ ㄱ, ㄹ
④ ㄱ, ㄷ, ㄹ
⑤ ㄴ, ㄷ, ㄹ

12

부동산조세에 관한 설명으로 옳은 것을 모두 고른 것은?

35회

> ㄱ. 양도소득세의 중과는 부동산 보유자로 하여금 매각을 앞당기게 하는 동결효과 (lock-in effect)를 발생시킬 수 있다.
> ㄴ. 재산세와 종합부동산세의 과세기준일은 매년 6월 1일로 동일하다.
> ㄷ. 취득세와 상속세는 취득단계에서 부과하는 지방세이다.
> ㄹ. 증여세와 양도소득세는 처분단계에서 부과하는 국세이다.

① ㄴ ② ㄱ, ㄷ
③ ㄴ, ㄹ ④ ㄱ, ㄷ, ㄹ
⑤ ㄱ, ㄴ, ㄷ, ㄹ

13

국토의 계획 및 이용에 관한 법령상 용도지역으로서 도시지역에 속하는 것을 모두 고른 것은?

33회

> ㄱ. 농림지역   ㄴ. 관리지역
> ㄷ. 취락지역   ㄹ. 녹지지역
> ㅁ. 산업지역   ㅂ. 유보지역

① ㄹ ② ㄷ, ㅁ
③ ㄹ, ㅁ ④ ㄱ, ㄴ, ㄹ
⑤ ㄴ, ㄷ, ㅂ

14

부동산투자의 위험에 관한 설명으로 옳은 것을 모두 고른 것은? (단, 위험회피형 투자자라고 가정함)

27회

> ㄱ. 경기침체로 인해 부동산의 수익성이 악화되면서 야기되는 위험은 사업위험에 해당한다.
> ㄴ. 차입자에게 고정금리대출을 실행하면 대출자의 인플레이션 위험은 낮아진다.
> ㄷ. 효율적 프론티어(efficient frontier)에서는 추가적인 위험을 감수하지 않으면 수익률을 증가시킬 수 없다.
> ㄹ. 개별 부동산의 특성으로 인한 체계적인 위험은 포트폴리오를 통해 제거할 수 있다.

① ㄱ, ㄷ ② ㄴ, ㄷ
③ ㄴ, ㄹ ④ ㄱ, ㄴ, ㄹ
⑤ ㄴ, ㄷ, ㄹ

15

화폐의 시간가치에 관한 설명으로 옳은 것을 모두 고른 것은? (단, 다른 조건은 동일함)

30회

> ㄱ. 은행으로부터 주택구입자금을 대출한 가구가 매월 상환할 금액을 산정하는 경우 감채기금계수를 사용한다.
> ㄴ. 연금의 현재가치계수와 저당상수는 역수 관계이다.
> ㄷ. 연금의 미래가치란 매 기간마다 일정 금액을 불입해 나갈 때, 미래의 일정시점에서의 원금과 이자의 총액을 말한다.
> ㄹ. 일시불의 현재가치계수는 할인율이 상승할수록 작아진다.

① ㄱ ② ㄴ, ㄷ
③ ㄱ, ㄴ, ㄹ ④ ㄴ, ㄷ, ㄹ
⑤ ㄱ, ㄴ, ㄷ, ㄹ

16

부동산투자분석의 현금흐름 계산에서 유효총소득(Effective Gross Income)을 산정할 경우, 다음 중 필요한 항목은 모두 몇 개인가? 25회

- 임대료수입
- 영업소득세
- 이자상환액
- 영업외수입
- 영업경비
- 감가상각비

① 1개 　　　　　② 2개

③ 3개 　　　　　④ 4개

⑤ 5개

17

부동산투자 분석기법에 관한 설명으로 옳은 것을 모두 고른 것은? (단, 다른 조건은 동일함) 29회

ㄱ. 내부수익률법, 순현재가치법, 수익성 지수법은 할인현금흐름기법에 해당한다.
ㄴ. 순현재가치가 '0'이 되는 단일 투자안의 경우 수익성 지수는 '1'이 된다.
ㄷ. 재투자율로 내부수익률법에서는 요구수익률을 사용하지만, 순현재가치법에서는 시장이자율을 사용한다.
ㄹ. 회계적 이익률법에서는 투자안의 이익률이 목표이익률보다 높은 투자안 중에서 이익률이 가장 높은 투자안을 선택하는 것이 합리적이다.
ㅁ. 내부수익률법에서는 내부수익률과 실현수익률을 비교하여 투자 여부를 결정한다.

① ㄱ, ㄴ 　　　　　② ㄱ, ㄴ, ㄹ

③ ㄱ, ㄷ, ㅁ 　　　④ ㄴ, ㄹ, ㅁ

⑤ ㄱ, ㄴ, ㄹ, ㅁ

18

고정금리대출의 상환방식에 관한 설명으로 옳은 것을 모두 고른 것은? (단, 주어진 조건에 한하며, 다른 조건은 동일함) 35회

ㄱ. 만기일시상환대출은 대출기간 동안 차입자가 원금만 상환하기 때문에 원리금상환구조가 간단하다.
ㄴ. 체증식분할상환대출은 대출기간 초기에는 원리금상환액을 적게 하고 시간의 경과에 따라 늘려가는 방식이다.
ㄷ. 원리금균등분할상환대출이나 원금균등분할상환대출에서 거치기간이 있을 경우, 이자지급총액이 증가하므로 원리금지급총액도 증가하게 된다.
ㄹ. 대출채권의 가중평균상환기간(duration)은 원금균등분할상환대출에 비해 원리금균등분할상환대출이 더 길다.

① ㄱ, ㄴ 　　　　　② ㄱ, ㄷ

③ ㄴ, ㄷ 　　　　　④ ㄴ, ㄷ, ㄹ

⑤ ㄱ, ㄴ, ㄷ, ㄹ

19

저당상환방법에 관한 설명 중 옳은 것을 모두 고른 것은? (단, 대출금액과 기타 대출조건은 동일함)

ㄱ. 원금균등상환방식의 경우, 매 기간에 상환하는 원리금상환액과 대출잔액이 점차적으로 감소한다.
ㄴ. 원리금균등상환방식의 경우, 매 기간에 상환하는 원금상환액이 점차적으로 감소한다.
ㄷ. 점증(체증)상환방식의 경우, 미래 소득이 증가될 것으로 예상되는 차입자에게 적합하다.
ㄹ. 대출기간 만기까지 대출기관의 총 이자수입 크기는 '원금균등상환방식 > 점증(체증)상환방식 > 원리금균등상환방식' 순이다.

① ㄱ, ㄴ ② ㄱ, ㄷ
③ ㄱ, ㄹ ④ ㄴ, ㄹ
⑤ ㄷ, ㄹ

20

부동산금융의 자금조달방식 중 지분금융(equity financing)에 해당하는 것을 모두 고른 것은?

31회

ㄱ. 부동산투자회사(REITs)
ㄴ. 자산담보부기업어음(ABCP)
ㄷ. 공모(public offering)에 의한 증자
ㄹ. 프로젝트금융
ㅁ. 주택상환사채

① ㄱ, ㄴ ② ㄱ, ㄷ
③ ㄷ, ㅁ ④ ㄴ, ㄹ, ㅁ
⑤ ㄱ, ㄴ, ㄹ, ㅁ

21

부채금융(debt financing)에 해당하는 것을 모두 고른 것은?

32회

ㄱ. 주택저당대출
ㄴ. 조인트 벤처(joint venture)
ㄷ. 신탁증서금융
ㄹ. 자산담보부기업어음(ABCP)
ㅁ. 부동산투자회사(REITs)

① ㄱ, ㄴ, ㄷ ② ㄱ, ㄴ, ㄹ
③ ㄱ, ㄷ, ㄹ ④ ㄴ, ㄷ, ㅁ
⑤ ㄷ, ㄹ, ㅁ

22

자본환원율에 관한 설명으로 옳은 것을 모두 고른 것은? (단, 다른 조건은 동일함)

31회

ㄱ. 자본의 기회비용을 반영하므로, 자본시장에서 시장금리가 상승하면 함께 상승한다.
ㄴ. 부동산자산이 창출하는 순영업소득에 해당 자산의 가격을 곱한 값이다.
ㄷ. 자산가격 상승에 대한 투자자들의 기대를 반영한다.
ㄹ. 자본환원율이 상승하면 자산가격이 상승한다.
ㅁ. 프로젝트의 위험이 높아지면 자본환원율도 상승한다.

① ㄱ, ㄴ ② ㄱ, ㄷ, ㅁ
③ ㄴ, ㄷ, ㄹ ④ ㄴ, ㄹ, ㅁ
⑤ ㄱ, ㄷ, ㄹ, ㅁ

23

다음 중 아파트 개발사업을 추진하고 있는 시행사의 사업성에 긍정적 영향을 주는 요인은 모두 몇 개인가? (단, 다른 조건은 동일함) 29회

- 공사기간의 연장
- 대출이자율의 상승
- 초기 분양률의 저조
- 인·허가 시 용적률의 증가
- 매수예정 사업부지가격의 상승

① 1개   ② 2개
③ 3개   ④ 4개
⑤ 5개

24

부동산개발에 관한 설명으로 옳은 것을 모두 고른 것은?   23회

> ㄱ. 부동산개발이란 타인에게 공급할 목적으로 토지를 조성하거나 건축물을 건축, 공작물을 설치하는 행위로 조성·건축·대수선·리모델링·용도변경 또는 설치되거나 될 예정인 부동산을 공급하는 것을 말한다. 다만, 시공을 담당하는 행위는 제외된다.
> ㄴ. 개발권양도제(TDR)는 개발제한으로 인해 규제되는 보전지역에서 발생하는 토지소유자의 손실을 보전하기 위한 제도로서 현재 널리 시행되고 있다.
> ㄷ. 흡수율 분석은 부동산시장의 추세를 파악하는 데 도움을 주는 것으로, 과거의 추세를 정확하게 파악하는 것이 주된 목적이다.
> ㄹ. 개발사업에 있어서 법률적 위험은 용도지역·지구제와 같은 공법적 측면과 소유권 관계와 같은 사법적 측면에서 형성될 수 있다.
> ㅁ. 개발사업에 대한 타당성 분석 결과가 동일한 경우에도 분석된 사업안은 개발업자에 따라 채택될 수도 있고, 그렇지 않을 수도 있다.

① ㄱ, ㄴ, ㄷ   ② ㄱ, ㄹ, ㅁ
③ ㄴ, ㄷ, ㄹ   ④ ㄴ, ㄷ, ㅁ
⑤ ㄷ, ㄹ, ㅁ

25

감가수정에 관한 설명으로 옳은 것을 모두 고른 것은? _{33회}

> ㄱ. 감가수정과 관련된 내용연수는 경제적 내용연수가 아닌 물리적 내용연수를 의미한다.
> ㄴ. 대상물건에 대한 재조달원가를 감액할 요인이 있는 경우에는 물리적 감가, 기능적 감가, 경제적 감가 등을 고려한다.
> ㄷ. 감가수정방법에는 내용연수법, 관찰감가법, 분해법 등이 있다.
> ㄹ. 내용연수법으로는 정액법, 정률법, 상환기금법이 있다.
> ㅁ. 정률법은 매년 일정한 감가율을 곱하여 감가액을 구하는 방법으로 매년 감가액이 일정하다.

① ㄱ, ㄴ   ② ㄴ, ㄷ
③ ㄷ, ㄹ   ④ ㄴ, ㄷ, ㄹ
⑤ ㄷ, ㄹ, ㅁ

26

「감정평가에 관한 규칙」상 대상물건별로 정한 감정평가방법(주된 감정평가방법)에 관한 설명으로 옳은 것을 모두 고른 것은? _{35회}

> ㄱ. 건물의 주된 감정평가방법은 원가법이다.
> ㄴ. 「집합건물의 소유 및 관리에 관한 법률」에 따른 구분소유권의 대상이 되는 건물부분과 그 대지사용권을 일괄하여 감정평가하는 경우의 주된 감정평가방법은 거래사례비교법이다.
> ㄷ. 자동차와 선박의 주된 감정평가방법은 거래사례비교법이다. 다만, 본래 용도의 효용가치가 없는 물건은 해체처분가액으로 감정평가를 할 수 있다.
> ㄹ. 영업권과 특허권의 주된 감정평가방법은 수익분석법이다.

① ㄱ, ㄴ   ② ㄴ, ㄹ
③ ㄱ, ㄴ, ㄷ   ④ ㄱ, ㄴ, ㄹ
⑤ ㄱ, ㄷ, ㄹ

27

「부동산 가격공시에 관한 법률」상 표준지공시
지가의 효력으로 옳은 것을 모두 고른 것은?

29회 수정

> ㄱ. 토지시장에 지가정보를 제공
> ㄴ. 일반적인 토지거래의 지표
> ㄷ. 국가·지방자치단체 등이 과세 등의 업무와
>   관련하여 주택의 가격을 산정하는 경우에
>   기준
> ㄹ. 감정평가법인등이 지가변동률을 산정하는
>   경우에 기준

① ㄱ, ㄴ　　　　　② ㄱ, ㄹ
③ ㄴ, ㄷ　　　　　④ ㄱ, ㄷ, ㄹ
⑤ ㄱ, ㄴ, ㄷ, ㄹ

28

부동산 가격공시에 관한 법령상 시장·군수 또
는 구청장이 개별공시지가를 결정·공시하지
아니할 수 있는 토지를 모두 고른 것은? 31회

> ㄱ. 표준지로 선정된 토지
> ㄴ. 농지보전부담금의 부과대상이 아닌 토지
> ㄷ. 개발부담금의 부과대상이 아닌 토지
> ㄹ. 도시·군계획시설로서 공원이 지정된 토지
> ㅁ. 국세 부과대상이 아닌 토지(국공유지의 경
>   우에는 공공용 토지만 해당한다)

① ㄱ, ㄷ
② ㄴ, ㄹ, ㅁ
③ ㄱ, ㄴ, ㄷ, ㅁ
④ ㄴ, ㄷ, ㄹ, ㅁ
⑤ ㄱ, ㄴ, ㄷ, ㄹ, ㅁ

박스형 기출문제 정답 & 해설

01	①	02	③	03	③	04	③	05	②	06	④	07	①	08	④	09	②	10	①
11	④	12	①	13	①	14	①	15	④	16	②	17	②	18	④	19	②	20	②
21	③	22	②	23	①	24	②	25	④	26	①	27	①	28	③				

PART 1 | 부동산학 총론

01

(◎ | ×) 답 ①

토지 관련 용어의 설명으로 옳은 것을 모두 고른 것은?

29회

> ㄱ. 택지는 주거·상업·공업용지 등의 용도로 이용되고 있거나 해당 용도로 이용할 목적으로 조성된 토지를 말한다. (◎ | ×)
>
> ㄴ. 획지는 용도상 불가분의 관계에 있는 2필지 이상의 일단의 토지를 말한다. (○ | ×)
> → 인위적·자연적·행정적 조건에 의해 다른 토지와 구별되는, 가격수준이 비슷한 일단의 토지
>
> ㄷ. 표본지는 지가의 공시를 위해 가치형성요인
> → 표준지
> 이 같거나 유사하다고 인정되는 일단의 토지 중에서 선정한 토지를 말한다. (○ | ×)
>
> ㄹ. 이행지는 택지지역·농지지역·임지지역 상
> → 후보지
> 호간에 다른 지역으로 전환되고 있는 일단의 토지를 말한다. (○ | ×)

① ㄱ
② ㄱ, ㄴ
③ ㄴ, ㄹ
④ ㄴ, ㄷ, ㄹ
⑤ ㄱ, ㄴ, ㄷ, ㄹ

02

(◎ | ×) 답 ③

토지의 특성에 관련된 설명으로 옳은 것을 모두 고른 것은?

31회

> ㄱ. 개별성은 토지시장을 불완전경쟁시장으로 만드는 요인이다. (◎ | ×)
>
> ㄴ. 부증성은 토지이용을 집약화시키는 요인이다. (◎ | ×)
>
> ㄷ. 부동성은 부동산활동에서 임장활동 필요성의 근거가 된다. (◎ | ×)
>
> ㄹ. 영속성은 부동산활동에서 감가상각 필요성의 근거가 된다. (○ | ×)
> → 영속성은 사용이나 시간의 흐름에 의해서 소모와 마멸이 되지 않는다는 특성으로 토지에 물리적 감가상각의 적용을 배제시키는 근거가 된다.

① ㄱ
② ㄴ, ㄹ
③ ㄱ, ㄴ, ㄷ
④ ㄴ, ㄷ, ㄹ
⑤ ㄱ, ㄴ, ㄷ, ㄹ

03 (유량 / 저량) 답 ③

다음 중 유량(flow)의 경제변수는 모두 몇 개 인가? 31회

• 가계 자산	(유량 / 저량)
• 노동자 소득	(유량 / 저량)
• 가계 소비	(유량 / 저량)
• 통화량	(유량 / 저량)
• 자본총량	(유량 / 저량)
• 신규주택 공급량	(유량 / 저량)

→ 유량(流量, flow)변수란 일정기간에 걸쳐서 측정하는 변수이고, 저량(貯量, stock)변수란 일정시점에 측정하는 변수이다.

① 1개   ② 2개
③ 3개   ④ 4개
⑤ 5개

04 (상승 / 하락) 답 ③

아파트시장에서 균형가격을 상승시키는 요인 은 모두 몇 개인가? (단, 아파트는 정상재로서 수 요곡선은 우하향하고, 공급곡선은 우상향하며, 다른 조건은 동일함) 35회

• 가구의 실질소득 증가
수요 증가 → 가격 (상승 / 하락) 요인
• 아파트에 대한 선호도 감소
수요 감소 → 가격 (상승 / 하락) 요인
• 아파트 건축자재 가격의 상승
공급 감소 → 가격 (상승 / 하락) 요인
• 아파트 담보대출 이자율의 상승
수요 감소 → 가격 (상승 / 하락) 요인

① 0개   ② 1개
③ 2개   ④ 3개
⑤ 4개

보충+

시장금리 하락, 수요자의 실질소득 증가, 부동산 가격상 승 기대는 부동산시장에서 수요를 증가시키는 요인에 해 당한다. 인구 감소, 부동산 거래세율 인상은 부동산시장 에서 수요를 감소시키는 요인에 해당한다.

05

(상승 / (하락))   답 ②

아파트시장에서 균형가격을 하락시키는 요인은 모두 몇 개인가? (단, 아파트는 정상재이며, 다른 조건은 동일함)   32회

- 건설노동자 임금 상승
  공급 감소 요인 → 균형가격 ((상승) / 하락)요인
- 대체주택에 대한 수요 감소
  수요 증가 요인 → 균형가격 ((상승) / 하락)요인
- 가구의 실질소득 증가
  수요 증가 요인 → 균형가격 ((상승) / 하락)요인
- 아파트 건설업체 수 증가
  공급 증가 요인 → 균형가격 (상승 / (하락))요인
- 아파트 건설용 토지가격의 상승
  공급 감소 요인 → 균형가격 ((상승) / 하락)요인
- 아파트 선호도 감소
  수요 감소 요인 → 균형가격 (상승 / (하락))요인

① 1개   ② 2개
③ 3개   ④ 4개
⑤ 5개

06

답 ④

다음 중 리카도(D. Ricardo)의 차액지대론에 관한 설명으로 옳은 것을 모두 고른 것은?

((○) ×)   31회

ㄱ. 지대 발생의 원인으로 비옥한 토지의 부족과 수확체감의 법칙을 제시하였다. ((○) ×)

ㄴ. 조방적 한계의 토지에는 지대가 발생하지 않으므로 무지대(無地代) 토지가 된다.
((○) ×)

ㄷ. 토지소유자는 토지소유라는 독점적 지위를 이용하여 최열등지에도 지대를 요구한다.
→ 마르크스(K. Marx)의 절대지대론   (○ (×))

ㄹ. 지대는 잉여이기에 토지생산물의 가격이 높아지면 지대가 높아지고 토지생산물의 가격이 낮아지면 지대도 낮아진다. ((○) ×)

① ㄱ, ㄷ   ② ㄴ, ㄹ
③ ㄱ, ㄴ, ㄷ   ④ ㄱ, ㄴ, ㄹ
⑤ ㄴ, ㄷ, ㄹ

07 (◎ ×) 답 ①

지대이론에 관한 설명으로 옳은 것을 모두 고른 것은? 28회

ㄱ. 리카도(D. Ricardo)는 지대 발생의 원인을 비옥한 토지의 희소성과 수확체감현상으로 설명하고, 토지의 질적 차이에서 발생하는 임대료의 차이로 보았다. (◎ ×)

ㄴ. 마샬(A. Marshall)은 일시적으로 토지와 유사한 성격을 가지는 생산요소에 귀속되는 소득을 준지대로 설명하고, 단기적으로 공급량이 일정한 생산요소에 지급되는 소득으로 보았다. (◎ ×)

ㄷ. 튀넨(J. H. von Thünen)은 한계지의 생
→ 리카도(D. Ricardo)
산비와 우등지의 생산비 차이를 절대지대로 보았다. (○ ⊗)

ㄹ. 마르크스(K. Marx)는 도시로부터 거리에
→ 튀넨(J.H.von Thünen)
따라 농작물의 재배형태가 달라진다는 점에 착안하여, 수송비의 차이가 지대의 차이를 가져온다고 보았다. (○ ⊗)

① ㄱ, ㄴ   ② ㄴ, ㄷ
③ ㄱ, ㄴ, ㄹ   ④ ㄱ, ㄷ, ㄹ
⑤ ㄴ, ㄷ, ㄹ

08 → (◎ ×) 답 ④

다음 입지와 도시공간구조에 관한 설명으로 옳은 것을 모두 고른 것은? 31회

ㄱ. 컨버스(P. Converse)는 소비자들의 특정
→ 허프(D. L. Huff)
상점의 구매를 설명할 때 실측거리, 시간거리, 매장규모와 같은 공간요인뿐만 아니라 효용이라는 비공간요인도 고려하였다. (○ ⊗)

ㄴ. 호이트(H. Hoyt)는 저소득층의 주거지가
→ 고소득층
형성되는 요인으로 도심과 부도심 사이의 도로, 고지대의 구릉지, 주요 간선도로의 근접성을 제시하였다. (○ ⊗)

→ 호이트(H. Hoyt)는 고소득층의 주거지가 형성되는 요인으로 기존의 교통로나 상업중심지와 같은 도시주변부의 중심지의 방향, 홍수의 위험이 없고 전망이 좋은 고지대의 구릉지, 주요 간선도로의 근접성 등을 제시하였다.

ㄷ. 넬슨(R. Nelson)은 특정 점포가 최대 이익을 얻을 수 있는 매출액을 확보하기 위해서 어떤 장소에 입지하여야 하는지를 제시하였다. (◎ ×)

ㄹ. 알론소(W. Alonso)는 단일도심도시의 토지이용형태를 설명함에 있어 입찰지대의 개념을 적용하였다. (◎ ×)

① ㄱ   ② ㄱ, ㄴ
③ ㄴ, ㄷ   ④ ㄷ, ㄹ
⑤ ㄴ, ㄷ, ㄹ

09 (직접/ 간접) 답 ②

정부의 부동산시장 직접 개입 유형에 해당하는 것을 모두 고른 것은? 31회

ㄱ. 토지은행	(직접/ 간접)
ㄴ. 공영개발사업	(직접/ 간접)
ㄷ. 총부채상환비율(DTI)	(직접 / 간접)
ㄹ. 종합부동산세	(직접 / 간접)
ㅁ. 개발부담금	(직접 / 간접)
ㅂ. 공공투자사업	(직접/ 간접)

① ㄱ, ㄴ, ㄷ   ② ㄱ, ㄴ, ㅂ
③ ㄷ, ㄹ, ㅁ   ④ ㄷ, ㅁ, ㅂ
⑤ ㄹ, ㅁ, ㅂ

10 → (○ ×) 답 ①

다음 중 법령을 기준으로 현재 우리나라에서 시행되고 있는 제도를 모두 고른 것은? 31회

ㄱ. 개발행위허가제	(○ ×)
ㄴ. 택지소유상한제	(○ ×)
ㄷ. 용도지역제	(○ ×)
ㄹ. 토지초과이득세제	(○ ×)

→ 택지소유상한제는 사유재산권 침해 이유로, 토지초과이득세제는 실현되지 않은 이익에 대해 과세한다는 논란 등으로 1998년 폐지되어 현재 시행되고 있지 않다.

① ㄱ, ㄷ   ② ㄴ, ㄹ
③ ㄱ, ㄴ, ㄷ   ④ ㄴ, ㄷ, ㄹ
⑤ ㄱ, ㄴ, ㄷ, ㄹ

11 (○ ×) 답 ④

부동산정책에 관한 설명으로 옳은 것을 모두 고른 것은? 28회

ㄱ. 공공재 또는 외부효과의 존재는 정부의 시장 개입 근거가 된다.	(○ ×)
ㄴ. 부(−)의 외부효과는 사회가 부담하는 비용을 감소시킨다. → 증가시킨다.	(○ ×)
ㄷ. 부동산 조세는 소득재분배 효과를 기대할 수 있다.	(○ ×)
ㄹ. 용도지역은 토지를 경제적·효율적으로 이용하고 공공복리의 증진을 도모하기 위하여 지정한다.	(○ ×)

① ㄱ, ㄴ   ② ㄱ, ㄷ
③ ㄱ, ㄹ   ④ ㄱ, ㄷ, ㄹ
⑤ ㄴ, ㄷ, ㄹ

보충+

외부효과(생산 측면)

구분	정(+)의 외부효과 (외부경제)	부(−)의 외부효과 (외부불경제)
의의	다른 사람(제3자)에게 의도하지 않은 혜택을 입히고도 이에 대한 보상을 받지 못하는 것 예 과수원과 양봉업	다른 사람(제3자)에게 의도하지 않은 손해를 입히고도 이에 대한 대가를 지불하지 않는 것 예 양식업과 공장폐수
편익	사적 편익 < 사회적 편익	사적 편익 > 사회적 편익
비용	사적 비용 > 사회적 비용	사적 비용 < 사회적 비용
특징	과소생산, 과다가격	과다생산, 과소가격
해결방안	보조금 지급, 조세경감, 행정규제의 완화	오염배출업체에 대한 조세중과나 환경부담금 부과, 지역지구제
현상	PIMFY(Please In My Front Yard) 현상	NIMBY(Not In My Back Yard) 현상

12

부동산 조세에 관한 설명으로 옳은 것을 모두 고른 것은?

(◎ ×) 답 ①

35회

> ㄱ. 양도소득세의 중과는 부동산 보유자로 하여금 매각을 앞당기게 하는 동결효과(lock
>   → 미루게
>   -in effect)를 발생시킬 수 있다. (○ ⊗)
> ㄴ. 재산세와 종합부동산세의 과세기준일은 매년 6월 1일로 동일하다. (◎ ×)
> ㄷ. 취득세와 상속세는 취득단계에서 부과하는
>   → 상속세는 국세이다.
>   지방세이다. (○ ⊗)
> ㄹ. 증여세와 양도소득세는 처분단계에서 부과
>   → 증여세는 취득단계에서 부과하는 국세이다.
>   하는 국세이다. (○ ⊗)

① ㄴ
② ㄱ, ㄷ
③ ㄴ, ㄹ
④ ㄱ, ㄷ, ㄹ
⑤ ㄱ, ㄴ, ㄷ, ㄹ

보충 +

부동산 조세정책

구분	보유단계	취득단계	처분단계
국세	종합부동산세	상속세 및 증여세	양도소득세
지방세	재산세	취득세	–

13

국토의 계획 및 이용에 관한 법령상 용도지역으로서 도시지역에 속하는 것을 모두 고른 것은?

→ (◎ ×) 답 ①

33회

> ㄱ. 농림지역 (○ ⊗)   ㄴ. 관리지역 (○ ⊗)
> ㄷ. 취락지역 (○ ⊗)   ㄹ. 녹지지역 (◎ ×)
> ㅁ. 산업지역 (○ ⊗)   ㅂ. 유보지역 (○ ⊗)

① ㄹ
② ㄷ, ㅁ
③ ㄹ, ㅁ
④ ㄱ, ㄴ, ㄹ
⑤ ㄴ, ㄷ, ㅂ

보충 +

용도지역
「국토의 계획 및 이용에 관한 법률」에서 국토는 토지의 이용실태 및 특성, 장래의 토지 이용 방향, 지역 간 균형 발전 등을 고려하여 도시지역, 관리지역, 농림지역, 자연환경보전지역 등의 용도지역으로 구분한다. 이 중에서 도시지역은 다시 주거지역·상업지역·공업지역·녹지지역으로 구분된다.

14

부동산투자의 위험에 관한 설명으로 옳은 것을 모두 고른 것은? (단, 위험회피형 투자자라고 가정함)   27회

(◎ ×) ← 답 ①

> ㄱ. 경기침체로 인해 부동산의 수익성이 악화되면서 야기되는 위험은 사업위험에 해당한다.
> (◎ ×)
>
> ㄴ. 차입자에게 고정금리대출을 실행하면 대출자의 인플레이션 위험은 낮아진다. (ㅇ ×)
> → 높아진다.
>
> ㄷ. 효율적 프론티어(efficient frontier)에서는 추가적인 위험을 감수하지 않으면 수익률을 증가시킬 수 없다. (◎ ×)
>
> ㄹ. 개별 부동산의 특성으로 인한 체계적인 위험
> → 비체계적인 위험
> 은 포트폴리오를 통해 제거할 수 있다.
> (ㅇ ×)

① ㄱ, ㄷ   ② ㄴ, ㄷ
③ ㄴ, ㄹ   ④ ㄱ, ㄴ, ㄹ
⑤ ㄴ, ㄷ, ㄹ

보충 ✛

사업상의 위험(business risk)
사업상의 위험이란 부동산사업 자체에서 연유하는 수익성에 관한 위험을 말한다. 사업상의 위험에는 시장위험, 운영위험, 위치적 위험 등이 있다.
1. 시장위험: 부동산의 수요와 공급의 변동 등과 같은 시장상황의 변동으로 야기되는 위험을 말한다.
2. 운영위험: 사무실의 관리, 근로자의 파업, 영업비의 변동 등 부동산의 운영과 관련하여 야기되는 위험을 말한다.
3. 위치적 위험: 부동산의 지리적 위치의 고정성으로 인해 야기되는 위험을 말한다.

15

화폐의 시간가치에 관한 설명으로 옳은 것을 모두 고른 것은? (단, 다른 조건은 동일함)   30회

(◎ ×) 답 ④

> ㄱ. 은행으로부터 주택구입자금을 대출한 가구가 매월 상환할 금액을 산정하는 경우 감채기금계수를 사용한다. (ㅇ ×)
> → 저당상수
>
> ㄴ. 연금의 현재가치계수와 저당상수는 역수 관계이다. (◎ ×)
>
> ㄷ. 연금의 미래가치란 매 기간마다 일정 금액을 불입해 나갈 때, 미래의 일정시점에서의 원금과 이자의 총액을 말한다. (◎ ×)
>
> ㄹ. 일시불의 현재가치계수는 할인율이 상승할수록 작아진다. (◎ ×)

① ㄱ   ② ㄴ, ㄷ
③ ㄱ, ㄴ, ㄹ   ④ ㄴ, ㄷ, ㄹ
⑤ ㄱ, ㄴ, ㄷ, ㄹ

16

답 ②

부동산투자분석의 현금흐름 계산에서 유효총소득(Effective Gross Income)을 산정할 경우, 다음 중 필요한 항목은 모두 몇 개인가?

(◎ ×)　　　　25회

- 임대료수입 (◎ ×)
- 영업소득세 (○ ⊗)
- 이자상환액 (○ ⊗)
- 영업외수입 (◎ ×)
- 영업경비 (○ ⊗)
- 감가상각비 (○ ⊗)

① 1개　　　　② 2개
③ 3개　　　　④ 4개
⑤ 5개

보충 +

영업의 현금흐름 계산에서 유효총소득을 산정할 때 유효총소득 아래에 있는 것은 필요한 항목이 아니다. 따라서 영업경비, 이자상환액, 영업소득세, 감가상각비는 필요한 항목에 해당하지 않는다. 그러나 가능총소득을 산정하기 위해서는 임대료수입이 필요하고 가능총소득에서 유효총소득을 산정하려면 기타소득에 해당하는 영업외수입이 필요하다.

영업의 현금흐름 계산

	단위당 예상임대료
×	임대단위 수
	가능총소득(PGI)
−	공실 및 불량부채
+	기타소득
	유효총소득(EGI)
−	영업경비
	순영업소득(NOI)
−	부채서비스액
	세전현금수지
−	영업소득세
	세후현금수지

17

(◎ ×) ◀── 답 ②

부동산투자 분석기법에 관한 설명으로 옳은 것을 모두 고른 것은? (단, 다른 조건은 동일함) 29회

ㄱ. 내부수익률법, 순현재가치법, 수익성 지수법은 할인현금흐름기법에 해당한다.

(◎ ×)

ㄴ. 순현재가치가 '0'이 되는 단일 투자안의 경우 수익성 지수는 '1'이 된다. (◎ ×)

ㄷ. 재투자율로 내부수익률법에서는 요구수익률
→ 내부수익률
을 사용하지만, 순현재가치법에서는 시장이자율을 사용한다. (○ ⊗)
→ 요구수익률

ㄹ. 회계적 이익률법에서는 투자안의 이익률이 목표이익률보다 높은 투자안 중에서 이익률이 가장 높은 투자안을 선택하는 것이 합리적이다. (◎ ×)

ㅁ. 내부수익률법에서는 내부수익률과 실현수익률을 비교하여 투자 여부를 결정한다.
→ 요구수익률 (○ ⊗)

① ㄱ, ㄴ　　　　② ㄱ, ㄴ, ㄹ
③ ㄱ, ㄷ, ㅁ　　　　④ ㄴ, ㄹ, ㅁ
⑤ ㄱ, ㄴ, ㄹ, ㅁ

18

고정금리대출의 상환방식에 관한 설명으로 <u>옳은</u> 것을 모두 고른 것은? (단, 주어진 조건에 한하며, 다른 조건은 동일함)

답 ④　(◎ ×)

35회

> ㄱ. 만기일시상환대출은 대출기간 동안 차입자가 원금만 상환하기 때문에 원리금상환
> → 이자만
> 구조가 간단하다.　(○ ⓧ)
> ㄴ. 체증식분할상환대출은 대출기간 초기에는 원리금상환액을 적게 하고 시간의 경과에 따라 늘려가는 방식이다.　(◎ ×)
> ㄷ. 원리금균등분할상환대출이나 원금균등분할상환대출에서 거치기간이 있을 경우, 이자지급총액이 증가하므로 원리금지급총액도 증가하게 된다.　(◎ ×)
> ㄹ. 대출채권의 가중평균상환기간(duration)은 원금균등분할상환대출에 비해 원리금균등분할상환대출이 더 길다.　(◎ ×)

① ㄱ, ㄴ　　　　② ㄱ, ㄷ
③ ㄴ, ㄷ　　　　④ ㄴ, ㄷ, ㄹ
⑤ ㄱ, ㄴ, ㄷ, ㄹ

19

저당상환방법에 관한 설명 중 <u>옳은</u> 것을 모두 고른 것은? (단, 대출금액과 기타 대출조건은 동일함)

답 ②　(◎ ×)

29회

> ㄱ. 원금균등상환방식의 경우, 매 기간에 상환하는 원리금상환액과 대출잔액이 점차적으로 감소한다.　(◎ ×)
> ㄴ. 원리금균등상환방식의 경우, 매 기간에 상환하는 원금상환액이 점차적으로 감소한다.
> → 증가한다. (○ ⓧ)
> ㄷ. 점증(체증)상환방식의 경우, 미래 소득이 증가될 것으로 예상되는 차입자에게 적합하다.　(◎ ×)
> ㄹ. 대출기간 만기까지 대출기관의 총 이자수입 크기는 '원금균등상환방식 > 점증(체증)상환방식 > 원리금균등상환방식' 순이다.　(○ ⓧ)
>
> → 점증(체증)상환방식 > 원리금균등상환방식 > 원금균등상환방식

① ㄱ, ㄴ　　　　② ㄱ, ㄷ
③ ㄱ, ㄹ　　　　④ ㄴ, ㄹ
⑤ ㄷ, ㄹ

20

답 ②

부동산금융의 자금조달방식 중 [지분금융(equity financing)]에 해당하는 것을 모두 고른 것은? ──▶ (지분금융 / 부채금융)   31회

> ㄱ. 부동산투자회사(REITs) (지분금융 / 부채금융)
> ㄴ. 자산담보부기업어음(ABCP)
> (지분금융 / 부채금융)
> ㄷ. 공모(public offering)에 의한 증자
> (지분금융 / 부채금융)
> ㄹ. 프로젝트금융 (지분금융 / 부채금융)
> ㅁ. 주택상환사채 (지분금융 / 부채금융)

① ㄱ, ㄴ   ② ㄱ, ㄷ
③ ㄷ, ㅁ   ④ ㄴ, ㄹ, ㅁ
⑤ ㄱ, ㄴ, ㄹ, ㅁ

보충 +

자금조달방법 중 지분금융(equity financing)이란 부동산 투자회사나 개발회사가 지분권을 팔아 자기자본을 조달하는 것을 말하며, 부채금융(debt financing)이란 저당을 설정하거나 사채를 발행하여 타인자본을 조달하는 것을 말한다. 부동산 신디케이트(syndicate), 조인트 벤처(joint venture), 부동산투자회사(REITs), 공모(public offering)에 의한 증자 등은 지분금융에 해당하고, 신탁증서금융, 주택상환사채, 저당금융(mortgage financing), 자산유동화증권(asset-backed securities), 주택저당채권담보부채권(MBB), 자산담보부기업어음(ABCP), 프로젝트금융 등은 부채금융에 해당한다.

21

답 ③

[부채금융(debt financing)에 해당하는 것을] 모두 고른 것은? ──▶ (지분금융 / 부채금융)   32회

> ㄱ. 주택저당대출 (지분금융 / 부채금융)
> ㄴ. 조인트 벤처(joint venture)
> (지분금융 / 부채금융)
> ㄷ. 신탁증서금융 (지분금융 / 부채금융)
> ㄹ. 자산담보부기업어음(ABCP)
> (지분금융 / 부채금융)
> ㅁ. 부동산투자회사(REITs) (지분금융 / 부채금융)

① ㄱ, ㄴ, ㄷ   ② ㄱ, ㄴ, ㄹ
③ ㄱ, ㄷ, ㄹ   ④ ㄴ, ㄷ, ㅁ
⑤ ㄷ, ㄹ, ㅁ

22

(○ / ×)   답 ②

자본환원율에 관한 설명으로 [옳은] 것을 모두 고른 것은? (단, 다른 조건은 동일함)   31회

> ㄱ. 자본의 기회비용을 반영하므로, 자본시장에서 시장금리가 상승하면 함께 상승한다.
> (○ / ×)
> ㄴ. 부동산자산이 창출하는 순영업소득에 해당 자산의 가격을 곱한 값이다. (○ / ×)
> ──▶ 가격으로 나눈 값
> ㄷ. 자산가격 상승에 대한 투자자들의 기대를 반영한다. (○ / ×)
> ㄹ. 자본환원율이 상승하면 자산가격이 상승한다. ──▶ 하락한다. (○ / ×)
> ㅁ. 프로젝트의 위험이 높아지면 자본환원율도 상승한다. (○ / ×)

① ㄱ, ㄴ   ② ㄱ, ㄷ, ㅁ
③ ㄴ, ㄷ, ㄹ   ④ ㄴ, ㄹ, ㅁ
⑤ ㄱ, ㄷ, ㄹ, ㅁ

23 (긍정적 / 부정적) ←　　　　답 ①

다음 중 아파트 개발사업을 추진하고 있는 시행사의 사업성에 긍정적 영향을 주는 요인은 모두 몇 개인가? (단, 다른 조건은 동일함) 29회

- 공사기간의 연장 (긍정적 / 부정적)
- 대출이자율의 상승 (긍정적 / 부정적)
- 초기 분양률의 저조 (긍정적 / 부정적)
- 인·허가 시 용적률의 증가 (긍정적 / 부정적)
- 매수예정 사업부지가격의 상승 (긍정적 / 부정적)

① 1개 　　　② 2개
③ 3개 　　　④ 4개
⑤ 5개

---

24 (○ | ×) 　　　답 ②

부동산개발에 관한 설명으로 옳은 것을 모두 고른 것은? 23회

ㄱ. 부동산개발이란 타인에게 공급할 목적으로 토지를 조성하거나 건축물을 건축, 공작물을 설치하는 행위로 조성·건축·대수선·리모델링·용도변경 또는 설치되거나 될 예정인 부동산을 공급하는 것을 말한다. 다만, 시공을 담당하는 행위는 제외된다. (○ | ×)

ㄴ. 개발권양도제(TDR)는 개발제한으로 인해 규제되는 보전지역에서 발생하는 토지소유자의 손실을 보전하기 위한 제도로서 현재 널리 시행되고 있다. (○ | ×)
　→ 우리나라에서는 현재 시행되고 있지 않다.

ㄷ. 흡수율 분석은 부동산시장의 추세를 파악하는 데 도움을 주는 것으로, 과거의 추세를 정확하게 파악하는 것이 주된 목적이다. (○ | ×)
　→ 단순히 과거의 추세를 파악하는 것만이 아니라 이를 기초로 개발사업의 미래의 흡수율을 파악하는 데 목적이 있다.

ㄹ. 개발사업에 있어서 법률적 위험은 용도지역·지구제와 같은 공법적 측면과 소유권 관계와 같은 사법적 측면에서 형성될 수 있다. (○ | ×)

ㅁ. 개발사업에 대한 타당성 분석 결과가 동일한 경우에도 분석된 사업안은 개발업자에 따라 채택될 수도 있고, 그렇지 않을 수도 있다. (○ | ×)

① ㄱ, ㄴ, ㄷ 　　　② ㄱ, ㄹ, ㅁ
③ ㄴ, ㄷ, ㄹ 　　　④ ㄴ, ㄷ, ㅁ
⑤ ㄷ, ㄹ, ㅁ

25

◎ ×)   답 ④

감가수정에 관한 설명으로 옳은 것은 모두 고른 것은?

33회

> ㄱ. 감가수정과 관련된 내용연수는 경제적 내용 연수가 아닌 물리적 내용연수를 의미한다.
>   → 물리적 내용연수가 아닌 경제적 내용연수를 의미한다.
>   (ㅇ | ⊗)
>
> ㄴ. 대상물건에 대한 재조달원가를 감액할 요인 이 있는 경우에는 물리적 감가, 기능적 감 가, 경제적 감가 등을 고려한다.   (◎ ×)
>
> ㄷ. 감가수정방법에는 내용연수법, 관찰감가법, 분해법 등이 있다.   (◎ ×)
>
> ㄹ. 내용연수법으로는 정액법, 정률법, 상환기 금법이 있다.   (◎ ×)
>
> ㅁ. 정률법은 매년 일정한 감가율을 곱하여 감가액을 구하는 방법으로 매년 감가액이 일정하다.   (ㅇ | ⊗)
>   → 매년 감가액은 점차 감소한다.

① ㄱ, ㄴ   ② ㄴ, ㄷ
③ ㄷ, ㄹ   ④ ㄴ, ㄷ, ㄹ
⑤ ㄷ, ㄹ, ㅁ

26

→ ◎ ×)   답 ①

「감정평가에 관한 규칙」상 대상물건별로 정한 감정평가방법(주된 감정평가방법)에 관한 설명으로 옳은 것은 모두 고른 것은?

35회

> ㄱ. 건물의 주된 감정평가방법은 원가법이다.
>   (◎ ×)
>
> ㄴ. 「집합건물의 소유 및 관리에 관한 법률」에 따른 구분소유권의 대상이 되는 건물부분 과 그 대지사용권을 일괄하여 감정평가하 는 경우의 주된 감정평가방법은 거래사례 비교법이다.   (◎ ×)
>
> ㄷ. 자동차와 선박의 주된 감정평가방법은 거 → 선박: 원가법 래사례비교법이다. 다만, 본래 용도의 효 용가치가 없는 물건은 해체처분가액으로 감정평가를 할 수 있다.   (ㅇ | ⊗)
>
> ㄹ. 영업권과 특허권의 주된 감정평가방법은 수익분석법이다.   (ㅇ | ⊗)
>   → 수익환원법

① ㄱ, ㄴ   ② ㄴ, ㄹ
③ ㄱ, ㄴ, ㄷ   ④ ㄱ, ㄴ, ㄹ
⑤ ㄱ, ㄷ, ㄹ

27

답 ①

「부동산 가격공시에 관한 법률」상 표준지공시지가의 효력으로 옳은 것을 모두 고른 것은?

(ⓞ | ×)

29회 수정

> ㄱ. 토지시장에 지가정보를 제공 (ⓞ | ×)
>
> ㄴ. 일반적인 토지거래의 지표 (ⓞ | ×)
>
> ㄷ. 국가·지방자치단체 등이 과세 등의 업무와 관련하여 주택의 가격을 산정하는 경우에 기준 (○ | ⓧ)
>
> → 주택가격 공시의 효력 중 개별주택가격 및 공동주택가격에 대한 내용이다.
>
> ㄹ. 감정평가법인등이 지가변동률을 산정하는 경우에 기준 (○ | ⓧ)
>
> → 표본지에 관한 내용이다.

① ㄱ, ㄴ   ② ㄱ, ㄹ

③ ㄴ, ㄷ   ④ ㄱ, ㄷ, ㄹ

⑤ ㄱ, ㄴ, ㄷ, ㄹ

28

답 ③

부동산 가격공시에 관한 법령상 시장·군수 또는 구청장이 개별공시지가를 결정·공시하지 아니할 수 있는 토지를 모두 고른 것은? 31회

→ (ⓞ | ×)

→ 법령에 규정되어 있는 '아니할 수 있는 토지'에 해당하는 것을 물어보는 것이므로 ○ / × 체크에 주의할 것!

> ㄱ. 표준지로 선정된 토지 (ⓞ | ×)
>
> ㄴ. 농지보전부담금의 부과대상이 아닌 토지 (ⓞ | ×)
>
> ㄷ. 개발부담금의 부과대상이 아닌 토지 (ⓞ | ×)
>
> ㄹ. 도시·군계획시설로서 공원이 지정된 토지 (○ | ⓧ)
>
> ㅁ. 국세 부과대상이 아닌 토지(국공유지의 경우에는 공공용 토지만 해당한다) (ⓞ | ×)

① ㄱ, ㄷ

② ㄴ, ㄹ, ㅁ

③ ㄱ, ㄴ, ㄷ, ㅁ

④ ㄴ, ㄷ, ㄹ, ㅁ

⑤ ㄱ, ㄴ, ㄷ, ㄹ, ㅁ

보충+

개별공시지가를 공시하지 아니할 수 있는 토지(「부동산 가격공시에 관한 법률 시행령」 제15조)

1. 시장·군수 또는 구청장은 다음의 어느 하나에 해당하는 토지에 대해서는 개별공시지가를 결정·공시하지 아니할 수 있다.
   ① 표준지로 선정된 토지
   ② 농지보전부담금 또는 개발부담금 등의 부과대상이 아닌 토지
   ③ 국세 또는 지방세 부과대상이 아닌 토지(국공유지의 경우에는 공공용 토지만 해당한다)
2. 1.에도 불구하고 시장·군수 또는 구청장은 다음의 어느 하나에 해당하는 토지에 대해서는 개별공시지가를 결정·공시하여야 한다.
   ① 관계 법령에 따라 지가 산정 등에 개별공시지가를 적용하도록 규정되어 있는 토지
   ② 시장·군수 또는 구청장이 관계 행정기관의 장과 협의하여 개별공시지가를 결정·공시하기로 한 토지

04 | 최신 기출문제

2024년 제35회 기출문제

01

토지의 특성에 관한 설명으로 옳은 것은?

① 부동성으로 인해 외부효과가 발생하지 않는다.
② 개별성으로 인해 거래사례를 통한 지가 산정이 쉽다.
③ 부증성으로 인해 토지의 물리적 공급은 단기적으로 탄력적이다.
④ 용도의 다양성으로 인해 토지의 경제적 공급은 증가할 수 있다.
⑤ 영속성으로 인해 부동산활동에서 토지는 감가상각을 고려하여야 한다.

02

토지에 관련된 용어이다. ( )에 들어갈 내용으로 옳은 것은?

> (㉠): 지적제도의 용어로서, 토지의 주된 용도에 따라 토지의 종류를 구분하여 지적공부에 등록한 것
> (㉡): 지가공시제도의 용어로서, 토지에 건물이나 그 밖의 정착물이 없고 지상권 등 토지의 사용·수익을 제한하는 사법상의 권리가 설정되어 있지 아니한 토지

① ㉠: 필지, ㉡: 소지
② ㉠: 지목, ㉡: 나지
③ ㉠: 필지, ㉡: 나지
④ ㉠: 지목, ㉡: 나대지
⑤ ㉠: 필지, ㉡: 나대지

03

다음은 용도별 건축물의 종류에 관한 「건축법 시행령」 규정의 일부이다. ( )에 들어갈 내용으로 옳은 것은?

> 다세대주택: 주택으로 쓰는 1개 동의 (㉠) 합계가 660제곱미터 이하이고, 층수가 (㉡) 이하인 주택(2개 이상의 동을 지하주차장으로 연결하는 경우에는 각각의 동으로 본다)

① ㉠: 건축면적, ㉡: 4층
② ㉠: 건축면적, ㉡: 4개 층
③ ㉠: 바닥면적, ㉡: 4층
④ ㉠: 바닥면적, ㉡: 4개 층
⑤ ㉠: 대지면적, ㉡: 4층

04

법령에 의해 등기의 방법으로 소유권을 공시할 수 있는 물건을 모두 고른 것은?

> ㉠ 총톤수 25톤인 기선(機船)
> ㉡ 적재용량 25톤인 덤프트럭
> ㉢ 최대 이륙중량 400톤인 항공기
> ㉣ 토지에 부착된 한 그루의 수목

① ㉠
② ㉠, ㉣
③ ㉢, ㉣
④ ㉠, ㉡, ㉢
⑤ ㉠, ㉡, ㉢, ㉣

05

A광역시장은 관할구역 중 농지 및 야산으로 형성된 일단의 지역에 대해 도시개발법령상 도시개발사업(개발 후 용도: 주거용 및 상업용 택지)을 추진하면서 시행방식을 검토하고 있다. 수용방식(예정사업시행자: 지방공사)과 환지방식(예정사업시행자: 도시개발사업조합)을 비교한 설명으로 틀린 것은? (단, 보상금은 현금으로 지급하며, 주어진 조건에 한함)

① 수용방식은 환지방식에 비해 세금감면을 받기 위한 대토(代土)로 인해 도시개발구역 밖의 지가를 상승시킬 가능성이 크다.

② 수용방식은 환지방식에 비해 사업시행자의 개발토지(조성토지) 매각부담이 크다.

③ 사업시행자의 사업비부담에 있어 환지방식은 수용방식에 비해 작다.

④ 사업으로 인해 개발이익이 발생하는 경우, 환지방식은 수용방식에 비해 종전 토지소유자에게 귀속될 가능성이 크다.

⑤ 개발절차상 환지방식은 토지소유자의 동의를 받아야 하는 단계(횟수)가 수용방식에 비해 적어 절차가 간단하다.

06

부동산개발사업에 관한 설명으로 틀린 것은?

① 부동산개발의 타당성분석 과정에서 시장분석을 수행하기 위해서는 먼저 시장지역을 설정하여야 한다.

② 부동산개발업의 관리 및 육성에 관한 법령상 건축물을 리모델링 또는 용도변경하는 행위(다만, 시공을 담당하는 행위는 제외한다)는 부동산개발에 포함된다.

③ 민간투자사업에 있어 민간사업자가 자금을 조달하여 시설을 건설하고 일정기간 소유 및 운영을 한 후 국가 또는 지방자치단체에게 시설의 소유권을 이전하는 방식은 BOT(Build-Operate-Transfer)방식이다.

④ 부동산개발의 유형을 신개발방식과 재개발방식으로 구분하는 경우, 도시 및 주거환경정비법령상 재건축사업은 재개발방식에 속한다.

⑤ 개발사업의 방식 중 사업위탁방식과 신탁개발방식의 공통점은 토지소유자가 개발사업의 전문성이 있는 제3자에게 토지소유권을 이전하고 사업을 위탁하는 점이다.

07

부동산마케팅에서 4P 마케팅믹스(Marketing Mix) 전략의 구성요소를 모두 고른 것은?

> ㉠ Price(가격)
> ㉡ Product(제품)
> ㉢ Place(유통경로)
> ㉣ Positioning(차별화)
> ㉤ Promotion(판매촉진)
> ㉥ Partnership(동반자관계)

① ㉠, ㉡, ㉢, ㉣
② ㉠, ㉡, ㉢, ㉤
③ ㉡, ㉢, ㉤, ㉥
④ ㉡, ㉣, ㉤, ㉥
⑤ ㉢, ㉣, ㉤, ㉥

08

A지역 단독주택시장의 균형변화에 관한 설명으로 옳은 것은? (단, 수요곡선은 우하향하고, 공급곡선은 우상향하며, 다른 조건은 동일함)

① 수요와 공급이 모두 증가하고 수요의 증가폭과 공급의 증가폭이 동일한 경우, 균형거래량은 감소한다.
② 수요가 증가하고 공급이 감소하는데 수요의 증가폭보다 공급의 감소폭이 더 큰 경우, 균형가격은 하락한다.
③ 수요가 감소하고 공급이 증가하는데 수요의 감소폭이 공급의 증가폭보다 더 큰 경우, 균형가격은 상승한다.
④ 수요와 공급이 모두 감소하고 수요의 감소폭보다 공급의 감소폭이 더 큰 경우, 균형거래량은 감소한다.
⑤ 수요가 증가하고 공급이 감소하는데 수요의 증가폭과 공급의 감소폭이 동일한 경우, 균형가격은 하락한다.

09

A지역 소형아파트 수요의 가격탄력성은 0.9이고, 오피스텔 가격에 대한 소형아파트 수요의 교차탄력성은 0.5이다. A지역 소형아파트 가격이 2% 상승하고 동시에 A지역 오피스텔 가격이 5% 상승할 때, A지역 소형아파트 수요량의 전체 변화율은? (단, 소형아파트와 오피스텔은 모두 정상재로서 서로 대체적인 관계이고, 수요의 가격탄력성은 절댓값으로 나타내며, 다른 조건은 동일함)

① 0.7% ② 1.8%
③ 2.5% ④ 3.5%
⑤ 4.3%

10

아파트시장에서 균형가격을 상승시키는 요인은 모두 몇 개인가? (단, 아파트는 정상재로서 수요곡선은 우하향하고, 공급곡선은 우상향하며, 다른 조건은 동일함)

○ 가구의 실질소득 증가
○ 아파트에 대한 선호도 감소
○ 아파트 건축자재 가격의 상승
○ 아파트 담보대출 이자율의 상승

① 0개 ② 1개
③ 2개 ④ 3개
⑤ 4개

11

A지역 오피스텔시장에서 수요함수는 $Q_{D1} = 900 - P$, 공급함수는 $Q_S = 100 + \frac{1}{4}P$이며, 균형상태에 있었다. 이 시장에서 수요함수가 $Q_{D2} = 1,500 - \frac{3}{2}P$로 변화하였다면, 균형가격의 변화(㉠)와 균형거래량의 변화(㉡)는? (단, P는 가격, Q_{D1}과 Q_{D2}는 수요량, Q_S는 공급량, X축은 수량, Y축은 가격을 나타내고, 가격과 수량의 단위는 무시하며, 주어진 조건에 한함)

① ㉠: 160 상승, ㉡: 변화 없음
② ㉠: 160 상승, ㉡: 40 증가
③ ㉠: 200 상승, ㉡: 40 감소
④ ㉠: 200 상승, ㉡: 변화 없음
⑤ ㉠: 200 상승, ㉡: 40 증가

12

저량(stock)의 경제변수에 해당하는 것은?

① 주택재고   ② 가계소득

③ 주택거래량   ④ 임대료 수입

⑤ 신규주택 공급량

13

다음에 해당하는 「도시 및 주거환경정비법」상의 정비사업은?

> 도시저소득 주민이 집단거주하는 지역으로서 정비기반시설이 극히 열악하고 노후·불량건축물이 과도하게 밀집한 지역의 주거환경을 개선하거나 단독주택 및 다세대주택이 밀집한 지역에서 정비기반시설과 공동이용시설 확충을 통하여 주거환경을 보전·정비·개량하기 위한 사업

① 자율주택정비사업   ② 소규모재개발사업

③ 가로주택정비사업   ④ 소규모재건축사업

⑤ 주거환경개선사업

14

컨버스(P. Converse)의 분기점 모형에 기초할 때, A시와 B시의 상권 경계지점은 A시로부터 얼마만큼 떨어진 지점인가? (단, 주어진 조건에 한함)

> ○ A시와 B시는 동일 직선상에 위치
> ○ A시와 B시 사이의 직선거리: 45km
> ○ A시 인구: 84만명
> ○ B시 인구: 21만명

① 15km   ② 20km

③ 25km   ④ 30km

⑤ 35km

15

입지 및 도시공간구조이론에 관한 설명으로 틀린 것은?

① 호이트(H. Hoyt)의 선형이론은 단핵의 중심지를 가진 동심원 도시구조를 기본으로 하고 있다는 점에서 동심원이론을 발전시킨 것이라고 할 수 있다.

② 크리스탈러(W. Christaller)는 중심성의 크기를 기초로 중심지가 고차중심지와 저차중심지로 구분되는 동심원이론을 설명했다.

③ 해리스(C. Harris)와 울만(E. Ullman)은 도시 내부의 토지이용이 단일한 중심의 주위에 형성되는 것이 아니라 몇 개의 핵심지역 주위에 형성된다는 점을 강조하면서, 도시공간구조가 다핵심구조를 가질 수 있다고 보았다.

④ 베버(A. Weber)는 운송비의 관점에서 특정 공장이 원료지향적인지 또는 시장지향적인지를 판단하기 위해 원료지수(material index)개념을 사용했다.

⑤ 허프(D. Huff)모형의 공간(거리)마찰계수는 도로환경, 지형, 주행수단 등 다양한 요인에 영향을 받을 수 있는 값이며, 이 모형을 적용하려면 공간(거리)마찰계수가 정해져야 한다.

16

다음 설명에 모두 해당하는 것은?

> ○ 토지의 비옥도가 동일하더라도 중심도시와의 접근성 차이에 의해 지대가 차별적으로 나타난다.
> ○ 한계지대곡선은 작물의 종류나 농업의 유형에 따라 그 기울기가 달라질 수 있으며, 이 곡선의 기울기에 따라 집약적 농업과 조방적 농업으로 구분된다.
> ○ 가장 높은 지대를 지불하는 농업적 토지이용에 토지가 할당된다.

① 마샬(A. Marshall)의 준지대설
② 헤이그(R. Haig)의 마찰비용이론
③ 튀넨(J.H. von Thünen)의 위치지대설
④ 마르크스(K. Marx)의 절대지대설
⑤ 파레토(V. Pareto)의 경제지대론

17

지하철 역사가 개발된다는 다음과 같은 정보가 있을 때, 합리적인 투자자가 최대한 지불할 수 있는 이 정보의 현재가치는? (단, 주어진 조건에 한함)

> ○ 지하철 역사 개발예정지 인근에 A토지가 있다.
> ○ 1년 후 지하철 역사가 개발될 가능성은 60%로 알려져 있다.
> ○ 1년 후 지하철 역사가 개발되면 A토지의 가격은 14억 3천만원, 개발되지 않으면 8억 8천만원으로 예상된다.
> ○ 투자자의 요구수익률(할인율)은 연 10%다.

① 1억 6천만원 　　② 1억 8천만원
③ 2억원 　　④ 2억 2천만원
⑤ 2억 4천만원

18

부동산정책에 관한 내용으로 틀린 것은?

① 국토의 계획 및 이용에 관한 법령상 지구단위계획은 도시·군계획 수립 대상지역의 일부에 대하여 토지이용을 합리화하고 그 기능을 증진시키며 미관을 개선하고 양호한 환경을 확보하며, 그 지역을 체계적·계획적으로 관리하기 위하여 수립하는 도시·군기본계획을 말한다.
② 지역지구제는 토지이용에 수반되는 부(-)의 외부효과를 제거하거나 완화시킬 목적으로 활용된다.
③ 개발권양도제(TDR)는 토지이용규제로 인해 개발행위의 제약을 받는 토지소유자의 재산적 손실을 보전해 주는 수단으로 활용될 수 있으며 법령상 우리나라에서는 시행되고 있지 않다.
④ 부동산 가격공시제도에 따라 국토교통부장관은 일단의 토지 중에서 선정한 표준지에 대하여 매년 공시기준일 현재의 단위면적당 적정가격을 조사·평가하여 공시하여야 한다.
⑤ 토지비축제는 정부가 토지를 매입한 후 보유하고 있다가 적절한 때에 이를 매각하거나 공공용으로 사용하는 제도를 말한다.

19

공공주택 특별법령상 공공임대주택에 관한 내용으로 옳은 것은 모두 몇 개인가? (단, 주택도시기금은 「주택도시기금법」에 따른 주택도시기금을 말함)

○ 통합공공임대주택: 국가나 지방자치단체의 재정이나 주택도시기금의 자금을 지원받아 최저소득 계층, 저소득 서민, 젊은 층 및 장애인·국가유공자 등 사회 취약계층 등의 주거안정을 목적으로 공급하는 공공임대주택

○ 행복주택: 국가나 지방자치단체의 재정이나 주택도시기금의 자금을 지원받아 대학생, 사회초년생, 신혼부부 등 젊은 층의 주거안정을 목적으로 공급하는 공공임대주택

○ 장기전세주택: 국가나 지방자치단체의 재정이나 주택도시기금의 자금을 지원받아 전세계약의 방식으로 공급하는 공공임대주택

○ 분양전환공공임대주택: 일정기간 임대 후 분양전환할 목적으로 공급하는 공공임대주택

① 0개 ② 1개
③ 2개 ④ 3개
⑤ 4개

20

부동산정책 중 금융규제에 해당하는 것은?

① 택지개발지구 지정
② 토지거래허가제 시행
③ 개발부담금의 부담률 인상
④ 분양가상한제의 적용 지역 확대
⑤ 총부채원리금상환비율(DSR) 강화

21

주택법령상 주택의 유형과 내용에 관한 설명으로 틀린 것은?

① 도시형 생활주택은 「국토의 계획 및 이용에 관한 법률」에 따른 도시지역에 건설하여야 한다.
② 도시형 생활주택은 300세대 미만의 국민주택규모로 구성된다.
③ 토지임대부 분양주택의 경우, 토지의 소유권은 분양주택 건설사업을 시행하는 자가 가지고, 건축물 및 복리시설 등에 대한 소유권은 주택을 분양받은 자가 가진다.
④ 세대구분형 공동주택은 주택 내부 공간의 일부를 세대별로 구분하여 생활이 가능한 구조이어야 하며, 그 구분된 공간의 일부를 구분소유할 수 있다.
⑤ 장수명 주택은 구조적으로 오랫동안 유지·관리될 수 있는 내구성을 갖추고, 입주자의 필요에 따라 내부 구조를 쉽게 변경할 수 있는 가변성과 수리 용이성 등이 우수한 주택을 말한다.

22

부동산 조세에 관한 설명으로 옳은 것을 모두 고른 것은?

> ㉠ 양도소득세의 중과는 부동산 보유자로 하여금 매각을 앞당기게 하는 동결효과(lock-in effect)를 발생시킬 수 있다.
> ㉡ 재산세와 종합부동산세의 과세기준일은 매년 6월 1일로 동일하다.
> ㉢ 취득세와 상속세는 취득단계에서 부과하는 지방세이다.
> ㉣ 증여세와 양도소득세는 처분단계에서 부과하는 국세이다.

① ㉡
② ㉠, ㉢
③ ㉡, ㉣
④ ㉠, ㉢, ㉣
⑤ ㉠, ㉡, ㉢, ㉣

23

다음 자료는 A부동산의 1년간 운영수지이다. A부동산의 총투자액은 6억원이며, 투자자는 총투자액의 40%를 은행에서 대출받았다. 이 경우 순소득승수(㉠)와 세전현금흐름승수(㉡)는? (단, 주어진 조건에 한함)

> ○ 가능총소득(PGI): 7,000만원
> ○ 공실손실상당액 및 대손충당금: 500만원
> ○ 기타소득: 100만원
> ○ 부채서비스액: 1,500만원
> ○ 영업소득세: 500만원
> ○ 수선유지비: 200만원
> ○ 용역비: 100만원
> ○ 재산세: 100만원
> ○ 직원인건비: 200만원

① ㉠: 9.0, ㉡: 8.0
② ㉠: 9.0, ㉡: 9.0
③ ㉠: 9.0, ㉡: 10.0
④ ㉠: 10.0, ㉡: 8.0
⑤ ㉠: 10.0, ㉡: 9.0

24

다음은 시장전망에 따른 자산의 투자수익률을 합리적으로 예상한 결과이다. 이에 관한 설명으로 틀린 것은? (단, 주어진 조건에 한함)

시장 전망	발생 확률	예상수익률			
		자산 A	자산 B	자산 C	자산 D
낙관적	25%	6%	10%	9%	14%
정상적	50%	4%	4%	8%	8%
비관적	25%	2%	−2%	7%	2%
평균(기댓값)		4.0%	4.0%	8.0%	8.0%
표준편차		1.41%	4.24%	0.71%	4.24%

① 자산 A와 자산 B는 동일한 기대수익률을 가진다.
② 낙관적 시장전망에서는 자산 D의 수익률이 가장 높다.
③ 자산 C와 자산 D는 동일한 투자위험을 가진다.
④ 평균−분산 지배원리에 따르면 자산 C는 자산 A보다 선호된다.
⑤ 자산 A, B, C, D로 구성한 포트폴리오의 수익과 위험은 각 자산의 투자비중에 따라 달라진다.

25

부동산투자 분석기법에 관한 설명으로 **틀린** 것은?

① 순현재가치법과 내부수익률법은 화폐의 시간가치를 반영한 투자분석방법이다.

② 복수의 투자안을 비교할 때 투자금액의 차이가 큰 경우, 순현재가치법과 내부수익률법은 분석결과가 서로 다를 수 있다.

③ 하나의 투자안에 있어 수익성지수가 1보다 크면 순현재가치는 0보다 크다.

④ 투자자산의 현금흐름에 따라 복수의 내부수익률이 존재할 수 있다.

⑤ 내부수익률법에서는 현금흐름의 재투자율로 투자자의 요구수익률을 가정한다.

26

토지세를 제외한 다른 모든 조세를 없애고 정부의 재정은 토지세만으로 충당하는 토지단일세를 주장하는 학자는?

① 뢰쉬(A. Lösch)

② 레일리(W. Reilly)

③ 알론소(W. Alonso)

④ 헨리 조지(H. George)

⑤ 버제스(E. Burgess)

27

자본환원율에 관한 설명으로 **틀린** 것은? (단, 다른 조건은 동일함)

① 자본환원율은 순영업소득을 부동산의 가격으로 나누어 구할 수 있다.

② 부동산시장이 균형을 이루더라도 자산의 유형, 위치 등 특성에 따라 자본환원율이 서로 다른 부동산들이 존재할 수 있다.

③ 자본환원율은 자본의 기회비용을 반영하며, 금리의 상승은 자본환원율을 낮추는 요인이 된다.

④ 투자위험의 증가는 자본환원율을 높이는 요인이 된다.

⑤ 서로 다른 유형별, 지역별 부동산시장을 비교하여 분석하는 데 활용될 수 있다.

28

A임차인은 비율임대차(percentage lease) 방식의 임대차계약을 체결하였다. 이 계약에서는 매장의 월 매출액이 손익분기점 매출액 이하이면 기본임대료만 지급하고, 손익분기점 매출액 초과이면 초과 매출액에 대해 일정 임대료율을 적용한 추가임대료를 기본임대료에 가산하여 임대료를 지급한다고 약정하였다. 구체적인 계약조건과 예상매출액은 다음과 같다. 해당 계약 내용에 따라 A임차인이 지급할 것으로 예상되는 임대료의 합계는? (단, 주어진 조건에 한함)

○ 계약기간: 1년(1월 ~ 12월)
○ 매장 임대면적: 300m^2
○ 임대면적당 기본임대료: 매월 5만원/m^2
○ 손익분기점 매출액: 매월 3,500만원
○ 월별 임대면적당 예상매출액
　- 1월 ~ 6월: 매월 10만원/m^2
　- 7월 ~ 12월: 매월 19만원/m^2
○ 손익분기점 매출액 초과 시 초과 매출액에 대한 추가 임대료율: 10%

---

① 18,000만원　　　　② 19,320만원

③ 28,320만원　　　　④ 31,320만원

⑤ 53,520만원

29

현재 5천만원의 기존 주택담보대출이 있는 A씨가 동일한 은행에서 동일한 주택을 담보로 추가대출을 받으려고 한다. 이 은행의 대출승인기준이 다음과 같을 때, A씨가 추가로 대출받을 수 있는 최대금액은 얼마인가? (단, 제시된 두 가지 대출승인기준을 모두 충족시켜야 하며 주어진 조건에 한함)

○ A씨 담보주택의 담보가치평가액: 5억원
○ A씨의 연간 소득: 6천만원
○ 연간 저당상수: 0.1
○ 대출승인기준
 – 담보인정비율(LTV): 70% 이하
 – 총부채상환비율(DTI): 60% 이하

① 2억원
② 2억 5천만원
③ 3억원
④ 3억 2천만원
⑤ 3억 5천만원

30

부동산관리방식을 관리주체에 따라 분류할 때, 다음 설명에 모두 해당하는 방식은?

○ 소유와 경영의 분리가 가능하다.
○ 대형건물의 관리에 더 유용하다.
○ 관리에 따른 용역비의 부담이 있다.
○ 전문적이고 체계적인 관리가 가능하다.

① 직접관리
② 위탁관리
③ 자치관리
④ 유지관리
⑤ 법정관리

31

고정금리대출의 상환방식에 관한 설명으로 옳은 것을 모두 고른 것은? (단, 주어진 조건에 한하며, 다른 조건은 동일함)

㉠ 만기일시상환대출은 대출기간 동안 차입자가 원금만 상환하기 때문에 원리금상환구조가 간단하다.
㉡ 체증식분할상환대출은 대출기간 초기에는 원리금상환액을 적게 하고 시간의 경과에 따라 늘려가는 방식이다.
㉢ 원리금균등분할상환대출이나 원금균등분할상환대출에서 거치기간이 있을 경우, 이자지급총액이 증가하므로 원리금지급총액도 증가하게 된다.
㉣ 대출채권의 가중평균상환기간(duration)은 원금균등분할상환대출에 비해 원리금균등분할상환대출이 더 길다.

① ㉠, ㉡
② ㉠, ㉢
③ ㉡, ㉢
④ ㉡, ㉢, ㉣
⑤ ㉠, ㉡, ㉢, ㉣

32

한국주택금융공사의 주택담보노후연금(주택연금)에 관한 설명으로 옳은 것은?

① 주택소유자와 그 배우자의 연령이 보증을 위한 등기시점 현재 55세 이상인 자로서 소유하는 주택의 기준가격이 15억원 이하인 경우 가입할 수 있다.

② 주택소유자가 담보를 제공하는 방식에는 저당권 설정등기 방식과 신탁 등기 방식이 있다.

③ 주택소유자가 생존해 있는 동안에만 노후생활자금을 매월 연금 방식으로 받을 수 있고, 배우자에게 승계되지 않는다.

④ 「주택법」에 따른 준주택 중 주거목적으로 사용되는 오피스텔의 소유자는 가입할 수 없다.

⑤ 주택담보노후연금(주택연금)을 받을 권리는 양도·압류할 수 있다.

33

부동산투자회사법령상 자기관리 부동산투자회사가 상근으로 두어야 하는 자산운용 전문인력의 요건에 해당하는 사람을 모두 고른 것은?

> ㉠ 감정평가사로서 해당 분야에 3년을 종사한 사람
> ㉡ 공인중개사로서 해당 분야에 5년을 종사한 사람
> ㉢ 부동산투자회사에서 3년을 근무한 사람
> ㉣ 부동산학 석사학위 소지자로서 부동산의 투자·운용과 관련된 업무에 3년을 종사한 사람

① ㉠, ㉡   ② ㉠, ㉢
③ ㉡, ㉣   ④ ㉡, ㉢, ㉣
⑤ ㉠, ㉡, ㉢, ㉣

34

주택저당담보부채권(MBB)에 관한 설명으로 옳은 것은?

① 유동화기관이 모기지 풀(mortgage pool)을 담보로 발행하는 지분성격의 증권이다.

② 차입자가 상환한 원리금은 유동화기관이 아닌 MBB 투자자에게 직접 전달된다.

③ MBB 발행자는 초과담보를 제공하지 않는 것이 일반적이다.

④ MBB 투자자 입장에서 MPTS(Mortgage Pass-Through Securities)에 비해 현금흐름이 안정적이지 못해 불확실성이 크다는 단점이 있다.

⑤ MBB 투자자는 주택저당대출의 채무불이행위험과 조기상환위험을 부담하지 않는다.

35

「감정평가에 관한 규칙」에 규정된 내용으로 틀린 것은?

① 기준시점은 대상물건의 가격조사를 완료한 날짜로 한다. 다만, 기준시점을 미리 정하였을 때에는 그 날짜로 하여야 한다.

② 감정평가법인등은 법령에 다른 규정이 있는 경우에는 기준시점의 가치형성요인 등을 실제와 다르게 가정하거나 특수한 경우로 한정하는 조건을 붙여 감정평가할 수 있다.

③ 둘 이상의 대상물건이 일체로 거래되거나 대상물건 상호간에 용도상 불가분의 관계가 있는 경우에는 일괄하여 감정평가할 수 있다.

④ 하나의 대상물건이라도 가치를 달리하는 부분은 이를 구분하여 감정평가할 수 있다.

⑤ 일체로 이용되고 있는 대상물건의 일부분에 대하여 감정평가하여야 할 특수한 목적이나 합리적인 이유가 있는 경우에는 그 부분에 대하여 감정평가할 수 있다.

36

다음 자료에서 수익방식에 의한 대상부동산의 시산가액 산정 시 적용된 환원율은? (단, 연간 기준이며, 주어진 조건에 한함)

○ 가능총수익(PGI): 50,000,000원
○ 공실손실상당액 및 대손충당금: 가능총수익 (PGI)의 10%
○ 운영경비(OE): 가능총수익(PGI)의 20%
○ 환원방법: 직접환원법
○ 수익방식에 의한 대상부동산의 시산가액: 500,000,000원

① 7.0%   ② 7.3%
③ 8.0%   ④ 8.1%
⑤ 9.0%

37

다음 자료를 활용하여 거래사례비교법으로 산정한 대상토지의 시산가액은? (단, 주어진 조건에 한함)

○ 대상토지
  - 소재지: A시 B구 C동 150번지
  - 용도지역: 제3종 일반주거지역
  - 이용상황, 지목, 면적: 상업용, 대, 100m²
○ 기준시점: 2024.10.26.
○ 거래사례
  - 소재지: A시 B구 C동 120번지
  - 용도지역: 제3종 일반주거지역
  - 이용상황, 지목, 면적: 상업용, 대, 200m²
  - 거래가격: 625,000,000원(가격구성비율은 토지 80%, 건물 20%임)
  - 사정 개입이 없는 정상적인 거래사례임
  - 거래시점: 2024.05.01.
○ 지가변동률(A시 B구, 2024.05.01.~ 2024. 10.26.): 주거지역 4% 상승, 상업지역 5% 상승
○ 지역요인: 대상토지와 거래사례 토지는 인근 지역에 위치함
○ 개별요인: 대상토지는 거래사례 토지에 비해 10% 우세함
○ 상승식으로 계산

① 234,000,000원   ② 286,000,000원
③ 288,750,000원   ④ 572,000,000원
⑤ 577,500,000원

38

원가법에서의 재조달원가에 관한 설명으로 **틀린** 것은?

① 재조달원가란 대상물건을 기준시점에 재생산하거나 재취득하는 데 필요한 적정원가의 총액을 말한다.

② 총량조사법, 구성단위법, 비용지수법은 재조달원가의 산정방법에 해당한다.

③ 재조달원가는 대상물건을 일반적인 방법으로 생산하거나 취득하는 데 드는 비용으로 하되, 제세공과금은 제외한다.

④ 재조달원가를 구성하는 표준적 건설비에는 수급인의 적정이윤이 포함된다.

⑤ 재조달원가를 구할 때 직접법과 간접법을 병용할 수 있다.

39

부동산 가격공시에 관한 법령상 부동산가격공시제도에 관한 내용으로 **틀린** 것은?

① 표준주택으로 산정된 단독주택, 국세 또는 지방세 부과대상이 아닌 단독주택에 대하여는 개별주택가격을 결정·공시하지 아니할 수 있다.

② 표준주택가격은 국가·지방자치단체 등이 그 업무와 관련하여 개별주택가격을 산정하는 경우에 그 기준이 된다.

③ 개별주택가격 및 공동주택가격은 주택시장의 가격정보를 제공하고, 국가·지방자치단체 등이 과세 등의 업무와 관련하여 주택의 가격을 산정하는 경우에 그 기준으로 활용될 수 있다.

④ 개별주택가격에 이의가 있는 자는 그 결정·공시일로부터 30일 이내에 서면(전자문서를 포함한다)으로 시장·군수 또는 구청장에게 이의를 신청할 수 있다.

⑤ 시장·군수 또는 구청장은 공시기준일 이후에 토지의 분할·합병이나 건축물의 신축 등이 발생한 경우에는 대통령령으로 정하는 날을 기준으로 하여 공동주택가격을 결정·공시하여야 한다.

40

「감정평가에 관한 규칙」상 대상물건별로 정한 감정평가방법(주된 감정평가방법)에 관한 설명으로 옳은 것을 모두 고른 것은?

㉠ 건물의 주된 감정평가방법은 원가법이다.

㉡ 「집합건물의 소유 및 관리에 관한 법률」에 따른 구분소유권의 대상이 되는 건물부분과 그 대지사용권을 일괄하여 감정평가하는 경우의 주된 감정평가방법은 거래사례비교법이다.

㉢ 자동차와 선박의 주된 감정평가방법은 거래사례비교법이다. 다만, 본래 용도의 효용가치가 없는 물건은 해체처분가액으로 감정평가를 할 수 있다.

㉣ 영업권과 특허권의 주된 감정평가방법은 수익분석법이다.

---

① ㉠, ㉡

② ㉡, ㉣

③ ㉠, ㉡, ㉢

④ ㉠, ㉡, ㉣

⑤ ㉠, ㉢, ㉣

최신 기출문제 정답 & 해설

01 난이도 중 답 ④

| 영 역 | 부동산학 총론 > 부동산의 특성

| 키워드 | 부동산의 특성

| 해 설 | ① 부동성과 인접성으로 인해 외부효과가 발생한다.

② 개별성으로 인해 거래사례를 통한 지가 산정이 어렵다.

③ 부증성으로 인해 토지의 물리적 공급은 단기적으로 완전비탄력적이다.

⑤ 영속성으로 인해 부동산활동에서 토지는 감가상각을 고려하지 않아도 된다.

02 난이도 하 답 ②

| 영 역 | 부동산학 총론 > 부동산의 개념과 분류

| 키워드 | 토지의 분류

| 해 설 | ㉠ 지목(地目)이란 지적제도의 용어로서, 토지의 주된 용도에 따라 토지의 종류를 구분하여 지적공부에 등록한 것을 말한다.

㉡ 나지(裸地)란 지가공시제도의 용어로서, 토지에 건물이나 그 밖의 정착물이 없고 지상권 등 토지의 사용·수익을 제한하는 사법상의 권리가 설정되어 있지 아니한 토지를 말한다.

03 난이도 하 답 ④

| 영 역 | 부동산학 총론 > 부동산의 개념과 분류

| 키워드 | 부동산의 개념

| 해 설 | 다세대주택은 주택으로 쓰는 1개 동의 바닥 면적 합계가 660제곱미터 이하이고, 층수가 4개 층 이하인 주택(2개 이상의 동을 지하주차장으로 연결하는 경우에는 각각의 동으로 본다)을 말한다(「건축법 시행령」 제3조의5).

04 난이도 상 답 ①

| 영 역 | 부동산학 총론 > 부동산의 개념과 분류

| 키워드 | 부동산의 개념

| 해 설 | ㉠ 총톤수 25톤인 기선(機船)은 등기한다. 총톤수 20톤 이상의 기선(機船)과 범선(帆船) 및 총톤수 100톤 이상의 부선(艀船)에 대하여 등기한다(「선박등기법」 제2조).

㉡ 적재용량 25톤인 덤프트럭은 등록한다(「건설기계관리법」 제3조 제1항). 덤프트럭은 적재용량 12톤 이상의 것을 건설기계라 하지만 12톤 이상 20톤 미만의 것으로 화물운송에 사용하기 위하여 「자동차관리법」에 의해 자동차로 등록된 것은 제외된다.

㉢ 최대 이륙중량 400톤인 항공기는 등록한다. 항공기를 소유하거나 임차하여 항공기를 사용할 수 있는 권리가 있는 자(이하 '소유자등'이라 한다)는 항공기를 대통령령으로 정하는 바에 따라 국토교통부장관에게 등록을 하여야 한다(「항공안전법」 제7조 제1항).

㉣ 토지에 부착된 한 그루의 수목은 등기대상이 아니다. 토지에 부착된 수목의 집단으로서 입목은 그 소유자가 「입목에 관한 법률」에 의해 소유권보존등기를 받은 것을 말하나 토지에 부착된 한 그루의 수목은 등기대상이 아니다.

05 난이도 중   답 ⑤

| 영 역 | 부동산학 각론 > 부동산개발 및 관리론
| 키워드 | 수용방식과 환지방식
| 해 설 | •환지방식은 개발될 토지를 토지소유자의 동의를 얻어 개발한 뒤, 개발된 토지를 다시 토지소유자에게 재분배하는 방식이다. 따라서 토지소유자의 동의가 어렵다면 사업 추진에 어려움이 있을 수 있다.
•수용방식은 국가 및 지방자치단체, 정부투자기관 등의 사업시행자가 사업기구 내 토지를 전부 취득하여 사업을 시행하는 방식을 말한다. 따라서 공적주체가 토지를 전부 취득하기 때문에 종전 토지소유자의 권리는 모두 소멸된다.
결국 개발절차상 환지방식은 토지소유자의 동의를 받아야 하는 단계(횟수)가 수용방식에 비해 많아 절차가 복잡하다.

06 난이도 하   답 ⑤

| 영 역 | 부동산학 각론 > 부동산개발 및 관리론
| 키워드 | 민간투자사업방식
| 해 설 | 사업위탁방식은 토지소유자가 토지소유권을 유지한 채 개발업자에게 사업시행을 맡기고 개발업자는 사업시행에 따른 수수료를 받는 방식이다. 반면에 신탁개발방식은 토지소유자로부터 형식적인 소유권을 이전받은 신탁회사가 토지를 개발·관리·처분하여 그 수익을 수익자에게 돌려주는 방식이다.
따라서 토지소유자가 개발사업의 전문성이 있는 제3자에게 위탁하여 개발사업을 진행한다는 점에서 유사하나, 가장 큰 차이점은 사업위탁방식은 토지소유자가 토지소유권을 유지한 채 개발사업이 진행되나 신탁개발방식은 신탁회사에 형식상의 소유권이 이전된다는 점이다.

07 난이도 하   답 ②

| 영 역 | 부동산학 각론 > 부동산개발 및 관리론
| 키워드 | 부동산마케팅 전략
| 해 설 | 부동산마케팅에서 4P 마케팅믹스(Marketing Mix) 전략의 구성요소는 제품(Product), 가격(Price), 유통경로(Place), 판매촉진(Promotion)의 제 측면에 있어서 차별화를 도모하는 전략을 말한다.

08 난이도 중   답 ④

| 영 역 | 부동산학 각론 > 부동산경제론
| 키워드 | 시장균형의 변동
| 해 설 | ① 수요와 공급이 모두 증가하고 수요의 증가폭과 공급의 증가폭이 동일한 경우, 균형가격은 불변이고 균형거래량은 증가한다.
② 수요가 증가하고 공급이 감소하는데 수요의 증가폭보다 공급의 감소폭이 더 큰 경우, 균형가격은 상승하고 균형거래량은 감소한다.
③ 수요가 감소하고 공급이 증가하는데 수요의 감소폭이 공급의 증가폭보다 더 큰 경우, 균형가격은 하락하고 균형거래량은 감소한다.
⑤ 수요가 증가하고 공급이 감소하는데 수요의 증가폭과 공급의 감소폭이 동일한 경우, 균형가격은 상승하고 균형거래량은 불변이다.

09 난이도 중   답 ①

| 영 역 | 부동산학 각론 > 부동산경제론
| 키워드 | 수요의 가격탄력성과 소득탄력성
| 해 설 | A지역 소형아파트 수요의 가격탄력성=

$$\left| \frac{\text{A지역 소형아파트 수요량 변화율}}{\text{A지역 소형아파트 가격 변화율}} \right| = \left| \frac{-x\%}{2\%} \right| = 0.9$$

이므로 A지역 소형아파트 가격이 2% 상승하면 수요량은 1.8% 감소한다.
그런데 오피스텔 가격에 대한 소형아파트 수요의 교차탄력성 =

$$\frac{\text{A지역 소형아파트 수요량 변화율}}{\text{A지역 오피스텔 가격 변화율}} = \frac{x\%}{5\%} = 0.5$$

이므로 A지역 소형아파트 가격이 5% 증가하면 수요량은 2.5% 증가한다.
따라서 A지역 소형아파트 수요의 가격탄력성과 관련하여 수요량은 1.8% 감소하고, 오피스텔 가격에 대한 소형아파트 수요의 교차탄력성과 관련하여 수요량은 2.5% 증가하므로 수요량은 전체적으로 0.7%만큼 증가한다.

10 난이도 중   답 ③

| 영 역 | 부동산학 각론 > 부동산경제론
| 키워드 | 부동산의 수요와 공급
| 해 설 | 가구의 실질소득 증가는 수요 증가요인이며, 아파트 건축자재 가격의 상승은 공급 감소요인으로 균형가격을 상승시키는 요인이다. 그러나 아파트에 대한 선호도 감소, 아파트 담보대출 이자율의 상승은 수요 감소요인이다. 따라서 아파트시장에서 균형가격을 상승시키는 요인은 가구의 실질소득 증가, 아파트 건축자재 가격의 상승으로 모두 2개이다.

11 난이도 상   답 ②

| 영 역 | 부동산학 각론 > 부동산경제론
| 키워드 | 시장균형의 변동
| 해 설 | 변화 전 A지역의 오피스텔시장에서 수요함수는 $Q_{D1} = 900 - P$, 공급함수는 $Q_S = 100 + \frac{1}{4}P$ 라면, 균형점에서 $900 - P = 100 + \frac{1}{4}P$ 이므로 $\frac{5}{4}P = 800$이다.
따라서 $P = 640$, $Q = 260$이다.
변화 후 A지역의 오피스텔시장에서 수요함수가 $Q_{D2} = 1,500 - \frac{3}{2}P$로 변하고 공급함수는 그대로 $Q_S = 100 + \frac{1}{4}P$라면, 균형점에서 $1,500 - \frac{3}{2}P = 100 + \frac{1}{4}P$ 이므로 $\frac{7}{4}P = 1,400$이다.
따라서 $P = 800$, $Q = 300$이 되므로, 균형가격(㉠)은 160만큼 상승, 균형거래량(㉡)은 40만큼 증가한다.

12 난이도 하   답 ①

| 영 역 | 부동산학 각론 > 부동산경제론
| 키워드 | 유량과 저량
| 해 설 | 저량(stock)변수는 일정시점에 측정하는 변수로서 주택재고, 가계 자산, 도시인구 등이 있다. 유량(flow)변수는 일정기간에 걸쳐 측정하는 변수로서 가계소득, 주택거래량, 임대료 수입, 신규주택 공급량 등이 있다.

13 난이도 하   답 ⑤

| 영 역 | 부동산학 각론 > 부동산개발 및 관리론
| 키워드 | 부동산개발
| 해 설 | 「도시 및 주거환경정비법」상의 주거환경개선사업은 도시저소득 주민이 집단거주하는 지역으로서 정비기반시설이 극히 열악하고 노후·불량건축물이 과도하게 밀집한 지역의 주거환경을 개선하거나 단독주택 및 다세대주택이 밀집한 지역에서 정비기반시설과 공동이용시설 확충을 통하여 주거환경을 보전·정비·개량하기 위한 사업을 말한다.

14 난이도 중   답 ④

| 영 역 | 부동산학 각론 > 부동산시장론
| 키워드 | 컨버스의 분기점 모형
| 해 설 | 컨버스(P. Converse)의 분기점 모형에서

$$\text{A시로부터의 분기점} = \frac{\text{A와 B의 거리}}{1 + \sqrt{\dfrac{\text{B의 인구}}{\text{A의 인구}}}} \text{이다.}$$

따라서 A시로부터의 분기점 $= \dfrac{45}{1 + \sqrt{\dfrac{21만명}{84만명}}} =$

$$\frac{45}{1 + \sqrt{\dfrac{1}{4}}} = \frac{45}{1 + \dfrac{1}{2}} = \frac{45}{\dfrac{3}{2}}$$

$= 30\text{km}$이다.

15 난이도 하   답 ②

| 영 역 | 부동산학 각론 > 부동산시장론
| 키워드 | 입지 및 도시공간구조이론
| 해 설 | 크리스탈러(W. Christaller)는 중심성의 크기를 기초로 중심지가 고차중심지와 저차중심지로 구분되는 중심지이론을 설명했다.

| 영 역 | 부동산학 각론 > 부동산시장론
| 키워드 | 지대이론
| 해 설 | 튀넨(J.H. von Thünen)의 위치지대설에 의하면 토지의 비옥도가 동일하더라도 중심도시와의 접근성 차이에 의해 지대가 차별적으로 나타난다. 한계지대곡선은 작물의 종류나 농업의 유형에 따라 그 기울기가 달라질 수 있으며, 이 곡선의 기울기에 따라 집약적 농업과 조방적 농업으로 구분된다. 또한 가장 높은 지대를 지불하는 농업적 토지이용에 토지가 할당된다.

| 영 역 | 부동산학 각론 > 부동산시장론
| 키워드 | 정보의 현재가치
| 해 설 |
1. 1년 후 지하철 역사가 들어설 경우의 기댓값의 현재가치(불확실성하의 현재가치)

$$= \frac{(14억\ 3천만원 \times 0.6) + (8억\ 8천만원 \times 0.4)}{(1 + 0.1)}$$

= 11억원

2. 1년 후 지하철 역사가 들어서는 것이 확실할 경우 토지의 현재가치

$$= \frac{14억\ 3천만원}{(1 + 0.1)} = 13억원$$

3. 정보의 현재가치 = 확실성하의 현재가치 − 불확실성하의 현재가치
= 13억원 − 11억원 = 2억원

| 영 역 | 부동산학 각론 > 부동산정책론
| 키워드 | 부동산정책
| 해 설 | 국토의 계획 및 이용에 관한 법령상 '지구단위계획'이란 도시·군계획 수립 대상지역의 일부에 대하여 토지이용을 합리화하고 그 기능을 증진시키며 미관을 개선하고 양호한 환경을 확보하며, 그 지역을 체계적·계획적으로 관리하기 위하여 수립하는 도시·군관리계획을 말한다(「국토의 계획 및 이용에 관한 법률」 제2조 제5호).

| 영 역 | 부동산학 각론 > 부동산정책론
| 키워드 | 공공임대주택
| 해 설 | 공공주택 특별법령상 공공임대주택(「공공주택 특별법 시행령」 제2조)
• 통합공공임대주택: 국가나 지방자치단체의 재정이나 주택도시기금의 자금을 지원받아 최저소득 계층, 저소득 서민, 젊은 층 및 장애인·국가유공자 등 사회취약계층 등의 주거안정을 목적으로 공급하는 공공임대주택
• 행복주택: 국가나 지방자치단체의 재정이나 주택도시기금의 자금을 지원받아 대학생, 사회초년생, 신혼부부 등 젊은 층의 주거안정을 목적으로 공급하는 공공임대주택
• 장기전세주택: 국가나 지방자치단체의 재정이나 주택도시기금의 자금을 지원받아 전세계약의 방식으로 공급하는 공공임대주택
• 분양전환공공임대주택: 일정기간 임대 후 분양전환할 목적으로 공급하는 공공임대주택

| 영 역 | 부동산학 각론 > 부동산정책론
| 키워드 | 정부의 시장개입
| 해 설 | 총부채원리금상환비율(DSR) 강화는 금융규제에 해당하며, 정부의 시장에 대한 간접개입방법이다.

| 영 역 | 부동산학 각론 > 부동산정책론
| 키워드 | 주택의 유형
| 해 설 | 세대구분형 공동주택이란 공동주택의 주택 내부 공간의 일부를 세대별로 구분하여 생활이 가능한 구조로 하되, 그 구분된 공간의 일부를 구분소유할 수 없는 주택으로서 대통령령으로 정하는 건설기준, 설치기준, 면적기준 등에 적합한 주택을 말한다(「주택법」 제2조 제19호).

22 난이도 하 답 ①

| 영 역 | 부동산학 각론 > 부동산정책론
| 키워드 | 부동산 조세
| 해 설 | ㉠ 양도소득세의 중과는 부동산 보유자로 하여금 매각을 미루게 하는 동결효과(lock-in effect)를 발생시킬 수 있다.
㉢ 취득세와 상속세는 취득단계에서 부과하는 조세로서 상속세는 국세이나 취득세는 지방세이다.
㉣ 증여세는 취득단계, 양도소득세는 처분단계에서 부과하는 국세이다.

23 난이도 중 답 ④

| 영 역 | 부동산학 각론 > 부동산투자론
| 키워드 | 순소득승수와 세전현금흐름승수
| 해 설 |

가능총소득	7,000만원
− 공실손실상당액 및 대손충당금	− 500만원
+ 기타소득	+ 100만원
유효총소득	6,600만원
− 영업경비	− 600만원
순영업소득	6,000만원
− 부채서비스액	− 1,500만원
세전현금흐름	4,500만원

영업경비는 수선유지비 200만원, 용역비 100만원, 재산세 100만원, 직원인건비 200만원을 합한 600만원이 된다.

1. 순소득승수 $= \dfrac{총투자액}{순영업소득} = \dfrac{6억원}{6,000만원} = 10$

2. 세전현금흐름승수 $= \dfrac{지분투자액}{세전현금흐름}$

$\quad = \dfrac{3억\ 6,000만원}{4,500만원} = 8$

24 난이도 중 답 ③

| 영 역 | 부동산학 각론 > 부동산투자론
| 키워드 | 부동산투자
| 해 설 | 자산 C와 자산 D는 기대수익률은 동일하나 표준편차는 자산 C가 자산 D보다 작으므로 투자위험도 자산 C가 자산 D보다 작다.

25 난이도 중 답 ⑤

| 영 역 | 부동산학 각론 > 부동산투자론
| 키워드 | 부동산투자 분석기법
| 해 설 | 순현재가치법에서는 현금흐름의 재투자율로 투자자의 요구수익률을 가정하고, 내부수익률법에서는 투자자의 내부수익률을 가정한다.

26 난이도 하 답 ④

| 영 역 | 부동산학 각론 > 부동산정책론
| 키워드 | 토지단일세
| 해 설 | 헨리 조지(H. George)는 그의 저서 '진보와 빈곤(Progress and Poverty)'에서 토지세를 제외한 다른 모든 조세를 없애고 정부의 재정은 토지세만으로 충당하는 토지단일세를 주장하였다.

27 난이도 중 답 ③

| 영 역 | 부동산 감정평가론 > 감정평가의 방식
| 키워드 | 자본환원율
| 해 설 | 자본환원율은 자본의 기회비용을 반영하며, 금리의 상승은 자본환원율을 높이는 요인이 된다.
| 참 고 | 자본환원율

1. 자본환원율은 부동산자산이 창출하는 순영업소득을 해당 자산의 가격으로 나눈 비율이다.
2. 자본환원율이 상승하면 자산가격은 하락하고 자본환원율이 하락하면 자산가격은 상승한다.
3. 자본환원율은 자본의 기회비용을 반영하므로, 자본시장에서 시장금리가 상승하면 함께 상승한다.
4. 프로젝트의 위험이 높아지면 자본환원율도 상승한다.
5. 자본환원율에는 자산가격 상승에 대한 투자자들의 기대를 반영한다.

| 영 역 | 부동산학 각론 > 부동산개발 및 관리론
| 키워드 | 비율임대차
| 해 설 | • 예상매출액
- 1월 ~ 6월: 10만원/m^2 × 300m^2 = 3,000만원
- 7월 ~ 12월: 19만원/m^2 × 300m^2 = 5,700만원
• 기본임대료: 월 1,500만원(= 5만원 × 300m^2)
• 추가임대료: 월 220만원(= 2,200만원 × 0.1)
손익분기점 매출액은 매월 3,500만원이므로 7월 ~ 12월 기간 동안 손익분기점 초과 매출액은 2,200만원(= 5,700만원 - 3,500만원)이다.
따라서 추가임대료는 220만원(= 2,200만원 × 0.1)이다.
• 연임대료
- 1월 ~ 6월(6개월): 기본임대료만 지급
⇒ 1,500만원(= 5만원 × 300m^2) 지급
- 7월 ~ 12월(6개월): 기본임대료와 추가임대료를 지급
⇒ 1,720만원 = 1,500만원(= 5만원 × 300m^2) + 220만원(= 2,200만원 × 0.1)
따라서 연임대료는 (1,500만원 × 6개월) + (1,720만원 × 6개월) = 1억 9,320만원이다.

| 영 역 | 부동산학 각론 > 부동산금융론(부동산금융·증권론)
| 키워드 | LTV와 DTI 제약하의 대출가능액
| 해 설 |

1. 담보인정비율(LTV) = $\dfrac{융자액}{부동산가치}$ = $\dfrac{x}{5억원}$ = 70%

따라서 최대 대출가능 금액(x)은 3억 5,000만원이다. 즉, 부동산가치가 5억원이므로 LTV 70%를 적용할 경우 최대 대출가능 금액은 3억 5,000만원이다.

2. 총부채상환비율(DTI) = $\dfrac{연간\ 부채상환액}{연간소득액}$ =

$\dfrac{x}{6,000만원}$ = 60%

따라서 연간 부채상환액(x) = 6,000만원 × 0.6 = 3,600만원이다. 즉, A의 연간소득이 6,000만원이고 DTI를 60% 적용할 경우 총부채의 연간 원리금상환액이 3,600만원을 초과하지 않도록 대출규모가 제한된다.

따라서 연간 부채상환액 3,600만원을 우선 부채서비스액으로 간주한다면 '저당대부액 × 저당상수 = 부채서비스액'이므로
DTI조건에 의한 대출가능액(저당대부액) =

$\dfrac{부채서비스액}{저당상수}$ = $\dfrac{3,600만원}{0.1}$ = 3억 6,000만원이 된다.

3. 두 가지의 대출승인기준을 모두 충족시켜야 하므로 LTV조건의 3억 5,000만원과 DTI조건의 3억 6,000만원 중 적은 3억 5,000만원이 최대 대출가능 금액이 된다. 그런데 기존 주택담보대출이 5,000만원 존재하므로 추가 대출가능한 최대금액은 3억 5,000만원에서 기존 주택담보대출 5,000만원을 뺀 금액이 된다.
따라서 추가로 대출가능한 최대금액은 3억 5,000만원 - 5,000만원 = 3억원이다.

| 영 역 | 부동산학 각론 > 부동산개발 및 관리론
| 키워드 | 부동산관리
| 해 설 | 부동산관리방식 중 위탁관리방식의 특징은 다음과 같다.
• 소유와 경영의 분리가 가능하며, 관리의 전문성과 효율성을 제고할 수 있다.
• 전문업자의 관리서비스를 통해 전문적이고 체계적인 관리가 가능하다.
• 건물설비의 고도화에 대응할 수 있으며, 대형건물의 관리에 더 유용하다.
• 관리에 따른 용역비의 부담이 있다.
• 기밀유지에 어려움이 있다.

| 영 역 | 부동산학 각론 > 부동산금융론(부동산금융·증권론)
| 키워드 | 대출상환방식
| 해 설 | ㉠ 만기일시상환대출은 대출기간 동안 차입자가 이자만 상환하다가 만기에 일시로 원금을 상환하는 방식이다.

32 난이도 하 답 ②

| 영 역 | 부동산학 각론 > 부동산금융론(부동산금융·증권론)
| 키워드 | 주택담보노후연금(주택연금)
| 해 설 | ① 주택소유자 또는 그 배우자의 연령이 한국주택금융공사의 보증을 받기 위해 최초로 주택에 저당권 설정 등기를 하는 시점을 기준으로 만 55세 이상인 자로서 소유하는 주택의 공시가격 등이 12억원 이하인 경우 가입할 수 있다.
③ 주택소유자가 생존해 있는 동안에만 노후생활자금을 매월 연금 방식으로 받을 수 있고, 배우자에게 승계된다.
④ 「주택법」에 따른 준주택 중 주거목적으로 사용되는 오피스텔의 소유자는 가입할 수 있다(「주택법 시행령」 제4조 제4호).
⑤ 주택담보노후연금(주택연금)을 받을 권리는 양도·압류할 수 없다(「한국주택금융공사법」 제43조의6).

33 난이도 중 답 ③

| 영 역 | 부동산학 각론 > 부동산금융론(부동산금융·증권론)
| 키워드 | 부동산투자회사
| 해 설 | 자기관리 부동산투자회사는 그 자산을 투자·운용할 때에는 전문성을 높이고 주주를 보호하기 위하여 대통령령으로 정하는 바에 따라 다음에 따른 자산운용 전문인력을 상근으로 두어야 한다(「부동산투자회사법」 제22조 제1항).
1. 감정평가사 또는 공인중개사로서 해당 분야에 5년 이상 종사한 사람
2. 부동산 관련 분야의 석사학위 이상의 소지자로서 부동산의 투자·운용과 관련된 업무에 3년 이상 종사한 사람
3. 그 밖에 위 1. 또는 2.에 준하는 경력이 있는 사람으로서 대통령령으로 정하는 사람

| 참 고 | 대통령령으로 정하는 사람(「부동산투자회사법 시행령」 제18호 제2항)

법 제22조 제1항 제3호에서 '대통령령으로 정하는 사람'이란 다음의 어느 하나에 해당하는 사람을 말한다.
1. 부동산투자회사, 자산관리회사, 부동산투자자문회사, 그 밖에 이에 준하는 부동산관계 회사나 기관 등에서 5년 이상 근무한 사람으로서 부동산의 취득·처분·관리·개발 또는 자문 등의 업무에 3년 이상 종사한 경력이 있는 사람

2. 부동산자산의 투자·운용 업무를 수행하는 외국의 부동산투자회사 또는 이와 유사한 업무를 수행하는 기관에서 5년 이상 근무한 사람으로서 부동산의 취득·처분·관리·개발 또는 자문 등의 업무에 3년 이상 종사한 경력이 있는 사람
3. 「자본시장과 금융투자업에 관한 법률」 등에 따른 투자운용전문인력으로서 국토교통부장관이 정하여 고시하는 사람
4. 위 1.부터 3.까지의 근무기간을 합산한 근무기간이 5년 이상인 사람으로서 위 1.부터 3.까지의 경력을 합산한 경력이 3년 이상인 사람. 이 경우 같은 시기의 경력은 중복하여 계산하지 않으며, 합산 대상 근무기간 및 경력의 인정 기준은 국토교통부장관이 정하여 고시한다.

34 난이도 중 답 ⑤

| 영 역 | 부동산학 각론 > 부동산금융론(부동산금융·증권론)
| 키워드 | 주택저당증권
| 해 설 | ① 유동화기관이 모기지 풀(mortgage pool)을 담보로 발행하는 채권성격의 증권이다.
② 차입자가 상환한 원리금은 MBB 투자자가 아닌 유동화기관에게 직접 전달된다.
③ MBB 발행자는 초과담보를 제공하는 것이 일반적이다.
④ MBB 투자자 입장에서 MPTS(Mortgage Pass-Through Securities)에 비해 현금흐름이 안정적이고 불확실성이 작다는 장점이 있다.

35 난이도 하 답 ①

| 영 역 | 부동산 감정평가론 > 감정평가의 기초이론
| 키워드 | 감정평가에 관한 규칙
| 해 설 | 기준시점은 대상물건의 가격조사를 완료한 날짜로 한다. 다만, 기준시점을 미리 정하였을 때에는 그 날짜에 가격조사가 가능한 경우에만 기준시점으로 할 수 있다(「감정평가에 관한 규칙」 제9조 제2항).

36 난이도 중　　　　　답 ①

| 영　역 | 부동산 감정평가론 > 감정평가의 방식
| 키워드 | 수익환원법
| 해　설 | 직접환원법에 의한 환원(이)율을 구하기 위해서는 먼저 순영업소득을 구해야 한다.

	가능총소득	50,000,000원
−	공실 및 대손충당금	− 5,000,000원(= 50,000,000원 × 0.1)
	유효총소득	45,000,000원
−	영업경비	− 10,000,000원(= 50,000,000원 × 0.2)
	순영업소득	35,000,000원

따라서 환원이율 = $\dfrac{순영업소득}{부동산가치}$ = $\dfrac{35,000,000원}{500,000,000원}$
× 100(%) = 7%(0.07)가 된다.

37 난이도 중　　　　　답 ②

| 영　역 | 부동산 감정평가론 > 감정평가의 방식
| 키워드 | 거래사례비교법
| 해　설 | 토지와 건물로 구성된 거래사례가격은 625,000,000원에 거래되었는데, 토지의 가격구성비율이 80%이므로 토지의 거래사례가격은 625,000,000원 × 0.8 = 500,000,000원이 된다.
그런데 사례토지의 면적이 200m²이고, 대상토지의 면적은 100m²이므로 면적비교치는 $\dfrac{100}{200}$ = 0.5이다. 사정개입이 없는 정상적인 거래사례이며 사정보정 요인은 없으므로 사정보정은 하지 않아도 되며, 주거지역의 지가상승률은 4%이므로 시점수정치는 (1 + 0.04) = 1.04이다. 지역요인은 대상토지와 거래사례 토지는 인근지역에 위치하므로 지역요인은 비교하지 않아도 되며, 개별요인은 대상토지는 거래사례 토지에 비해 10% 우세하므로 개별요인 비교치는 1.1이다.
따라서 시산가액은 500,000,000원 × 0.5 × 1.04 × 1.1 = 286,000,000원이다.

38 난이도 중　　　　　답 ③

| 영　역 | 부동산 감정평가론 > 감정평가의 방식
| 키워드 | 원가법
| 해　설 | 재조달원가는 대상물건을 일반적인 방법으로 생산하거나 취득하는 데 드는 비용으로 하되, 제세공과금 등과 같은 일반적인 부대비용을 포함한다.

39 난이도 하　　　　　답 ⑤

| 영　역 | 부동산 감정평가론 > 부동산가격공시제도
| 키워드 | 부동산가격공시제도
| 해　설 | 국토교통부장관은 공시기준일 이후에 토지의 분할·합병이나 건축물의 신축 등이 발생한 경우에는 대통령령으로 정하는 날을 기준으로 하여 공동주택가격을 결정·공시하여야 한다(「부동산 가격공시에 관한 법률」 제18조 제4항).

40 난이도 하　　　　　답 ①

| 영　역 | 부동산 감정평가론 > 감정평가의 방식
| 키워드 | 물건별 감정평가
| 해　설 | ⓒ 자동차의 주된 감정평가방법은 거래사례비교법이다. 선박을 감정평가할 때에는 선체·기관·의장(艤裝)별로 구분하여 감정평가하되, 각각 원가법을 적용해야 한다. 다만, 본래 용도의 효용가치가 없는 물건은 해체처분가액으로 감정평가를 할 수 있다.
ⓔ 영업권과 특허권의 주된 감정평가방법은 수익환원법이다.

SUBJECT

2

민법 및
민사특별법

01 | 기출분석

5개년 PART별 출제비중 & 학습법

PART 1
민법총칙

25%
5개년 출제비중

PART 1 민법총칙은 최근 5개년 평균 약 25%(40문제 중 약 10문제) 출제된 부분입니다. 특히, CHAPTER 4 법률행위의 대리, CHAPTER 5 무효와 취소 부분의 출제비중이 높으니 판례와 사례를 중심으로 개념을 잘 정리해 두어야 합니다.

PART 2
물권법

35%
5개년 출제비중

PART 2 물권법은 최근 5개년 평균 약 35%(40문제 중 약 14문제) 출제된 부분입니다. 특히, CHAPTER 4 소유권, CHAPTER 5 용익물권, CHAPTER 6 담보물권 부분의 출제비중이 높으니 꼼꼼히 학습하시기 바랍니다.

PART 3
계약법

25%
5개년 출제비중

PART 3 계약법은 최근 5개년 평균 약 25%(40문제 중 약 10문제) 출제된 부분입니다. 특히, CHAPTER 1 계약법 총론 부분의 출제비중이 높습니다. 계약의 성립과 관련한 법조문, 동시이행의 항변권과 위험부담 및 계약해제에 관한 문제가 주로 출제되니 정리해 두는 것이 좋습니다.

PART 4
민사특별법

15%
5개년 출제비중

PART 4 민사특별법은 최근 5개년 평균 약 15%(40문제 중 약 6문제) 출제된 부분입니다. 대부분 법조문과 판례의 결론을 물어보는 문제들이 출제되므로 이를 잘 정리해 두어야 합니다.

☑ 5개년 기출 빅데이터

5년 동안의 기출문제를 분석한 결과, PART 2 물권법의 출제비중이 약 35%로 가장 높았습니다. 하지만 PART 1 민법총칙, PART 3 계약법, PART 4 민사특별법의 출제비중도 높기 때문에 한 과목에 치우치지 않고 골고루 학습하는 것이 좋습니다.

PART	CHAPTER별 5개년 출제비중		핵심 Point
PART 1 **민법총칙**	1 권리변동 일반	▌0.5%	권리변동의 모습
	2 법률행위	▰▰ 4.5%	법률행위의 목적
	3 의사표시	▰▰ 4.5%	의사표시규정의 내용
	4 법률행위의 대리	▰▰▰ 7.5%	협의의 무권대리
	5 무효와 취소	▰▰▰ 5.5%	법률행위의 취소
	6 조건과 기한	▰ 2.5%	조건부 법률행위
PART 2 **물권법**	1 물권법 일반	▰▰ 5%	물권의 일반적 효력
	2 물권의 변동	▰▰ 4.5%	등기, 부동산물권변동
	3 점유권	▰ 3%	점유권의 효력
	4 소유권	▰▰▰ 6%	소유권 일반, 소유권의 취득, 공동소유
	5 용익물권	▰▰▰ 7%	지상권, 지역권, 전세권
	6 담보물권	▰▰▰▰ 9.5%	유치권, 저당권
PART 3 **계약법**	1 계약법 총론	▰▰▰▰▰ 14%	계약의 성립, 계약의 효력, 계약의 해제·해지
	2 매매	▰▰▰ 6%	매매의 성립
	3 교환	▌0.5%	교환의 성립
	4 임대차	▰▰ 4.5%	임대차의 효력, 임차권의 양도·전대
PART 4 **민사특별법**	1 주택임대차보호법	▰▰ 3.5%	대항력과 우선변제권 및 최우선변제권
	2 상가건물 임대차보호법	▰ 3%	존속기간 등
	3 집합건물의 소유 및 관리에 관한 법률	▰ 3%	「집합건물의 소유 및 관리에 관한 법률」의 내용
	4 가등기담보 등에 관한 법률	▰ 2.5%	가등기담보권의 실행
	5 부동산 실권리자명의 등기에 관한 법률	▰ 3%	「부동산 실권리자명의 등기에 관한 법률」의 적용범위, 명의신탁의 유형과 법률관계의 정리
합계	**100%**		

* 복합문제이거나, 법률이 개정 및 제정된 경우 분류 기준에 따라 위 수치와 달라질 수 있습니다.

제35회 시험분석 & 제36회 대비 학습전략

☑ 제35회 시험분석

전반적으로 높은 난도로 출제!
제35회 시험문제는 까다로운 문제가 다소 출제되어 시간 내에 문제를 다 풀지 못한 수험생들이 꽤 많았습니다. 제35회 시험문제를 분석해보면, 법조문 7문제는 비교적 쉽게 출제가 되었지만 판례문제 33문제는 정답을 구하는 데까지 시간이 꽤 많이 걸렸습니다. 또한 박스형 문제는 11문제가 출제되었는데, 까다로운 지문이 꼭 하나씩 들어가 있어서, 정답을 고르는 데 어려움이 많았습니다.

모든 PART 골고루 출제!
PART 2 물권법에서 14문제가 출제되어 가장 높은 비중을 보였지만, PART 1 민법총칙 10문제, PART 3 계약법 10문제, PART 4 민사특별법에서 6문제가 출제되어 모든 PART에서 골고루 출제되었습니다.

☑ 제36회 대비 학습전략

조문 공부는 필수!
법조문 문제의 경우 단순 암기형 문제이므로, 조문만 알고 있다면 득점하기에 수월합니다. 또한 조문을 알고 있어야 판례문제와 사례문제에도 대비할 수 있습니다.

박스형 문제와 사례형 문제에 대한 대비가 합격의 관건!
최근 시험은 총 40문제 중에서 약 35문제 이상이 판례의 결론을 물어보거나 이를 사례로 구성한 문제들이 출제되었습니다. 앞으로도 이런 출제 경향이 지속될 것으로 보입니다. 따라서 민법상의 여러 제도들을 공부하고 판례공부 또한 집중적으로 하여, 박스형 문제와 사례문제에 충분한 대비를 하여야 좋은 결과를 얻을 수 있습니다.

02 | 기출지문

옳은 지문 200선

PART 1 | 민법총칙

001 저당권의 설정은 설정적 승계이다. 28회

002 상계의 의사표시는 상대방 있는 단독행위에 해당한다. 32회

003 손자에 대한 부동산의 유증은 상대방 없는 단독행위에 해당한다. 33회

004 합의해제는 계약이다. 22회

005 임대차는 의무부담행위이다. 23회

006 농지취득자격증명은 농지취득의 원인이 되는 매매계약의 효력발생요건이 아니다. 28회

007 「공인중개사법」상 개업공인중개사가 법령에 규정된 중개보수 등을 초과하여 금품을 받는 행위를 금지하는 규정은 효력규정이다. 32회

008 강제집행을 면할 목적으로 허위의 근저당권을 설정하는 행위는 반사회질서의 법률행위에 해당하지 않는다. 27회

009 반사회적 법률행위에 해당하는 이중매매의 경우, 제1매수인은 제2매수인에 대하여 직접 소유권이전등기말소를 청구할 수 없다. 32회

010 비자금을 소극적으로 은닉하기 위하여 임치한 것은 반사회적 법률행위에 해당하지 않는다. 34회

011 다수의 보험계약을 통해 보험금을 부정취득할 목적으로 체결한 보험계약은 반사회적 법률행위에 해당한다. 35회

012 법률행위가 대리인에 의하여 행해진 경우, 궁박 상태는 본인을 기준으로 판단하여야 한다. 28회

013 급부와 반대급부 사이에 현저한 불균형이 존재하는지는 특별한 사정이 없는 한 법률행위 당시를 기준으로 판단하여야 한다. 29회

014 재산을 강제로 뺏긴다는 것이 표의자의 본심으로 잠재되어 있었다 하여도 표의자가 마지못해 증여의 의사표시를 한 이상 그 의사표시는 비진의표시가 아니다. 21회

015 매매계약에서 비진의표시는 상대방이 선의이며 과실이 없는 경우에 한하여 유효하다. 25회

016 채권의 가장양도에 있어서의 채무자는 통정허위표시를 기초로 새로운 법률상 이해관계를 맺은 제3자에 해당하지 않는다. 31회

017 甲은 자신의 X토지를 乙에게 증여하고, 세금을 아끼기 위해 이를 매매로 가장하여 乙 명의로 소유권이전등기를 마쳤다. 그 후 乙은 X토지를 丙에게 매도하고 소유권이전등기를 마쳤다. 이 경우 甲은 丙에게 X토지의 소유권이전등기말소를 청구할 수 없다. 29회

018 상대방이 표의자의 착오를 알고 이용한 경우, 표의자는 착오가 중대한 과실로 인한 것이더라도 의사표시를 취소할 수 있다. 31회

019 가장채무를 보증하고 그 보증채무를 이행한 보증인은 제108조 제2항의 제3자에 해당한다. 34회

020 매도인이 계약을 적법하게 해제한 후에도 매수인은 계약해제에 따른 불이익을 면하기 위하여 중요 부분의 착오를 이유로 취소권을 행사하여 계약 전체를 무효로 할 수 있다. 26회

021 X토지를 계약의 목적물로 삼은 당사자가 모두 지번에 착오를 일으켜 계약서에 목적물을 Y토지로 표시한 경우, 착오를 이유로 의사표시를 취소할 수 없다. 35회

022 제3자의 사기에 의해 의사표시를 한 표의자는 상대방이 그 사실을 알았거나 알 수 있었을 경우에 그 의사표시를 취소할 수 있다. 27회

023 강박으로 의사결정의 자유가 완전히 박탈되어 법률행위의 외형만 갖춘 의사표시는 무효이다. 25회

024 甲의 乙에 대한 의사표시에 있어서 乙이 정당한 사유 없이 계약해지 통지의 수령을 거절한 경우, 乙이 그 통지의 내용을 알 수 있는 객관적 상태에 놓여 있는 때에 의사표시의 효력이 생긴다. 35회

025 甲의 대리인 乙은 甲 소유의 부동산을 丙에게 매도하기로 약정하였다. 이 경우 乙은 특별한 사정이 없으면 丙으로부터 계약금을 수령할 권한이 있다. 24회

026 법정대리인은 특별한 사정이 없는 한 그 책임으로 복대리인을 선임할 수 있다. 33회

027 부동산 입찰절차에서 동일물건에 관하여 이해관계가 다른 2인 이상의 대리인이 된 경우에는 그 대리인이 한 입찰은 무효이다. 20회

028 대리인이 수인인 때에는 각자가 본인을 대리하지만, 법률 또는 수권행위에서 달리 정할 수 있다. 27회

029 원인된 법률관계가 종료하기 전이라도 본인은 수권행위를 철회하여 대리권을 소멸시킬 수 있다. 31회

030 甲은 자신의 X토지를 乙에게 매도하고 중도금을 수령한 후, 다시 丙에게 매도하고 소유권이전등기까지 경료해 주었다. 만약 丙의 대리인 戊가 丙을 대리하여 X토지를 매수하면서 甲의 배임행위에 적극가담하였다면, 그러한 사정을 모르는 丙은 그 소유권을 취득할 수 없다. 26회

031 매매위임장을 제시하고 자기의 이름으로 매매계약을 체결하는 자는 특별한 사정이 없는 한 본인을 대리하여 매매행위를 하는 것으로 보아야 한다. 20회

032 甲은 자신의 토지에 관한 매매계약 체결을 위해 乙에게 대리권을 수여하였고, 乙은 甲의 대리인으로서 丙과 매매계약을 체결하였다. 이 경우 乙은 특별한 사정이 없는 한 계약을 해제할 권한이 없다. 35회

033 무권대리에 의한 계약의 추인은 그 대리행위로 인한 권리의 승계인에게도 할 수 있다. 23회

034 대리권 없는 乙이 甲을 대리하여 丙에게 甲 소유의 토지를 매도하였다. 이때 乙이 대리권을 증명하지 못한 경우, 상대방의 선택에 따라 丙에게 계약을 이행하거나 손해를 배상할 책임을 진다. 21회

035 무권대리인 乙이 甲의 토지를 丙에게 매도하고 인도와 동시에 소유권이전등기를 마쳐 주었다. 이때 乙이 甲을 단독 상속한 경우, 乙은 소유자의 지위에서 丙 명의의 소유권이전등기의 말소등기를 청구할 수 없다. 22회

036 대리권 없는 자가 타인의 대리인으로 한 계약에서 상대방은 상당한 기간을 정하여 본인에게 그 추인 여부의 확답을 최고할 수 있고, 본인이 그 기간 내에 확답을 발하지 아니한 때에는 추인을 거절한 것으로 본다. 27회

037 甲은 乙에게 자신의 X토지에 대한 담보권설정의 대리권만을 수여하였으나, 乙은 X토지를 丙에게 매도하는 계약을 체결하였다. 이때 표현대리가 성립한 경우, 丙에게 과실이 있다고 하더라도 과실상계하여 甲의 책임을 경감할 수 없다. 29회

038 대리행위가 강행법규에 위반하여 무효인 경우에는 표현대리의 법리가 적용되지 않는다. 32회

039 사원총회의 결의를 거쳐야 처분할 수 있는 비법인사단의 총유재산을 대표자가 임의로 처분한 경우에도 권한을 넘은 표현대리에 관한 규정이 준용될 수 없다. 22회

040 상대방이 대리인에게 대리권이 있다고 믿을 만한 정당한 이유가 있는지의 여부는 대리행위 당시를 기준으로 판정한다. 33회

041 법률행위의 일부분이 무효인 때에는 원칙적으로 그 전부를 무효로 한다. 21회

042 무효인 법률행위가 다른 법률행위의 요건을 구비하고 당사자가 그 무효를 알았더라면 다른 법률행위를 하는 것을 의욕하였으리라고 인정될 때에 다른 법률행위로서 효력을 가진다. 21회

043 무효인 법률행위의 추인은 그 무효의 원인이 소멸한 후에 하여야 그 효력이 인정된다. 32회

044 토지거래허가구역 내 토지에 관한 매매계약 체결 당시 일정한 기간 안에 토지거래허가를 받기로 약정한 경우, 그 약정기간이 경과하였다는 사정만으로는 곧바로 매매계약이 확정적으로 무효가 된다고 볼 수 없다. 34회

045 토지거래계약이 유동적 무효인 상태에서 그 토지에 대한 토지거래허가구역지정이 해제된 경우 토지거래허가구역 내의 토지에 대한 거래계약은 모두 확정적으로 유효이다. 20회

046 미성년자 甲은 법정대리인 丙의 동의 없이 자신의 토지를 甲이 미성년자임을 안 乙에게 매도하고 대금수령과 동시에 소유권이전등기를 해주었는데, 丙이 甲의 미성년을 이유로 계약을 적법하게 취소하였다. 이때 甲이 대금을 모두 생활비로 사용한 경우 대금 전액을 반환하여야 한다. 26회

047 법률행위에 조건이 붙어 있는지 여부는 조건의 존재를 주장하는 자에게 증명책임이 있다. 34회

048 불확정한 사실이 발생한 때를 이행기한으로 정한 경우, 그 사실의 발생이 불가능하게 된 때에도 기한이 도래한 것으로 보아야 한다. 35회

049 조건이 법률행위 당시 이미 성취한 것인 경우, 그 조건이 해제조건이면 그 법률행위는 무효로 한다. 29회

050 기한은 채무자의 이익을 위한 것으로 추정하며, 기한의 이익은 포기할 수 있다. 29회

PART 2 | 물권법

051 전세권과 지상권은 토지를 점유할 수 있는 물권이다. 33회

052 미등기 무허가건물의 양수인은 소유권이전등기를 경료받지 않은 경우 소유권에 준하는 관습법상의 물권을 취득한다고 볼 수 없다. 26회

053 1동 건물의 일부도 구조상·이용상 독립성이 있으면 구분 행위에 의하여 독립된 부동산이 될 수 있다. 27회

054 1필 토지의 일부에 대해서는 저당권이 성립할 수 없다. 35회

055 甲소유 토지에 乙이 무단으로 건물을 신축한 뒤 丙에게 임대하여 丙이 현재 그 건물을 점유하고 있다. 이 경우 甲은 丙을 상대로 건물에서의 퇴거를 청구할 수 있다. 35회

056 소유권에 기한 물권적 청구권은 그 소유자가 소유권을 상실하면 더 이상 인정되지 않는다. 32회

057 건물의 신축에 의한 소유권취득은 소유권보존등기를 필요로 하지 않는다. 31회

058 법률행위를 원인으로 하여 소유권이전등기를 명하는 판결에 따른 소유권의 취득에는 등기가 필요하다. 26회

059 기존 건물 멸실 후 건물이 신축된 경우, 기존 건물에 대한 등기는 신축건물에 대한 등기로서 효력이 없다. 26회

060 미등기건물의 양수인이 그 건물을 신축한 양도인의 동의를 얻어 직접 자기명의로 보존등기를 한 경우, 그 등기는 유효하다. 29회

061 청구권보전을 위한 가등기에서, 가등기된 소유권이전청구권은 가등기에 대한 부기등기의 방법으로 타인에게 양도될 수 있다. 32회

062 전 소유자가 사망한 이후에 그 명의로 신청되어 경료된 소유권이전등기라도 그 등기원인이 이미 존재하고 있는 등의 특별한 사정이 있는 경우에는 등기의 추정력이 인정된다. 23회

063 X토지는 甲 ⇨ 乙 ⇨ 丙으로 순차 매도되고, 3자 간에 중간생략등기의 합의를 하였다. 이 경우 甲의 乙에 대한 매매대금채권의 행사는 제한받지 않는다. 31회

064 중간생략등기의 합의는 적법한 등기원인이 될 수 없다. 29회

065 무효인 가등기를 유효한 등기로 전용하기로 약정하면 그 가등기는 약정한 때부터 유효한 등기가 된다. 28회

066 건물을 위한 법정지상권이 성립한 경우, 그 건물에 대한 저당권이 실행되면 경락인은 등기 없이도 법정지상권을 취득한다. 29회

067 양도인이 등기부상의 명의인과 동일인이며 그 명의를 의심할 만한 특별한 사정이 없는 경우, 그 부동산을 양수하여 인도받은 자는 과실(過失) 없는 점유자에 해당한다. 33회

068 건물전세권이 법정갱신된 경우, 전세권자는 이를 등기하지 않아도 그 목적물을 취득한 제3자에게 대항할 수 있다. 28회

069 건물을 신축하여 소유권을 취득하는 경우는 등기하지 않아도 부동산물권을 취득한다. 25회

070 1동의 건물 중 구분된 건물부분이 구조상·이용상 독립성을 갖추고 구분행위로 인하여 구분소유권을 취득하는 경우는 등기하지 않아도 부동산물권을 취득한다. 25회

071 점유자가 상대방의 사기에 의해 물건을 인도한 경우 점유침탈을 이유로 한 점유물반환청구권은 발생하지 않는다. 32회

072 甲의 토지 위에 乙이 1번 저당권, 丙이 2번 저당권을 가지고 있다가 乙이 증여를 받아 토지소유권을 취득하면 乙 본인의 이익보호를 위하여 乙의 1번 저당권은 소멸하지 않는다. 22회

073 점유자는 소유의 의사로 선의, 평온 및 공연하게 점유한 것으로 추정한다. 28회

074 악의의 점유자는 받은 이익에 이자를 붙여 반환하고 그 이자의 이행지체로 인한 지연손해금까지 지급하여야 한다. 29회

075 점유물이 점유자의 책임 있는 사유로 멸실된 경우, 소유의 의사가 없는 점유자는 선의인 경우에도 손해의 전부를 배상해야 한다. 27회, 28회

076 악의의 점유자가 점유물의 과실을 수취하여 소비한 경우, 특별한 사정이 없는 한 그 점유자는 그 과실의 대가를 보상하여야 한다. 33회

077 점유자가 유익비를 지출한 경우 그 가액의 증가가 현존한 경우에 한하여 회복자의 선택에 좇아 그 지출금액이나 증가액의 상환을 청구할 수 있다. 31회

078 법원이 유익비의 상환을 위하여 상당한 기간을 허여한 경우, 유치권은 성립하지 않는다. 29회

079 선의의 점유자라도 본권에 관한 소에 패소하면 소 제기 시부터 악의의 점유자로 본다. 23회

080 과실취득권이 없는 악의의 점유자는 통상의 필요비를 청구할 수 있다. 34회

081 甲이 점유하는 물건을 乙이 침탈한 경우, 甲은 침탈당한 날로부터 1년 내에 점유물의 반환을 청구하여야 한다. 21회

082 점유자가 점유의 방해를 받을 염려가 있는 때에는 그 방해의 예방 또는 손해배상의 담보를 청구할 수 있다. 28회

083 타인의 토지를 통과하지 않으면 필요한 수도를 설치할 수 없는 토지의 소유자는 그 타인의 승낙 없이도 수도를 시설할 수 있다. 32회

084 토지분할로 인하여 공로에 통하지 못하는 토지가 생긴 경우, 포위된 토지의 특별승계인에게는 무상의 주위토지통행권이 인정되지 않는다. 20회

085 서로 인접한 토지의 통상의 경계표를 설치하는 경우, 설치비용은 다른 관습이 없으면 양쪽이 절반씩 부담하며, 측량비용은 토지의 면적에 비례하여 부담한다. 26회

086 경계선 부근의 건축 시 경계로부터 반미터 이상의 거리를 두어야 하는데 이를 위반한 경우, 건물이 완성된 후에는 건물의 철거를 청구할 수 없다. 28회

087 국유재산 중 일반재산은 시효취득을 할 수 있다. 26회

088 취득시효완성 후 소유권이전등기를 마치지 않은 시효완성자는 소유자에 대하여 취득시효기간 중의 점유로 발생한 부당이득의 반환의무가 없다. 32회

089 시효완성 당시의 소유권보존등기가 무효라면 그 등기명의인은 원칙적으로 시효완성을 원인으로 한 소유권이전등기청구의 상대방이 될 수 없다. 34회

090 시효취득으로 인한 소유권이전등기청구권이 발생하더라도 부동산소유자와 시효취득자 사이에 계약상의 채권관계가 성립한 것은 아니다. 24회

091 점유취득시효의 완성으로 점유자가 소유자에 대해 갖는 소유권이전등기청구권은 통상의 채권양도 법리에 따라 양도될 수 있다. 34회

092 건물임차인이 권원에 기하여 증축한 부분에 구조상·이용상 독립성이 없으면 소유권은 임대인에게 있으며, 임대차 종료 시 임차인은 증축부분의 소유권을 주장할 수 없다. 23회

093 미등기건물의 매수인은 건물의 매매대금을 전부 지급한 경우에도 건물의 불법점유자에 대해 직접 소유물반환청구를 할 수 없다. 21회

094 공유토지의 협의분할은 등기를 마치면 그 등기가 접수된 때 물권변동의 효력이 있다. 35회

095 과반수 지분권자로부터 공유물의 특정 부분에 대한 배타적인 사용·수익을 허락받은 제3자의 점유는 다른 소수지분권자와 사이에서도 적법하다. 27회

096 자기 소유 토지에 분묘를 설치한 사람이 그 토지를 양도하면서 분묘를 이장하겠다는 특약을 하지 않음으로써 분묘기지권을 취득한 경우, 분묘기지권자는 특별한 사정이 없는 한 분묘기지권이 성립한 때부터 지료를 지급할 의무가 있다. 35회

097 乙은 甲의 X토지에 건물을 소유하기 위하여 지상권을 설정받았다. 乙은 甲의 의사에 반하여 제3자에게 지상권을 양도할 수 있다. 26회

098 乙 소유의 토지에 甲의 지상권이 설정되었다. 이 경우 乙의 토지를 양수한 丙은 甲의 乙에 대한 지료연체액을 합산하여 2년의 지료가 연체되더라도 지상권 소멸을 청구할 수 없다. 29회

099 甲은 자신의 토지와 그 지상건물 중 건물만을 乙에게 매도하고 건물철거 등의 약정 없이 건물의 소유권이전등기를 해 주었다. 乙은 이 건물을 다시 丙에게 매도하고 소유권이전등기를 마쳐 주었다. 이 경우 甲은 丙에게 토지의 사용에 대한 부당이득반환청구를 할 수 있다. 28회

100 지역권은 요역지소유권에 부종하여 이전한다. 31회

101 지역권에 기한 승역지 반환청구권은 인정되지 않는다. 32회

102 요역지가 수인의 공유인 경우에 그 1인에 의한 지역권소멸시효의 정지는 다른 공유자를 위하여 효력이 있다. 28회

103 甲은 자신의 X건물에 관하여 乙과 전세금 1억원으로 하는 전세권설정계약을 체결하고 乙 명의로 전세권설정등기를 마쳐 주었다. 이 경우 전세권존속기간을 15년으로 정하더라도 그 기간은 10년으로 단축된다. 31회

104 전세권자는 전세권설정자에 대하여 통상의 수선에 필요한 비용의 상환을 청구할 수 없다. 35회

105 甲은 乙에게 자신의 토지에 전세권을 설정해 주고, 丙은 乙의 전세권 위에 저당권을 취득하였다. 그 후 전세권의 존속기간이 만료되었다. 이 경우 丙은 전세권 자체에 대해 저당권을 실행할 수 없다. 20회

106 유치권과 동시이행항변권은 동시에 서로 병존할 수 있다. 25회

107 경매개시결정의 기입등기 후 그 소유자인 채무자가 건물에 관한 공사대금채권자에게 그 건물의 점유를 이전한 경우, 공사대금채권자의 유치권은 성립할 수 있으나 경락인에게 대항할 수 없다. 22회

108 甲의 X건물을 임차한 乙은 X건물을 보존·개량하기 위해 丙으로부터 건축자재를 외상으로 공급받아 수리를 완료하였다. 그 후 임대차가 종료하였지만 수리비를 상환받지 못한 乙은 X건물을 점유하고 있다. 이 경우 乙이 丙에게 외상대금을 지급하지 않아도 丙은 X건물에 대해 유치권을 행사할 수 없다. 25회

109 건물신축공사를 도급받은 수급인이 사회통념상 독립한 건물이 되지 못한 정착물을 토지에 설치한 상태에서 공사가 중단된 경우, 수급인은 그 정착물에 대하여 유치권을 행사할 수 없다. 35회

110 임차인은 임대인과의 약정에 의한 권리금 반환채권으로 임차건물에 유치권을 행사할 수 없다. 31회

111 유치권자는 유치물의 과실인 금전을 수취하여 다른 채권보다 먼저 피담보채권의 변제에 충당할 수 있다. 33회

112 전세금의 지급은 전세권 성립의 요소이다. 32회

113 저당권의 목적인 건물에 증축되어 독립적 효용이 없는 부분은 법률이나 규약에 특별한 규정 또는 별도의 약정이 없어도 저당권의 효력이 미친다. 27회

114 저당부동산에 대한 압류가 있으면 압류 후에 저당권설정자의 저당부동산에 관한 차임채권에도 저당권의 효력이 미친다. 29회

115 저당권의 실행비용은 저당권의 피담보채권의 범위에 속한다. 29회

116 원본의 반환이 2년간 지체된 경우 채무자는 원본 및 지연배상금의 전부를 변제하여야 저당권등기의 말소를 청구할 수 있다. 26회

117 甲은 그 소유 나대지(X토지)에 乙의 저당권을 설정한 뒤 건물을 신축하였다. 저당권설정 뒤 X토지에 대해 통상의 강제 경매가 실시되어 C가 그 토지를 취득한 경우, 甲은 관습상 법정지상권을 취득하지 못한다. 26회

118 동일인 소유의 토지와 건물에 관하여 공동저당권이 설정된 후 그 건물이 철거되고 제3자 소유의 건물이 새로이 축조된 다음, 토지에 관한 저당권의 실행으로 토지와 건물의 소유자가 달라진 경우 법정지상권이 성립하지 않는다. 22회

119 甲이 乙 소유의 X토지에 저당권을 취득한 후, 丙이 X토지에 지상권을 취득하여 Y건물을 축조하고 乙이 그 건물의 소유권을 취득한 경우 甲은 X토지와 Y건물에 대해 일괄경매를 청구할 수 있다. 31회

120 후순위근저당권자가 경매를 신청한 경우 선순위근저당권의 피담보채권은 매각대금이 완납된 때에 확정된다. 26회

PART 3 | 계약법

121 중개계약은 민법상의 전형계약이 아니다. 28회

122 현상광고계약은 요물계약이다. 31회

123 하도급계약을 체결하려는 교섭당사자가 견적서를 제출하는 행위는 청약의 유인에 해당한다. 32회

124 불특정 다수인에 대한 청약은 효력이 있다. 25회

125 불특정 다수인에 대한 승낙은 효력이 없다. 25회

126 격지자 간의 계약은 다른 의사표시가 없으면 승낙의 통지를 발송한 때에 성립한다. 29회

127 계약이 의사의 불합치로 성립하지 않는다는 사실을 알지 못하여 손해를 입은 당사자는 계약체결 당시 그 계약이 불성립될 수 있다는 것을 안 상대방에게 계약체결상의 과실책임을 물을 수 없다. 35회

128 임대차 종료 시 임대인의 임차보증금 반환의무와 임차인의 임차물 반환의무는 동시이행관계에 있다. 32회

129 선이행의무자가 이행을 지체하는 동안에 상대방의 채무의 변제기가 도래한 경우, 특별한 사정이 없는 한 쌍방의 의무는 동시이행관계가 된다. 26회

130 매도인의 토지거래허가 신청절차에 협력할 의무와 매수인의 매매대금지급의무는 동시이행관계가 아니다. 31회

131 구분소유적 공유관계의 해소로 인하여 공유지분권자 상호간에 발생한 지분이전등기의무는 특별한 사정이 없는 한 동시이행의 관계에 있다. 33회

132 甲은 X건물을 乙에게 매도하고 乙로부터 계약금을 지급받았는데, 그 후 乙의 수령지체 중에 甲과 乙의 귀책사유 없이 X건물이 멸실된 때에는 乙은 甲에게 계약금의 반환을 청구할 수 없다. 35회

133 甲은 자신의 토지를 乙에게 매도하였으나 소유권이전등기의무의 이행기가 도래하기 전에 그 토지에 대한 丙의 강제수용(재결수용)으로 보상금을 받게 되었다. 이 경우 乙은 甲에게 보상금청구권의 양도를 청구할 수 있다. 24회

134 甲은 자신의 X부동산을 乙에게 매도하면서 대금채권을 丙에게 귀속시키기로 하고, 대금지급과 동시에 소유권이전등기를 해 주기로 했다. 그 후 丙은 乙에게 수익의 의사를 표시하였다. 이 경우 甲과 乙은 특별한 사정이 없는 한 계약을 합의해제할 수 없다. 31회

135 계약당사자가 제3자에 대하여 가진 채권에 관하여 그 채무를 면제하는 계약도 제3자를 위한 계약에 준하는 것으로서 유효하다. 28회

136 낙약자는 특별한 사정이 없는 한 요약자와의 기본관계에서 발생한 항변으로써 수익자의 청구에 대항할 수 있다. 33회

137 이행불능으로 인한 계약해제권과 손해배상청구권은 과실이 있는 경우에만 인정된다. 23회

138 매도인의 이행불능을 이유로 매수인이 계약을 해제하는 경우 매매대금의 변제제공을 할 필요가 없다. 25회

139 당사자가 수인인 경우 해제는 그 전원으로부터 또는 전원에 대하여 해야 한다. 20회

140 매도인 甲과 매수인 乙 사이의 X주택에 관한 계약이 적법하게 해제된 경우, 乙의 소유권이전등기청구권을 압류한 자는 '계약해제로부터 보호되는 제3자'에 해당하지 않는다. 35회

141 甲 소유의 X토지와 乙 소유의 Y주택에 대한 교환계약에 따라 각각 소유권이전등기가 마쳐진 후 그 계약이 해제되었다. 계약의 해제 전 X토지상의 乙의 신축건물을 매수한 자는 계약해제의 소급효로부터 보호되는 제3자에 해당하지 않는다. 27회

142 매매예약완결권은 행사기간을 약정하지 않은 경우, 그 예약이 성립한 때로부터 10년의 제척기간에 걸린다. 20회

143 당사자 사이에 다른 약정이 없으면 계약금은 해약금으로 추정한다. 24회

144 2014.5.1. 甲이 그의 건물을 乙에게 매도하면서 같은 해 5.10. 계약금을, 그로부터 2개월 후에 중도금 및 잔금을 지급받기로 하였다. 乙이 2014.6.10. 중도금을 지급한 경우, 甲은 계약금의 배액을 상환하고 계약을 해제할 수 없다. 25회

145 당사자 쌍방은 자기 채무의 이행제공 없이 합의에 의해 계약을 해제할 수 있다. 32회

146 토지거래허가구역 내 토지에 관한 매매계약을 체결하고 계약금만 지급한 상태에서 거래허가를 받은 경우, 다른 약정이 없는 한 매도인은 계약금의 배액을 상환하고 계약을 해제할 수 있다. 26회

147 매매목적물의 인도와 동시에 대금을 지급할 때에는 특별한 사정이 없으면 그 인도장소에서 대금을 지급하여야 한다. 24회

148 매매목적물을 인도하기 전에 매수인이 매매대금을 모두 지급하였다면 그 이후의 과실수취권은 매수인에게 있다. 20회

149 부동산매매계약이 수량지정매매인데, 그 부동산의 실제면적이 계약면적에 미치지 못한다. 이 경우 미달부분의 원시적 불능을 이유로 계약체결상의 과실책임에 따른 책임의 이행을 구할 수 없다. 28회

150 甲은 乙로부터 X토지를 매수하여 상가용 건물을 신축할 계획이었으나, 법령상의 제한으로 그 건물을 신축할 수 없게 되었다. 또한 토지의 오염으로 통상적인 사용도 기대할 수 없었다. 甲이 토지가 오염되어 있다는 사실을 계약체결 시에 안 경우에는 乙에게 하자담보책임을 물을 수 없다. 23회

151 저당권이 설정된 부동산의 매수인이 저당권의 행사로 그 소유권을 취득할 수 없는 경우, 악의의 매수인은 특별한 사정이 없는 한 계약을 해제하고 손해배상을 청구할 수 있다. 26회

152 건축의 목적으로 매수한 토지에 대해 법적 제한으로 건축허가를 받을 수 없어 건축이 불가능한 경우, 이는 매매목적물의 하자에 해당한다. 28회

153 甲은 경매절차에서 저당목적물인 乙 소유의 X토지를 매각받고, 그 소유권이전등기가 경료되었다. 이 경우 채무자 乙이 권리의 하자를 알고 고지하지 않았다면 甲은 乙에게 손해배상을 청구할 수 있다. 23회

154 환매등기가 경료된 나대지에 건물이 신축된 후 환매권이 행사된 경우, 특별한 사정이 없는 한, 그 건물을 위한 관습법상의 법정지상권은 발생하지 않는다. 27회

155 경매를 통해 X건물을 매수한 甲은 매각대금을 완납하지 않고 X건물을 乙 소유의 Y임야와 교환하기로 乙과 약정하였다. 이 경우 乙이 시가보다 높은 가액을 Y임야의 시가로 고지한 때에도 특별한 사정이 없으면 甲은 사기를 이유로 교환계약을 취소하지 못한다. 24회

156 甲은 자신의 2억원 상당 건물을 乙의 토지와 교환하는 계약을 체결하면서 乙로부터 1억원을 보충하여 지급받기로 하였다. 이 경우 보충금의 지급기한을 정하지 않았다면, 乙은 건물을 인도받은 날부터 지급하지 않은 보충금의 이자를 甲에게 지급해야 한다. 25회

157 건물 소유를 목적으로 한 토지임대차를 등기하지 않았더라도, 임차인이 그 지상건물의 보존등기를 하면, 토지임대차는 제3자에 대하여 효력이 생긴다. 26회

158 필요비상환청구는 필요비 지출 즉시 가능하고, 그 가액증가가 현존하는지 여부에 관계없이 지출비용 전액에 미친다. 26회

159 임차인의 차임연체로 계약이 해지된 경우, 임차인은 임대인에 대하여 부속물매수를 청구할 수 없다. 31회

160 건물임대인으로부터 매수한 부속물에 대한 임차인의 매수청구권을 배제하는 약정은 효력이 없다. 29회

161 토지임차인이 임대인에게 계약의 갱신을 청구하지 않았다면 특별한 사정이 없으면 임차인은 지상물의 매수를 청구할 수 없다. 24회

162 甲은 건물 소유의 목적으로 乙의 X토지를 임차하여 그 위에 Y건물을 신축한 후 사용하고 있다. 대항력을 갖춘 甲의 임차권이 기간만료로 소멸한 후 乙이 X토지를 丙에게 양도한 경우, 甲은 丙을 상대로 지상물매수청구권을 행사할 수 있다. 25회

163 건물소유를 목적으로 하는 토지임차인의 지상물매수청구권의 경우에 지상 건물을 타인에게 양도한 임차인은 매수청구권을 행사할 수 없다. 35회

164 甲 소유의 X토지를 건물 소유의 목적으로 임차한 乙은 甲의 동의 없이 이를 丙에게 전대하였다. 이 경우 甲은 임대차계약이 종료되지 않으면 X토지의 불법점유를 이유로 丙에게 차임 상당의 부당이득반환을 청구할 수 없다. 29회

165 임대차기간을 영구로 정한 임대차약정은 특별한 사정이 없는 한 계약자유의 원칙에 의하여 허용된다. 34회

166 甲이 자기 소유의 X건물을 乙에게 임대하여 인도하였다. 이 경우 乙은 특별한 사정이 없는 한, 甲에게 반환할 때까지 선량한 관리자의 주의로 X건물을 보존하여야 한다. 21회

167 甲은 자신의 X건물을 乙에게 임대하였고, 乙은 甲의 동의 없이 X건물에 대한 임차권을 丙에게 양도하였다. 이 경우 만약 丙이 乙의 배우자이고 X건물에서 동거하면서 함께 가구점을 경영하고 있다면, 甲은 임대차계약을 해지할 수 없다. 28회

168 甲 소유의 X토지를 건물 소유의 목적으로 임차한 乙은 甲의 동의 없이 이를 丙에게 전대하였을 때, 乙과 丙 사이의 전대차계약은 유효하다. 29회

169 乙은 건물을 소유할 목적으로 甲 소유의 X토지를 임차한 후 甲의 동의를 받지 않고 X토지를 丙에게 전대하였다. 임대차기간 만료 시에 丙이 신축한 건물이 X토지에 현존한 경우, 甲이 X토지의 임대를 원하지 않으면 丙은 甲에게 건물을 매수할 것을 청구할 수 없다. 20회

170 임대인 甲은 임차인 乙에게 임대차기간의 만료와 동시에 임대주택의 명도를 요구하고 있다. 乙이 동시이행항변권에 기하여 주택을 사용·수익하더라도 그로 인하여 실질적으로 얻은 이익이 있으면 부당이득으로 甲에게 반환하여야 한다. 23회

171 「주택임대차보호법」상 임차인의 계약갱신 요구권은 임대차기간이 끝나기 6개월 전부터 2개월 전까지의 기간에 행사해야 한다. 32회

172 소액임차인은 경매신청의 등기 전까지 대항요건을 갖추면 최우선변제권을 행사할 수 있다. 26회

173 甲은 乙 소유의 X주택에 관하여 乙과 보증금 3억원으로 하는 임대차계약을 체결하고 2018.3.5. 대항요건과 확정일자를 갖추었다. 丙은 2018.5.6. X주택에 관하여 저당권을 취득하였고, 甲은 2020.3.9. X주택에 임차권등기명령의 집행에 따른 임차권등기를 마쳤다. 이 경우 甲은 임차권등기의 비용을 乙에게 청구할 수 있다. 31회

174 乙은 甲 소유의 X주택에 대하여 보증금 3억원으로 하는 임대차계약을 甲과 체결한 다음 즉시 대항요건을 갖추고 확정일자를 받아 현재 거주하고 있다. 乙은 임대차가 끝나기 전에는 X주택의 소재지를 관할하는 법원에 임차권등기명령을 신청할 수 없다. 29회

175 임차인이 임대인의 동의 없이 목적 주택을 전대한 경우 임대인은 임차인의 계약갱신요구를 거절할 수 있다. 32회

176 「주택임대차보호법」상 다가구용 단독주택 일부의 임차인이 대항력을 취득하였다면, 후에 건축물 대장상으로 다가구용 단독주택이 다세대주택으로 변경되었다는 사정만으로는 이미 취득한 대항력을 상실하지 않는다. 33회

177 대항요건 및 확정일자를 갖춘 주택임차권자는 임대차 성립 당시 임대인 소유였던 대지가 타인에게 양도되어 임차주택과 대지 소유자가 달라지더라도, 대지의 환가대금에 대해 우선변제권을 행사할 수 있다. 23회

178 서울에 있는 상가건물을 보증금 7억원, 월세 250만원에 임차한 계약은 원칙적으로 「상가건물 임대차보호법」의 적용대상이 되지 않는다. 21회

179 乙은 甲 소유의 X상가건물을 보증금 1억원에 임차하여 인도받은 후 「부가가치세법」 등에 의한 사업자등록을 구비하고 확정일자도 받았다. 乙이 X건물의 일부를 경과실로 파손한 경우, 甲은 乙의 계약갱신요구를 거절할 수 없다. 20회

180 甲이 2019.5.10. 乙 소유의 X상가건물을 乙로부터 보증금 10억원에 임차하여 「상가건물 임대차보호법」상의 대항요건을 갖추고 영업하고 있다. 甲과 乙 사이에 임대차기간을 6개월로 정한 경우, 乙은 그 기간이 유효함을 주장할 수 있다. 28회

181 2014.1. 甲은 선순위권리자가 없는 乙의 X상가건물을 보증금 1억원, 월차임 40만원에 임차하여 대항요건을 갖추고 확정일자를 받았다. 甲이 3기의 차임상당액을 연체한 경우, 乙은 甲의 계약갱신요구를 거절할 수 있다. 25회

182 권리금회수의 방해로 인한 임차인의 임대인에 대한 손해배상청구권은 임대차가 종료한 날로부터 3년 이내에 행사하지 않으면 시효의 완성으로 소멸한다. 27회

183 「집합건물의 소유 및 관리에 관한 법률」에서 건물의 시공자가 전유부분에 대하여 구분소유자에게 지는 담보책임의 존속기간은 인도한 날부터 기산한다. 27회

184 공용부분에 관한 물권의 득실변경은 등기가 필요하지 않다. 31회

185 대지사용권은 특별한 사정이 없는 한 전유부분과 일체성이 있으므로 이에 반하는 대지사용권의 처분은 법원의 강제경매절차에 의한 것이라 하더라도 무효이다. 34회

186 「집합건물의 소유 및 관리에 관한 법률」상 관리인은 구분소유자일 필요 없다. 35회

187 관리인은 매년 회계연도 종료 후 3개월 이내에 정기 관리단집회를 소집하여야 한다. 24회, 29회

188 주거용 집합건물을 철거하고 상가용 집합건물을 신축하기로 하는 재건축결의는 다른 법령에 특별한 제한이 없는 한 허용된다. 21회

189 甲은 乙에게 1억원을 빌려주고 이를 담보하기 위해 乙 소유의 부동산(시가 3억원)에 가등기를 하였다. 乙이 변제기에 채무를 이행하지 않자 甲은 즉시 담보권을 실행하여 부동산의 소유권을 취득하고자 한다. 이 경우 甲이 乙에게 청산금의 평가액을 통지한 후에는 甲은 이에 관하여 다툴 수 없다. 24회

190 공사대금채무를 담보하기 위한 가등기에는 「가등기담보 등에 관한 법률」이 적용되지 않는다. 26회

191 「가등기담보 등에 관한 법률」상 청산금은 담보권 실행의 통지 당시 담보목적부동산의 가액에서 피담보채권액을 뺀 금액이며, 그 부동산에 선순위담보권이 있으면 위 피담보채권액에 선순위담보로 담보한 채권액을 포함시킨다. 30회

192 실행통지의 상대방이 채무자 등 여러 명인 경우, 그 모두에 대하여 실행통지를 하여야 통지로서의 효력이 발생한다. 23회

193 후순위권리자는 청산기간에 한정하여 그 피담보채권의 변제기가 도래하기 전이라도 담보목적 부동산의 경매를 청구할 수 있다. 20회

194 甲은 乙에게 빌려준 1,000만원을 담보하기 위해 乙 소유의 X토지(시가 1억원)에 가등기를 마친 다음, 丙이 X토지에 대해 저당권을 취득하였다. 이 경우 丙은 청산기간이 지나면 그의 피담보채권 변제기가 도래하기 전이라도 X토지의 경매를 청구할 수 없다. 28회

195 甲종중은 자신의 X토지를 적법하게 종원(宗員) 乙에게 명의신탁하였다. 이때 제3자가 X토지를 불법점유하는 경우, 甲은 소유권에 기하여 직접 방해배제를 청구할 수 없다. 21회

196 무효인 명의신탁약정에 기하여 타인 명의의 등기가 마쳐졌더라도 이는 불법원인급여에 해당하지 않는다. 22회

197 甲은 조세포탈·강제집행의 면탈 또는 법령상 제한의 회피를 목적으로 하지 않고, 배우자 乙과의 명의신탁약정에 따라 자신의 X토지를 乙 명의로 소유권이전등기를 마쳐주었다. 이때 丙이 乙과의 매매계약에 따라 X토지에 대한 소유권이전등기를 마친 경우, 특별한 사정이 없는 한 丙이 X토지의 소유권을 취득한다. 28회

198 2022.8.16. 甲은 조세포탈의 목적으로 친구인 乙과 명의신탁약정을 맺고 乙은 이에 따라 甲으로부터 매수자금을 받아 丙 소유의 X토지를 자신의 명의로 매수하여 등기를 이전받았다. 이 경우 甲과 乙의 명의신탁약정이 있었다는 사실을 丙이 몰랐다면, 乙은 丙으로부터 X토지의 소유권을 승계취득한다. 33회

199 2015년 甲은 丙의 X토지를 취득하고자 친구 乙과 명의신탁약정을 체결하고 乙에게 그 매수자금을 주었다. 甲과의 약정대로 乙은 명의신탁 사실을 모르는 丙으로부터 X토지를 매수하는 계약을 자기 명의로 체결하고 소유권이전등기를 경료받았다. 이 경우 X토지의 소유자는 乙이다.

26회

200 부동산경매절차에서 丙 소유의 X건물을 취득하려는 甲은 친구 乙과 명의신탁약정을 맺고 2018.5. 乙 명의로 매각허가결정을 받아 자신의 비용으로 매각대금을 완납하였다. 그 후 乙 명의로 X건물의 소유권이전등기가 마쳐졌다. 이 경우 丙이 甲과 乙 사이의 명의신탁약정이 있다는 사실을 알았더라도 乙은 X건물의 소유권을 취득한다. 29회

PART 1 | 민법총칙

01 무권대리에서 추인 여부에 대한 확답의 최고는 관념의 통지에 해당한다. 34회 　(O | X)

02 미성년자의 법률행위에 대한 법정대리인의 동의는 상대방 없는 단독행위이다. 33회 (O | X)

03 공유지분의 포기는 상대방 있는 단독행위에 해당한다. 32회 　(O | X)

04 농지취득자격증명은 농지를 취득하는 자에게 농지취득의 자격이 있다는 것을 증명한 것일 뿐 효력발생요건이 아니다. 24회 　(O | X)

05 「부동산등기 특별조치법」상 중간생략등기를 금지하는 규정은 단속법규에 해당한다. 32회
　(O | X)

06 양도소득세를 회피할 목적으로 실제 거래가액보다 낮은 금액을 대금으로 기재한 매매계약은 반사회적 법률행위에 해당하지 않는다. 35회
　(O | X)

07 비자금을 소극적으로 은닉하기 위하여 임치한 것은 반사회적 법률행위에 해당한다. 34회
　(O | X)

08 비진의표시에 관한 규정은 대리인이 대리권을 남용한 경우 유추적용될 수 없다. 19회
　(O | X)

09 가장채무를 보증하고 그 보증채무를 이행한 보증인은 제108조 제2항의 제3자에 해당하지 않는다. 34회 　(O | X)

10 사기나 강박에 의한 소송행위는 원칙적으로 취소할 수 있다. 25회 　(O | X)

11 甲은 자신의 X토지를 매도하기 위하여 乙에게 대리권을 수여하였다. 이 경우 乙은 특별한 사정이 없는 한 대리행위를 통하여 체결된 X토지 매매계약에 따른 잔금을 수령할 권한도 있다. 30회 　(O | X)

12 대리인에 대하여 성년후견이 개시되면 대리권은 소멸한다. 24회 　(O | X)

13 다른 자의 대리인으로서 계약을 맺은 자가 그 대리권을 증명하지 못하고 또 본인의 추인을 받지 못한 경우에는 그는 상대방의 선택에 따라 계약을 이행할 책임 또는 손해를 배상할 책임이 있다. 27회 　(O | X)

14 권한을 정하지 아니한 임의대리인은 본인의 미등기부동산에 관한 보존등기를 할 수 없다. 28회
　(O | X)

15 유권대리에 관한 주장 속에 무권대리에 속하는 표현대리의 주장이 포함되어 있다고 볼 수 없다. 30회 　(O | X)

16 취소된 법률행위는 특별한 사정이 없는 한 처음부터 무효인 것으로 본다. 33회 　(O | X)

PART 1 **01** ✕, 의사의 통지 **02** ✕, 상대방 있는 단독행위이다. **03** ○ **04** ○ **05** ○ **06** ○ **07** ✕, 해당하지 않는다. **08** ✕, 유추적용될 수 있다. **09** ✕, 해당한다. **10** ✕, 취소할 수 없다. **11** ○ **12** ○ **13** ○ **14** ✕, 보존등기를 할 수 있다. **15** ○ **16** ○

17 상대방이 취소권자에게 이행을 청구한 경우는 법정추인에 해당하지 않는다. 30회 (O | X)

18 취소권은 추인할 수 있는 날로부터 3년 내에, 법률행위를 한 날로부터 10년 내에 행사하여야 한다. 28회 (O | X)

19 의사표시의 상대방이 의사표시자의 착오를 알고 이용한 경우, 착오가 중대한 과실로 인한 것이라도 의사표시자는 의사표시를 취소할 수 있다. 35회 (O | X)

20 표현대리행위가 성립하는 경우에 본인은 표현대리행위에 기하여 전적인 책임을 져야 하는 것이고 상대방에게 과실이 있다고 하더라도 과실상계의 법리를 유추적용하여 본인의 책임을 감경할 수는 없다. 29회 (O | X)

21 법률행위에 조건이 붙어 있는지 여부는 조건의 존재를 주장하는 자에게 증명책임이 있다. 34회 (O | X)

PART 2 | 물권법

01 저당권은 토지를 점유할 수 있는 물권이다. 33회 (O | X)

02 상대방의 귀책사유는 물권적 청구권의 행사요건이 아니다. 30회 (O | X)

03 부동산물권변동 후 그 등기가 원인 없이 말소되었더라도 그 물권변동의 효력에는 영향이 없다. 30회 (O | X)

04 소유권이전등기청구권의 보전을 위한 가등기에 기하여 본등기가 행해지면 물권변동의 효력은 본등기가 행해진 때 발생한다. 30회 (O | X)

05 소유권에 기한 물권적 청구권은 그 소유권과 분리하여 별도의 소멸시효의 대상이 된다. 32회 (O | X)

06 소유자는 자신의 소유권을 방해할 염려 있는 행위를 하는 자에 대하여 그 예방이나 손해배상의 담보를 청구할 수 있다. 33회 (O | X)

07 공유물분할판결이 확정된 때에는 등기 없이 물권변동의 효력이 생긴다. 35회 (O | X)

08 등기부취득시효가 완성된 이후에는 등기원인의 실효를 주장하여 등기명의자의 소유권취득을 부인할 수 없다. 23회 (O | X)

09 등기명의인이 등기원인행위의 태양이나 과정을 다소 다르게 주장한 경우 이로써 등기의 추정력이 깨어진다. 25회 (O | X)

10 점유취득시효의 완성으로 점유자가 소유자에 대해 갖는 소유권이전등기청구권은 통상의 채권양도 법리에 따라 양도될 수 있다. 34회 (O | X)

---

17 O 18 O 19 O 20 O 21 O **PART 2** 01 ✕, 저당권은 저당부동산을 점유할 권리가 없는 물권이다.
02 O 03 O 04 O 05 ✕, 소유권에 기한 물권적 청구권은 소멸시효에 걸리지 않는다. 06 O 07 O 08 O
09 ✕, 등기의 추정력이 깨어지는 것은 아니다. 10 O

11 취득시효의 요건인 점유에는 간접점유가 포함 되지 않는다. 33회 (O | X)

12 점유자가 사기를 당해 점유를 이전한 경우, 점 유물반환을 청구할 수 없다. 35회 (O | X)

13 선의의 점유자가 본권의 소에서 패소하면 패소 확정 시부터 악의의 점유자로 본다. 32회 (O | X)

14 우물을 파는 경우에 경계로부터 2미터 이상의 거리를 두어야 하지만, 당사자 사이에 이와 다 른 특약이 있으면 그 특약이 우선한다. 33회 (O | X)

15 건물임차인이 권원에 기하여 증축한 부분이 구 조상·이용상 독립성이 없는 경우에는 기존 건 물에 부합하므로 임대인이 증축한 부분의 소유 권을 취득한다. 28회 (O | X)

16 환매특약의 등기가 경료된 나대지의 소유자가 그 지상에 건물을 신축한 후, 환매권이 행사되 면 관습상의 법정지상권은 성립할 수 없다. 23회 (O | X)

17 강제경매로 인해 성립한 관습법상 법정지상권 을 법률행위에 의해 양도하기 위해서는 등기가 필요하다. 30회 (O | X)

18 공유자가 공유물을 타인에게 임대하는 행위 및 그 임대차계약을 해지하는 행위는 공유물의 관 리행위에 해당한다. 30회 (O | X)

19 공유자 중 1인이 지역권을 취득한 때에는 다른 공유자도 지역권을 취득한다. 30회 (O | X)

20 채권담보의 목적으로 전세권을 설정한 경우, 그 설정과 동시에 목적물을 인도하지 않았으나 장래 전세권자의 사용·수익을 완전히 배제하 는 것이 아니라면, 그 전세권은 유효하다. 27회 (O | X)

21 유치권이 성립하기 위해서는 채권과 목적물의 점유 사이에 견련성이 있어야 한다. 25회 (O | X)

22 유치권이 성립하기 위해서는 채권의 변제기가 도래하여야 한다. 30회 (O | X)

23 지상권은 저당권의 객체가 될 수 없다. 28회 (O | X)

24 특별한 사정이 없는 한, 건물의 부지가 된 토지 는 그 건물의 소유자가 점유하는 것으로 보아 야 한다. 32회 (O | X)

25 저당권은 1필의 토지의 일부를 객체로 할 수 없 는 권리이다. 33회 (O | X)

26 저당물의 제3취득자가 그 부동산에 유익비를 지출한 경우, 저당물의 경매대가에서 우선상환 을 받을 수 있다. 28회 (O | X)

27 건물을 위한 법정지상권이 성립한 경우, 그 건 물에 대한 저당권이 실행되면 경락인은 등기 없이도 법정지상권을 취득한다. 29회 (O | X)

---

11 ✕, 취득시효의 요건인 점유는 직접점유뿐만 아니라 간접점유도 포함된다. 12 ○ 13 ✕, 선의의 점유자라도 본권 에 관한 소에 패소한 때에는 그 소가 제기된 때로부터 악의의 점유자로 본다. 14 ○ 15 ○ 16 ○ 17 ○ 18 ○ 19 ○ 20 ○ 21 ✕, 목적물 사이에 견련성이 있어야 한다. 22 ○ 23 ✕, 객체가 될 수 있다. 24 ○ 25 ○ 26 ○ 27 ○

28 甲이 乙 소유의 X토지에 저당권을 취득한 후, 丙이 X토지에 지상권을 취득하여 Y건물을 축조하고 乙이 그 건물의 소유권을 취득한 경우에는 甲은 X토지와 Y건물에 대해 일괄경매를 청구할 수 있다. 31회   (O | X)

29 근저당권에 의해 담보될 채권최고액에 채무의 이자는 포함되지 않는다. 31회   (O | X)

30 근저당권자가 피담보채무의 불이행을 이유로 경매신청을 한 경우에는 경매신청 시에 피담보채권액이 확정된다. 31회   (O | X)

31 토지전세권의 설정은 갱신할 수 있으나 그 기간은 갱신한 날로부터 10년을 넘지 못한다. 33회   (O | X)

PART 3 | 계약법

01 중개계약은 민법상의 전형계약이다. 28회   (O | X)

02 교환계약은 무상계약이다. 33회   (O | X)

03 불특정 다수인에 대한 승낙은 효력이 없다. 25회   (O | X)

04 승낙기간을 정하지 않은 청약에 대하여 연착된 승낙은 청약자가 이를 새로운 청약으로 볼 수 있다. 25회   (O | X)

05 상대방이 채무내용에 좋은 이행을 제공한 때에도 동시이행의 항변권을 행사할 수 있다. 20회   (O | X)

06 피담보채권을 변제할 의무와 근저당권설정등기 말소의무는 동시이행관계이다. 31회   (O | X)

07 환매특약은 매매계약과 동시에 이루어져야 한다. 33회   (O | X)

08 매도인의 토지거래허가 신청절차에 협력할 의무와 매수인의 매매대금지급의무는 동시이행관계에 있다. 32회   (O | X)

09 채무자의 책임 있는 사유로 후발적 불능이 발생한 경우, 위험부담의 법리가 적용된다. 31회   (O | X)

10 계약당사자는 위험부담에 관하여 민법 규정과 달리 정할 수 있다. 31회   (O | X)

11 쌍무계약의 당사자 일방의 채무가 채권자의 수령지체 중에 당사자 쌍방의 책임 없는 사유로 이행할 수 없게 된 때에도 채무자는 상대방의 이행을 청구할 수 있다. 27회   (O | X)

12 수익의 의사표시는 제3자를 위한 계약의 성립요건이 아니다. 20회   (O | X)

---

28 O   29 ×, 이자는 채권최고액에 포함된다.   30 O   31 O   **PART 3**   01 ×, 전형계약이 아니다.   02 ×, 교환계약은 유상계약이다.   03 O   04 O   05 ×, 동시이행의 항변권을 행사할 수 없다.   06 ×, 피담보채무의 변제가 선이행의무이다.   07 O   08 ×, 매도인의 토지거래허가 신청절차 협력의무와 매수인의 대금지급의무는 동시이행관계가 아니므로 매도인이 그 대금지급채무의 변제 시까지 협력의무의 이행을 거절할 수 있는 것은 아니다.   09 ×, 위험부담이 아니라 채무불이행문제로 다루어진다.   10 O   11 O   12 O

13 甲은 자신의 X부동산을 乙에게 매도하면서 대금채권을 丙에게 귀속시키기로 하고, 대금지급과 동시에 소유권이전등기를 해 주기로 했다. 그 후 丙은 乙에게 수익의 의사를 표시하였다. 乙이 대금지급의무를 불이행한 경우, 丙은 계약을 해제할 수 있다. 31회　　(O | X)

14 채무자가 불이행 의사를 명백히 표시하더라도 이행기 도래 전에는 최고 없이 해제할 수 없다. 31회　　(O | X)

15 이행불능으로 계약을 해제하는 경우, 채권자는 동시이행관계에 있는 자신의 급부를 제공할 필요가 없다. 31회　　(O | X)

16 계약금은 별도의 약정이 없는 한 해약금으로 추정된다. 26회　　(O | X)

17 甲은 자신의 X토지를 乙에게 매도하는 계약을 체결하고 乙로부터 계약금을 수령하였다. 乙이 중도금 지급기일 전 중도금을 지급한 경우, 甲은 계약금 배액을 상환하고 해제할 수 없다. 31회　　(O | X)

18 토지거래허가구역 내 토지에 관한 매매계약을 체결하고 계약금만 지급한 상태에서 거래허가를 받은 경우, 다른 약정이 없는 한 매도인은 계약금의 배액을 상환하고 계약을 해제할 수 없다. 26회　　(O | X)

19 건축의 목적으로 매수한 토지에 대해 법적 제한으로 건축허가를 받을 수 없어 건축이 불가능한 경우, 이는 권리의 하자에 해당한다. 28회　　(O | X)

20 임대차의 존속기간을 영구무한으로 하는 것은 원칙적으로 허용되지 않는다. 34회　　(O | X)

21 임차물의 일부가 임차인의 과실 없이 멸실되어 사용·수익할 수 없는 경우, 임차인은 그 부분의 비율에 의한 차임의 감액을 청구할 수 있다. 31회　　(O | X)

22 乙이 甲으로부터 건물의 소유를 목적으로 X토지를 10년간 임차하여 그 위에 자신의 건물을 신축한 경우 乙의 차임연체액이 2기의 차임액에 달하는 경우, 특약이 없는 한 甲은 임대차계약을 해지할 수 있다. 32회　　(O | X)

23 임차인의 차임연체로 계약이 해지된 경우, 임차인은 임대인에 대하여 부속물매수를 청구할 수 없다. 31회　　(O | X)

24 부속물매수청구권에 관한 규정은 편면적 강행규정이므로 부속물매수청구권을 배제하는 당사자의 약정은 임차인에게 불리하므로 무효이다. 27회　　(O | X)

PART 4 | 민사특별법

01 미등기전세의 경우에 「주택임대차보호법」이 적용되지 않는다. 27회　　(O | X)

02 점포 및 사무실로 사용되던 건물이 주거용 건물로 용도변경된 경우에도 「주택임대차보호법」이 적용된다. 27회　　(O | X)

---

13 ×, 丙은 당사자가 아니므로 계약을 해제할 수 없다.　14 ×, 이행기 도래 전에 최고 없이 계약을 해제할 수 있다.
15 ○　16 ○　17 ○　18 ×, 계약을 해제할 수 있다.　19 ×, 매매목적물의 하자에 해당한다.　20 ×, 계약자유의 원칙에 의하여 허용된다.　21 ○　22 ○　23 ○　24 ○　**PART 4**　01 ×, 「주택임대차보호법」이 적용된다.　02 ○

03 임차인 乙은 임대인 甲에게 2024.3.10.로 기간이 만료되는 X주택의 임대차계약에 대해 「주택임대차보호법」에 따라 갱신요구 통지를 하여 그 통지가 2024.1.5. 甲에게 도달하였고, 甲이 갱신거절 통지를 하지 않아 계약이 갱신되었다. 그 후 乙이 갱신된 계약기간이 개시되기 전인 2024.1.29. 갱신된 임대차계약의 해지를 통지하여 2024.1.30. 甲에게 도달하였다. 이 경우 임대차계약의 종료일은 2024.4.30.이다. 35회

(O | X)

04 상가건물의 공유자인 임대인이 임차인에게 갱신거절의 통지를 하는 행위는 공유물의 관리행위이므로, 공유자 수의 과반수로써 결정하여야 한다. 22회

(O | X)

05 임대인의 지위를 승계한 양수인은 승계 이후의 연체차임액이 3기 이상의 차임에 달하여야 상가임대차계약을 해지할 수 있다. 22회

(O | X)

06 대지사용권은 전유부분과 일체성을 갖게 된 후 개시된 강제경매절차에 의해 전유부분과 분리되어 처분될 수 있다. 34회

(O | X)

07 「집합건물의 소유 및 관리에 관한 법률」상 관리단은 관리비 징수에 관한 유효한 규약이 없더라도 공용부분에 대한 관리비를 그 부담의무자인 구분소유자에게 청구할 수 있다. 33회

(O | X)

08 「집합건물의 소유 및 관리에 관한 법률」상 구분소유자가 아닌 자는 관리인이 될 수 없다. 33회

(O | X)

09 관리인은 매년 회계연도 종료 후 1개월 이내에 정기 관리단집회를 소집하여야 한다. 24회

(O | X)

10 채권자는 청산금을 채무자 등에게 지급하여야 한다. 이 경우 담보목적부동산에 선순위 담보권 등의 권리가 있을 때에는 그 채권액을 계산할 때에 선순위 담보 등에 의하여 담보된 채권액을 포함한다. 27회

(O | X)

11 등기명의신탁의 경우 신탁자는 매도인을 대위하여 수탁자를 상대로 등기말소를 구하고 다시 매도인을 상대로 매매계약에 기한 소유권이전등기를 청구하여야 한다. 30회

(O | X)

12 명의신탁이 유효한 경우 대외적인 관계에 있어서는 수탁자만이 소유권자로서 그 재산에 대한 제3자의 침해에 대하여 배제를 구할 수 있으며, 신탁자는 수탁자를 대위하여 수탁자의 권리를 행사할 수 있을 뿐 직접 제3자에게 신탁재산에 대한 침해의 배제를 구할 수 없다. 28회

(O | X)

03 O **04** ×, 지분의 과반수로써 결정하여야 한다. **05** O **06** ×, 대지사용권은 전유부분과 분리처분될 수 없다. **07** O **08** ×, 집합건물의 관리인은 구분소유자일 필요가 없으므로 구분소유자가 아닌 자는 관리인이 될 수 있다. **09** ×, 3개월 이내에 정기 관리단집회를 소집하여야 한다. **10** O **11** O **12** O

03 | 박스형 기출문제

왜 박스형 기출문제에 익숙해져야 하나요?

박스형 기출문제는 매년 증가하는 추세를 보이는 중요한 문제유형입니다. 박스형 기출문제는 주로 여러 선택지에서 옳은 것 또는 틀린 것만을 모두 고르는 형태로 많이 출제되기에 모든 선택지의 옳고 그름을 알아야 정확히 풀 수 있습니다. 일부 지문을 몰라도 상황에 따라 문제를 풀 수 있는 5지선다형 문제보다 고난도 문제유형이라 볼 수 있는 것이죠.

어떻게 풀어야 할까요?

아래의 3단계 패턴 풀이법을 적용하여 연습해 보세요.

1단계 문제의 질문에서 묻는 것을 정확하게 체크해야 합니다. 옳은 것을 고르는 것인지, 틀린 것을 고르는 것인지 확인한 후 헷갈리지 않게 크게 O 또는 X를 표시하세요. 문제는 잘 풀었는데 질문을 잘못 봐서 틀리는 경우도 꽤 많답니다.

2단계 선택지를 확인한 후, 옳은 지문이면 O, 틀린 지문이면 X를 표시하세요. 헷갈리거나 모르는 지문이 나오면 일단 패스하세요.

3단계 질문에서 묻는 것과 일치하는 지문만 모아놓은 보기가 정답입니다! 2단계에서 모르는 지문이 있더라도, 운이 좋으면 소거법을 통해서 정답을 알아낼 수도 있습니다.

3단계 패턴 풀이법

(◎ | ×) **1단계** 질문에서 묻는 게 O인지 X인지 체크!

혼동에 의한 물권소멸에 관한 설명으로 옳은 것을 모두 고른 것은? (다툼이 있으면 판례에 따름)

22회

ㄱ. 甲의 토지 위에 乙이 1번 저당권, 丙이 2번 저당권을 가지고 있다가 乙이 증여를 받아 토지소유권을 취득하면 1번 저당권은 소멸한다. (○ | ⊗)

→ 乙 본인의 이익보호를 위하여 乙의 1번 저당권은 소멸하지 않는다.

ㄴ. 乙이 甲의 토지 위에 지상권을 설정받고, 丙이 그 지상권 위에 저당권을 취득한 후 乙이 甲으로부터 그 토지를 매수한 경우, 乙의 지상권은 소멸한다. (○ | ⊗)

→ 乙의 지상권이 丙의 저당권의 목적으로 되어 있으므로 丙의 이익보호를 위하여 乙의 지상권은 소멸하지 않는다.

ㄷ. 甲의 토지를 乙이 점유하다가 乙이 이 토지의 소유권을 취득하더라도 乙의 점유권은 소멸하지 않는다. (◎ | ×)

ㄹ. 甲의 토지 위에 乙이 지상권, 丙이 저당권을 가지고 있는 경우, 丙이 그 소유권을 취득하면 丙의 저당권은 소멸한다. (◎ | ×)

2단계 각 지문의 O, X 여부를 체크!

① ㄱ, ㄴ　② ㄴ, ㄷ　**③ ㄷ, ㄹ**
④ ㄱ, ㄹ　⑤ ㄱ, ㄷ

3단계 질문에서 묻는 것과 일치하는 지문만 모아놓은 것이 정답!

※ 3단계 패턴 풀이법을 모든 문제에 적용하며 차근차근 풀어보세요.

PART 1 | 민법총칙

01

효력규정이 <u>아닌</u> 것을 모두 고른 것은? (다툼이 있으면 판례에 따름)   32회

> ㄱ. 「부동산등기 특별조치법」상 중간생략등기를 금지하는 규정
> ㄴ. 「공인중개사법」상 개업공인중개사가 중개의뢰인과 직접 거래를 하는 행위를 금지하는 규정
> ㄷ. 「공인중개사법」상 개업공인중개사가 법령에 규정된 중개보수 등을 초과하여 금품을 받는 행위를 금지하는 규정

① ㄱ
② ㄴ
③ ㄷ
④ ㄱ, ㄴ
⑤ ㄴ, ㄷ

02

반사회질서의 법률행위에 해당하여 무효로 되는 것을 모두 고른 것은? (다툼이 있으면 판례에 따름)   27회

> ㄱ. 성립과정에서 강박이라는 불법적 방법이 사용된 데 불과한 법률행위
> ㄴ. 강제집행을 면할 목적으로 허위의 근저당권을 설정하는 행위
> ㄷ. 양도소득세를 회피할 목적으로 실제로 거래한 매매대금보다 낮은 금액으로 매매계약을 체결한 행위
> ㄹ. 이미 매도된 부동산임을 알면서도 매도인의 배임행위에 적극가담하여 이루어진 저당권 설정행위

① ㄷ
② ㄹ
③ ㄱ, ㄴ
④ ㄱ, ㄷ
⑤ ㄴ, ㄹ

03

통정허위표시의 무효는 선의의 '제3자'에게 대항하지 못한다는 규정의 '제3자'에 해당하는 자를 모두 고른 것은? (다툼이 있으면 판례에 따름)   26회

> ㄱ. 통정허위표시에 의한 채권을 가압류한 자
> ㄴ. 통정허위표시에 의해 설정된 전세권에 대해 저당권을 설정받은 자
> ㄷ. 대리인의 통정허위표시에서 본인
> ㄹ. 통정허위표시에 의해 체결된 제3자를 위한 계약에서 제3자

① ㄱ, ㄴ
② ㄱ, ㄷ
③ ㄴ, ㄷ
④ ㄴ, ㄹ
⑤ ㄷ, ㄹ

04

착오에 관한 설명으로 옳은 것을 모두 고른 것은? (다툼이 있으면 판례에 따름)   31회

> ㄱ. 매도인의 하자담보책임이 성립하더라도 착오를 이유로 한 매수인의 취소권은 배제되지 않는다.
> ㄴ. 경과실로 인해 착오에 빠진 표의자가 착오를 이유로 의사표시를 취소한 경우, 상대방에 대하여 불법행위로 인한 손해배상책임을 진다.
> ㄷ. 상대방이 표의자의 착오를 알고 이용한 경우, 표의자는 착오가 중대한 과실로 인한 것이더라도 의사표시를 취소할 수 있다.
> ㄹ. 매도인이 매수인의 채무불이행을 이유로 계약을 적법하게 해제한 후에는 매수인은 착오를 이유로 취소권을 행사할 수 없다.

① ㄱ, ㄴ
② ㄱ, ㄷ
③ ㄱ, ㄹ
④ ㄴ, ㄷ
⑤ ㄴ, ㄹ

05

임의대리에 관한 설명으로 <u>틀린</u> 것을 모두 고른 것은? (다툼이 있으면 판례에 따름) 30회

> ㄱ. 대리인이 수인(數人)인 때에는 공동대리가 원칙이다.
> ㄴ. 권한을 정하지 아니한 대리인은 보존행위만을 할 수 있다.
> ㄷ. 유권대리에 관한 주장 속에는 표현대리의 주장이 포함되어 있다.

① ㄱ   ② ㄴ
③ ㄱ, ㄷ   ④ ㄴ, ㄷ
⑤ ㄱ, ㄴ, ㄷ

06

협의의 무권대리에 관한 설명으로 <u>틀린</u> 것을 모두 고른 것은? (다툼이 있으면 판례에 따름) 23회

> ㄱ. 상대방이 무권대리인의 동의를 얻어 단독행위를 한 경우, 본인은 이를 추인할 수 있다.
> ㄴ. 무권대리행위의 추인은 다른 의사표시가 없는 한, 소급효가 인정되지 않는다.
> ㄷ. 무권대리에 의한 계약의 추인은 그 대리행위로 인한 권리의 승계인에게도 할 수 있다.
> ㄹ. 무권대리행위는 그 효력이 불확정상태에 있다가 본인의 추인 유무에 따라 본인에 대한 효력발생 여부가 결정된다.
> ㅁ. 무권대리행위의 추인과 추인거절의 의사표시는 무권대리인에게 할 수 없다.

① ㄱ, ㄴ   ② ㄴ, ㄹ
③ ㄴ, ㅁ   ④ ㄷ, ㄹ
⑤ ㄱ, ㄹ, ㅁ

07

추인하여도 효력이 생기지 않는 무효인 법률행위를 모두 고른 것은? (다툼이 있으면 판례에 따름) 25회

> ㄱ. 불공정한 법률행위
> ㄴ. 무권대리인의 법률행위
> ㄷ. 불법조건이 붙은 법률행위
> ㄹ. 통정허위표시에 의한 임대차계약

① ㄱ, ㄴ   ② ㄱ, ㄷ
③ ㄴ, ㄹ   ④ ㄱ, ㄷ, ㄹ
⑤ ㄴ, ㄷ, ㄹ

PART 2 | 물권법

08

토지를 점유할 수 있는 물권을 모두 고른 것은? 33회

> ㄱ. 전세권
> ㄴ. 지상권
> ㄷ. 저당권
> ㄹ. 임차권

① ㄱ   ② ㄱ, ㄴ
③ ㄱ, ㄹ   ④ ㄷ, ㄹ
⑤ ㄱ, ㄴ, ㄷ

09

건물임대차계약상 보증금에 관한 설명으로 틀린 것을 모두 고른 것은? (다툼이 있으면 판례에 따름) 33회

> ㄱ. 임대차계약에서 보증금을 지급하였다는 사실에 대한 증명책임은 임차인이 부담한다.
> ㄴ. 임대차계약이 종료하지 않은 경우, 특별한 사정이 없는 한 임차인은 보증금의 존재를 이유로 차임의 지급을 거절할 수 없다.
> ㄷ. 임대차종료 후 보증금이 반환되지 않고 있는 한, 임차인의 목적물에 대한 점유는 적법점유이므로 임차인이 목적물을 계속하여 사용·수익하더라도 부당이득 반환의무는 발생하지 않는다.

① ㄱ   ② ㄴ
③ ㄷ   ④ ㄱ, ㄴ
⑤ ㄴ, ㄷ

10

등기청구권에 관한 설명으로 옳은 것을 모두 고른 것은? (다툼이 있으면 판례에 따름) 32회

> ㄱ. 등기청구권이란 등기권리자와 등기의무자가 함께 국가에 등기를 신청하는 공법상의 권리이다.
> ㄴ. 부동산 매수인이 그 목적물을 인도받아 이를 사용수익하고 있는 이상 그 매수인의 등기청구권은 시효로 소멸하지 않는다.
> ㄷ. 취득시효완성으로 인한 소유권이전등기청구권은 시효완성 당시의 등기명의인이 동의해야만 양도할 수 있다.

① ㄱ   ② ㄴ
③ ㄷ   ④ ㄱ, ㄴ
⑤ ㄴ, ㄷ

11

등기의 추정력에 관한 설명으로 옳은 것을 모두 고른 것은? (다툼이 있으면 판례에 따름) 30회

> ㄱ. 사망자 명의로 신청하여 이루어진 이전등기에는 특별한 사정이 없는 한 추정력이 인정되지 않는다.
> ㄴ. 대리에 의한 매매계약을 원인으로 소유권이전등기가 이루어진 경우, 대리권의 존재는 추정된다.
> ㄷ. 근저당권등기가 행해지면 피담보채권뿐만 아니라 그 피담보채권을 성립시키는 기본계약의 존재도 추정된다.
> ㄹ. 건물 소유권보존등기 명의자가 전(前) 소유자로부터 그 건물을 양수하였다고 주장하는 경우, 전(前) 소유자가 양도사실을 부인하더라도 그 보존등기의 추정력은 깨어지지 않는다.

① ㄱ, ㄴ   ② ㄱ, ㄷ
③ ㄴ, ㄷ   ④ ㄴ, ㄹ
⑤ ㄷ, ㄹ

12

부합에 관한 설명으로 옳은 것을 모두 고른 것은? (다툼이 있으면 판례에 따름) 28회

> ㄱ. 지상권자가 지상권에 기하여 토지에 부속시킨 물건은 지상권자의 소유로 된다.
> ㄴ. 적법한 권원 없이 타인의 토지에 경작한 성숙한 배추의 소유권은 경작자에게 속한다.
> ㄷ. 적법한 권원 없이 타인의 토지에 식재한 수목의 소유권은 토지소유자에게 속한다.
> ㄹ. 건물임차인이 권원에 기하여 증축한 부분은 구조상·이용상 독립성이 없더라도 임차인의 소유에 속한다.

① ㄱ   ② ㄴ, ㄹ
③ ㄱ, ㄴ, ㄷ   ④ ㄴ, ㄷ, ㄹ
⑤ ㄱ, ㄴ, ㄷ, ㄹ

13

건물전세권자와 건물임차권자 모두에게 인정될 수 있는 권리를 모두 고른 것은? 30회

> ㄱ. 유익비상환청구권
> ㄴ. 부속물매수청구권
> ㄷ. 전세금 또는 차임의 증감청구권

① ㄷ   ② ㄱ, ㄴ
③ ㄱ, ㄷ   ④ ㄴ, ㄷ
⑤ ㄱ, ㄴ, ㄷ

14

담보물권이 가지는 특성(통유성) 중에서 유치권에 인정되는 것을 모두 고른 것은? 31회

> ㄱ. 부종성   ㄴ. 수반성
> ㄷ. 불가분성   ㄹ. 물상대위성

① ㄱ, ㄴ   ② ㄱ, ㄹ
③ ㄷ, ㄹ   ④ ㄱ, ㄴ, ㄷ
⑤ ㄴ, ㄷ, ㄹ

15

임차인이 임차물에 관한 유치권을 행사하기 위하여 주장할 수 있는 피담보채권을 모두 고른 것은? (다툼이 있으면 판례에 따름) 27회

> ㄱ. 보증금반환청구권
> ㄴ. 권리금반환청구권
> ㄷ. 필요비상환채무의 불이행으로 인한 손해배상청구권
> ㄹ. 원상회복약정이 있는 경우 유익비상환청구권

① ㄱ   ② ㄷ
③ ㄱ, ㄷ   ④ ㄴ, ㄹ
⑤ ㄱ, ㄴ, ㄹ

16

甲은 X건물에 관하여 생긴 채권을 가지고 있다. 乙의 경매신청에 따라 X건물에 압류의 효력이 발생하였고, 丙은 경매절차에서 X건물의 소유권을 취득하였다. 다음 중 甲이 丙에게 유치권을 행사할 수 있는 경우를 모두 고른 것은? (다툼이 있으면 판례에 따름) 29회

> ㄱ. X건물에 위 압류의 효력이 발생한 후에 甲이 X건물의 점유를 이전받은 경우
> ㄴ. X건물에 위 압류의 효력이 발생한 후에 甲의 피담보채권의 변제기가 도래한 경우
> ㄷ. X건물에 위 압류의 효력이 발생하기 전에 甲이 유치권을 취득하였지만, 乙의 저당권이 甲의 유치권보다 먼저 성립한 경우
> ㄹ. X건물에 위 압류의 효력이 발생하기 전에 甲이 유치권을 취득하였지만, 乙의 가압류등기가 甲의 유치권보다 먼저 마쳐진 경우

① ㄱ, ㄴ   ② ㄴ, ㄷ
③ ㄷ, ㄹ   ④ ㄱ, ㄴ, ㄹ
⑤ ㄱ, ㄷ, ㄹ

17

법률상 특별한 규정이나 당사자 사이에 다른 약정이 없는 경우, 저당권의 효력이 미치는 것을 모두 고른 것은? (다툼이 있으면 판례에 따름) 30회

> ㄱ. 저당권설정 이전의 저당부동산의 종물로서 분리·반출되지 않은 것
> ㄴ. 저당권설정 이후의 저당부동산의 부합물로서 분리·반출되지 않은 것
> ㄷ. 저당부동산에 대한 압류 이전에 저당부동산으로부터 발생한 저당권설정자의 차임채권

① ㄴ   ② ㄱ, ㄴ
③ ㄱ, ㄷ   ④ ㄴ, ㄷ
⑤ ㄱ, ㄴ, ㄷ

18

甲은 乙 소유의 X토지에 저당권을 취득하였다. X토지에 Y건물이 존재할 때, 甲이 X토지와 Y건물에 대해 일괄경매를 청구할 수 있는 경우를 모두 고른 것은? (다툼이 있으면 판례에 따름)

31회

> ㄱ. 甲이 저당권을 취득하기 전, 이미 X토지 위에 乙의 Y건물이 존재한 경우
> ㄴ. 甲이 저당권을 취득한 후, 乙이 X토지 위에 Y건물을 축조하여 소유하고 있는 경우
> ㄷ. 甲이 저당권을 취득한 후, 丙이 X토지에 지상권을 취득하여 Y건물을 축조하고 乙이 그 건물의 소유권을 취득한 경우

① ㄱ   ② ㄴ
③ ㄱ, ㄷ   ④ ㄴ, ㄷ
⑤ ㄱ, ㄴ, ㄷ

PART 3 | 계약법

19

동시이행의 관계에 있는 것을 모두 고른 것은? (다툼이 있으면 판례에 따름)

31회

> ㄱ. 임대차 종료 시 임차보증금 반환의무와 임차물반환의무
> ㄴ. 피담보채권을 변제할 의무와 근저당권설정등기 말소의무
> ㄷ. 매도인의 토지거래허가 신청절차에 협력할 의무와 매수인의 매매대금지급의무
> ㄹ. 토지임차인이 건물매수청구권을 행사한 경우, 토지임차인의 건물인도 및 소유권이전등기의무와 토지임대인의 건물대금지급의무

① ㄹ   ② ㄱ, ㄴ
③ ㄱ, ㄹ   ④ ㄴ, ㄷ
⑤ ㄱ, ㄷ, ㄹ

20

계약해제 시 보호되는 제3자에 해당하지 <u>않는</u> 자를 모두 고른 것은? (다툼이 있으면 판례에 따름)

30회

> ㄱ. 계약해제 전 그 계약상의 채권을 양수하고 이를 피보전권리로 하여 처분금지가처분결정을 받은 채권자
> ㄴ. 매매계약에 의하여 매수인 명의로 이전등기된 부동산을 계약해제 전에 가압류 집행한 자
> ㄷ. 계약해제 전 그 계약상의 채권을 압류한 자

① ㄱ   ② ㄱ, ㄴ
③ ㄱ, ㄷ   ④ ㄴ, ㄷ
⑤ ㄱ, ㄴ, ㄷ

21

동시이행관계에 있는 것을 모두 고른 것은? (단, 이에 관한 특약은 없으며, 다툼이 있으면 판례에 따름)

32회

> ㄱ. 부동산의 매매계약이 체결된 경우 매도인의 소유권이전등기의무와 매수인의 잔대금지급의무
> ㄴ. 임대차 종료 시 임대인의 임차보증금 반환의무와 임차인의 임차물 반환의무
> ㄷ. 매도인의 토지거래허가 신청절차에 협력할 의무와 매수인의 매매대금지급의무

① ㄱ   ② ㄴ
③ ㄷ   ④ ㄱ, ㄴ
⑤ ㄴ, ㄷ

22

유치권과 동시이행항변권에 관한 설명으로 옳은 것을 모두 고른 것은?   25회

ㄱ. 유치권과 동시이행항변권은 점유를 성립요 건으로 한다.

ㄴ. 유치권은 목적물에 관하여 생긴 채권의 담 보를 목적으로 한다.

ㄷ. 유치권과 동시이행항변권은 동시에 서로 병 존할 수 있다.

ㄹ. 유치권은 독립한 물권인 반면, 동시이행항 변권은 이행거절권능에 해당한다.

① ㄱ, ㄴ   ② ㄱ, ㄹ
③ ㄴ, ㄷ   ④ ㄱ, ㄷ, ㄹ
⑤ ㄴ, ㄷ, ㄹ

23

물권적 청구권에 관한 설명으로 옳은 것을 모 두 고른 것은? (다툼이 있으면 판례에 따름) 33회

ㄱ. 지상권을 설정한 토지의 소유자는 그 토지 일부의 불법점유자에 대하여 소유권에 기한 방해배제를 청구할 수 없다.

ㄴ. 토지의 소유권을 양도하여 소유권을 상실한 전(前) 소유자도 그 토지 일부의 불법점유자 에 대하여 소유권에 기한 방해배제를 청구 할 수 있다.

ㄷ. 소유자는 자신의 소유권을 방해할 염려 있 는 행위를 하는 자에 대하여 그 예방이나 손 해배상의 담보를 청구할 수 있다.

① ㄱ   ② ㄷ
③ ㄱ, ㄴ   ④ ㄴ, ㄷ
⑤ ㄱ, ㄴ, ㄷ

24

불특정물의 하자로 인해 매도인의 담보책임이 성립한 경우, 매수인의 권리로 규정된 것을 모 두 고른 것은?   31회

ㄱ. 계약해제권   ㄴ. 손해배상청구권
ㄷ. 대금감액청구권   ㄹ. 완전물급부청구권

① ㄷ   ② ㄱ, ㄷ
③ ㄴ, ㄹ   ④ ㄱ, ㄴ, ㄹ
⑤ ㄱ, ㄴ, ㄷ, ㄹ

25

일시사용을 위한 임대차에서 인정되는 권리를 모두 고른 것은?   25회

ㄱ. 임차인의 비용상환청구권
ㄴ. 임대인의 차임증액청구권
ㄷ. 임차인의 부속물매수청구권
ㄹ. 임차건물의 부속물에 대한 법정질권

① ㄱ   ② ㄹ
③ ㄱ, ㄴ   ④ ㄴ, ㄷ
⑤ ㄷ, ㄹ

26

「주택임대차보호법」의 적용대상이 되는 경우를 모두 고른 것은? (다툼이 있으면 판례에 따름) 27회

> ㄱ. 임차주택이 미등기인 경우
> ㄴ. 임차주택이 일시사용을 위한 것임이 명백하게 밝혀진 경우
> ㄷ. 사무실로 사용되던 건물이 주거용 건물로 용도변경된 경우
> ㄹ. 적법한 임대권한을 가진 자로부터 임차하였으나 임대인이 주택소유자가 아닌 경우

① ㄱ, ㄷ   ② ㄴ, ㄹ
③ ㄱ, ㄷ, ㄹ   ④ ㄴ, ㄷ, ㄹ
⑤ ㄱ, ㄴ, ㄷ, ㄹ

27

상가임대인이 그의 임차인이 주선한 신규임차인으로 되려는 자와 임대차계약의 체결을 거절할 수 있는 경우를 모두 고른 것은? 29회

> ㄱ. 임대차목적물인 상가건물을 6개월 동안 영리목적으로 사용하지 아니한 경우
> ㄴ. 임차인이 주선한 신규임차인이 되려는 자가 보증금을 지급할 자력이 없는 경우
> ㄷ. 임대인이 선택한 신규임차인이 임차인과 권리금계약을 체결하고 그 권리금을 지급한 경우
> ㄹ. 임차인이 주선한 신규임차인이 되려는 자가 임차인으로서의 의무를 위반할 우려가 있는 경우

① ㄱ, ㄴ   ② ㄱ, ㄷ
③ ㄴ, ㄹ   ④ ㄱ, ㄷ, ㄹ
⑤ ㄴ, ㄷ, ㄹ

28

「집합건물의 소유 및 관리에 관한 법률」에 관한 설명으로 옳은 것을 모두 고른 것은? 31회

> ㄱ. 각 공유자는 공용부분을 그 용도에 따라 사용할 수 있다.
> ㄴ. 전유부분에 관한 담보책임의 존속기간은 사용검사일부터 기산한다.
> ㄷ. 구조상 공용부분에 관한 물권의 득실변경은 그 등기를 해야 효력이 발생한다.
> ㄹ. 분양자는 원칙적으로 전유부분을 양수한 구분소유자에 대하여 담보책임을 지지 않는다.

① ㄱ   ② ㄷ
③ ㄱ, ㄴ   ④ ㄱ, ㄹ
⑤ ㄴ, ㄷ, ㄹ

29

甲과 乙의 명의신탁약정에 따라 乙이 丙으로부터 건물을 매수한 후 자신의 명의로 등기한 경우, 「부동산 실권리자명의 등기에 관한 법률」이 적용되는 경우를 모두 고른 것은? (다툼이 있으면 판례에 따름) 27회

> ㄱ. 甲이 탈세 목적으로 명의신탁약정을 한 경우
> ㄴ. 甲과 乙이 묵시적으로 명의신탁약정을 한 경우
> ㄷ. 乙 명의의 등기가 소유권이전등기청구권 보전을 위한 가등기인 경우

① ㄱ   ② ㄷ
③ ㄱ, ㄴ   ④ ㄴ, ㄷ
⑤ ㄱ, ㄴ, ㄷ

박스형 기출문제 정답 & 해설

01	④	02	②	03	①	04	②	05	⑤	06	③	07	②	08	②	09	③	10	②
11	①	12	③	13	⑤	14	④	15	②	16	③	17	②	18	④	19	③	20	③
21	④	22	⑤	23	②	24	④	25	①	26	③	27	⑤	28	①	29	⑤		

PART 1 | 민법총칙

01

(○ |ⓧ)   답 ④

효력규정이 아닌 것을 모두 고른 것은? (다툼이 있으면 판례에 따름)   32회

ㄱ. 「부동산등기 특별조치법」상 중간생략등기를 금지하는 규정 → 단속법규 (○ |ⓧ)

ㄴ. 「공인중개사법」상 개업공인중개사가 중개 의뢰인과 직접 거래를 하는 행위를 금지하는 규정 → 단속법규 (○ |ⓧ)

ㄷ. 「공인중개사법」상 개업공인중개사가 법령에 규정된 중개보수 등을 초과하여 금품을 받는 행위를 금지하는 규정 (ⓞ| ×)
→ 효력법규
---

① ㄱ   ② ㄴ
③ ㄷ   ④ ㄱ, ㄴ
⑤ ㄴ, ㄷ

02

답 ②

반사회질서의 법률행위에 해당하여 무효로 되는 것을 모두 고른 것은? (다툼이 있으면 판례에 따름)   27회   (ⓞ| ×)

ㄱ. 성립과정에서 강박이라는 불법적 방법이 사용된 데 불과한 법률행위 (○ |ⓧ)
→ 법률행위의 성립과정에서 단지 강박이라는 불법적 방법이 사용된 데 불과한 경우는 반사회적 법률행위에 해당하지 않는다.

ㄴ. 강제집행을 면할 목적으로 허위의 근저당권을 설정하는 행위 (○ |ⓧ)

ㄷ. 양도소득세를 회피할 목적으로 실제로 거래한 매매대금보다 낮은 금액으로 매매계약을 체결한 행위 (○ |ⓧ)

ㄹ. 이미 매도된 부동산임을 알면서도 매도인의 배임행위에 적극가담하여 이루어진 저당권 설정행위 (ⓞ| ×)
---

① ㄷ   ② ㄹ
③ ㄱ, ㄴ   ④ ㄱ, ㄷ
⑤ ㄴ, ㄹ

03

답 ①

통정허위표시의 무효는 선의의 '제3자'에게 대항하지 못한다는 규정의 '제3자'에 해당하는 자를 모두 고른 것은? (다툼이 있으면 판례에 따름)

26회

ㄱ. 통정허위표시에 의한 채권을 가압류한 자 (◎|×)

ㄴ. 통정허위표시에 의해 설정된 전세권에 대해 저당권을 설정받은 자 (◎|×)

ㄷ. 대리인의 통정허위표시에서 본인 (ㅇ|⊗)

ㄹ. 통정허위표시에 의해 체결된 제3자를 위한 계약에서 제3자 (ㅇ|⊗)

① ㄱ, ㄴ   ② ㄱ, ㄷ

③ ㄴ, ㄷ   ④ ㄴ, ㄹ

⑤ ㄷ, ㄹ

보충➕

통정허위표시에 의한 채권을 가압류한 자와 통정허위표시에 의해 설정된 전세권에 대해 저당권을 설정받은 자는 허위표시를 기초로 새로운 이해관계를 맺은 자이므로 제108조 제2항의 제3자에 해당한다.

04

답 ②

착오에 관한 설명으로 옳은 것을 모두 고른 것은? (다툼이 있으면 판례에 따름)

31회

ㄱ. 매도인의 하자담보책임이 성립하더라도 착오를 이유로 한 매수인의 취소권은 배제되지 않는다. (◎|×)

ㄴ. 경과실로 인해 착오에 빠진 표의자가 착오를 이유로 의사표시를 ~~취소한 경우~~, 상대방에 대
→ 취소하더라도
하여 불법행위로 인한 손해배상책임을 ~~진다.~~
→ 지지 않는다. (ㅇ|⊗)

ㄷ. 상대방이 표의자의 착오를 알고 이용한 경우, 표의자는 착오가 중대한 과실로 인한 것이더라도 의사표시를 취소할 수 있다. (◎|×)

ㄹ. 매도인이 매수인의 채무불이행을 이유로 계약을 적법하게 해제한 후에는 매수인은 착오를 이유로 취소권을 행사할 수 ~~없다.~~
→ 있다. (ㅇ|⊗)

① ㄱ, ㄴ   ② ㄱ, ㄷ

③ ㄱ, ㄹ   ④ ㄴ, ㄷ

⑤ ㄴ, ㄹ

05

(ㅇ|ⓧ) 답 ⑤

임의대리에 관한 설명으로 틀린 것을 모두 고른 것은? (다툼이 있으면 판례에 따름) 30회

ㄱ. 대리인이 수인(數人)인 때에는 공동대리가 원칙이다. (ㅇ|ⓧ)
→ 각자가 본인을 대리한다.

ㄴ. 권한을 정하지 아니한 대리인은 보존행위만을 할 수 있다. (ㅇ|ⓧ)
→ 보존행위와 대리의 목적인 물건이나 권리의 성질이 변하지 아니하는 범위에서 그 이용 또는 개량하는 행위를 할 수 있다.

ㄷ. 유권대리에 관한 주장 속에는 표현대리의 주장이 포함되어 있다. (ㅇ|ⓧ)
→ 포함되어 있다고 볼 수 없다.

① ㄱ
② ㄴ
③ ㄱ, ㄷ
④ ㄴ, ㄷ
⑤ ㄱ, ㄴ, ㄷ

06

(ㅇ|ⓧ) 답 ③

협의의 무권대리에 관한 설명으로 틀린 것을 모두 고른 것은? (다툼이 있으면 판례에 따름)

23회

ㄱ. 상대방이 무권대리인의 동의를 얻어 단독행위를 한 경우, 본인은 이를 추인할 수 있다. (ⓞ|×)

ㄴ. 무권대리행위의 추인은 다른 의사표시가 없는 한, 소급효가 인정되지 않는다.
→ 소급효가 원칙이다. (ㅇ|ⓧ)

ㄷ. 무권대리에 의한 계약의 추인은 그 대리행위로 인한 권리의 승계인에게도 할 수 있다. (ⓞ|×)

ㄹ. 무권대리행위는 그 효력이 불확정상태에 있다가 본인의 추인 유무에 따라 본인에 대한 효력발생 여부가 결정된다. (ⓞ|×)

ㅁ. 무권대리행위의 추인과 추인거절의 의사표시는 무권대리인에게 할 수 없다. (ㅇ|ⓧ)
→ 무권대리행위에 대한 추인은 무권대리인, 상대방 및 상대방의 승계인 모두에게 할 수 있다.

① ㄱ, ㄴ
② ㄴ, ㄹ
③ ㄴ, ㅁ
④ ㄷ, ㄹ
⑤ ㄱ, ㄹ, ㅁ

07

(◎ ×) 답 ②

추인하여도 효력이 생기지 않는 무효인 법률행위 를 모두 고른 것은? (다툼이 있으면 판례에 따름)

25회

ㄱ. 불공정한 법률행위 (◎ ×)

→ 불공정한 법률행위는 절대적 무효이므로 무효행위의 추인규정이 적용되지 않는다.

ㄴ. 무권대리인의 법률행위 (○ ⊗)

ㄷ. 불법조건이 붙은 법률행위 (◎ ×)

→ 불법조건부 법률행위는 절대적 무효이므로 무효행위의 추인규정이 적용되지 않는다.

ㄹ. 통정허위표시에 의한 임대차계약 (○ ⊗)

① ㄱ, ㄴ　　　　② ㄱ, ㄷ

③ ㄴ, ㄹ　　　　④ ㄱ, ㄷ, ㄹ

⑤ ㄴ, ㄷ, ㄹ

PART 2 | 물권법

08

(◎ ×) 답 ②

토지를 점유할 수 있는 물권을 모두 고른 것은?

33회

ㄱ. 전세권 → 제303조 (◎ ×)

ㄴ. 지상권 → 제279조 (◎ ×)

ㄷ. 저당권 (○ ⊗)

→ 저당권은 저당부동산을 점유할 권리가 없는 물권이다 (제356조).

ㄹ. 임차권 (○ ⊗)

→ 임차권은 토지를 점유할 수 있는 권리이지만 채권에 해당한다(제618조).

① ㄱ　　　　② ㄱ, ㄴ

③ ㄱ, ㄹ　　　　④ ㄷ, ㄹ

⑤ ㄱ, ㄴ, ㄷ

09 　　　　　　　　　　　답 ③

건물임대차계약상 보증금에 관한 설명으로 틀린 것을 모두 고른 것은? (다툼이 있으면 판례에 따름) (ㅇ| ⓧ) 　　　　33회

> ㄱ. 임대차계약에서 보증금을 지급하였다는 사실에 대한 증명책임은 임차인이 부담한다. (ⓞ | ×)
>
> → 임대차계약에 기한 보증금 및 임료의 지급사실에 대한 증명책임은 임차인에게 있다.
>
> ㄴ. 임대차계약이 종료하지 않은 경우, 특별한 사정이 없는 한 임차인은 보증금의 존재를 이유로 차임의 지급을 거절할 수 없다. (ⓞ | ×)
>
> → 임대차계약이 종료하지 않은 경우, 특별한 사정이 없는 한 임차인은 보증금의 존재를 이유로 차임의 지급을 거절하거나 그 연체에 따른 채무불이행 책임을 면할 수 없다.
>
> ㄷ. 임대차종료 후 보증금이 반환되지 않고 있는 한, 임차인의 목적물에 대한 점유는 적법점유이므로 임차인이 목적물을 계속하여 사용·수익하더라도 부당이득 반환의무는 발생하지 않는다. (ㅇ | ⓧ)
>
> → 임대차종료 후 보증금이 반환되지 않고 있는 한, 임차인의 목적물에 대한 점유는 적법한 점유이지만 임차인이 목적물을 계속하여 사용·수익한 경우에는 차임 상당의 부당이득 반환의무를 진다.

① ㄱ 　　　　　　　② ㄴ

③ ㄷ 　　　　　　　④ ㄱ, ㄴ

⑤ ㄴ, ㄷ

10 　　　(ⓞ| ×) 　답 ②

등기청구권에 관한 설명으로 옳은 것을 모두 고른 것은? (다툼이 있으면 판례에 따름) 　　　32회

> ㄱ. 등기청구권이란 등기권리자와 등기의무자가 함께 국가에 등기를 신청하는 공법상의 권리이다. (ㅇ | ⓧ)
>
> → 등기청구권이란 등기권리자가 등기의무자에 대하여 등기신청에 협력할 것을 청구할 수 있는 사법상의 권리이고, 등기신청권은 개인이 국가기관인 등기관에게 등기를 해 줄 것을 요청하는 공법상의 권리이다.
>
> ㄴ. 부동산 매수인이 그 목적물을 인도받아 이를 사용수익하고 있는 이상 그 매수인의 등기청구권은 시효로 소멸하지 않는다. (ⓞ | ×)
>
> → 부동산의 매수인이 부동산을 인도받아 사용·수익하고 있는 한 매수인의 등기청구권은 소멸시효에 걸리지 않는다.
>
> ㄷ. 취득시효완성으로 인한 소유권이전등기청구권은 시효완성 당시의 등기명의인이 동의해야만 양도할 수 있다. (ㅇ | ⓧ)
>
> → 점유취득시효의 완성으로 점유자가 소유자에 대해 갖는 소유권이전등기청구권은 통상의 채권양도 법리에 따라 양도될 수 있다. 따라서 소유자의 동의가 없어도 등기청구권 양도사실에 대한 시효완성자의 소유자에 대한 통지만으로 소유자에 대한 대항력이 생긴다.

① ㄱ 　　　　　　　② ㄴ

③ ㄷ 　　　　　　　④ ㄱ, ㄴ

⑤ ㄴ, ㄷ

11

(◎|×) 답 ①

등기의 추정력에 관한 설명으로 옳은 것을 모두 고른 것은? (다툼이 있으면 판례에 따름) 30회

ㄱ. 사망자 명의로 신청하여 이루어진 이전등기에는 특별한 사정이 없는 한 추정력이 인정되지 않는다. (◎|×)

ㄴ. 대리에 의한 매매계약을 원인으로 소유권이전등기가 이루어진 경우, 대리권의 존재는 추정된다. (◎|×)

ㄷ. 근저당권등기가 행해지면 피담보채권뿐만 아니라 그 피담보채권을 성립시키는 기본계약의 존재도 추정된다. (ㅇ|⊗)

→ 근저당권설정등기의 경우에도 피담보채권을 성립시키는 기본계약의 존재는 추정되지 않는다. 따라서 근저당권의 피담보채권을 성립시키는 법률행위가 있었는지 여부에 대한 증명책임은 그 존재를 주장하는 측에 있다.

ㄹ. 건물 소유권보존등기 명의자가 전(前) 소유자로부터 그 건물을 양수하였다고 주장하는 경우, 전(前) 소유자가 양도사실을 부인하더라도 그 보존등기의 추정력은 깨어지지 않는다. (ㅇ|⊗)

→ 소유권보존등기의 명의인이 부동산을 양수받은 것이라 주장하는데 전 소유자가 양도사실을 부인하는 경우 보존등기의 추정력은 깨어진다.

① ㄱ, ㄴ ② ㄱ, ㄷ

③ ㄴ, ㄷ ④ ㄴ, ㄹ

⑤ ㄷ, ㄹ

12

(◎|×) 답 ③

부합에 관한 설명으로 옳은 것을 모두 고른 것은? (다툼이 있으면 판례에 따름) 28회

ㄱ. 지상권자가 지상권에 기하여 토지에 부속시킨 물건은 지상권자의 소유로 된다. (◎|×)

→ 부동산의 소유자는 그 부동산에 부합한 물건의 소유권을 취득한다. 그러나 타인의 권원에 의하여 부속된 것은 그러하지 아니하다.

ㄴ. 적법한 권원 없이 타인의 토지에 경작한 성숙한 배추의 소유권은 경작자에게 속한다. (◎|×)

ㄷ. 적법한 권원 없이 타인의 토지에 식재한 수목의 소유권은 토지소유자에게 속한다. (◎|×)

ㄹ. 건물임차인이 권원에 기하여 증축한 부분은 구조상·이용상 독립성이 없더라도 임차안 → 임대인

의 소유에 속한다. (ㅇ|⊗)

① ㄱ ② ㄴ, ㄹ

③ ㄱ, ㄴ, ㄷ ④ ㄴ, ㄷ, ㄹ

⑤ ㄱ, ㄴ, ㄷ, ㄹ

13

(◎ ×) ◄ 답 ⑤

건물전세권자와 건물임차권자 모두에게 인정될 수 있는 권리를 모두 고른 것은?

30회

ㄱ. 유익비상환청구권　　　　　　(◎ ×)

　→ 전세권자와 임차인 모두 유익비상환청구권이 인정된다.

ㄴ. 부속물매수청구권　　　　　　(◎ ×)

　→ 건물전세권자와 건물임차인 모두 부속물매수청구권이 인정된다.

ㄷ. 전세금 또는 차임의 증감청구권　(◎ ×)

　→ 전세금이 목적부동산에 관한 조세·공과금 기타 부담의 증감
　이나 경제사정의 변동으로 인하여 상당하지 아니하게 된
　때에는 당사자는 장래에 대하여 그 증감을 청구할 수 있고,
　임대물에 대한 공과부담의 증감 기타 경제사정의 변동으로
　인하여 약정한 차임이 상당하지 아니하게 된 때에는 당사
　자는 장래에 대한 차임의 증감을 청구할 수 있다.

---

① ㄷ　　　　　　　② ㄱ, ㄴ

③ ㄱ, ㄷ　　　　　④ ㄴ, ㄷ

⑤ ㄱ, ㄴ, ㄷ

14

► (◎ ×) 답 ④

담보물권이 가지는 특성(통유성) 중에서 유치권에 인정되는 것을 모두 고른 것은?

31회

ㄱ. 부종성　　　　　　　　　　(◎ ×)

　→ 유치권은 종된 권리이므로, 피담보채권이 성립하여야 유치권
　도 성립하고 피담보채권이 소멸하면 유치권도 함께 소멸한
　다. 이를 부종성이라 한다.

ㄴ. 수반성　　　　　　　　　　(◎ ×)

　→ 유치권은 종된 권리이므로, 피담보채권이 이전하면 유치권도
　함께 이전된다. 이를 수반성이라 한다.

ㄷ. 불가분성　　　　　　　　　(◎ ×)

　→ 유치권자는 채권 전부의 변제를 받을 때까지 유치물 전부에
　대하여 그 권리를 행사할 수 있다(제321조). 이를 불가분성
　이라 한다.

ㄹ. 물상대위성　　　　　　　　(○ ⊗)

　→ 물상대위성(物上代位性)이란 담보물권의 목적물이 멸실, 훼
　손, 공용징수로 인하여 그 목적물에 갈음하는 금전 기타 물건
　으로 변하여 소유자에게 귀속하는 경우 담보물권은 그 가치적
　변형물에도 효력이 미치는 것을 말한다. 물상대위성은 우선
　변제권이 인정되는 질권과 저당권에만 인정이 되고(제370
　조), 유치권에는 인정되지 않는다.

---

① ㄱ, ㄴ　　　　　　② ㄱ, ㄹ

③ ㄷ, ㄹ　　　　　　④ ㄱ, ㄴ, ㄷ

⑤ ㄴ, ㄷ, ㄹ

15

임차인이 임차물에 관한 유치권을 행사하기 위하여 주장할 수 있는 피담보채권을 모두 고른 것은? (다툼이 있으면 판례에 따름) 27회

답 ②

> →(○)×)

ㄱ. 보증금반환청구권 (○ |(×))

→ 보증금반환청구권은 채권과 목적물 사이의 견련성이 인정되지 않으므로 유치권이 성립할 수 없다.

ㄴ. 권리금반환청구권 (○ |(×))

→ 임대인과 임차인 사이에 건물명도 시 권리금을 반환하기로 하는 약정이 있었다 하더라도 그와 같은 권리금반환청구권은 건물에 관하여 생긴 채권이라 할 수 없으므로 그와 같은 채권을 가지고 건물에 대한 유치권을 행사할 수 없다.

ㄷ. 필요비상환채무의 불이행으로 인한 손해배상청구권 ((○)| ×)

→ 목적물에 지출한 비용상환청구권은 목적물과의 견련성이 인정되므로 유치권이 성립한다.

ㄹ. 원상회복약정이 있는 경우 유익비상환청구권 (○ |(×))

→ 임대차 종료 시에 임차인이 건물을 원상으로 복구하여 임대인에게 명도하기로 약정한 것은 건물에 지출한 각종 유익비 또는 필요비의 상환청구권을 미리 포기하기로 한 취지의 특약이라고 볼 수 있어 임차인은 유치권을 주장할 수 없다.

---

① ㄱ
②(○) ㄷ
③ ㄱ, ㄷ
④ ㄴ, ㄹ
⑤ ㄱ, ㄴ, ㄹ

16

甲은 X건물에 관하여 생긴 채권을 가지고 있다. 乙의 경매신청에 따라 X건물에 압류의 효력이 발생하였고, 丙은 경매절차에서 X건물의 소유권을 취득하였다. 다음 중 甲이 丙에게 유치권을 행사할 수 있는 경우를 모두 고른 것은? (다툼이 있으면 판례에 따름) 29회

답 ③

> →(○)×)

ㄱ. X건물에 위 압류의 효력이 발생한 후에 甲이 X건물의 점유를 이전받은 경우 (○ |(×))

ㄴ. X건물에 위 압류의 효력이 발생한 후에 甲의 피담보채권의 변제기가 도래한 경우 (○ |(×))

→ 경매개시결정의 등기(압류의 효력이 발생) 후에 성립한 유치권의 경우에는 경매절차의 매수인에게 유치권을 주장할 수 없다.

ㄷ. X건물에 위 압류의 효력이 발생하기 전에 甲이 유치권을 취득하였지만, 乙의 저당권이 甲의 유치권보다 먼저 성립한 경우 ((○)| ×)

ㄹ. X건물에 위 압류의 효력이 발생하기 전에 甲이 유치권을 취득하였지만, 乙의 가압류등기가 甲의 유치권보다 먼저 마쳐진 경우 ((○)| ×)

→ 경매개시결정의 등기(압류의 효력이 발생) 전에 성립한 유치권의 경우에는 경매절차의 매수인에게 유치권을 주장할 수 있다.

---

① ㄱ, ㄴ
② ㄴ, ㄷ
③(○) ㄷ, ㄹ
④ ㄱ, ㄴ, ㄹ
⑤ ㄱ, ㄷ, ㄹ

17

답 ②

법률상 특별한 규정이나 당사자 사이에 다른 약정이 없는 경우, 저당권의 효력이 미치는 것을 모두 고른 것은? (다툼이 있으면 판례에 따름)

30회

> ㄱ. 저당권설정 이전의 저당부동산의 종물로서 분리·반출되지 않은 것 (○ │ ×)
>
> → 종물도 저당권설정 전부터 존재하였던 것뿐만 아니라 그 설정등기 후에 새로이 생긴 것이든 원칙적으로 저당권의 효력이 미친다.
>
> ㄴ. 저당권설정 이후의 저당부동산의 부합물로서 분리·반출되지 않은 것 (○ │ ×)
>
> → 부합물이 저당권설정 당시에 부합한 것이든 그 후에 부합한 것이든 원칙적으로 저당권의 효력이 미친다.
>
> ㄷ. 저당부동산에 대한 압류 이전에 저당부동산으로부터 발생한 저당권설정자의 차임채권 (○ │ ×)
>
> → 저당부동산에 대한 압류가 없는 한 과실(차임)에는 저당권의 효력이 미치지 않는다.

① ㄴ   ② ㄱ, ㄴ
③ ㄱ, ㄷ   ④ ㄴ, ㄷ
⑤ ㄱ, ㄴ, ㄷ

18

답 ④

甲은 乙 소유의 X토지에 저당권을 취득하였다. X토지에 Y건물이 존재할 때, 甲이 X토지와 Y건물에 대해 일괄경매를 청구할 수 있는 경우를 모두 고른 것은? (다툼이 있으면 판례에 따름)

31회

> ㄱ. 甲이 저당권을 취득하기 전, 이미 X토지 위에 乙의 Y건물이 존재한 경우 (○ │ ×)
>
> → 甲이 저당권을 취득하기 전, 이미 X토지 위에 乙의 Y건물이 존재한 경우에는 일괄경매청구권이 인정되지 않는다.
>
> ㄴ. 甲이 저당권을 취득한 후, 乙이 X토지 위에 Y건물을 축조하여 소유하고 있는 경우 (○ │ ×)
>
> → 甲이 저당권을 취득한 후, 乙이 X토지 위에 Y건물을 축조하여 소유하고 있는 경우에는 일괄경매청구권이 인정된다.
>
> ㄷ. 甲이 저당권을 취득한 후, 丙이 X토지에 지상권을 취득하여 Y건물을 축조하고 乙이 그 건물의 소유권을 취득한 경우 (○ │ ×)
>
> → 甲이 저당권을 취득한 후, 丙이 X토지에 지상권을 취득하여 Y건물을 축조하고 乙이 그 건물의 소유권을 취득한 경우에는 일괄경매청구권이 인정된다.

① ㄱ   ② ㄴ
③ ㄱ, ㄷ   ④ ㄴ, ㄷ
⑤ ㄱ, ㄴ, ㄷ

19 ◎ ×) 답 ③

동시이행의 관계에 있는 것을 모두 고른 것은?

(다툼이 있으면 판례에 따름) 31회

> ㄱ. 임대차 종료 시 임차보증금 반환의무와 임차
> 물반환의무 ◎ ×)
>> → 임대차 종료 시 임차보증금 반환의무와 임차물반환의무는 동
>> 시이행관계이다.
>
> ㄴ. 피담보채권을 변제할 의무와 근저당권설정
> 등기 말소의무 (○ ◎×)
>> → 피담보채권을 변제할 의무와 근저당권설정등기 말소의무는 동
>> 시이행관계가 아니며, 피담보채무의 변제가 선이행의무이다.
>
> ㄷ. 매도인의 토지거래허가 신청절차에 협력할
> 의무와 매수인의 매매대금지급의무
> (○ ◎×)
>> → 매도인의 토지거래허가 신청절차에 협력할 의무와 매수인의
>> 매매대금지급의무는 동시이행관계가 아니다.
>
> ㄹ. 토지임차인이 건물매수청구권을 행사한 경
> 우, 토지임차인의 건물인도 및 소유권이전등
> 기의무와 토지임대인의 건물대금지급의무
> ◎ ×)
>> → 토지임차인이 건물매수청구권을 행사한 경우, 토지임차인의
>> 건물인도 및 소유권이전등기의무와 토지임대인의 건물대금지
>> 급의무는 동시이행관계이다.

① ㄹ ② ㄱ, ㄴ
③ ㄱ, ㄹ ④ ㄴ, ㄷ
⑤ ㄱ, ㄷ, ㄹ

20 답 ③

계약해제 시 보호되는 제3자에 해당하지 <u>않는</u> 자를 모두 고른 것은? (다툼이 있으면 판례에 따름)

(○ ◎×) ← 30회

> ㄱ. 계약해제 전 그 계약상의 채권을 양수하고
> 이를 피보전권리로 하여 처분금지가처분결
> 정을 받은 채권자 (○ ◎×)
>> → 계약이 해제되기 전에 계약상의 채권을 양수하여 이를 피보
>> 전권리로 하여 처분금지가처분결정을 받은 자는 제548조
>> 제1항 단서의 제3자에 해당하지 않는다.
>
> ㄴ. 매매계약에 의하여 매수인 명의로 이전등기
> 된 부동산을 계약해제 전에 가압류 집행한 자
> ◎ ×)
>> → 해제된 매매계약에 의하여 채무자의 책임재산이 된 부동산
>> 을 가압류 집행한 가압류채권자도 원칙적으로 제548조 제1
>> 항 단서에서 말하는 제3자에 포함된다.
>
> ㄷ. 계약해제 전 그 계약상의 채권을 압류한 자
> (○ ◎×)
>> → 계약상의 채권을 양수한 자나 그 채권 자체를 압류 또는 전
>> 부한 채권자는 제548조 제1항 단서에서 말하는 제3자에
>> 해당하지 않는다.

① ㄱ ② ㄱ, ㄴ
③ ㄱ, ㄷ ④ ㄴ, ㄷ
⑤ ㄱ, ㄴ, ㄷ

21 (◎ | ×) 답 ④

동시이행관계에 있는 것을 모두 고른 것은?
(단, 이에 관한 특약은 없으며, 다툼이 있으면 판례에 따름)
32회

ㄱ. 부동산의 매매계약이 체결된 경우 매도인의 소유권이전등기의무와 매수인의 잔대금지급의무 (◎ | ×)
→ 부동산의 매매계약이 체결된 경우에는 매도인의 소유권이전등기의무 및 인도의무와 매수인의 대금지급의무는 동시이행의 관계에 있다.

ㄴ. 임대차 종료 시 임대인의 임차보증금 반환의무와 임차인의 임차물 반환의무 (◎ | ×)
→ 임대차 종료 후 임차인의 임차목적물명도의무와 임대인의 연체차임 기타 손해배상금을 공제하고 남은 임대차보증금반환채무와는 동시이행의 관계에 있다.

ㄷ. 매도인의 토지거래허가 신청절차에 협력할 의무와 매수인의 매매대금지급의무 (ㅇ | ⊗)
→ 매도인의 토지거래허가 신청절차 협력의무와 매수인의 대금지급의무는 동시이행관계가 아니므로 매도인이 그 대금지급채무의 변제 시까지 협력의무의 이행을 거절할 수 있는 것은 아니다.

① ㄱ
② ㄴ
③ ㄷ
④ ㄱ, ㄴ
⑤ ㄴ, ㄷ

22 답 ⑤

유치권과 동시이행항변권에 관한 설명으로 옳은 것을 모두 고른 것은? (◎ | ×) ← 25회

ㄱ. 유치권과 동시이행항변권은 점유를 성립요건으로 한다. (ㅇ | ⊗)
→ 유치권의 경우에는 점유가 성립요건이나, 동시이행의 항변권의 경우에는 점유가 성립요건이 아니다.

ㄴ. 유치권은 목적물에 관하여 생긴 채권의 담보를 목적으로 한다. (◎ | ×)

ㄷ. 유치권과 동시이행항변권은 동시에 서로 병존할 수 있다. (◎ | ×)

ㄹ. 유치권은 독립한 물권인 반면, 동시이행항변권은 이행거절권능에 해당한다. (◎ | ×)

① ㄱ, ㄴ
② ㄱ, ㄹ
③ ㄴ, ㄷ
④ ㄱ, ㄷ, ㄹ
⑤ ㄴ, ㄷ, ㄹ

23

물권적 청구권에 관한 설명으로 옳은 것을 모두 고른 것은? (다툼이 있으면 판례에 따름) 33회

(◎│×) 답 ②

> ㄱ. 지상권을 설정한 토지의 소유자는 그 토지 일부의 불법점유자에 대하여 소유권에 기한 방해배제를 청구할 수 없다. (ㅇ│⊗)
>
> → 지상권을 설정한 토지의 소유자는 불법점유자에 대하여 소유권에 기한 방해제거청구권을 행사할 수 있다.
>
> ㄴ. 토지의 소유권을 양도하여 소유권을 상실한 전(前) 소유자도 그 토지 일부의 불법점유자에 대하여 소유권에 기한 방해배제를 청구할 수 있다. (ㅇ│⊗)
>
> → 소유권에 기한 물권적 청구권은 소유권과 분리하여 양도할 수 없으므로 소유권을 상실한 전 소유자는 소유권에 기한 물권적 청구권을 행사하지 못한다.
>
> ㄷ. 소유자는 자신의 소유권을 방해할 염려 있는 행위를 하는 자에 대하여 그 예방이나 손해배상의 담보를 청구할 수 있다.
> → 제214조 후단 (◎│×)

① ㄱ
② ㄷ
③ ㄱ, ㄴ
④ ㄴ, ㄷ
⑤ ㄱ, ㄴ, ㄷ

24

불특정물의 하자로 인해 매도인의 담보책임이 성립한 경우, 매수인의 권리로 규정된 것을 모두 고른 것은? 31회

(◎│×)

답 ④

> ㄱ. 계약해제권 (◎│×)
>
> → 종류물매매의 목적물에 하자가 있는 경우 매수인은 하자로 계약의 목적을 달성할 수 없는 경우에는 계약을 해제할 수 있다.

> ㄴ. 손해배상청구권 (◎│×)
>
> → 매수인은 하자로 계약의 목적을 달성할 수 있는 경우에는 손해배상만 청구할 수 있다. 그러나 하자로 계약의 목적을 달성할 수 없는 경우에는 계약해제와 함께 손해배상을 청구할 수 있다.
>
> ㄷ. 대금감액청구권 (ㅇ│⊗)
>
> ㄹ. 완전물급부청구권 (◎│×)
>
> → 매수인은 계약해제권과 손해배상청구권을 행사하지 않고 하자 없는 물건의 급부를 청구할 수도 있다.

① ㄷ
② ㄱ, ㄷ
③ ㄴ, ㄹ
④ ㄱ, ㄴ, ㄹ
⑤ ㄱ, ㄴ, ㄷ, ㄹ

25

일시사용을 위한 임대차에서 인정되는 권리를 모두 고른 것은? 25회

(◎│×) 답 ①

> ㄱ. 임차인의 비용상환청구권 (◎│×)
>
> ㄴ. 임대인의 차임증액청구권 (ㅇ│⊗)
>
> ㄷ. 임차인의 부속물매수청구권 (ㅇ│⊗)
>
> ㄹ. 임차건물의 부속물에 대한 법정질권 (ㅇ│⊗)

① ㄱ
② ㄹ
③ ㄱ, ㄴ
④ ㄴ, ㄷ
⑤ ㄷ, ㄹ

보충 ➕

일시사용을 위한 임대차에도 임차인의 비용상환청구권에 관한 규정이 준용된다.
일시사용을 위한 임대차에는 차임증감청구권(제628조), 해지통고의 전차인에 대한 통지(제638조), 차임연체와 해지(제640조), 건물임차인의 부속물매수청구권(제646조), 건물전차인의 부속물매수청구권(제647조), 토지임대인의 법정질권(제648조), 건물임대인의 법정질권(제650조), 편면적 강행규정(제652조)이 적용되지 않는다.

26

(◎ ×) 답 ③

「주택임대차보호법」의 적용대상이 되는 경우를 모두 고른 것은? (다툼이 있으면 판례에 따름)

27회

ㄱ. 임차주택이 미등기인 경우 (◎ ×)

→ 미등기전세의 경우에 「주택임대차보호법」이 적용된다.

ㄴ. 임차주택이 일시사용을 위한 것임이 명백하게 밝혀진 경우 (○ ⊗)

→ 일시사용을 위한 임대차인 경우에는 「주택임대차보호법」이 적용되지 않는다.

ㄷ. 사무실로 사용되던 건물이 주거용 건물로 용도변경된 경우 (◎ ×)

→ 점포 및 사무실로 사용되던 건물이 주거용 건물로 용도변경된 경우에도 「주택임대차보호법」이 적용된다.

ㄹ. 적법한 임대권한을 가진 자로부터 임차하였으나 임대인이 주택소유자가 아닌 경우 (◎ ×)

→ 주택의 소유자는 아니지만 그 주택에 대한 적법한 임대권한을 가지는 명의신탁자와 체결된 주택임대차에 대해서도 「주택임대차보호법」이 적용된다.

① ㄱ, ㄷ ② ㄴ, ㄹ
③ ㄱ, ㄷ, ㄹ ④ ㄴ, ㄷ, ㄹ
⑤ ㄱ, ㄴ, ㄷ, ㄹ

27

답 ⑤

상가임대인이 그의 임차인이 주선한 신규임차인으로 되려는 자와 임대차계약의 체결을 거절할 수 있는 경우를 모두 고른 것은? 29회

(◎ ×)

ㄱ. 임대차목적물인 상가건물을 6개월 동안 영리목적으로 사용하지 아니한 경우 (○ ⊗)

ㄴ. 임차인이 주선한 신규임차인이 되려는 자가 보증금을 지급할 자력이 없는 경우 (◎ ×)

ㄷ. 임대인이 선택한 신규임차인이 임차인과 권리금계약을 체결하고 그 권리금을 지급한 경우 (◎ ×)

ㄹ. 임차인이 주선한 신규임차인이 되려는 자가 임차인으로서의 의무를 위반할 우려가 있는 경우 (◎ ×)

① ㄱ, ㄴ ② ㄱ, ㄷ
③ ㄴ, ㄹ ④ ㄱ, ㄷ, ㄹ
⑤ ㄴ, ㄷ, ㄹ

보충+

임대차목적물인 상가건물을 1년 6개월 동안 영리목적으로 사용하지 아니한 경우에 상가임대인이 그의 임차인이 주선한 신규임차인으로 되려는 자와 임대차계약의 체결을 거절할 수 있다(「상가건물 임대차보호법」 제10조의4 제2항 제3호 참조).

28

답 ①

「집합건물의 소유 및 관리에 관한 법률」에 관한 설명으로 옳은 것을 모두 고른 것은?   31회

> ㄱ. 각 공유자는 공용부분을 그 용도에 따라 사용할 수 있다. (◎ ×)
>
> ㄴ. 전유부분에 관한 담보책임의 존속기간은 사용검사일부터 기산한다. (○ ×)
>   → 구분소유자에게 인도한 날부터
>
> ㄷ. 구조상 공용부분에 관한 물권의 득실변경은 그 등기를 해야 효력이 발생한다. (○ ×)
>   → 등기가 필요하지 않다.
>
> ㄹ. 분양자는 원칙적으로 전유부분을 양수한 구분소유자에 대하여 담보책임을 지지 않는다. (○ ×)
>   → 담보책임을 진다.

① ㄱ
② ㄷ
③ ㄱ, ㄴ
④ ㄱ, ㄹ
⑤ ㄴ, ㄷ, ㄹ

29

답 ⑤

甲과 乙의 명의신탁약정에 따라 乙이 丙으로부터 건물을 매수한 후 자신의 명의로 등기한 경우, 「부동산 실권리자명의 등기에 관한 법률」이 적용되는 경우를 모두 고른 것은? (다툼이 있으면 판례에 따름)   27회

> ㄱ. 甲이 탈세 목적으로 명의신탁약정을 한 경우 (◎ ×)
>   → 탈세를 목적으로 명의신탁약정을 한 경우에는 「부동산 실권리자명의 등기에 관한 법률」이 적용된다.
>
> ㄴ. 甲과 乙이 묵시적으로 명의신탁약정을 한 경우 (◎ ×)
>   → 명시적인 명의신탁뿐만 아니라 묵시적으로 명의신탁약정을 한 경우에도 동법이 적용된다.
>
> ㄷ. 乙 명의의 등기가 소유권이전등기청구권 보전을 위한 가등기인 경우 (◎ ×)
>   → 수탁자 명의로 소유권이전등기가 된 경우뿐만 아니라 소유권이전등기청구권 보전을 위한 가등기가 된 경우에도 동법이 적용된다.

① ㄱ
② ㄷ
③ ㄱ, ㄴ
④ ㄴ, ㄷ
⑤ ㄱ, ㄴ, ㄷ

04 | 최신 기출문제

2024년 제35회 기출문제

01

반사회질서의 법률행위에 해당하는 것은? (다툼이 있으면 판례에 따름)

① 법령에서 정한 한도를 초과하는 부동산 중개수수료 약정
② 강제집행을 면할 목적으로 허위의 근저당권을 설정하는 행위
③ 다수의 보험계약을 통해 보험금을 부정취득할 목적으로 체결한 보험계약
④ 반사회적 행위에 의하여 조성된 비자금을 소극적으로 은닉하기 위한 임치계약
⑤ 양도소득세를 회피할 목적으로 실제 거래가액보다 낮은 금액을 대금으로 기재한 매매계약

02

甲은 강제집행을 피하기 위해 자신의 X부동산을 乙에게 가장매도하여 소유권이전등기를 해 주었는데, 乙이 이를 丙에게 매도하고 소유권이전등기를 해 주었다. 다음 설명 중 틀린 것은? (다툼이 있으면 판례에 따름)

① 甲과 乙 사이의 계약은 무효이다.
② 甲과 乙 사이의 계약은 채권자취소권의 대상이 될 수 있다.
③ 丙이 선의인 경우, 선의에 대한 과실의 유무를 묻지 않고 丙이 소유권을 취득한다.
④ 丙이 악의라는 사실에 관한 증명책임은 허위표시의 무효를 주장하는 자에게 있다.
⑤ 만약 악의의 丙이 선의의 丁에게 X부동산을 매도하고 소유권이전등기를 해 주더라도 丁은 소유권을 취득하지 못한다.

03

착오로 인한 의사표시에 관한 설명으로 옳은 것을 모두 고른 것은? (다툼이 있으면 판례에 따름)

> ㉠ 착오로 인한 의사표시의 취소는 선의의 제3자에게 대항하지 못한다.
> ㉡ 의사표시의 상대방이 의사표시자의 착오를 알고 이용한 경우, 착오가 중대한 과실로 인한 것이라도 의사표시자는 의사표시를 취소할 수 있다.
> ㉢ X토지를 계약의 목적물로 삼은 당사자가 모두 지번에 착오를 일으켜 계약서에 목적물을 Y토지로 표시한 경우, 착오를 이유로 의사표시를 취소할 수 있다.

① ㉠
② ㉢
③ ㉠, ㉡
④ ㉡, ㉢
⑤ ㉠, ㉡, ㉢

04

사기·강박에 의한 의사표시에 관한 설명으로 옳은 것을 모두 고른 것은? (다툼이 있으면 판례에 따름)

> ㉠ 아파트 분양자가 아파트단지 인근에 대규모 공동묘지가 조성된 사실을 알면서 수분양자에게 고지하지 않은 경우, 이는 기망행위에 해당한다.
> ㉡ 교환계약의 당사자가 목적물의 시가를 묵비한 것은 원칙적으로 기망행위에 해당한다.
> ㉢ '제3자의 강박'에 의한 의사표시에서 상대방의 대리인은 제3자에 포함되지 않는다.

① ㉠   ② ㉡
③ ㉠, ㉢   ④ ㉡, ㉢
⑤ ㉠, ㉡, ㉢

05

의사표시의 취소에 관한 설명으로 옳은 것을 모두 고른 것은? (다툼이 있으면 판례에 따름)

> ㉠ 취소권은 추인할 수 있는 날로부터 10년이 경과하더라도 행사할 수 있다.
> ㉡ 강박에 의한 의사표시를 한 자는 강박상태를 벗어나기 전에도 이를 취소할 수 있다.
> ㉢ 취소할 수 있는 법률행위의 상대방이 확정되었더라도 상대방이 그 법률행위로부터 취득한 권리를 제3자에게 양도하였다면 취소의 의사표시는 그 제3자에게 해야 한다.

① ㉠   ② ㉡
③ ㉢   ④ ㉠, ㉡
⑤ ㉡, ㉢

06

甲의 乙에 대한 의사표시에 관한 설명으로 옳은 것은? (다툼이 있으면 판례에 따름)

① 甲이 부동산 매수청약의 의사표시를 발송한 후 사망하였다면 그 효력은 발생하지 않는다.
② 乙이 의사표시를 받은 때에 제한능력자이더라도 甲은 원칙적으로 그 의사표시의 효력을 주장할 수 있다.
③ 甲의 의사표시가 乙에게 도달되었다고 보기 위해서는 乙이 그 내용을 알았을 것을 요한다.
④ 甲의 의사표시가 등기우편의 방법으로 발송된 경우, 상당한 기간 내에 도달되었다고 추정할 수 없다.
⑤ 乙이 정당한 사유 없이 계약해지 통지의 수령을 거절한 경우, 乙이 그 통지의 내용을 알 수 있는 객관적 상태에 놓여 있는 때에 의사표시의 효력이 생긴다.

07

계약의 무권대리에 관한 설명으로 옳은 것은?
(다툼이 있으면 판례에 따름)

① 본인이 추인하면 특별한 사정이 없는 한 그 때부터 계약의 효력이 생긴다.

② 본인의 추인의 의사표시는 무권대리행위로 인한 권리의 승계인에 대하여는 할 수 없다.

③ 계약 당시 무권대리행위임을 알았던 상대방은 본인의 추인이 있을 때까지 의사표시를 철회할 수 있다.

④ 무권대리의 상대방은 상당한 기간을 정하여 본인에게 추인 여부의 확답을 최고할 수 있고, 본인이 그 기간 내에 확답을 발하지 않으면 추인한 것으로 본다.

⑤ 본인이 무권대리행위를 안 후 그것이 자기에게 효력이 없다고 이의를 제기하지 않고 이를 장시간 방치한 사실만으로는 추인하였다고 볼 수 없다.

08

甲은 자신의 토지에 관한 매매계약 체결을 위해 乙에게 대리권을 수여하였고, 乙은 甲의 대리인으로서 丙과 매매계약을 체결하였다. 다음 설명 중 옳은 것을 모두 고른 것은? (다툼이 있으면 판례에 따름)

> ㉠ 乙은 원칙적으로 복대리인을 선임할 수 있다.
> ㉡ 乙은 특별한 사정이 없는 한 계약을 해제할 권한이 없다.
> ㉢ 乙이 丙에게 甲의 위임장을 제시하고 계약을 체결하면서 계약서상 매도인을 乙로 기재한 경우, 특별한 사정이 없는 한 甲에게 그 계약의 효력이 미치지 않는다.

① ㉡　　　　　　　② ㉢
③ ㉠, ㉡　　　　　④ ㉠, ㉢
⑤ ㉡, ㉢

09

취소할 수 있는 법률행위의 법정추인사유가 <u>아닌</u> 것은?

① 혼동
② 경개
③ 취소권자의 이행청구
④ 취소권자의 강제집행
⑤ 취소권자인 채무자의 담보제공

10

법률행위의 부관에 관한 설명으로 <u>틀린</u> 것은?
(다툼이 있으면 판례에 따름)

① 조건의사가 있더라도 외부에 표시되지 않으면 그것만으로는 조건이 되지 않는다.

② 기한이익 상실특약은 특별한 사정이 없는 한 정지조건부 기한이익 상실특약으로 추정한다.

③ 조건을 붙일 수 없는 법률행위에 조건을 붙인 경우, 다른 정함이 없으면 그 법률행위 전부가 무효로 된다.

④ '정지조건부 법률행위에 해당한다는 사실'에 대한 증명책임은 그 법률행위로 인한 법률효과의 발생을 다투는 자에게 있다.

⑤ 불확정한 사실이 발생한 때를 이행기한으로 정한 경우, 그 사실의 발생이 불가능하게 된 때에도 기한이 도래한 것으로 보아야 한다.

11

물권에 관한 설명으로 옳은 것은? (다툼이 있으면 판례에 따름)

① 관습법에 의한 물권은 인정되지 않는다.
② 저당권은 법률규정에 의해 성립할 수 없다.
③ 부동산 물권변동에 관해서 공신의 원칙이 인정된다.
④ 1필 토지의 일부에 대해서는 저당권이 성립할 수 없다.
⑤ 물건의 집단에 대해서는 하나의 물권이 성립하는 경우가 없다.

12

등기 없이도 부동산 물권취득의 효력이 있는 경우를 모두 고른 것은? (다툼이 있으면 판례에 따름)

```
㉠ 매매
㉡ 건물신축
㉢ 점유시효취득
㉣ 공유물의 현물분할판결
```

① ㉠, ㉡   ② ㉡, ㉢
③ ㉡, ㉣   ④ ㉢, ㉣
⑤ ㉠, ㉢, ㉣

13

점유보호청구권에 관한 설명으로 틀린 것은? (다툼이 있으면 판례에 따름)

① 점유권에 기인한 소는 본권에 관한 이유로 재판하지 못한다.
② 과실 없이 점유를 방해하는 자에 대해서도 방해배제를 청구할 수 있다.
③ 점유자가 사기를 당해 점유를 이전한 경우, 점유물반환을 청구할 수 없다.
④ 공사로 인하여 점유의 방해를 받은 경우, 그 공사가 완성한 때에는 방해의 제거를 청구하지 못한다.
⑤ 타인의 점유를 침탈한 뒤 제3자에 의해 점유를 침탈당한 자는 점유물반환청구권의 상대방이 될 수 있다.

14

甲은 자신의 토지를 乙에게 매도하여 인도하였고, 乙은 그 토지를 점유·사용하다가 다시 丙에게 매도하여 인도하였다. 甲과 乙은 모두 대금 전부를 수령하였고, 甲·乙·丙 사이에 중간생략등기의 합의가 있었다. 다음 설명 중 옳은 것은? (다툼이 있으면 판례에 따름)

① 甲은 丙을 상대로 소유물반환을 청구할 수 있다.
② 甲은 乙을 상대로 소유물반환을 청구할 수 없다.
③ 丙은 직접 甲을 상대로 소유권이전등기를 청구할 수 없다.
④ 丙은 乙을 대위하여 甲을 상대로 소유권이전등기를 청구할 수 없다.
⑤ 만약 乙이 인도받은 후 현재 10년이 지났다면, 乙은 甲에 대해 소유권이전등기를 청구할 수 없다.

15

부동산 공유에 관한 설명으로 <u>틀린</u> 것은? (다툼이 있으면 판례에 따름)

① 공유물의 보존행위는 공유자 각자가 할 수 있다.
② 공유자는 공유물 전부를 지분의 비율로 사용·수익할 수 있다.
③ 공유자는 다른 공유자의 동의 없이 공유물을 처분하거나 변경하지 못한다.
④ 공유자는 자신의 지분에 관하여 단독으로 제3자의 취득시효를 중단시킬 수 없다.
⑤ 공유물 무단점유자에 대한 차임 상당의 부당이득반환청구권은 특별한 사정이 없는 한 각 공유자에게 지분 비율만큼 귀속된다.

16

공유물분할에 관한 설명으로 옳은 것을 모두 고른 것은? (다툼이 있으면 판례에 따름)

┌─────────────────────────────────────┐
│ ㉠ 재판상 분할에서 분할을 원하는 공유자의 지 │
│   분만큼은 현물분할하고, 분할을 원하지 않는 │
│   공유자는 계속 공유로 남게 할 수 있다. │
│ ㉡ 토지의 협의분할은 등기를 마치면 그 등기가 │
│   접수된 때 물권변동의 효력이 있다. │
│ ㉢ 공유자는 다른 공유자가 분할로 인하여 취득 │
│   한 물건에 대하여 그 지분의 비율로 매도인 │
│   과 동일한 담보책임이 있다. │
│ ㉣ 공유자 사이에 이미 분할협의가 성립하였는 │
│   데 일부 공유자가 분할에 따른 이전등기에 │
│   협조하지 않은 경우, 공유물분할소송을 제기 │
│   할 수 없다. │
└─────────────────────────────────────┘

① ㉠
② ㉡, ㉢
③ ㉢, ㉣
④ ㉠, ㉡, ㉣
⑤ ㉠, ㉡, ㉢, ㉣

17

甲소유 토지에 乙이 무단으로 건물을 신축한 뒤 丙에게 임대하여 丙이 현재 그 건물을 점유하고 있다. 다음 설명 중 <u>틀린</u> 것은? (다툼이 있으면 판례에 따름)

① 甲은 丙을 상대로 건물에서의 퇴거를 청구할 수 없다.
② 甲은 乙을 상대로 건물의 철거 및 토지의 인도를 청구할 수 있다.
③ 甲은 乙을 상대로 토지의 무단 사용을 이유로 부당이득반환청구권을 행사할 수 있다.
④ 만약 乙이 임대하지 않고 스스로 점유하고 있다면, 甲은 乙을 상대로 건물에서의 퇴거를 청구할 수 없다.
⑤ 만약 丙이 무단으로 건물을 점유하고 있다면, 乙은 丙을 상대로 건물의 인도를 청구할 수 있다.

18

분묘기지권에 관한 설명으로 옳은 것을 모두 고른 것은? (다툼이 있으면 판례에 따름)

> ㉠ 분묘기지권은 봉분 등 외부에서 분묘의 존재를 인식할 수 있는 형태를 갖추고 등기하여야 성립한다.
> ㉡ 토지소유자의 승낙을 얻어 분묘를 설치함으로써 분묘기지권을 취득한 경우, 설치할 당시 토지소유자와의 합의에 의하여 정한 지료 지급의무의 존부나 범위의 효력은 그 토지의 승계인에게는 미치지 않는다.
> ㉢ 자기 소유 토지에 분묘를 설치한 사람이 그 토지를 양도하면서 분묘를 이장하겠다는 특약을 하지 않음으로써 분묘기지권을 취득한 경우, 분묘기지권자는 특별한 사정이 없는 한 분묘기지권이 성립한 때부터 지료를 지급할 의무가 있다.

① ㉠
② ㉢
③ ㉠, ㉡
④ ㉡, ㉢
⑤ ㉠, ㉡, ㉢

19

지역권에 관한 설명으로 틀린 것은?

① 지역권은 요역지와 분리하여 양도할 수 없다.
② 지역권은 표현된 것이 아니더라도 시효취득할 수 있다.
③ 요역지의 소유권이 이전되면 다른 약정이 없는 한 지역권도 이전된다.
④ 요역지의 공유자 1인은 그 토지 지분에 관한 지역권을 소멸시킬 수 없다.
⑤ 공유자의 1인이 지역권을 취득한 때에는 다른 공유자도 지역권을 취득한다.

20

전세권에 관한 설명으로 **틀린** 것은?

① 전세금의 반환은 전세권말소등기에 필요한 서류를 교부하기 전에 이루어져야 한다.
② 전세권자는 전세권설정자에 대하여 통상의 수선에 필요한 비용의 상환을 청구할 수 없다.
③ 전전세한 목적물에 불가항력으로 인한 손해가 발생한 경우, 그 손해가 전전세하지 않았으면 면할 수 있는 것이었던 때에는 전세권자는 그 책임을 부담한다.
④ 대지와 건물을 소유한 자가 건물에 대해서만 전세권을 설정한 후 대지를 제3자에게 양도한 경우, 제3자는 전세권설정자에 대하여 대지에 대한 지상권을 설정한 것으로 본다.
⑤ 타인의 토지에 지상권을 설정한 자가 그 위에 건물을 신축하여 그 건물에 전세권을 설정한 경우, 그 건물소유자는 전세권자의 동의 없이 지상권을 소멸하게 하는 행위를 할 수 없다.

21

민법상 유치권에 관한 설명으로 <u>틀린</u> 것은? (다툼이 있으면 판례에 따름)

① 권리금반환청구권은 유치권의 피담보채권이 될 수 없다.

② 유치권의 행사는 피담보채권 소멸시효의 진행에 영향을 미치지 않는다.

③ 공사대금채권에 기하여 유치권을 행사하는 자가 스스로 유치물인 주택에 거주하며 사용하는 것은 특별한 사정이 없는 한 유치물의 보존에 필요한 사용에 해당한다.

④ 유치권에 의한 경매가 목적부동산 위의 부담을 소멸시키는 법정매각조건으로 실시된 경우, 그 경매에서 유치권자는 일반채권자보다 우선하여 배당을 받을 수 있다.

⑤ 건물신축공사를 도급받은 수급인이 사회통념상 독립한 건물이 되지 못한 정착물을 토지에 설치한 상태에서 공사가 중단된 경우, 수급인은 그 정착물에 대하여 유치권을 행사할 수 없다.

22

저당물의 경매로 토지와 건물의 소유자가 달라지는 경우에 성립하는 법정지상권에 관한 설명으로 옳은 것을 모두 고른 것은? (다툼이 있으면 판례에 따름)

> ㉠ 토지에 관한 저당권설정 당시 해당 토지에 일시사용을 위한 가설건축물이 존재하였던 경우, 법정지상권은 성립하지 않는다.
> ㉡ 토지에 관한 저당권설정 당시 존재하였던 건물이 무허가건물인 경우, 법정지상권은 성립하지 않는다.
> ㉢ 지상건물이 없는 토지에 저당권을 설정받으면서 저당권자가 신축 개시 전에 건축을 동의한 경우, 법정지상권은 성립하지 않는다.

① ㉡
② ㉢
③ ㉠, ㉡
④ ㉠, ㉢
⑤ ㉠, ㉡, ㉢

23

甲은 2020.1.1. 乙에게 1억원을 대여하면서 변제기 2020.12.31. 이율 연 5%, 이자는 매달 말일 지급하기로 약정하였고, 그 담보로 당일 乙소유 토지에 저당권을 취득하였다. 乙이 차용일 이후부터 한 번도 이자를 지급하지 않았고, 甲은 2023.7.1. 저당권실행을 위한 경매를 신청하였다. 2023.12.31. 배당절차에서 배당재원 3억원으로 배당을 실시하게 되었는데, 甲은 총 1억 2,000만원의 채권신고서를 제출하였다. 甲의 배당금액은? (甲보다 우선하는 채권자는 없으나 2억원의 후순위저당권자가 있고, 공휴일 및 소멸시효와 이자에 대한 지연손해금 등은 고려하지 않음)

① 1억 500만원
② 1억 1,000만원
③ 1억 1,500만원
④ 1억 1,750만원
⑤ 1억 2,000만원

24

근저당권에 관한 설명으로 옳은 것을 모두 고른 것은? (다툼이 있으면 판례에 따름)

> ㉠ 채무자가 아닌 제3자도 근저당권을 설정할 수 있다.
> ㉡ 피담보채무 확정 전에는 채무자를 변경할 수 있다.
> ㉢ 근저당권에 의해 담보될 채권최고액에 채무의 이자는 포함되지 않는다.

① ㉠   ② ㉢
③ ㉠, ㉡   ④ ㉡, ㉢
⑤ ㉠, ㉡, ㉢

25

민법상 계약에 관한 설명으로 옳은 것은?

① 매매계약은 요물계약이다.
② 도급계약은 편무계약이다.
③ 교환계약은 무상계약이다.
④ 증여계약은 요식계약이다.
⑤ 임대차계약은 유상계약이다.

26

계약의 성립과 내용에 관한 설명으로 틀린 것은? (다툼이 있으면 판례에 따름)

① 격지자 간의 계약은 승낙의 통지를 발송한 때에 성립한다.
② 관습에 의하여 승낙의 통지가 필요하지 않는 경우, 계약은 승낙의 의사표시로 인정되는 사실이 있는 때에 성립한다.
③ 당사자 간에 동일한 내용의 청약이 상호교차된 경우, 양청약이 상대방에게 도달한 때에 계약이 성립한다.

④ 승낙자가 청약에 대하여 변경을 가하여 승낙한 때에는 그 청약의 거절과 동시에 새로 청약한 것으로 본다.
⑤ 선시공·후분양이 되는 아파트의 경우, 준공 전 그 외형·재질에 관하여 분양광고에만 표현된 내용은 특별한 사정이 없는 한 분양계약의 내용이 된다.

수정
27

계약체결상의 과실책임에 관한 설명으로 옳은 것을 모두 고른 것은? (다툼이 있으면 판례에 따름)

> ㉠ 계약이 의사의 불합치로 성립하지 않는다는 사실을 알지 못하여 손해를 입은 당사자는 계약체결 당시 그 계약이 불성립될 수 있다는 것을 안 상대방에게 계약체결상의 과실책임을 물을 수 있다.
> ㉡ 부동산 수량지정 매매에서 실제면적이 계약면적에 미달하는 경우, 그 부분의 원시적 불능을 이유로 계약체결상의 과실책임을 물을 수 없다.
> ㉢ 계약체결 전에 이미 매매목적물이 전부 멸실된 사실을 과실 없이 알지 못하여 손해를 입은 계약당사자는 계약체결 당시 그 사실을 안 상대방에게 계약체결상의 과실책임을 물을 수 있다.

① ㉠   ② ㉡
③ ㉠, ㉢   ④ ㉡, ㉢
⑤ ㉠, ㉡, ㉢

28

동시이행의 항변권에 관한 설명으로 틀린 것은? (다툼이 있으면 판례에 따름)

① 서로 이행이 완료된 쌍무계약이 무효로 된 경우, 당사자 사이의 반환의무는 동시이행관계에 있다.

② 구분소유적 공유관계가 해소된 경우, 공유지분권자 상호간의 지분이전등기의무는 동시이행관계에 있다.

③ 동시이행의 항변권이 붙어 있는 채권은 특별한 사정이 없는 한 이를 자동채권으로 하여 상계하지 못한다.

④ 양 채무의 변제기가 도래한 쌍무계약에서 수령지체에 빠진 자는 이후 상대방이 자기 채무의 이행제공 없이 이행을 청구하는 경우, 동시이행의 항변권을 행사할 수 있다.

⑤ 채무를 담보하기 위해 채권자 명의의 소유권이전등기가 된 경우, 피담보채무의 변제의무와 그 소유권이전등기의 말소의무는 동시이행관계에 있다.

29

甲은 X건물을 乙에게 매도하고 乙로부터 계약금을 지급받았는데, 그 후 甲과 乙의 귀책사유 없이 X건물이 멸실되었다. 다음 설명 중 옳은 것을 모두 고른 것은? (다툼이 있으면 판례에 따름)

> ㉠ 甲은 乙에게 잔대금의 지급을 청구할 수 있다.
> ㉡ 乙은 甲에게 계약금의 반환을 청구할 수 있다.
> ㉢ 만약 乙의 수령지체 중에 甲과 乙의 귀책사유 없이 X건물이 멸실된 경우, 乙은 甲에게 계약금의 반환을 청구할 수 있다.

① ㉡　　　　　　② ㉢

③ ㉠, ㉡　　　　④ ㉠, ㉢

⑤ ㉡, ㉢

30

매도인 甲과 매수인 乙 사이에 매매대금을 丙에게 지급하기로 하는 제3자를 위한 계약을 체결하였고, 丙이 乙에게 수익의 의사표시를 하였다. 다음 설명 중 옳은 것은? (다툼이 있으면 판례에 따름)

① 乙의 대금채무 불이행이 있는 경우, 甲은 丙의 동의 없이 乙과의 계약을 해제할 수 없다.

② 乙의 기망행위로 甲과 乙의 계약이 체결된 경우, 丙은 사기를 이유로 그 계약을 취소할 수 있다.

③ 甲과 丙의 법률관계가 무효인 경우, 특별한 사정이 없는 한 乙은 丙에게 대금지급을 거절할 수 있다.

④ 乙이 매매대금을 丙에게 지급한 후에 甲과 乙의 계약이 취소된 경우, 乙은 丙에게 부당이득반환을 청구할 수 있다.

⑤ 甲과 乙이 계약을 체결할 때 丙의 권리를 변경시킬 수 있음을 유보한 경우, 甲과 乙은 丙의 권리를 변경시킬 수 있다.

31

매도인 甲과 매수인 乙 사이의 X주택에 관한 계약이 적법하게 해제된 경우, 해제 전에 이해관계를 맺은 자로서 '계약해제로부터 보호되는 제3자'에 해당하지 <u>않는</u> 자는? (다툼이 있으면 판례에 따름)

① 乙의 소유권이전등기청구권을 압류한 자
② 乙의 책임재산이 된 X주택을 가압류한 자
③ 乙명의로 소유권이전등기가 된 X주택에 관하여 저당권을 취득한 자
④ 乙과 매매예약에 따라 소유권이전등기청구권보전을 위한 가등기를 마친 자
⑤ 乙명의로 소유권이전등기가 된 X주택에 관하여 「주택임대차보호법」상 대항요건을 갖춘 자

32

乙은 甲소유 X토지를 매수하고 계약금을 지급한 후 X토지를 인도받아 사용·수익하고 있다. 다음 설명 중 <u>틀린</u> 것은? (다툼이 있으면 판례에 따름)

① 계약이 채무불이행으로 해제된 경우, 乙은 甲에게 X토지와 그 사용이익을 반환할 의무가 있다.
② 계약이 채무불이행으로 해제된 경우, 甲은 乙로부터 받은 계약금에 이자를 가산하여 반환할 의무를 진다.
③ 甲이 乙의 중도금 지급채무 불이행을 이유로 계약을 해제한 이후에도 乙은 착오를 이유로 계약을 취소할 수 있다.
④ 만약 甲의 채권자가 X토지를 가압류하면, 乙은 이를 이유로 계약을 즉시 해제할 수 있다.
⑤ 만약 乙명의로 소유권이전등기가 된 후 계약이 합의해제되면, X토지의 소유권은 甲에게 당연히 복귀한다.

33

건물소유를 목적으로 하는 토지임차인의 지상물 매수청구권에 관한 설명으로 옳은 것은? (다툼이 있으면 판례에 따름)

① 지상 건물을 타인에게 양도한 임차인도 매수청구권을 행사할 수 있다.
② 임차인은 저당권이 설정된 건물에 대해서는 매수청구권을 행사할 수 없다.
③ 토지소유자가 아닌 제3자가 토지를 임대한 경우, 임대인은 특별한 사정이 없는 한 매수청구권의 상대방이 될 수 없다.
④ 임대인이 임차권 소멸 당시에 이미 토지소유권을 상실하였더라도 임차인은 그에게 매수청구권을 행사할 수 있다.
⑤ 기간의 정함이 없는 임대차에서 임대인의 해지통고에 의하여 임차권이 소멸된 경우, 임차인은 매수청구권을 행사할 수 없다.

34

甲은 자신의 X주택을 보증금 2억원, 월차임 50만원으로 乙에게 임대하였는데, 乙이 전입신고 후 X주택을 점유·사용하면서 차임을 연체하다가 계약이 종료되었다. 계약 종료 전에 X주택의 소유권이 매매를 원인으로 丙에게 이전되었다. 다음 설명 중 <u>틀린</u> 것은? (다툼이 있으면 판례에 따름)

① 특별한 사정이 없는 한 丙이 임대인의 지위를 승계한 것으로 본다.
② 연체차임에 대한 지연손해금의 발생종기는 특별한 사정이 없는 X주택이 반환되는 때이다.
③ 丙은 甲의 차임채권을 양수하지 않았다면 X주택을 반환받을 때 보증금에서 이를 공제할 수 없다.

④ X주택을 반환할 때까지 잔존하는 甲의 차임 채권은 압류가 되었더라도 보증금에서 당연히 공제된다.

⑤ X주택을 반환하지 않으면, 특별한 사정이 없는 한 乙은 보증금이 있음을 이유로 연체 차임의 지급을 거절할 수 없다.

35

임차인 乙은 임대인 甲에게 2024.3.10.로 기간이 만료되는 X주택의 임대차계약에 대해 「주택임대차보호법」에 따라 갱신요구 통지를 하여 그 통지가 2024.1.5. 甲에게 도달하였고, 甲이 갱신거절 통지를 하지 않아 계약이 갱신되었다. 그 후 乙이 갱신된 계약기간이 개시되기 전인 2024.1.29. 갱신된 임대차계약의 해지를 통지하여 2024.1.30. 甲에게 도달하였다. 임대차 계약의 종료일은? (다툼이 있으면 판례에 따름)

① 2024.1.30. ② 2024.3.10.
③ 2024.4.30. ④ 2024.6.10.
⑤ 2026.3.10.

36

「집합건물의 소유 및 관리에 관한 법률」상 관리인에 관한 설명으로 틀린 것은?

① 관리인은 구분소유자여야 한다.
② 관리인은 공용부분의 보존행위를 할 수 있다.
③ 관리인의 임기는 2년의 범위에서 규약으로 정한다.
④ 관리인은 규약에 달리 정한 바가 없으면 관리위원회의 위원이 될 수 없다.
⑤ 관리인의 대표권은 제한할 수 있지만, 이를 선의의 제3자에게 대항할 수 없다.

37

甲은 乙에게 무이자로 빌려준 1억원을 담보하기 위해, 丙명의의 저당권(피담보채권 5,000만원)이 설정된 乙소유의 X건물(시가 2억원)에 관하여 담보가등기를 마쳤고, 乙은 변제기가 도래한 甲에 대한 차용금을 지급하지 않고 있다. 다음 설명 중 틀린 것은? (다툼이 있으면 판례에 따름)

① 甲이 귀속정산절차에 따라 적법하게 X건물의 소유권을 취득하면 丙의 저당권은 소멸한다.
② 甲이 乙에게 청산금을 지급하지 않고 자신의 명의로 본등기를 마친 경우, 그 등기는 무효이다.
③ 甲의 청산금지급채무와 乙의 가등기에 기한 본등기 및 X건물 인도채무는 동시이행관계에 있다.
④ 경매절차에서 丁이 X건물의 소유권을 취득하면 특별한 사정이 없는 한 甲의 가등기담보권은 소멸한다.
⑤ 만약 청산금이 없는 경우, 적법하게 실행통지를 하여 2개월의 청산기간이 지나면 청산절차의 종료와 함께 X건물에 대한 사용·수익권은 甲에게 귀속된다.

38

甲은 친구 乙과의 명의신탁약정에 따라 2024. 3.5. 자신의 X부동산을 乙명의로 소유권이전등기를 해 주었고, 그 후 乙은 丙에게 이를 매도하고 丙명의로 소유권이전등기를 해 주었다. 다음 설명 중 옳은 것은? (다툼이 있으면 판례에 따름)

① 甲은 乙을 상대로 불법행위로 인한 손해배상을 청구할 수 있다.
② 甲과 乙의 명의신탁약정으로 인해 乙과 丙의 매매계약은 무효이다.
③ 甲은 丙을 상대로 X부동산에 관한 소유권이전등기말소를 청구할 수 있다.
④ 甲은 乙을 상대로 명의신탁약정 해지를 원인으로 하는 소유권이전등기를 청구할 수 있다.
⑤ 만약 乙이 X부동산의 소유권을 丙으로부터 다시 취득한다면, 甲은 乙을 상대로 소유권에 기하여 이전등기를 청구할 수 있다.

39

임차인 乙은 甲소유의 X상가건물에 관하여 월차임 200만원, 기간 2023.5.24.~ 2024.5.23. 로 하는 임대차계약을 甲과 체결하였고, 기간만료 14일 전인 2024.5.9. 갱신거절의 통지를 하여 다음 날 甲에게 도달하였다. 임대차계약의 종료일은? (다툼이 있으면 판례에 따름)

① 2024.5.10. ② 2024.5.23.
③ 2024.8.23. ④ 2024.11.23.
⑤ 2025.5.23.

40

「상가건물 임대차보호법」이 적용되는 X건물에 관하여 임대인 甲과 임차인 乙이 보증금 3억원, 월차임 60만원으로 정하여 체결한 임대차가 기간만료로 종료되었다. 그런데 甲이 乙에게 보증금을 반환하지 않아서 乙이 현재 X건물을 점유·사용하고 있다. 다음 설명 중 옳은 것은? (다툼이 있으면 판례에 따름)

① 甲은 乙에게 불법행위로 인한 손해배상을 청구할 수 있다.
② 乙은 甲에 대해 채무불이행으로 인한 손해배상의무를 진다.
③ 甲은 乙에게 차임에 상당하는 부당이득반환을 청구할 수 있다.
④ 甲은 乙에게 종전 임대차계약에서 정한 차임의 지급을 청구할 수 있다.
⑤ 乙은 보증금을 반환받을 때까지 X건물에 대해 유치권을 행사할 수 있다.

최신 기출문제 정답 & 해설

제35회 | 민법 및 민사특별법

01	③	02	⑤	03	③	04	③	05	②	06	⑤	07	⑤	08	①	09	①	10	②
11	④	12	③	13	⑤	14	②	15	④	16	⑤	17	①	18	②	19	②	20	①
21	④	22	④	23	③	24	③	25	⑤	26	⑤	27	④	28	⑤	29	①	30	⑤
31	①	32	④	33	③	34	③	35	③	36	①	37	①	38	①	39	②	40	④

01 난이도 중 　　　　　답 ③

| 영　역 | 민법총칙 > 법률행위
| 키워드 | 반사회적 법률행위
| 해　설 | ① 법령에서 정한 한도를 초과하는 부동산 중개수수료 약정은 강행법규(효력법규) 위반으로 무효이다.
② 강제집행을 면할 목적으로 허위의 근저당권을 설정하는 행위는 반사회적 법률행위에 해당하지 않는다.
③ 다수의 보험계약을 통해 보험금을 부정취득할 목적으로 체결한 보험계약은 반사회적 법률행위에 해당한다.
④ 반사회적 행위에 의하여 조성된 비자금을 소극적으로 은닉하기 위한 임치계약은 반사회적 법률행위에 해당하지 않는다.
⑤ 양도소득세를 회피할 목적으로 실제 거래가액보다 낮은 금액을 대금으로 기재한 매매계약은 반사회적 법률행위에 해당하지 않는다.

02 난이도 중 　　　　　답 ⑤

| 영　역 | 민법총칙 > 의사표시
| 키워드 | 통정허위표시
| 해　설 | ① 상대방과 통정한 허위의 의사표시는 무효로 한다.
② 통정허위표시로서 무효인 법률행위라도 채권자취소권의 대상이 될 수 있다.
③ 제3자로서 보호받기 위해서는 선의이면 족하고, 무과실까지 요구되지는 않는다. 따라서 제3자는 선의이기만 하면 설사 과실(過失)이 있더라도 보호된다.

④ 제3자의 선의는 추정되므로 무효를 주장하는 자가 제3자의 악의를 입증하여야 한다.
⑤ 제3자로부터 새로운 이해관계를 맺은 전득자도 제108조 제2항의 제3자에 포함된다. 따라서 제3자가 악의이더라도 전득자가 선의이면 선의의 제3자로서 보호를 받으므로 丁은 소유권을 취득할 수 있다.

03 난이도 중 　　　　　답 ③

| 영　역 | 민법총칙 > 의사표시
| 키워드 | 착오로 인한 의사표시
| 해　설 | ㉠ 착오로 인한 의사표시의 취소는 상대적 취소이므로 취소로써 선의의 제3자에게 대항하지 못한다.
㉡ 상대방이 표의자의 착오를 알면서 이를 이용한 경우에는 표의자에게 중과실이 있더라도 표의자는 의사표시를 취소할 수 있다.
㉢ X토지를 계약의 목적물로 삼은 당사자가 모두 지번에 착오를 일으켜 계약서에 목적물을 Y토지로 표시한 경우에는 오표시무해의 원칙에 의해 X토지에 대해 매매계약이 성립하므로 착오를 이유로 의사표시를 취소할 수 없다.

04 난이도 중 　　　　　답 ③

| 영　역 | 민법총칙 > 의사표시
| 키워드 | 사기·강박에 의한 의사표시
| 해　설 | ㉠ 아파트 분양자가 아파트단지 인근에 공동묘지가 조성되어 있다는 사실을 분양계약자에게 고지하지 않은 것은 기망행위에 해당한다.

© 교환계약의 당사자가 교환목적물의 시가를 묵비하거나 허위로 시가보다 높은 가액을 시가라고 고지한 것은 기망행위에 해당하지 않는다.
© 상대방의 대리인 등 상대방과 동일시할 수 있는 자는 '강박'에서 말하는 제3자에 해당하지 않는다.

| 영 역 | 민법총칙 > 무효와 취소
| 키워드 | 무효와 취소
| 해 설 | ⊙ 취소권은 추인할 수 있는 날로부터 3년 내에, 법률행위를 한 날로부터 10년 내에 행사하여야 한다. 따라서 추인할 수 있는 날로부터 10년이 경과하면 취소권을 행사할 수 없다.
© 취소권자는 취소의 원인이 소멸되기 전에도 취소할 수 있다. 따라서 강박에 의한 의사표시를 한 자는 강박상태를 벗어나기 전에도 이를 취소할 수 있다.
© 취소할 수 있는 법률행위의 상대방이 확정된 경우에는 그 취소는 그 상대방에 대한 의사표시로 하여야 한다. 따라서 상대방이 취소할 수 있는 법률행위로부터 취득한 권리를 제3자에게 양도하였더라도 취소의 의사표시는 상대방에게 해야 한다.

| 영 역 | 민법총칙 > 의사표시
| 키워드 | 의사표시의 효력발생
| 해 설 | ① 의사표시자가 그 통지를 발송한 후 사망하거나 제한능력자가 되어도 의사표시의 효력에 영향을 미치지 아니한다. 따라서 甲이 부동산 매수청약의 의사표시를 발송한 후 사망하더라도 그 의사표시가 乙에게 도달하면 효력이 발생한다.
② 의사표시의 상대방이 의사표시를 받은 때에 제한능력자인 경우에는 의사표시자는 그 의사표시로써 대항할 수 없다. 따라서 甲은 원칙적으로 그 의사표시의 효력을 주장할 수 없다.
③ 도달이란 사회통념상 의사표시의 내용을 알 수 있는 객관적인 상태에 이른 것을 말하므로, 상대방이 현실적으로 수령하거나 의사표시의 내용을 알았을 것까지는 필요 없다.
④ 우편물이 내용증명우편이나 등기취급의 방법으로 발송된 경우에는 상당한 기간 내에 도달되었다고 추정된다.

⑤ 상대방이 내용을 확인하지 않은 상태에서 의사표시의 수령을 거절하는 경우는 상대방이 의사표시의 내용을 알 수 있는 객관적 상태에 놓여 있는 때에 의사표시가 도달한 것으로 본다.

| 영 역 | 민법총칙 > 법률행위의 대리
| 키워드 | 계약의 무권대리
| 해 설 | ① 본인이 추인하면 특별한 사정이 없는 한 계약 시에 소급하여 계약의 효력이 생긴다.
② 무권대리행위의 추인은 무권대리인, 무권대리행위의 직접의 상대방 및 그 무권대리행위로 인한 권리 또는 법률관계의 승계인에 대하여도 할 수 있다.
③ 선의의 상대방만 철회권을 행사할 수 있다.
④ 대리권 없는 자가 타인의 대리인으로 계약을 한 경우에 상대방은 상당한 기간을 정하여 본인에게 그 추인 여부의 확답을 최고할 수 있다. 본인이 그 기간 내에 확답을 발하지 아니한 때에는 추인을 거절한 것으로 본다.
⑤ 본인이 무권대리행위 사실을 알고 있으면서 이의를 제기하지 않았거나 장시간 방치하였다는 것만으로는 묵시적 추인으로 볼 수 없다.

| 영 역 | 민법총칙 > 법률행위의 대리
| 키워드 | 대리의 3면관계
| 해 설 | ⊙ 임의대리인은 원칙적으로 복대리인을 선임할 수 없고, 본인의 승낙이 있거나 부득이한 사유가 있는 때에만 복대리인을 선임할 수 있다.
© 매매계약체결의 대리권에 계약해제에 관한 권한은 포함되지 않는다.
© 매매위임장을 제시하고 매매계약을 체결하는 자는 특단의 사정이 없는 한 소유자를 대리하여 매매행위를 하는 것이라고 보아야 한다. 따라서 이 경우에도 甲에게 매매계약의 효력이 미친다.

| 영 역 | 민법총칙 > 무효와 취소
| 키워드 | 법정추인
| 해 설 | 혼동은 법정추인사유에 해당하지 않는다. 법정추인사유는 다음과 같다.

1. 전부나 일부의 이행
2. 이행의 청구
3. 경개
4. 담보의 제공
5. 취소할 수 있는 행위로 취득한 권리의 전부나 일부의 양도
6. 강제집행

10 난이도 중 답 ②

| 영 역 | 민법총칙 > 조건과 기한
| 키워드 | 조건과 기한
| 해 설 | ① 조건의사가 있더라도 그것이 외부에 표시되지 않으면 법률행위의 동기에 불과하다.
② 기한이익 상실특약은 정지조건부 기한이익 상실특약으로 볼 만한 특별한 사정이 없는 한 형성권적 기한이익 상실특약으로 추정된다.
③ 조건을 붙일 수 없는 법률행위에 조건을 붙인 경우에는 조건만 무효가 아니라 법률행위 전체가 무효로 된다.
④ 어떠한 법률행위가 정지조건부 법률행위에 해당한다는 사실은 그 법률행위로 인한 법률효과의 발생을 저지하는 사유로서 그 법률효과의 발생을 다투려는 자에게 주장입증책임이 있다.
⑤ 당사자가 불확정한 사실이 발생한 때를 이행기로 정한 경우 그 사실이 발생한 때는 물론 그 사실의 발생이 불가능하게 된 때에도 이행기는 도래한 것으로 보아야 한다.

11 난이도 중 답 ④

| 영 역 | 물권법 > 물권법 일반
| 키워드 | 물권의 의의와 종류
| 해 설 | ① 물권은 법률 또는 관습법에 의하는 외에는 임의로 창설하지 못한다. 따라서 분묘기지권, 관습법상의 법정지상권과 같이 관습법에 의한 물권이 인정된다.
② 저당권은 당사자의 약정에 의해 성립하는 것이 원칙이나, 법률규정에 의해서도 성립할 수 있다. 민법 제649조는 "토지임대인이 변제기를 경과한 최후 2년의 차임채권에 의하여 그 지상에 있는 임차인 소유의 건물을 압류한 때에는 저당권과 동일한 효력이 있다."라고 규정하고 있다. 이는 법률규정에

의해 저당권이 성립하는 경우로서 압류등기를 한 때에 저당권이 성립한다.
③ 부동산 물권변동에 관해서 공신의 원칙이 인정되지 않는다.
④ 1필의 토지에 대해서 저당권이 성립하므로 1필 토지의 일부에 대해서는 저당권이 성립할 수 없다.
⑤ 거래의 필요가 있고 공시방법이 갖춰져 있는 경우에는 물건의 집단에 대해서도 물권이 성립할 수 있다.

12 난이도 중 답 ③

| 영 역 | 물권법 > 물권의 변동
| 키워드 | 물권변동의 원인
| 해 설 | ㉠ 매매로 인한 부동산물권변동은 등기하여야 효력이 생긴다.
㉡ 신축한 건물에 대해서 소유권을 취득할 때에는 등기가 필요 없다.
㉢ 20년간 소유의 의사로 평온, 공연하게 부동산을 점유하는 자는 등기함으로써 그 소유권을 취득한다.
㉣ 공유물분할판결이 확정된 때에는 등기 없이 물권변동의 효력이 생긴다.

13 난이도 중 답 ⑤

| 영 역 | 물권법 > 점유권
| 키워드 | 점유보호청구권
| 해 설 | ① 점유권과 소유권은 전혀 별개의 제도이므로 점유권에 기인한 소는 본권에 관한 이유로 재판하지 못한다.
② 물권적 청구권의 경우에는 상대방의 고의, 과실은 필요 없다. 따라서 과실 없이 점유를 방해하는 자에 대해서도 방해배제를 청구할 수 있다.
③ 사기는 점유물이 침탈된 경우에 해당하지 않는다. 따라서 점유자가 사기를 당해 점유를 이전한 경우, 점유물반환을 청구할 수 없다.
④ 점유자가 점유의 방해를 받은 때에는 그 방해의 제거 및 손해의 배상을 청구할 수 있다. 그러나 공사로 인하여 점유의 방해를 받은 경우에는 공사착수 후 1년을 경과하거나 그 공사가 완성한 때에는 방해의 제거를 청구하지 못한다.
⑤ 물권적 청구권은 상대방은 현재 방해상태를 지배하는 자이다. 따라서 타인의 점유를 침탈한 뒤 제3자에 의해 점유를 침탈당한 자는 점유물반환청구권의 상대방이 될 수 없다.

14 난이도 중 답②

| 영 역 | 물권법 > 물권의 변동
| 키워드 | 중간생략등기
| 해 설 | ① 소유권이전등기를 경료받기 전에 토지를 인도받은 매수인으로부터 다시 토지를 매수하여 점유·사용하고 있는 자에 대하여 매도인은 소유권에 기한 반환청구권을 행사할 수 없다. 따라서 甲은 丙을 상대로 소유물반환을 청구할 수 없다.
② 소유권이전등기를 경료받기 전에 토지를 인도받은 매수인에 대하여 매도인은 소유권에 기한 반환청구권을 행사할 수 없다. 따라서 甲은 乙을 상대로 소유물반환을 청구할 수 없다.
③ 중간생략등기의 합의가 있으므로 丙은 직접 甲을 상대로 소유권이전등기를 청구할 수 있다.
④ 중간생략등기의 합의가 있는 경우에도 최종양수인은 중간자의 소유권이전등기청구권을 대위행사할 수 있다. 따라서 丙은 乙을 대위하여 甲을 상대로 소유권이전등기를 청구할 수 있다.
⑤ 부동산의 매수인이 부동산을 인도받아 사용·수익하고 있는 한 매수인의 등기청구권은 소멸시효에 걸리지 않는다. 따라서 乙이 인도받은 후 현재 10년이 지났더라도 乙은 甲에 대해 소유권이전등기를 청구할 수 있다.

15 난이도 중 답④

| 영 역 | 물권법 > 소유권
| 키워드 | 공유의 법률관계
| 해 설 | ① 공유물의 보존행위는 각 공유자가 단독으로 할 수 있다.
② 각 공유자는 공유물 전부를 지분비율로 사용·수익할 수 있다.
③ 공유지분의 처분은 자유이지만, 공유물처분·변경 시에는 공유자 전원의 동의가 있어야 한다.
④ 취득시효의 중단과 같은 물권적 청구권의 행사는 공유물의 보존행위에 해당한다. 따라서 공유자는 자신의 지분에 관하여 단독으로 제3자의 취득시효를 중단시킬 수 있다.
⑤ 공유자는 공유물 무단점유자에 대해 자신의 지분에 상응하는 차임 상당의 부당이득반환을 청구할 수 있다.

16 난이도 상 답⑤

| 영 역 | 물권법 > 소유권
| 키워드 | 공유의 법률관계
| 해 설 | ㉠ 여러 사람이 공유하는 물건을 현물분할하는 경우에는 분할청구자의 지분한도 안에서 현물분할을 하고 분할을 원하지 않는 나머지 공유자는 공유자로 남는 방법도 허용될 수 있다.
㉡ 이때는 법률행위로 인한 부동산물권변동에 해당하므로 등기하여야 물권변동의 효력이 생기고, 등기를 마치면 그 등기가 접수된 때에 물권변동의 효력이 발생한다.
㉢ 분할은 지분의 교환 또는 매매의 성질을 가지는 것이므로 공유자는 다른 공유자가 분할로 인하여 취득한 물건에 대하여 그의 지분 비율에 따라 매도인과 같은 담보책임이 있다.
㉣ 공유물의 분할방법에 관하여 협의가 이루어지지 않은 경우에 공유자는 법원에 분할을 청구할 수 있다. 따라서 공유자 사이에 이미 분할협의가 성립하였는데 일부 공유자가 분할에 따른 이전등기에 협조하지 않은 경우에는 공유물분할소송을 제기할 수 없다.

17 난이도 중 답①

| 영 역 | 물권법 > 물권법 일반
| 키워드 | 물권적 청구권
| 해 설 | ① 甲은 乙에게 건물철거청구를 할 수 있으므로 소유권에 기한 방해배제로서 丙을 상대로 건물에서 퇴거할 것을 청구할 수 있다.
② 건물철거청구는 건물에 대한 처분권한을 가지고 있는 자에게 하여야 한다. 따라서 甲은 乙을 상대로 건물의 철거 및 토지의 인도를 청구할 수 있다.
③ 甲은 무단점유자 乙에게 지료 상당의 부당이득반환을 청구할 수 있다.
④ 甲은 건물의 소유자가 아니므로 乙을 상대로 건물에서의 퇴거를 청구할 수는 없다.
⑤ 乙은 자신의 건물을 무단으로 점유하고 있는 丙을 상대로 건물의 인도를 청구할 수 있다.

18 난이도 중 답②

| 영 역 | 물권법 > 용익물권
| 키워드 | 용익물권
| 해 설 | ㉠ 분묘기지권을 취득하기 위해서 등기는 필요 없다.

ⓛ 토지소유자의 승낙을 얻어 분묘를 설치함으로써 분묘기지권을 취득한 경우, 설치할 당시 토지소유자와의 합의에 의하여 정한 지료지급의무의 존부나 범위의 효력은 그 토지의 승계인에게 미친다.

ⓒ 자기 소유 토지에 분묘를 설치한 사람이 그 토지를 양도하면서 분묘를 이장하겠다는 특약을 하지 않음으로써 분묘기지권을 취득한 경우, 이른바 양도형의 경우에는 분묘기지권이 성립한 때부터 지료를 지급하여야 한다.

---

19   난이도 중   답 ②

| 영 역 | 물권법 > 용익물권
| 키워드 | 지역권
| 해 설 | ① 지역권에는 부종성이 있으므로 지역권은 요역지와 분리하여 양도할 수 없다.
② 지역권은 계속되고 표현된 것에 한해 시효취득할 수 있다.
③ 지역권은 다른 약정이 없는 한 요역지소유권에 부종하여 이전한다.
④ 공유관계의 경우, 토지공유자의 1인은 지분에 관하여 그 토지를 위한 지역권 또는 그 토지가 부담한 지역권을 소멸하게 하지 못한다.
⑤ 지역권의 취득은 불가분적이다. 따라서 공유자의 1인이 지역권을 취득한 때에는 다른 공유자도 지역권을 취득한다.

---

20   난이도 중   답 ①

| 영 역 | 물권법 > 용익물권
| 키워드 | 전세권
| 해 설 | ① 전세권이 소멸한 때에는 전세권설정자는 전세권자로부터 그 목적물의 인도 및 전세권설정등기의 말소등기에 필요한 서류의 교부를 받는 동시에 전세금을 반환하여야 한다.
② 전세권자에게는 필요비상환청구권이 인정되지 않는다.
③ 전전세의 경우 전세권자의 책임은 가중된다. 따라서 전세권의 목적물을 전전세한 경우에 전세권자는 전전세하지 아니하였으면 면할 수 있는 불가항력으로 인한 손해에 대하여 그 책임을 부담한다.
④ 대지와 건물이 동일한 소유자에 속한 경우에 건물에 전세권을 설정한 때에는 그 대지소유권의 특별승계인은 전세권설정자에 대하여 지상권을 설정한 것으로 본다.

⑤ 타인의 토지에 있는 건물에 전세권을 설정한 때에는 전세권의 효력은 그 건물의 소유를 목적으로 한 지상권 또는 임차권에 미친다. 이 경우에 전세권설정자는 전세권자의 동의 없이 지상권 또는 임차권을 소멸시키는 행위를 할 수 없다.

---

21   난이도 중   답 ④

| 영 역 | 물권법 > 담보물권
| 키워드 | 유치권의 효력
| 해 설 | ① 임대인과 임차인 사이에 건물명도 시 권리금을 반환하기로 하는 약정이 있었다 하더라도 그와 같은 권리금반환청구권은 건물에 관하여 생긴 채권이라 할 수 없으므로 그와 같은 채권을 가지고 건물에 대한 유치권을 행사할 수 없다.
② 유치권의 행사는 피담보채권의 소멸시효중단사유가 아니다.
③ 부동산임차인은 비용상환청구권에 관한 유치권을 행사하기 위해 종전대로 그 부동산을 사용할 수 있고, 이는 보존에 필요한 사용에 해당한다.
④ 유치권자에게는 우선변제권이 인정되지 않는다. 따라서 유치권자는 일반채권자보다 우선하여 배당을 받을 수 없다.
⑤ 사회통념상 독립한 건물이 되지 못한 정착물은 독립성이 없으므로 이에 대해서는 유치권이 성립할 수 없다.

---

22   난이도 중   답 ④

| 영 역 | 물권법 > 담보물권
| 키워드 | 법정지상권
| 해 설 | ㉠ 가설건축물은 일시사용을 위해 건축되는 구조물로서 설치 당시부터 일정한 존치기간이 지난 후 철거가 예정되어 있어 일반적으로 토지에 정착되어 있다고 볼 수 없으므로 법정지상권이 성립하지 않는다.
㉡ 저당권설정 당시에 토지 위에 건물이 존재하면 되므로 무허가건물에 대해서도 법정지상권이 성립할 수 있다.
㉢ 건물이 없는 토지에 대하여 저당권이 설정된 후 저당권설정자가 그 위에 건물을 건축한 경우에는 법정지상권이 성립하지 않는다.

23 난이도 중 　　　　　　　　답 ②

| 영 역 | 물권법 > 담보물권
| 키워드 | 담보물권
| 해 설 | 저당권은 원본, 이자, 위약금, 채무불이행으로 인한 손해배상 및 저당권의 실행비용을 담보한다. 그러나 지연배상에 대하여는 원본의 이행기일을 경과한 후의 1년분에 한하여 저당권을 행사할 수 있다. 따라서 甲은 원본 1억원과 이에 대한 이자 500만원 및 후순위저당권자가 있으므로 지연이자 1년분 500만원, 총 1억 1천만원을 우선변제받는다.

24 난이도 중 　　　　　　　　답 ③

| 영 역 | 물권법 > 담보물권
| 키워드 | 근저당
| 해 설 | ㉠ 채무자가 아닌 제3자도 근저당권을 설정할 수 있고 이를 물상보증인이라 한다.
㉡ 근저당권의 피담보채무가 확정되기 전에는 채무의 범위나 채무자를 변경할 수 있다.
㉢ 이자는 채권최고액에 포함된다.

25 난이도 하 　　　　　　　　답 ⑤

| 영 역 | 계약법 > 계약법 총론
| 키워드 | 계약의 종류
| 해 설 | ① 매매계약은 낙성계약이다.
② 도급계약은 쌍무계약이다.
③ 교환계약은 유상계약이다.
④ 증여계약은 불요식계약이다.
⑤ 임대차계약은 유상계약이다.

26 난이도 중 　　　　　　　　답 ⑤

| 영 역 | 계약법 > 계약법 총론
| 키워드 | 청약과 승낙
| 해 설 | 선시공·후분양이 되는 아파트의 경우에는 수분양자는 실제로 완공된 아파트의 외형·재질 등에 관한 시공 상태를 직접 확인하고 분양계약체결 여부를 결정할 수 있으므로, 준공 전 그 외형·재질에 관하여 분양광고에만 표현된 내용은 특별한 사정이 없는 한 분양계약의 내용이 되지 않는다.

27 난이도 중 　　　　　　　　답 ④

| 영 역 | 계약법 > 계약법 총론
| 키워드 | 계약의 성립
| 해 설 | ㉠ 계약체결상의 과실책임은 계약이 원시적 불능으로 무효인 경우에 적용되는 제도이므로 의사표시의 불합치로 계약이 성립하지 않은 때에는 계약체결상의 과실책임을 물을 수 없다.
㉡ 부동산 수량지정 매매에서 실제면적이 계약면적에 미달하는 경우, 담보책임을 묻는 것 외에 그 부분의 원시적 불능을 이유로 계약체결상의 과실책임을 물을 수 없다.
㉢ 계약체결 전에 이미 매매목적물이 전부 멸실된 사실을 과실 없이 알지 못하여 손해를 입은 계약당사자는 계약체결 당시 그 사실을 안 상대방에게 계약체결상의 과실책임을 물을 수 있다.

28 난이도 중 　　　　　　　　답 ⑤

| 영 역 | 계약법 > 계약법 총론
| 키워드 | 동시이행의 항변권
| 해 설 | ① 쌍무계약이 무효로 되어 각 당사자가 서로 취득한 것을 반환하여야 하는 경우에도 동시이행관계가 있다.
② 구분소유적 공유관계가 해소된 경우, 각 공유지분권자의 지분이전등기의무는 동시이행관계이다.
③ 동시이행의 항변권이 붙어 있는 채권을 자동채권으로 상계하는 것은 허용되지 않는다.
④ 쌍무계약의 당사자 일방이 먼저 한번 현실의 제공을 하고 상대방을 수령지체에 빠지게 하였다 하더라도 그 이행의 제공이 계속되지 않은 경우에는 과거에 한번 이행의 제공이 있었다는 사실만으로 상대방이 가진 동시이행의 항변권이 소멸하지는 않는다.
⑤ 양도담보의 경우 피담보채무의 변제는 소유권이전등기의 말소보다 먼저 이행되어야 할 선이행의무이다.

29 난이도 중 　　　　　　　　답 ①

| 영 역 | 계약법 > 계약법 총론
| 키워드 | 위험부담
| 해 설 | ㉠ 쌍무계약 당사자 일방의 채무가 당사자 쌍방의 책임 없는 사유로 이행할 수 없게 된 때에는 채무자는 상대방의 이행을 청구하지 못한다. 따라서 甲은 乙에게 잔대금의 지급을 청구할 수 없다.

ⓛ 채무자가 위험을 부담하는 경우 채무자는 이미 반대급부(계약금 등)를 이행받았다면 이를 부당이득으로 채권자에게 반환하여야 한다. 따라서 乙은 甲에게 계약금의 반환을 청구할 수 있다.

ⓒ 쌍무계약 당사자 일방의 채무가 채권자의 수령지체 중에 당사자 쌍방의 책임 없는 사유로 이행할 수 없게 된 때에는 채무자는 상대방의 이행을 청구할 수 있다. 따라서 乙은 甲에게 계약금의 반환을 청구할 수 없다.

30 난이도 중 답 ⑤

| 영 역 | 계약법 > 계약법 총론
| 키워드 | 제3자를 위한 계약
| 해 설 | ① 제3자가 수익의 의사표시를 한 후에도 요약자는 계약을 해제할 때에 제3자의 동의를 얻을 필요는 없다.

② 제3자는 당사자가 아니므로 낙약자의 요약자에 대한 사기를 이유로 계약을 취소할 수 없다.

③ 낙약자는 요약자와의 계약에 기한 항변(보상관계에 기한 항변)으로 제3자에게 대항할 수 있다. 그러나 대가관계에 기한 항변으로는 대항할 수 없다.

④ 보상관계를 이루는 계약의 효력이 상실된 경우 낙약자는 이미 제3자에게 급부한 것에 대해 제3자를 상대로 반환을 청구할 수 없다.

⑤ 당사자의 합의에 의하여 제3자의 권리를 변경·소멸시킬 수 있음을 미리 유보하였거나, 제3자의 동의가 있는 경우에는 제3자의 권리를 변경 또는 소멸시킬 수 있다.

31 난이도 상 답 ①

| 영 역 | 계약법 > 계약법 총론
| 키워드 | 계약해제의 소급효로부터 보호되는 제3자
| 해 설 | ① 계약해제의 소급효로부터 보호되는 제3자는 해제된 계약을 기초로 새로운 이해관계를 맺은 자로서 등기, 인도 등으로 완전한 권리를 취득한 자를 말한다. 계약상의 채권을 양수한 자나 그 채권 자체를 압류 또는 전부한 채권자는 여기에서 말하는 제3자에 해당하지 아니한다. 따라서 乙의 소유권이전등기청구권을 압류한 자는 계약해제의 소급효로부터 보호되는 제3자에 해당하지 않는다.

② 乙의 책임재산이 된 X주택을 가압류한 자는 계약해제의 소급효로부터 보호되는 제3자에 해당한다.

③ 乙명의로 소유권이전등기가 된 X주택에 관하여 저당권을 취득한 자는 계약해제의 소급효로부터 보호되는 제3자에 해당한다.

④ 乙과 매매예약에 따라 소유권이전등기청구권보전을 위한 가등기를 마친 자는 계약해제의 소급효로부터 보호되는 제3자에 해당한다.

⑤ 乙명의로 소유권이전등기가 된 X주택에 관하여 「주택임대차보호법」상 대항요건을 갖춘 자는 계약해제의 소급효로부터 보호되는 제3자에 해당한다.

32 난이도 상 답 ④

| 영 역 | 계약법 > 계약법 총론
| 키워드 | 계약의 해제
| 해 설 | ① 해제로 인한 원상회복의 범위는 이익의 현존 여부나 선의·악의에 불문하고 특단의 사유가 없는 한 받은 이익의 전부이며, 계약해제로 인하여 계약 당사자가 원상회복의무를 부담함에 있어서 당사자 일방이 목적물을 이용한 경우에는 그 사용에 의한 이익을 상대방에게 반환하여야 한다.

② 원상회복의 경우에 반환할 금전에는 그 받은 날로부터 이자를 가하여야 한다.

③ 매도인이 매매계약을 적법하게 해제한 후라도 매수인은 손해배상책임을 지거나 매매계약에 따른 계약금의 반환을 받을 수 없는 불이익을 면하기 위하여 착오를 이유로 매매계약을 취소할 수 있다.

④ 가압류가 존재하더라도 소유권이전이 불가능한 것은 아니므로 매수인이 상당한 기간을 정해서 가압류의 말소를 청구하고, 그 기간 내에 이행되지 않는 경우에 계약을 해제할 수 있다.

⑤ 매매계약이 합의해제된 경우 소유권은 당연히 매도인에게 복귀한다.

33 난이도 상 답 ③

| 영 역 | 계약법 > 임대차
| 키워드 | 토지임차인의 지상물매수청구권
| 해 설 | ① 지상물매수청구권은 지상물의 소유자에 한하여 행사할 수 있다. 따라서 토지임대차의 존속기간이 만료하기 전에 지상물을 제3자에게 양도한 자는 지상물매수청구권을 행사할 수 없다.
② 지상물이 현존하면 되므로 저당권이 설정된 건물도 매수청구할 수 있다.
③ 지상물매수청구의 상대방은 원칙적으로 임차권소멸 당시의 토지소유자인 임대인이다. 따라서 토지소유자가 아닌 제3자가 토지를 임대한 경우, 그 임대인은 특별한 사정이 없는 한 매수청구권의 상대방이 될 수 없다.
④ 임대인이 제3자에게 토지소유권을 양도한 경우, 임차인은 그에게 지상물의 매수를 청구할 수는 없다. 다만, 임대인의 지위가 승계되거나 임차인이 신토지소유자에게 임차권으로 대항할 수 있는 때에는 임차인은 신토지소유자에게 지상물매수청구권을 행사할 수 있다.
⑤ 기간의 약정이 없는 토지임대차에 있어서 임대인이 해지통고를 한 경우 임차인은 갱신청구권을 행사하지 않고 곧바로 지상물매수청구권을 행사할 수 있다.

34 난이도 상 답 ③

| 영 역 | 계약법 > 임대차
| 키워드 | 임차주택의 양수인의 법률관계
| 해 설 | ① 임차주택의 양수인은 임대인의 지위를 승계한다.
② 차임지급채무는 그 지급에 확정된 기일이 있는 경우에는 그 지급기일 다음 날부터 지체책임이 발생하고 보증금에서 공제되었을 때 비로소 그 채무 및 그에 따른 지체책임이 소멸되는 것이므로, 연체차임에 대한 지연손해금의 발생종기는 다른 특별한 사정이 없는 한 목적물이 반환되는 때이다.
③ 임차주택의 양수인이 주택의 소유권을 취득한 후 임대차관계가 종료되어 임차인에게 보증금을 반환하여야 하는 경우에 임대인의 지위를 승계하기 전에 발생한 연체차임은 특별한 사정이 없는 한 보증금에서 당연히 공제된다.
④ 보증금이 수수된 임대차계약에서 차임채권이 압류되었더라도 보증금에서 당연히 공제된다.

⑤ 보증금은 임대차계약이 종료된 후 임차인이 목적물을 인도할 때까지 발생하는 차임 및 기타 임차인의 채무를 담보하므로 특별한 사정이 없는 한 임대차계약이 종료되었으나 그 목적물이 명도되지 않은 경우, 임차인은 보증금이 있음을 이유로 연체차임의 지급을 거절할 수 없다.

35 난이도 상 답 ③

| 영 역 | 민사특별법 > 주택임대차보호법
| 키워드 | 주택임대차의 존속기간
| 해 설 | 계약갱신요구권을 행사한 주택임차인의 계약해지통지가 갱신된 임대차계약기간이 개시되기 전에 임대인에게 도달한 때에도, 그 효력은 갱신된 임대차계약기간이 개시된 때로부터 3개월이 지난 때가 아니라 해지통지가 임대인에게 도달한 때로부터 3개월이 지난 때에 발생한다. 따라서 乙의 해지통지가 甲에게 도달한 날부터 3개월이 지난 2024.4.30.에 임대차계약이 종료된다.

36 난이도 중 답 ①

| 영 역 | 민사특별법 > 집합건물의 소유 및 관리에 관한 법률
| 키워드 | 집합건물의 소유 및 관리에 관한 법률, 관리단과 관리인
| 해 설 | 관리인은 구분소유자일 필요가 없으며, 집합건물의 임차인도 관리인이 될 수 있다.

37 난이도 중 답 ①

| 영 역 | 민사특별법 > 가등기담보 등에 관한 법률
| 키워드 | 가등기담보권의 실행
| 해 설 | ① 甲이 귀속정산절차에 따라 적법하게 X건물의 소유권을 취득하면 선순위권리인 丙의 저당권은 소멸하지 않는다.
② 청산금을 지급하지 않고 이루어진 본등기는 원칙적으로 무효이다.
③ 채권자의 청산금지급채무와 채무자의 가등기에 기한 본등기 및 인도채무는 동시이행관계이다.
④ 가등기담보권은 저당권과 마찬가지로 경락으로 소멸한다.

⑤ 일반적으로 담보목적으로 가등기를 경료한 경우 담보물에 대한 사용·수익권은 가등기담보권설정자인 소유자에게 있으나, 가등기담보권의 실행으로 청산절차가 종료된 후 담보목적물에 대하여 사용·수익권을 가지는 자는 가등기담보권자인 채권자이다.

38 난이도 중 답 ①

| 영 역 | 민사특별법 > 부동산 실권리자명의 등기에 관한 법률
| 키워드 | 이자 간 명의신탁
| 해 설 | ① 명의신탁의 경우 수탁자가 제3자에게 처분행위를 한 경우 제3자는 원칙적으로 선의·악의를 불문하고 보호된다. 따라서 X부동산의 소유권을 상실한 甲은 乙을 상대로 불법행위를 이유로 처분 당시의 시가에 해당하는 손해배상을 청구할 수 있다.
② 명의신탁약정이 무효이더라도 수탁자와 제3자의 매매계약은 채권행위이므로 이는 유효하다.
③ 명의신탁의 경우 제3자는 원칙적으로 선의·악의를 불문하고 보호된다. 따라서 甲은 丙을 상대로 X부동산에 관한 소유권이전등기말소를 청구할 수 없다.
④ 명의신탁이 무효이므로 甲은 乙을 상대로 명의신탁약정 해지를 원인으로 하는 소유권이전등기를 청구할 수 없다.
⑤ 乙이 X부동산의 소유권을 丙으로부터 다시 취득하면, 甲은 乙을 상대로 소유권에 기하여 이전등기를 청구할 수 없다.

39 난이도 중 답 ②

| 영 역 | 민사특별법 > 상가건물 임대차보호법
| 키워드 | 상가건물 임대차보호법, 상가건물임대차의 법정갱신
| 해 설 | 「상가건물 임대차보호법」이 적용되는 상가건물의 임차인이 임대차기간 만료 1개월 전부터 만료일 사이에 갱신거절의 통지를 한 경우, 임대차계약의 묵시적 갱신이 인정되지 않고 임대차기간의 만료일에 임대차가 종료한다. 따라서 2024.5.23.에 임대차계약이 종료한다.

40 난이도 중 답 ④

| 영 역 | 민사특별법 > 상가건물 임대차보호법
| 키워드 | 상가건물 임대차보호법
| 해 설 | ① 임대인이 임차인에게 보증금반환의무를 이행하였다거나 현실적인 이행의 제공을 하여 임차인의 건물명도의무가 지체에 빠지는 등의 사유로 동시이행의 항변권을 상실하지 않는 이상, 임차인의 건물에 대한 점유는 불법점유라고 할 수 없으며, 따라서 임차인으로서는 이에 대한 손해배상의무도 없다. 따라서 甲은 乙에게 불법행위로 인한 손해배상을 청구할 수 없다 (대판 1998.5.29, 98다6497 참조).
② 이 경우 임차인은 종전 임대차계약에서 정한 차임을 지급할 의무를 부담할 뿐이므로 乙은 甲에 대해 채무불이행으로 인한 손해배상의무를 지지 않는다.
③ 「상가건물 임대차보호법」이 적용되는 상가건물의 임차인이 임대차 종료 이후에 보증금을 반환받기 전에 임차 목적물을 점유하더라도 임차인에게 차임 상당의 부당이득이 성립한다고 할 수 없다. 따라서 甲은 乙에게 차임에 상당하는 부당이득반환을 청구할 수 없다.
④ 「상가건물 임대차보호법」이 적용되는 상가건물의 임대차가 기간만료나 당사자의 합의, 해지 등으로 종료된 경우 보증금을 반환받을 때까지 임차 목적물을 계속 점유하면서 사용·수익한 임차인은 종전 임대차계약에서 정한 차임을 지급할 의무를 부담할 뿐이고, 시가에 따른 차임에 상응하는 부당이득금을 지급할 의무를 부담하는 것은 아니다. 따라서 甲은 乙에게 종전 임대차계약에서 정한 차임의 지급을 청구할 수 있다.
⑤ 보증금반환청구권은 채권과 목적물 사이의 견련성이 인정되지 않으므로 유치권이 성립할 수 없다. 따라서 乙은 보증금을 반환받을 때까지 X건물에 대해 유치권을 행사할 수 없다.

MEMO

MEMO

MEMO

MEMO

MEMO

2025

에듀윌 공인중개사
핵심요약집+기출팩

1차 부동산학개론 | 민법 및 민사특별법

고객의 꿈, 직원의 꿈, 지역사회의 꿈을 실현한다

에듀윌 도서몰
book.eduwill.net

· 부가학습자료 및 정오표: 에듀윌 도서몰 > 도서자료실
· 교재 문의: 에듀윌 도서몰 > 문의하기 > 교재(내용, 출간) / 주문 및 배송

에듀윌 부동산 아카데미
강의 듣기

성공 창업의 필수 코스
부동산 창업 CEO 과정

1 튼튼 창업 기초

- 창업 입지 컨설팅
- 중개사무 문서작성
- 성공 개업 실무TIP

2 중개업 필수 실무

- 온라인 마케팅
- 세금 실무
- 토지/상가 실무
- 재개발/재건축

3 실전 Level-Up

- 계약서작성 실습
- 중개영업 실무
- 사고방지 민법실무
- 빌딩 중개 실무
- 부동산경매

4 부동산 투자

- 시장 분석
- 투자 정책

부동산으로 성공하는
컨설팅 전문가 3대 특별 과정

🔍 마케팅 마스터

- 데이터 분석
- 블로그 마케팅
- 유튜브 마케팅
- 실습 샘플 파일 제공

📍 디벨로퍼 마스터

- 부동산 개발 사업
- 유형별 절차와 특징
- 토지 확보 및 환경 분석
- 사업성 검토

📝 빅데이터 마스터

- QGIS 프로그램 이해
- 공공데이터 분석 및 활용
- 컨설팅 리포트 작성
- 토지 상권 분석

경매의 神과 함께 '중개'에서
'경매'로 수수료 업그레이드

- 공인중개사를 위한 경매 실무
- 투자 및 중개업 분야 확장
- 고수들만 아는 돈 되는 특수 물권
- 이론(기본) - 이론(심화) -
  임장 3단계 과정
- 경매 정보 사이트 무료 이용

실전 경매의 神
안성선
이주왕
장석태

꿈을 현실로 만드는
에듀윌

DREAM

공무원 교육
- 선호도 1위, 신뢰도 1위! 브랜드만족도 1위!
- 합격자 수 2,100% 폭등시킨 독한 커리큘럼

자격증 교육
- 9년간 아무도 깨지 못한 기록 합격자 수 1위
- 가장 많은 합격자를 배출한 최고의 합격 시스템

직영학원
- 검증된 합격 프로그램과 강의
- 1:1 밀착 관리 및 컨설팅
- 호텔 수준의 학습 환경

종합출판
- 온라인서점 베스트셀러 1위!
- 출제위원급 전문 교수진이 직접 집필한 합격 교재

어학 교육
- 토익 베스트셀러 1위
- 토익 동영상 강의 무료 제공

콘텐츠 제휴 · B2B 교육
- 고객 맞춤형 위탁 교육 서비스 제공
- 기업, 기관, 대학 등 각 단체에 최적화된 고객 맞춤형 교육 및 제휴 서비스

부동산 아카데미
- 부동산 실무 교육 1위!
- 상위 1% 고소득 창업/취업 비법
- 부동산 실전 재테크 성공 비법

학점은행제
- 99%의 과목이수율
- 17년 연속 교육부 평가 인정 기관 선정

대학 편입
- 편입 교육 1위!
- 최대 200% 환급 상품 서비스

국비무료 교육
- '5년우수훈련기관' 선정
- K-디지털, 산대특 등 특화 훈련과정
- 원격국비교육원 오픈

에듀윌 교육서비스 **공무원 교육** 9급공무원/소방공무원/계리직공무원 **자격증 교육** 공인중개사/주택관리사/손해평가사/감정평가사/노무사/전기기사/경비지도사/검정고시/소방설비기사/소방시설관리사/사회복지사1급/대기환경기사/수질환경기사/건축기사/토목기사/직업상담사/전기기능사/산업안전기사/건설안전기사/위험물산업기사/위험물기능사/유통관리사/물류관리사/행정사/한국사능력검정/한경TESAT/매경TEST/KBS한국어능력시험/실용글쓰기/IT자격증/국제무역사/무역영어 **어학 교육** 토익 교재/토익 동영상 강의 **세무/회계** 전산세무회계/ERP정보관리사/재경관리사 **대학 편입** 편입 영어·수학/연고대/의약대/경찰대/논술/면접 **직영학원** 공무원학원/소방학원/공인중개사 학원/주택관리사 학원/전기기사 학원/편입학원 **종합출판** 공무원·자격증 수험교재 및 단행본 **학점은행제** 교육부 평가인정기관 원격평생교육원(사회복지사2급/경영학/CPA) **콘텐츠 제휴·B2B 교육** 교육 콘텐츠 제휴/기업 맞춤 자격증 교육/대학취업역량 강화 교육 **부동산 아카데미** 부동산 창업CEO/부동산 경매 마스터/부동산 컨설팅 **주택취업센터** 실무 특강/실무 아카데미 **국비무료 교육(국비교육원)** 전기기능사/전기(산업)기사/소방설비(산업)/IT(빅데이터/자바프로그램/파이썬)/게임그래픽/3D프린터/실내건축디자인/웹퍼블리셔/그래픽디자인/영상편집(유튜버) 디자인/온라인 쇼핑몰광고 및 제작(쿠팡, 스마트스토어)/전산세무회계/컴퓨터활용능력/ITQ/GTQ/직업상담사

교육
문의 **1600-6700** www.eduwill.net